智库成果出版与传播平台

中国粤港澳大湾区改革创新报告（2023）

REPORT OF REFORM AND INNOVATION OF GUANGDONG-HONG KONG-MACAO GREATER BAY AREA IN CHINA (2023)

主　编／孙延明　涂成林　谭苑芳
副主编／梁士伦　周　雨　黄琼宇

社会科学文献出版社
SOCIAL SCIENCES ACADEMIC PRESS (CHINA)

图书在版编目（CIP）数据

中国粤港澳大湾区改革创新报告．2023 / 孙延明，涂成林，谭苑芳主编；梁士伦，周雨，黄琼宇副主编．--北京：社会科学文献出版社，2023.8
（粤港澳大湾区蓝皮书）
ISBN 978-7-5228-2218-1

Ⅰ．①中… Ⅱ．①孙… ②涂… ③谭… ④梁… ⑤周… ⑥黄… Ⅲ．①城市群-区域经济发展-研究报告-广东、香港、澳门-2023 Ⅳ．①F299.276.5

中国国家版本馆 CIP 数据核字（2023）第 146596 号

粤港澳大湾区蓝皮书
中国粤港澳大湾区改革创新报告（2023）

主　　编 / 孙延明　涂成林　谭苑芳
副 主 编 / 梁士伦　周　雨　黄琼宇

出 版 人 / 冀祥德
组稿编辑 / 任文武
责任编辑 / 方　丽　张丽丽
责任印制 / 王京美

出　　版 / 社会科学文献出版社 · 城市和绿色发展分社（010）59367143
地址：北京市北三环中路甲 29 号院华龙大厦　邮编：100029
网址：www.ssap.com.cn
发　　行 / 社会科学文献出版社（010）59367028
印　　装 / 天津千鹤文化传播有限公司

规　　格 / 开 本：787mm×1092mm　1/16
印 张：26.5　字 数：396 千字
版　　次 / 2023 年 8 月第 1 版　2023 年 8 月第 1 次印刷
书　　号 / ISBN 978-7-5228-2218-1
定　　价 / 168.00 元

读者服务电话：4008918866

广东省决策咨询研究基地广州大学粤港澳大湾区（南沙）改革创新研究院、广东省高校特色新型智库及广州市首批新型智库广州大学广州发展研究院研究成果

广州大学数字经济与数字文化交叉创新平台项目“数字经济创新管理理论研究及实验平台建设”（PT252022031）资助项目成果

《中国粤港澳大湾区改革创新报告（2023）》
编　委　会

主要编撰者简介

孙延明　博士，广州大学教授、博士研究生导师，现任广州大学党委常委、副校长。担任广东省社会科学研究基地现代产业高质量发展研究中心主任，广东省哲学社会科学“广州大学海上丝绸之路重点实验室”主任，广东省机械工程学会副理事长。主要从事复杂系统科学、智能制造、数字经济等方面的教学与研究工作，主持在研国家自然科学基金“基于数字孪生的智能车间 CPS 混沌预测与控制方法”和省市重点“基于多智能体的复杂数字经济网络博弈研究”“智能制造产业转型升级场景社会实验”“广州市‘链长制’综合性战略咨询支撑服务”等项目。出版了《“智能+”制造——企业赋能之路》《工业互联网——企业变革引擎》《现代制造信息系统》《应用服务供应商（ASP）解决方案》等著作，早期注册了“中小制造企业资源管理系统”等软件版权，在 *Chaos*，*Solitons and Fractals* 和 *Journal of Industrial Engineering and Management*，《管理科学》和《管理学报》等国内外期刊发表学术论文 150 余篇，获省部级奖励 2 项，指导毕业的博士和硕士研究生、海外留学生、博士后、访问学者共 100 余名，曾被授予华南理工大学“2016 年度最喜爱导师”光荣称号。

涂成林　博士，广州大学二级教授、博士研究生导师；现任广州大学智库建设专家指导委员会常务副主任，广东省区域发展蓝皮书研究会会长，广州市粤港澳大湾区（南沙）改革创新研究院执行院长；广东省政府重大行政决策论证专家，广州市政府第三、第四届决策咨询专家；获广东省“特支计划”领军人才、广州市杰出专家等称号，享受国务院政府特殊津贴。目前主要从事城市综合发展、文化科技政策、国家文化安全及马克思主义哲学等方面研究。在《中国社会科学》《哲学研究》《教育研究》等刊物上发表论文100余篇，出版专著10余部；主持和承担国家社科基金重大项目、国家社科基金一般项目、省市社科规划项目、省市政府委托项目60余项。获得教育部及省、市哲学社会科学奖项和人才奖项20余项，获得多项“优秀皮书奖”和“优秀皮书报告奖”，2017年获“皮书专业化20年致敬人物”，2019年获“皮书年会20年致敬人物”。

谭苑芳 博士，现任广州大学广州发展研究院副院长、教授、硕士研究生导师，兼任广东省区域发展蓝皮书研究会副会长、广州市粤港澳大湾区（南沙）改革创新研究院理事长、广州市政府重大行政决策论证专家等。主要从事宗教学、社会学、经济学和城市学等的理论与应用研究，主持国家社科基金项目、教育部人文社科规划项目以及其他省市重大、一般社科规划项目10余项，在《宗教学研究》《中国社会科学内部文稿》《光明日报》等发表学术论文30多篇，获广东省哲学社会科学优秀成果奖二等奖及“优秀皮书报告奖”一等奖等多个奖项。

梁士伦 经济学博士，现任电子科技大学中山学院教授、校学术委员会副主任、校科协副主席；广东省第十三届人大代表、财经委委员，中山市政协第十一、第十二届委员会委员；兼任中山市改革发展研究会会长、中山市经济研究院院长、广东省区域发展蓝皮书研究会副会长、广东省社会科学研究机构战略联盟（广东省智库联盟）理事等。主要研究领域是当代企业管理理论与实践、市场营销、微观经济学等。出版教材、专著12部，发表学术论文70余篇；先后主持完成省厅级以上科研项目13项、横向课题近200项；获得省部级科技成果二等奖1项、三等奖5项，经济学研究成果一等奖1项，中国首届营销创新大赛金奖1项。

周　雨　法学博士，硕士研究生导师，现任广州大学广州发展研究院党支部书记、政府绩效评价研究中心主任，兼任广州市粤港澳大湾区（南沙）改革创新研究院副院长，广州市城市学研究会副会长。主要从事公共管理与公共政策、政府绩效评价、创新创业政策方面的研究。主持国家社科基金项目等国家和省、市级课题7项，在SCI、CSSCI等刊物上发表学术论文20余篇，撰写智库成果10余篇，获得国家部委、省市部门批示或采纳。获得“优秀皮书报告奖”二等奖、广东省财政科研成果二等奖、广州市委组织部重点调研二等奖等多个奖项。

黄琼宇　博士，现任广州大学管理学院副院长、广州大学数字化管理创新研究院副院长，副教授、硕士研究生导师，广东省第三期高端会计人才，广州市高层次人才（后备）。主要从事会计信息与公司治理、家族企业传承与创新、数字经济创新等相关研究。承担国家自然科学基金、教育部人文社科基金、中国博士后基金、广东省自然科学基金、广东省哲学社会科学基金课题各1项，参与国家自然科学基金课题多项。在《管理世界》、《会计研究》和 *Emerging Market Finance and Trade* 等期刊发表论文10余篇。担任广东省会计学会常务理事、粤港澳大湾区会计联盟理事及 *Emerging Market Finance and Trade* 、《会计与经济研究》匿名审稿人。

摘　要

《中国粤港澳大湾区改革创新报告（2023）》由广州市粤港澳大湾区（南沙）改革创新研究院会同广东省区域发展蓝皮书研究会、广州大学广州发展研究院等共同主持研创。本书在内容结构上分为总报告、体制创新篇、区域发展篇、产业协同篇、数字经济篇、人才湾区篇、文化消费篇七个部分，汇集了我国粤港澳大湾区研究领域高端专家研创团队的最新研究成果，是关于粤港澳大湾区经济社会运行情况和相关专题分析与预测的重要参考资料。

2022 年，粤港澳大湾区面对国内外错综复杂的发展环境，在多重压力下仍实现了经济的稳健增长，经济总量站上 13 万亿元台阶。投资、消费和出口“三驾马车”整体保持稳健，其中粤九市投资与消费小幅增长，港澳的投资与消费则有所回落。在外贸方面，进口回落，出口微增，顺差扩大。财政政策加大稳增长支持力度，财政赤字率有所上升。存贷款余额稳步增长，其中粤九市存贷款余额在整个大湾区中的比重再次小幅上升，表明内地金融业在大湾区中的重要性正在持续提高。

展望 2023 年，中国经济将开启“修复性复苏”模式，粤港澳大湾区只要保持疫情政策优化以来的良好势头，加上香港与澳门的同步复苏，实现增长目标的难度预计会小于上年，这也为粤港澳大湾区实现高质量发展提供了更大的政策空间。建议粤港澳大湾区加快在跨境金融、交通等关键领域形成促进区域协调发展的新体制机制，进一步提升粤港澳大湾区产业协同发展水平；在粤港澳大湾区框架下加速港澳地区再工业化进程，带动港澳经济适度多元发展和融入国家发展大局；加快推动金融开放创新改革红利释放，为粤港澳大湾区经济高质量发展提供更好的金融支撑。

关键词： 粤港澳大湾区　体制创新　数字经济　产业协同　人才特区

目　录

Ⅰ　总报告

Ⅱ　体制创新篇

Ⅲ 区域发展篇

Ⅳ 产业协同篇

V 数字经济篇

VI 人才湾区篇

Ⅶ　文化消费篇

皮书数据库阅读**使用指南**

总 报 告

General Report

B.1
粤港澳大湾区2022年经济形势分析与2023年展望*

广州市粤港澳大湾区（南沙）改革创新研究院课题组**

摘　要： 2022年，粤港澳大湾区面对国内外错综复杂的发展环境，仍实现了经济的稳健增长，经济总量站上13万亿元台阶。投资、消费和出口“三驾马车”整体保持稳健，财政政策加大稳增长支持力度，金融业实现稳健发展。2023年中国经济将开启“修复性复苏”模式，粤港澳大湾区只要保持疫情政策优化以来的良

---

* 本文是广东省决策咨询基地广州大学粤港澳大湾区（南沙）改革创新研究院、广州市新型智库广州大学广州发展研究院的研究成果。

** 课题组成员：谭苑芳，博士，广州大学广州发展研究院副院长、教授，广州市粤港澳大湾区（南沙）改革创新研究院理事长；涂成林，广州大学二级教授、博士研究生导师，广州市粤港澳大湾区（南沙）改革创新研究院执行院长，广东省区域发展蓝皮书研究会会长，研究方向为城市综合发展、文化科技政策、国家文化安全及马克思主义哲学；应习文，博士，广州市粤港澳大湾区（南沙）改革创新研究院研究员，中国民生银行研究院主管级高级研究员；周雨，博士，广州大学广州发展研究院政府绩效评价中心主任，广州市粤港澳大湾区（南沙）改革创新研究院副院长、讲师；于晨阳，博士，广州大学博士后；臧传香，博士，广州市粤港澳大湾区（南沙）改革创新研究院特聘研究员。执笔人：谭苑芳、应习文。

好势头，加上香港与澳门的同步复苏，实现增长目标的难度应该会小于上年，这也为粤港澳大湾区实现高质量发展提供了更大政策空间。建议进一步完善粤港澳大湾区合作协调机制，构建高质量产业体系，强化产业链枢纽作用，在大湾区框架下加快香港与澳门的转型发展，加快推动金融开放创新改革红利释放。

关键词： 粤港澳大湾区　经济形势　以内补外

一　2022年粤港澳大湾区经济形势分析

2022 年，粤港澳大湾区面对国内外错综复杂的发展环境，经济总量站上 13 万亿元台阶，面对地缘政治紧张多变、主要发达国家收紧货币政策、全球经济减速和新冠疫情等多重压力，仍实现了经济的稳健增长。投资、消费和出口“三驾马车”整体保持稳健，财政政策加大稳增长支持力度，金融业实现稳健发展。

（一）整体经济：多重压力下的稳健增长

1. 2022年大湾区经济总量突破13万亿元

粤港澳大湾区是我国开放程度最高、经济活力最强的区域之一。2022 年大湾区克服地缘政治冲击、全球经济下行和新冠疫情的多重挑战，坚持稳字当头、稳中求进，统筹国内国际两个大局，经济运行韧性彰显，高质量发展取得新成效。初步测算，2022 年粤港澳大湾区（粤九市①+香港+澳门）整体实现地区生产总值 13.044 万亿元，首次突破 13 万亿元大关，略高于广东省全省 GDP（12.912 万亿元）。

① 指所属广东省的 9 个城市，即广州、深圳、珠海、东莞、佛山、中山、江门、惠州、肇庆，下同。

其中，粤九市 GDP 达到 10.468 万亿元，连续两年保持在 10 万亿元上方，较 2021 年增加 4097 亿元，占广东省地区生产总值的 81.07%，比重较 2021 年提升 0.2 个百分点，在省内的经济地位进一步提升；占全国 GDP 总量的 8.65%，较 2021 年小幅下降 0.15 个百分点（见图 1）。

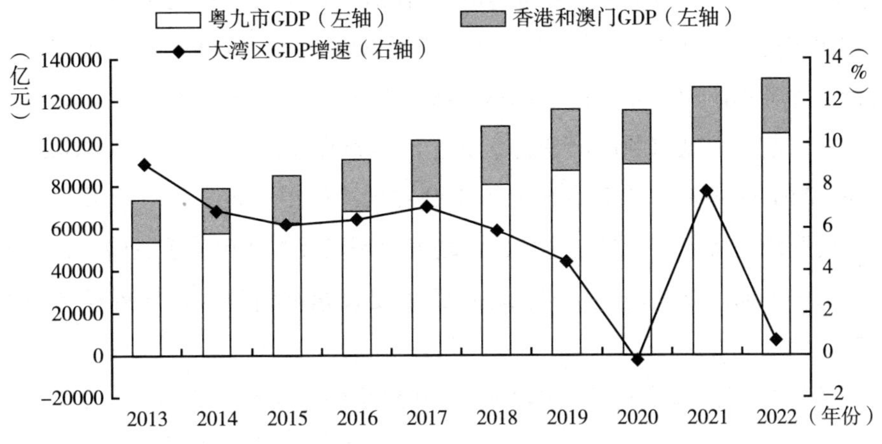

图 1　2013~2022 年粤港澳大湾区 GDP 总量及增速

资料来源：WIND、CEIC，经课题组加工测算。

在粤港澳大湾区中，深圳 GDP 增量第一，广州紧随其后。2022 年深圳市实现地区生产总值 3.239 万亿元，连续第六年位居大湾区首位，较 2021 年增加 1723 亿元，增量位居大湾区之首。继 2020 年 GDP 超越香港后，2022 年广州市实现地区生产总值 2.884 万亿元，巩固了大湾区第二的位置，较 2021 年增加 607 亿元。香港经济受新冠疫情冲击和全球经济放缓影响出现小幅收缩，但因港元对人民币升值因素，以人民币计价的现值 GDP 较 2021 年增加了约 460 亿元，全年达到 2.428 万亿元（2.827 万亿港元），居大湾区第三位。

前三位之后，各地 GDP 排名依次是佛山（1.270 万亿元）、东莞（1.120 万亿元）、惠州（5401 亿元）、江门（3773 亿元）、中山（3631 亿元）、肇庆（2705 亿元），位次与 2021 年相比未发生明显变化。值得注意的是，惠州 GDP 首次突破 5000 亿元，较 2021 年增长 424 亿元，增幅位居大湾区之首。因新冠疫情对旅游、博彩业的大幅冲击，2022 年澳门 GDP 明显回落，前三季度澳门 GDP 回落幅度同比接近 27%，第四季度基本面小幅改善，最终 2022 年澳门全年 GDP 为 1479 亿元（1773 亿澳门元）。

粤九市在大湾区中的经济作用继续提升。从占大湾区 GDP 的比重来看，与 2012 年相比，2022 年粤九市 GDP 占比进一步上升，已达到 80.3%，占比首次超过八成（见图 2）。2012 年大湾区以 GDP 衡量的前三大城市依次为香港、深圳和广州，分别占大湾区 GDP 的 29%、19%和 18%。到 2022 年，大湾区内前三大城市顺序已变为深圳、广州和香港，分别占大湾区 GDP 的 25%、22%和 19%。2022 年粤九市 GDP 在大湾区中的占比继续提升，一方面因为香港经济更多受到了全球经济增速放缓以及被动跟随美联储加息的影响，另一方面因为澳门经济中的主要产业受疫情冲击较大，导致经济规模下降。

2022 年粤港澳大湾区整体人均 GDP 水平保持增长，达到 15.20 万元①

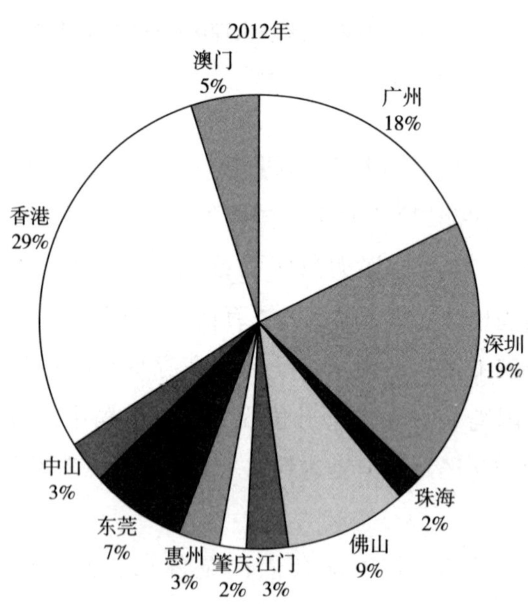

① 在计算 2022 年人均 GDP 时，由于人口数据滞后公布，使用的是 2021 年的人口数据，在一个人口持续增长的地区，这种方法会产生一定高估。下同。

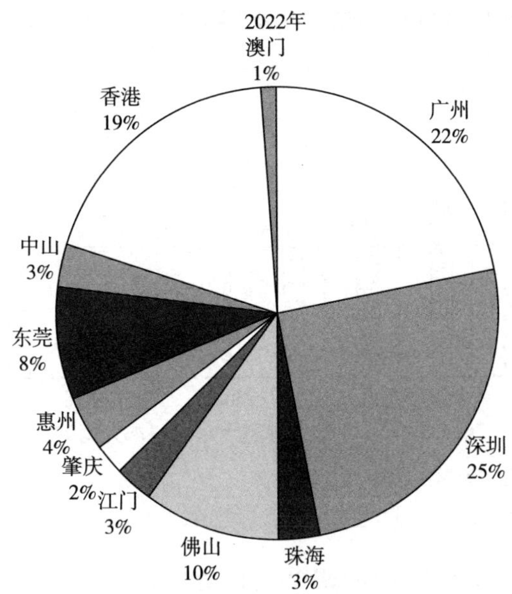

图 2　2012 年、2022 年粤港澳大湾区各城市 GDP 占比情况

资料来源：WIND，各地统计部门。

（2.260 万美元），高于 2021 年的 14.72 万元（2.282 万美元[①]）。2022 年，香港人均 GDP 约为 37.25 万元（约 5.731 万美元），排名第一；澳门人均 GDP 约为 21.64 万元（约 3.330 万美元），虽然较 2021 年出现下滑，但依旧排第二位。粤九市人均 GDP 继续保持上升态势，由 2021 年的 12.80 万元（1.983 万美元）上升至 2022 年的 13.32 万元（1.980 万美元），与港澳差距有所缩小。其中，最高的深圳人均 GDP 为 18.32 万元（2.723 万美元），尽管在内地属于第一阵营，但仅为香港的一半左右；而粤九市中最低的肇庆人均 GDP 仅为 6.55 万元（0.974 万美元），低于全国平均水平。大湾区内部区域发展水平仍有待均衡（见图 3）。

2. 克服多重阻力，经济实现稳健增长

2022 年，粤港澳大湾区面对内外部多重挑战，整体经济实现稳健增长。

① 由于 2022 年人民币对美元出现较为明显的贬值，因此在兑换为美元后，人均 GDP 较 2021 年小幅下降，与人民币计价的人均 GDP 增长情况相反，下同。

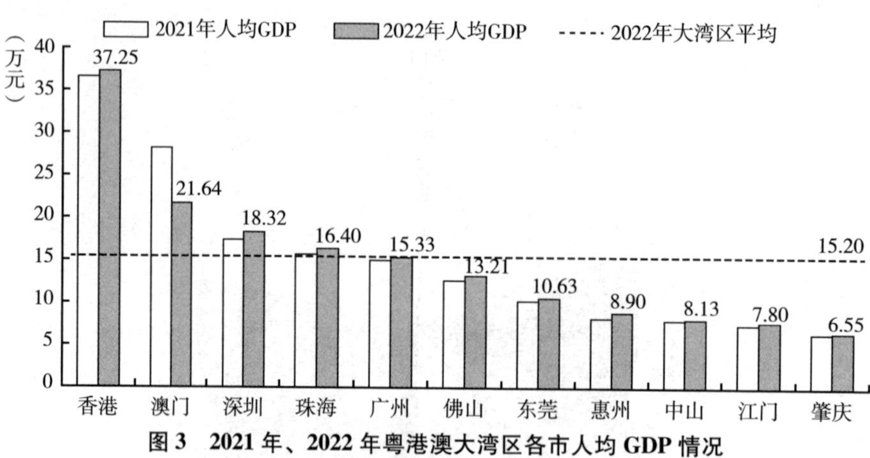

图3　2021年、2022年粤港澳大湾区各市人均GDP情况

资料来源：课题组根据各地公布的初值测算。

初步测算，2022年大湾区整体GDP同比增长0.7%，低于2021年7.7%的水平。

2022年粤九市GDP实际同比增长2.1%，虽然低于全国平均水平（3.0%），但高于广东省平均水平（1.9%）。考虑到粤九市（主要是深圳和珠海）面对比全国大部分地区更大的输入型新冠疫情压力，且受到的外需回落冲击更大，取得这样的成绩实属不易。2022年，香港与澳门经济均出现了收缩，其中香港GDP同比收缩3.5%，澳门同比收缩26.8%（见图4）。

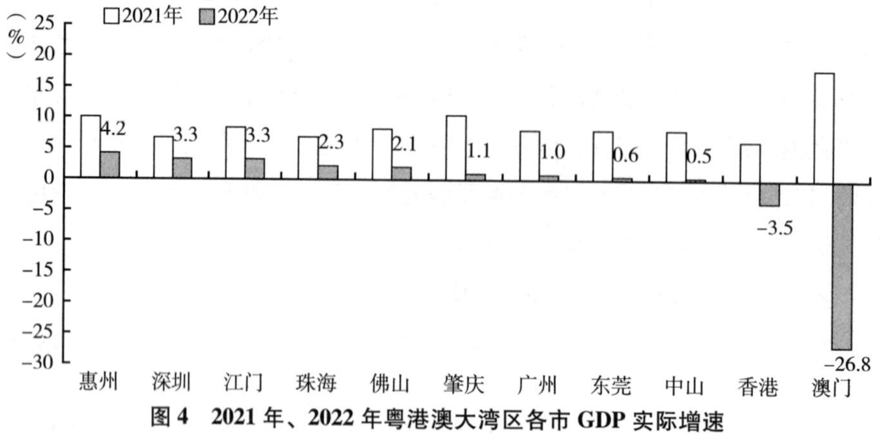

图4　2021年、2022年粤港澳大湾区各市GDP实际增速

资料来源：CEIC，Wind。

从粤九市各市情况来看，2022 年经济增速位次较上年出现较大变动。惠州市地区生产总值同比增长 4.2%，位居各市第一；深圳与江门均同比增长 3.3%，并列第二；珠海、佛山分别同比增长 2.3% 和 2.1%，位列第四、第五位；肇庆、广州、东莞、中山同比增速低于平均水平。其中，肇庆增速回落较大，由 2021 年的 10.5% 回落至 1.1%，主要是受疫情和房地产投资下滑两个方面因素的影响。

3. 粤九市第二产业企稳

2022 年，粤九市第三产业因受疫情冲击，占比回落，为 56.8%，较 2021 年下降了 0.8 个百分点。第二产业占比则有所上升，为 41.5%，较 2021 年上升了 0.8 个百分点。粤九市产业结构的第二、第三产业“双支柱”特征更加明显，如图 5 所示。

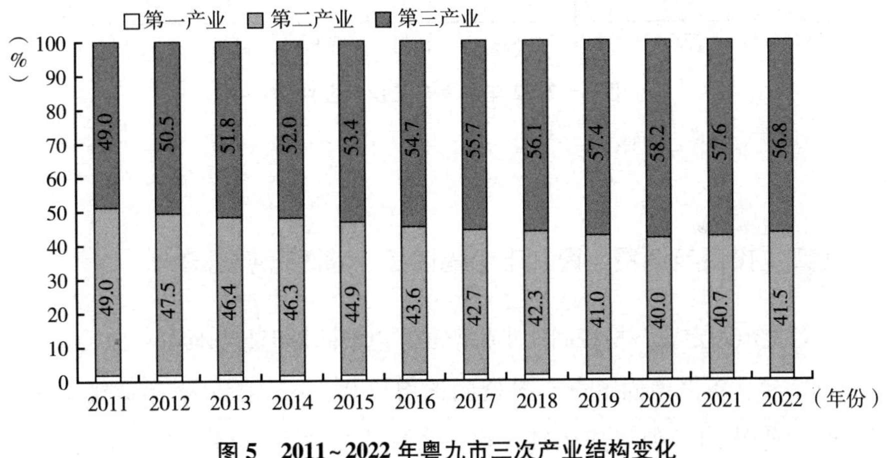

图 5　2011～2022 年粤九市三次产业结构变化

资料来源：CEIC，Wind。

从各市情况来看，随着大湾区由核心向外扩展，产业结构呈现典型的梯度变化。居于核心区域的广州、深圳、珠海三市第三产业占比较高，其中广州主要发挥国家中心城市、国际商贸中心、综合交通枢纽以及科技教育文化中心功能，服务业占比达到 71.5%。深圳作为经济特区和全国性经济中心城市，服务业占比仅次于广州，也已超过 60%。东莞、佛山与中山三市作为紧邻核心区的制造业基地，第二产业占比进一步提升，2022 年第二产业占比分别达到 58.2%、56.1%和 49.4%。在大湾区最外围的惠州、江门与肇庆三市的第一产业占比显著高于大湾区中心区域城市，是粤港澳大湾区的重要初次产品保障基地（见图 6）。

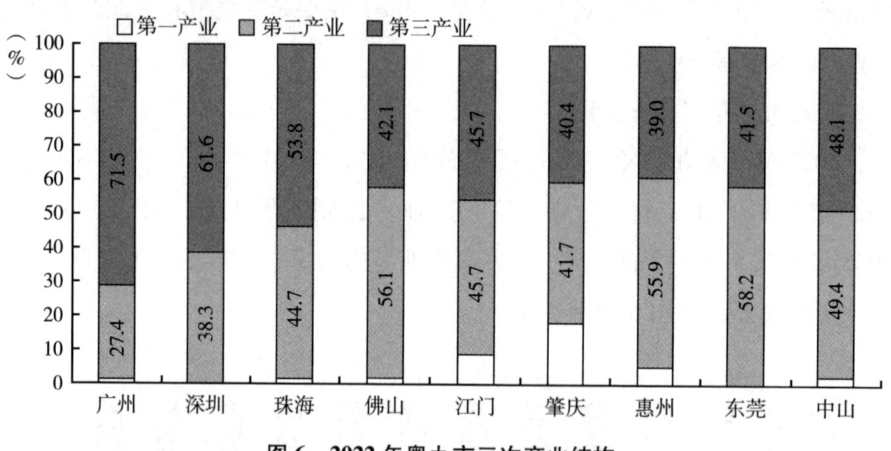

图 6　2022 年粤九市三次产业结构

资料来源：CEIC，Wind。

（二）投资与消费：粤九市小幅增长，港澳有所回落

1. 粤九市固定资产投资同比小幅增长，港澳回落但趋势转好

2022 年，粤九市固定资产投资同比增长 0.2%，较 2021 年放缓 7.9 个百分点（见图 7），但增速仍高于广东省固定资产投资增速 2.8 个百分点。从全年走势看，粤九市全年固定资产投资完成额同比增速呈现前高后低态势。从各市具体情况看，固定资产投资增速回落的主要原因是房地产开发投资的大幅下滑。

高新技术投资是主要推动力，基础设施投资有效托底。从粤九市各市具体情况来看，2022 年固定资产投资完成额同比增速最快的城市为惠州市，全年增长 8.8%，连续第二年领跑粤九市。惠州市固定资产投资高增长主要得益于工业投资同比增长 42.1%，其中先进制造业投资增长 57.5%，高技

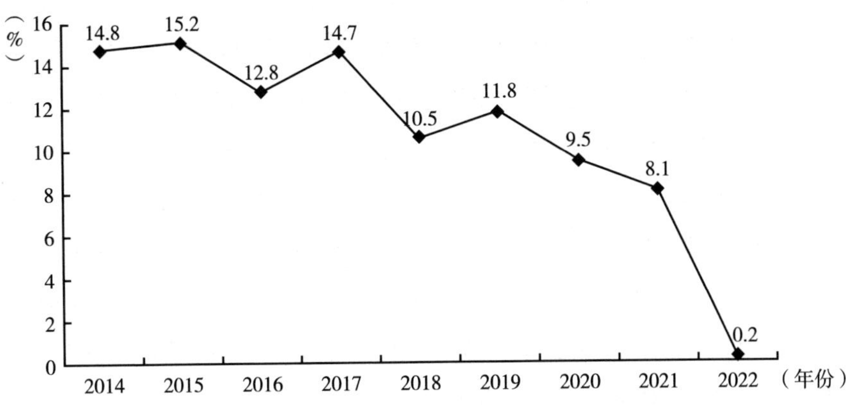

图 7　2014~2022 年粤九市固定资产投资增长情况

资料来源：广东省统计局，根据粤九市固定资产投资完成额汇总计算。

术制造业投资增长 44.1%。排名第二位的是深圳市，2022 年同比增长 8.4%，主要得益于制造业投资同比增长 15.4%，其中高新技术制造业投资增长 17.0%。第三位为东莞市，2022 年同比增长 0.8%，主要依靠高技术产业投资增长 3.9%以及基础设施投资增长 8.1%（见图 8）。

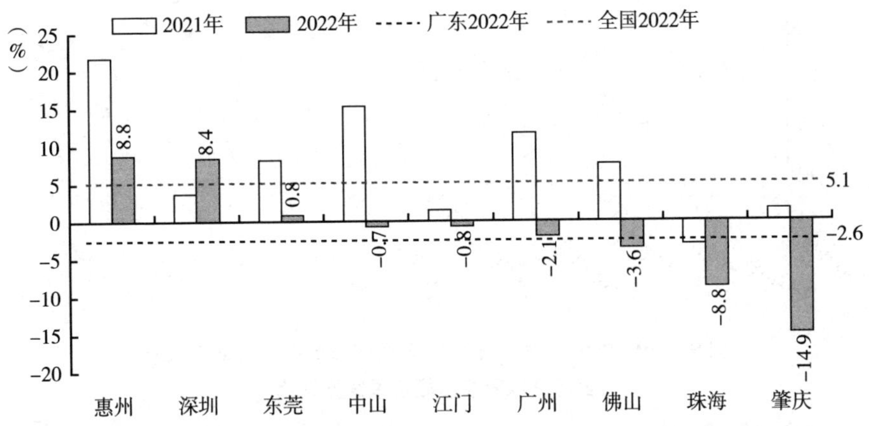

图 8　2021 年、2022 年粤九市各市固定资产投资同比增速

资料来源：Wind。

房地产投资下滑拖累整体投资。从粤九市情况看，2022 年除深圳市同比增长 13.3%，其他城市的房地产开发投资均出现明显下滑。整体投资最快的惠州市，房地产开发投资也下降了 17.9%；广州市情况相对较好，同比下降 5.4%；投资降幅最大的肇庆市，房地产开发投资同比下降了 41.7%。

受疫情影响，香港、澳门固定资产投资依旧偏弱。2022 年香港本地固定资本形成总额同比下降 8.5%，继 2021 年重回正增长后再次出现下降，四个季度依次同比下降 7.2%、1.2%、14.4%和 10.9%。澳门投资增速依旧保持下降。2022 年澳门固定资本形成总额同比下降 18.9%，第一季度同比增长 4.4%，但随着国内疫情冲击的加大，澳门第二至第四季度依次分别同比下降 26.4%、35.7%和 13.9%。不过从季度趋势看，港澳投资增速跌幅已开始收窄（见图 9）。

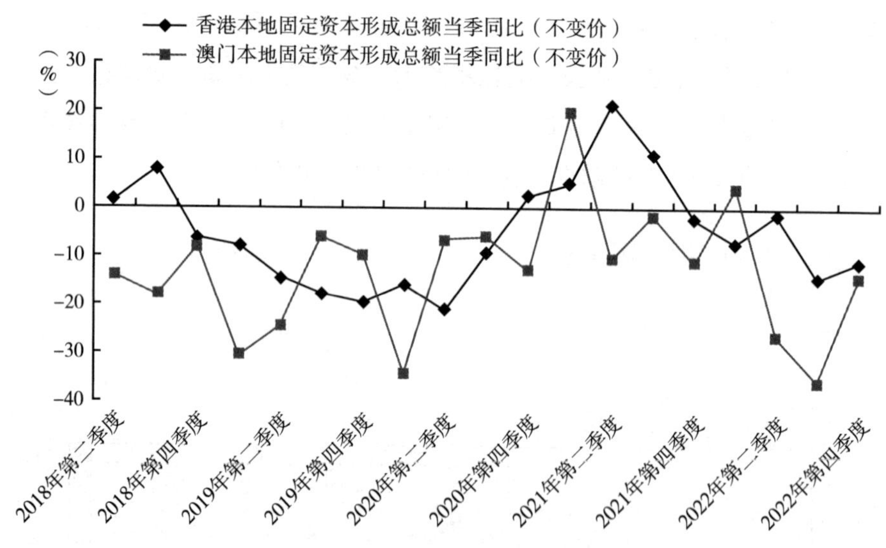

图 9　2018 年第二季度到 2022 年第四季度香港和澳门本地固定资本形成总额当季同比增速

资料来源：Wind。

2. 粤九市社会消费同比小幅增长，港澳回落但趋势转好

2022 年，粤九市克服了疫情影响，社会消费保持小幅增长，全年粤九

市社会消费品零售总额约为 3.496 万亿元，占广东省的 77.89%，占全国的 7.95%，均较上年小幅上升（见图 10）。从增速来看，消费对大湾区经济增长仍发挥了重要作用。2022 年粤九市社会消费品零售总额同比增长 1.6%，高于全国平均水平（-0.2%），与广东省社会消费品零售总额增速持平。网上零售增长好于线下销售，消费升级类商品零售额快速增长，汽车、通信器材消费实现高增长，能源与食品消费保持一定刚性，餐饮收入减少则是最大拖累。在投资增速明显回落的影响下，粤九市消费增长速度高于全国水平，有效支撑了经济增长。

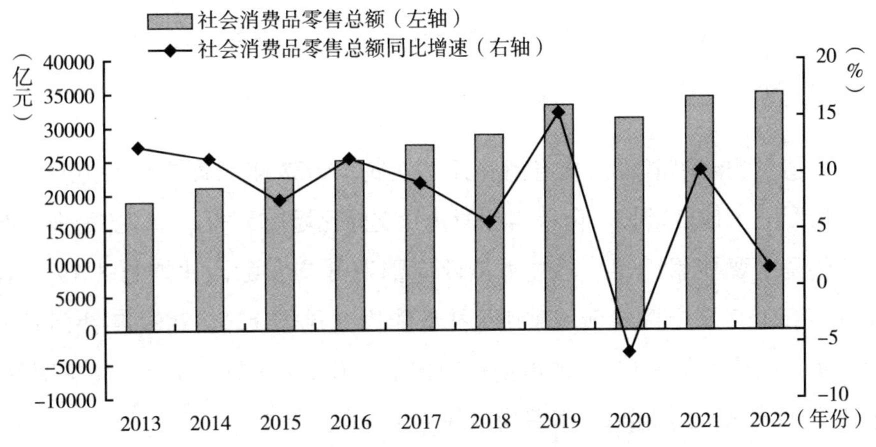

图 10　2013~2022 年粤九市社会消费品零售总额及同比增速

资料来源：Wind。

从粤九市各市情况看，2022 年广州市社会消费品零售总额连续第二年突破 1 万亿元，达 1.03 万亿元；深圳则以 9708 亿元紧随其后，接近 1 万亿元大关；东莞和佛山分别以 4254 亿元和 3593 亿元位于第二梯队；惠州、中山、江门、肇庆和珠海社会消费品零售总额在 1000 亿~2100 亿元之间，位于第三梯队。在增速方面，2022 年中山、惠州、江门、深圳、广州的社会消费品零售总额增速均快于粤九市和广东省的平均水平（见图 11）；珠海和肇庆的社会消费品零售总额分别同比下降 0.3%和 3.8%，低于全省和全国水平，肇庆消费回落主要是由于汽车消费的明显下滑。

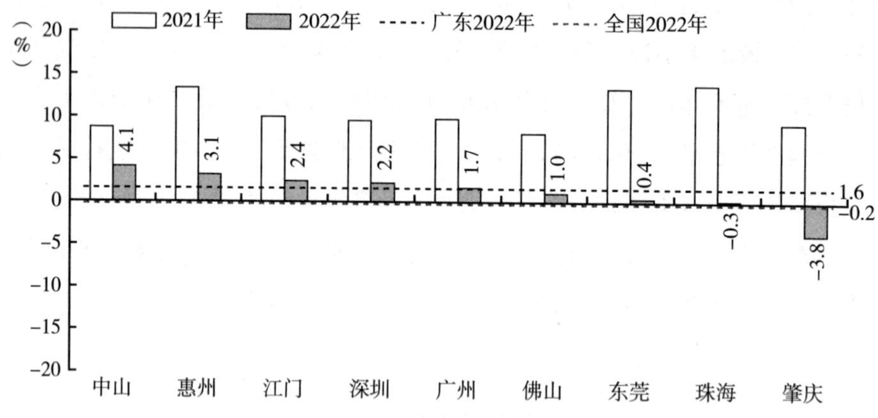

图 11　2021 年、2022 年粤九市社会消费品零售总额同比增速

资料来源：Wind。

疫情影响港澳消费，政府消费开支托底。2022 年，香港私人消费开支受疫情影响出现负增长，全年实际消费开支同比增速为-1.0%，旅游业、餐饮业仍是主要拖累因素，不过香港政府消费开支实际同比增长 8.1%，较 2021 年提升 2.2 个百分点，起到了托底作用（见图 12）。2022 年澳门私人消费实际同比下降 8.9%，政府消费同比下降 0.1%（见图 13）。分季度看，港澳 2022 年第四季度私人消费均出现了回升向好趋势。

（三）外贸形势：进口回落，出口微增，顺差扩大

2022 年粤港澳大湾区整体（粤九市+香港+澳门）进出口总额达到 16.19 万亿元①，同比小幅下降 2.2%。一方面全球外需回落对进出口贸易形成较大冲击；另一方面，2021 年外贸高增长也形成了较高的基数，如果与疫情前的 2019 年相比，大湾区整体进出口总额增长了 13.1%。

出口增长、进口回落，顺差高增长。2022 年，粤港澳大湾区整体出口额达 9.00 万亿元，同比增长 0.7%；进口额达 7.19 万亿元，同比下降 5.5%。出口增长体现了外需回落下大湾区出口依旧保持较强竞争力，进口

① 香港、澳门进出口额采用年度平均汇率换算为人民币后加总。

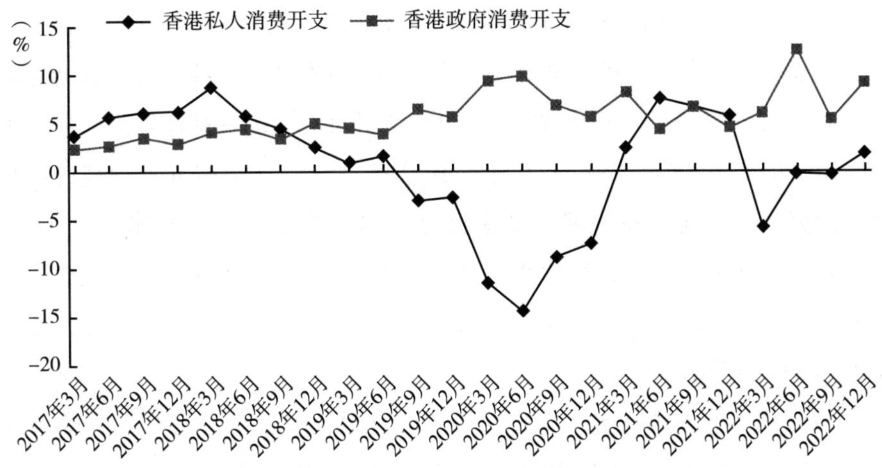

图 12　2017~2022 年香港私人及政府消费开支季度同比增速

资料来源：Wind。

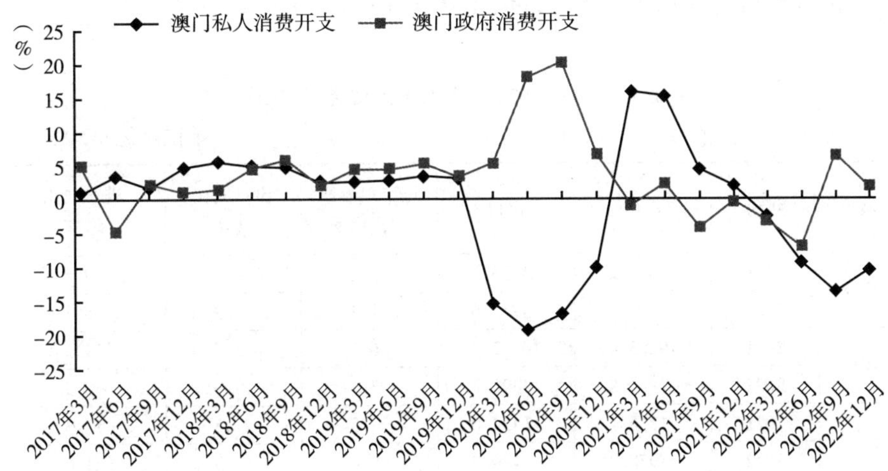

图 13　2017~2022 年澳门私人及政府消费开支季度同比增速

资料来源：Wind。

回落则主要由于疫情冲击下的内需不足以及进口价格的下降。2022 年大湾区实现贸易顺差 1.81 万亿元，较 2021 年增长 36.2%。

1. 粤九市外贸整体保持稳健增长

2022 年，全球经济运行的挑战明显增多，乌克兰危机、全球高通胀、美欧央行持续加息等因素对国际贸易产生了较多不利影响。全球产业链、供应链恢复受阻，贸易保护主义有所抬头，面对这些挑战，我国继续保持全球较高的进出口份额，“一带一路”、RCEP 等继续对我国发挥稳外需、促外贸的作用。据海关统计，2022 年广东贸易总额达到 8.31 万亿元，规模继续稳居全国第一。粤九市外贸进出口总额为 7.94 万亿元，比上年增长 0.58%，占广东全省外贸进出口总额的 95.5%。其中，出口 5.10 万亿元，同比增长 5.92%；进口 2.84 万亿元，同比下降 7.79%；贸易顺差 2.26 万亿元，比上年增加 5248 亿元。

2022 年，粤九市外贸进出口总额排名格局未变，但各市外贸形势有所分化。其中，深圳以 3.67 万亿元的外贸进出口总额继续位居第一；东莞排名第二，为 1.39 万亿元；广州位列第三，为 1.09 万亿元。除以上三市，其余 6 市进出口贸易总额均在 1 万亿元以下（见表 1）。

表 1　2021~2022 年粤九市外贸进出口情况

单位：亿元，%

城市	年份	出口	进口	进出口总额同比增速	出口同比增速	进口同比增速
广州	2021	6312.2	4513.7	13.5	16.4	9.6
	2022	6194.8	4753.6	1.1	-1.9	5.3
深圳	2021	19263.4	16172.2	16.2	13.5	19.5
	2022	21944.8	14792.7	3.7	13.9	-8.5
珠海	2021	1886.1	1434.0	21.5	27.5	17.3
	2022	1928.7	1124.8	-8.0	2.3	-21.6
佛山	2021	5007.4	1153.3	21.7	21.2	24.1
	2022	5562.5	1075.3	7.7	11.1	-6.8
惠州	2021	2132.3	922.8	22.8	26.3	15.3
	2022	2045.1	1045.8	1.2	-4.1	13.3
东莞	2021	9559.8	5687.2	14.6	15.4	13.3
	2022	9240.1	4686.5	-8.7	-3.3	-17.6
中山	2021	2231.6	463.3	22.0	23.0	17.6
	2022	2328.0	470.7	3.9	4.3	1.6

续表

城市	年份	出口	进口	进出口总额同比增速	出口同比增速	进口同比增速
江门	2021	1465.6	323.8	25.2	6.7	30.2
	2022	1446.5	326.1	-0.9	-1.3	0.7
肇庆	2021	272.0	133.4	-1.9	-9.3	17.8
	2022	270.9	117.1	-4.3	-0.4	-12.2

资料来源：Wind。

具体而言，深圳市规模居首位，贸易顺差继续扩大。2022 年进出口总额创下新高，出口 2.19 万亿元，规模连续第 30 年居内地外贸城市首位，增长 13.9%；进口 1.48 万亿元，下降 8.5%。贸易顺差 7152.1 亿元，比上年扩大 4061 亿元。民营企业进出口 2.28 万亿元，增长 5.9%，占比 62.1%，占比较 2021 年提升 1.3 个百分点。机电产品进出口额占比超 75%，出口机电产品 1.68 万亿元，增长 8.7%，电工器材、手机和自动数据处理设备分别增长 32.6%、28.6%和 24.3%。

佛山、中山、珠海出口均保持稳健增长。2022 年，佛山市完成进出口总额 6637.8 亿元，增长 7.7%。其中，出口 5562.5 亿元，增长 11.1%，出口增速列粤九市第二位，排在深圳之后。中山市完成进出口总额 2798.7 亿元，增长 3.9%。其中，出口 2328.0 亿元，增长 4.3%。珠海市完成进出口总额 3053.5 亿元，下降 8.0%。其中，出口 1928.7 亿元，增长 2.3%。广州、惠州、东莞、江门、肇庆出口出现负增长，分别下降 1.9%、4.1%、3.3%、1.3%和 0.4%。

惠州、广州、中山、江门进口保持增长。2022 年惠州市进口 1045.8 亿元，增长 13.3%，进口增速位列粤九市第一。广州市进口 4753.6 亿元，增长 5.3%，增速位列第二。中山市进口 470.7 亿元，增长 1.6%。江门市进口 326.1 亿元，增长 0.7%。受疫情冲击内需以及主要进口商品价格下降的影响，粤九市其余各市进口均出现了负增长。

2. 香港货物进出口高位回落

2022 年香港商品出口货值 45317 亿港元，同比下降 8.6%；商品进口货值 49275 亿港元，同比下降 7.2%（见图 14）；商品贸易总额达 94592 亿港元，下降 7.9%，是在 2021 年突破 10 万亿港元创下历史新高后的回落，但相比疫情前的 2019 年仍增长 12.6%。2022 年有形贸易逆差 3958 亿港元，较 2021 年扩大 487 亿港元。

亚洲地区贸易下跌是主要原因。与 2021 年相比，2022 年香港向部分主要出口目的地的整体出口额出现下滑，主要是对日本的出口额下降 13.8%，对中国内地下降 12.9%，对美国下降 5.5%。同期，来自部分主要供应地的进口额也出现下滑，主要是中国内地下降 14.6%、韩国下降 10.7%、日本下降 10.4%。

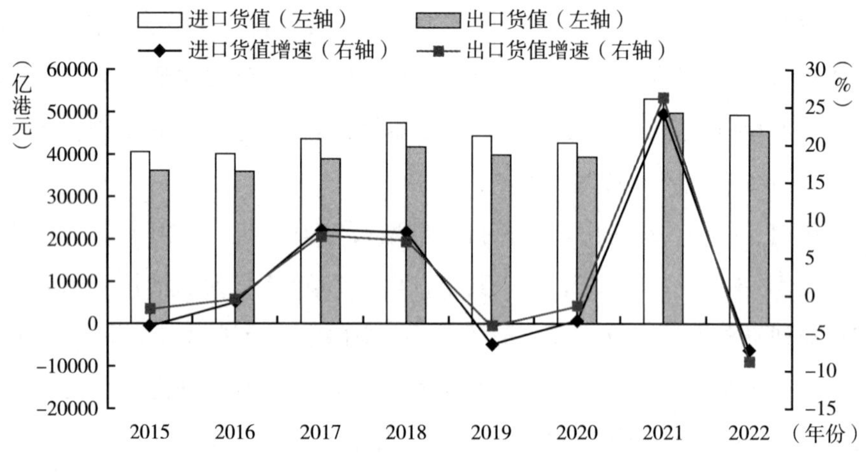

图 14　2015~2022 年香港商品进出口总体情况

资料来源：Wind。

3. 澳门货物贸易逆差有所收窄

2022 年澳门对外商品贸易总额共 1533.3 亿澳门元，较 2021 年的 1668.4 亿澳门元下降 8.1%。如图 15 所示，2022 年总出口货值为 135.2 亿澳门元，同比增长 4.3%；再出口（115.0 亿澳门元）及本地产品出口

（20.2亿澳门元）分别增加4.9%和0.7%。2022年总进口货值为1398.1亿澳门元，同比下降9.1%。2022年货物贸易逆差为1262.9亿澳门元，较2021年减少146.2亿澳门元。

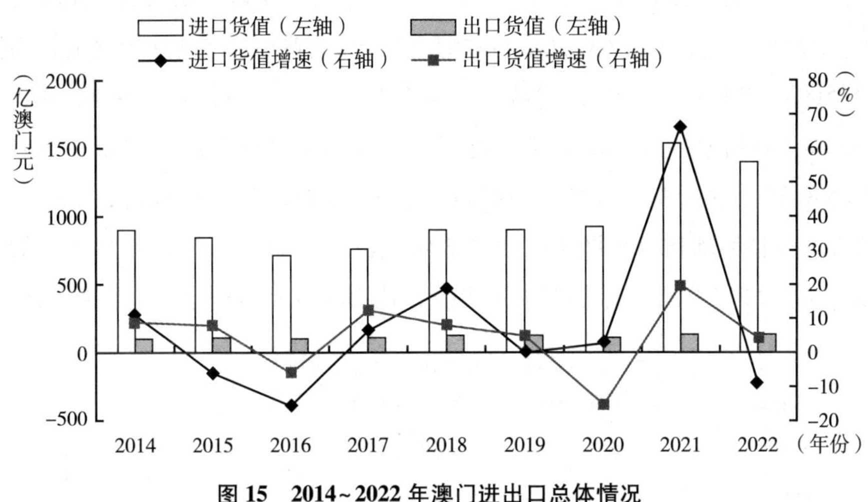

图15　2014~2022年澳门进出口总体情况

资料来源：Wind。

按出口目的地统计，2022年输往香港的货值（103.0亿澳门元）同比增长12.5%，而出口至美国（6.1亿澳门元）与欧盟（1.7亿澳门元）的则分别下降10.5%和12.1%；输往中国内地的货值（13.1亿澳门元）下降27.9%；出口至葡语国家的货值（170万澳门元）减少73.4%。

按货物原产地统计，2022年产自欧盟（458.5亿澳门元）及中国内地（424.5亿澳门元）的进口货值同比分别下降7.9%和12.5%。按货物来源地统计，从香港进口的货值（1172.8亿澳门元）下降11.4%，来自中国内地的货值（174.8亿澳门元）则增长6.3%，其中来自泛珠三角九省（167.3亿澳门元）的增加5.4%。消费品进口下跌8.4%至1017.1亿澳门元，其中美容化妆及护肤品（193.5亿澳门元）、手表（97.9亿澳门元）分别减少25.0%和18.0%，食物及饮品（197.2亿澳门元）则增加29.2%。

（四）财政情况：充分发力支持稳增长

2022 年，粤港澳大湾区面临内外部多重挑战，充分发挥财政支持稳增长的作用，在留抵退税政策影响下，财政收入有所下降，财政支出则充分发力。2022 年，大湾区（粤九市与香港合计）[①] 财政收入 1.404 万亿元，占同口径区域 GDP 的 12.9%；财政支出 1.956 万亿元，占同口径区域 GDP 的 15.2%。在增速方面，2022 年大湾区（粤九市与香港合计）财政收入同比下降 8.3%，主要是受疫情与留抵退税影响；财政支出同比增长 9.0%，充分发力支持稳增长（见图 16）。2022 年大湾区（粤九市与香港合计）的财政赤字为 5515 亿元，赤字率为 4.28%，比 2021 年显著上升 2.15 个百分点。

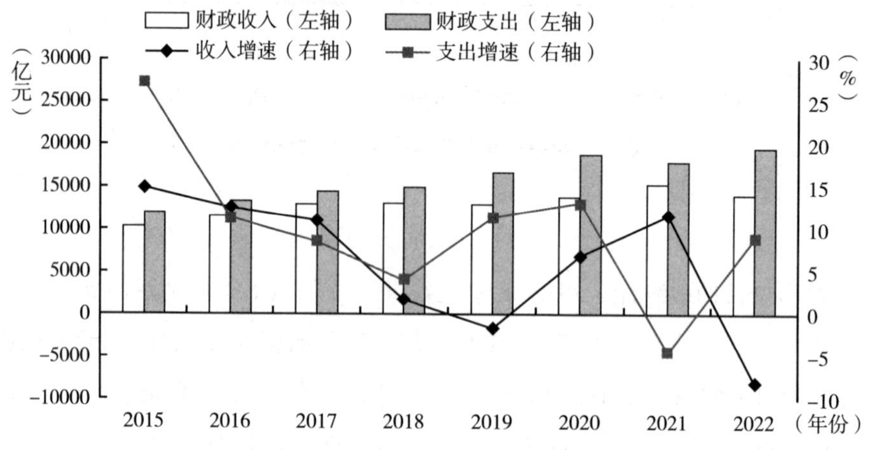

图 16　2015~2022 年大湾区（粤九市+香港）财政收支与增速

资料来源：CEIC，Wind。

单看粤九市的情况，2022 年粤九市财政收入有所下降，支出稳定增长。2022 年粤九市财政收入 9049 亿元，约占 GDP 的 8.6%；财政支出 12640 亿元，约占 GDP 的 12.1%。从增速看，2022 年粤九市财政收入同比下降 3.4%，较 2021 年放缓 13.6 个百分点；财政支出同比增长 2.6%，较 2021

---

① 粤九市均采用一般公共预算财政收入与支出，香港为政府综合财政收入和支出，并根据全年平均汇率折算为人民币。澳门因数据未公布，未纳入此项合计值。

年放缓 4.2 个百分点（见图 17）。留抵退税是粤九市财政收入下降的重要因素，粤九市中不少城市在剔除留抵退税后，实际收入转为增长，如广州市扣除留抵退税后财政收入可比增长 5.5%，佛山可比增长 2.3%。随着留抵退税与支出扩大，财政支持稳增长力度加大，2022 年粤九市地方口径（不考虑中央转移支付）的财政赤字为 3592 亿元，赤字率为 3.4%，比 2021 年提升 0.5 个百分点。

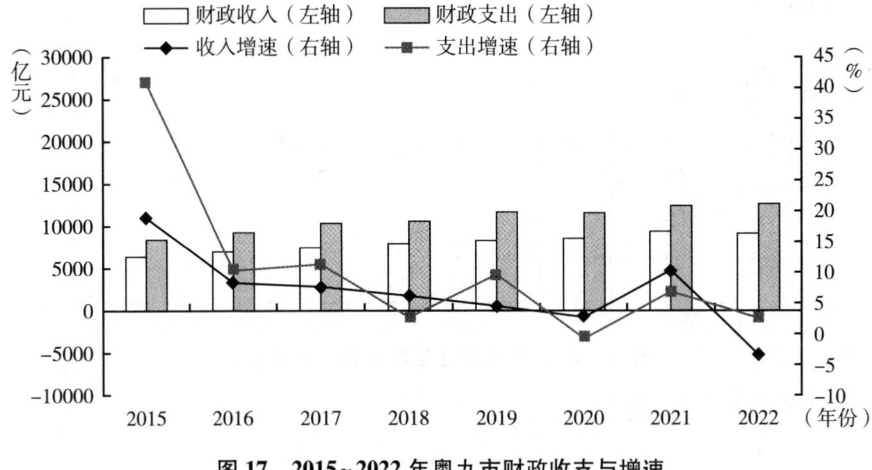

图 17　2015~2022 年粤九市财政收支与增速

资料来源：CEIC，Wind。

从粤港澳大湾区各市情况来看，2022 年财政收入规模排前三位的为香港、深圳和广州。其中香港[①]政府综合收入 5813 亿港元（4996 亿元），同比下降 18.8%；政府综合支出 8052 亿港元（6921 亿元），同比增长 18.9%。政府综合赤字 2239 亿港元（1925 亿元），是大湾区中财政赤字力度最大的城市。同时，香港政府收入和支出占其 GDP 的比重分别达到 20.6% 和 28.5%，相比内地要高出不少。

财政收入排第二位的是深圳，2022 年一般财政收入 4012 亿元，同比下降

① 这里为方便与内地加总计算，选取 2022 年 1 月至 12 月的自然年计算香港 2022 年财政收入，与香港特区政府采用的财年概念不同。

5.8%；一般财政支出为4997亿元，同比增长9.3%。深圳之后，依照财政收入规模排序依次为广州、佛山、东莞、惠州、珠海、中山、江门和肇庆（见图18）。受留抵退税影响，除肇庆，其他城市2022年财政收入普遍较上年下降。财政支出则有升有降，其中惠州与肇庆财政支出分别同比增长4.5%和0.1%。

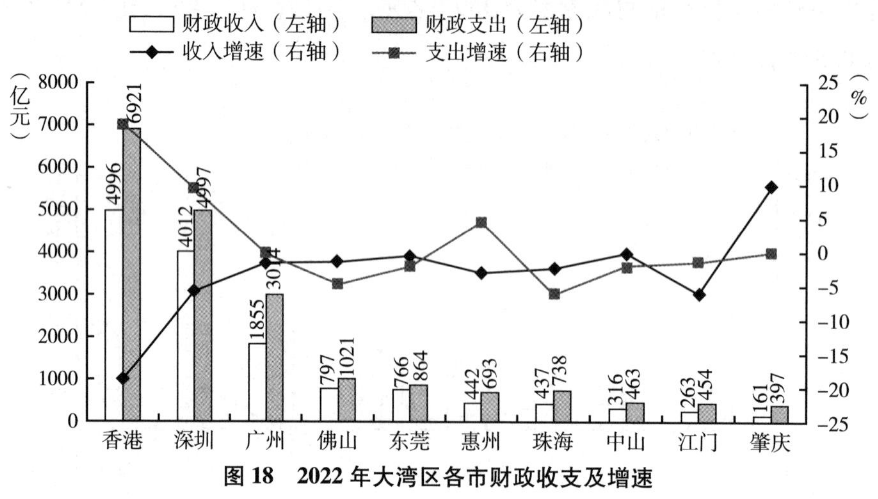

图18　2022年大湾区各市财政收支及增速

资料来源：CEIC，Wind。

（五）金融情况：存贷款保持增长，资本市场融资稳步攀升

1. 粤港澳大湾区存贷款余额稳步增长

自2017年来以来，粤港澳大湾区（含港澳）存贷款余额逐年稳步增长。2022年末，粤港澳大湾区存、贷款余额①分别为43.74万亿元和32.74万亿元，体量巨大，存贷供需平衡。存款余额较上年末增长10.1%，增速较上年加快3.1个百分点；贷款余额较上年末增长8.5%，增速放缓1.4个百分点（分别见图19和图20）。

粤九市存、贷款余额继续保持增长。2022年末，粤九市本外币存款余

① 粤九市均采用年末时点的本外币存款、贷款余额数据。香港与澳门采用年末时点的分别以港元和澳门元计价的存款、贷款余额数据，使用对应时点的汇率换算。

额为 28.97 万亿元，较 2021 年末增长 10.1%，增速较上年加快 0.2 个百分点（见图 19）。粤九市存款余额占大湾区整体存款余额的 66.2%，与上年持平。粤九市贷款余额为 22.26 万亿元，较 2021 年末增长 9.9%，增速较上年放缓 4.5 个百分点（见图 20）。粤九市贷款余额占大湾区整体贷款余额的 68.0%，较上年提升 0.9 个百分点。粤九市存贷款余额在整个大湾区的比重小幅上升，表明内地金融业在大湾区中的重要性有所提高。

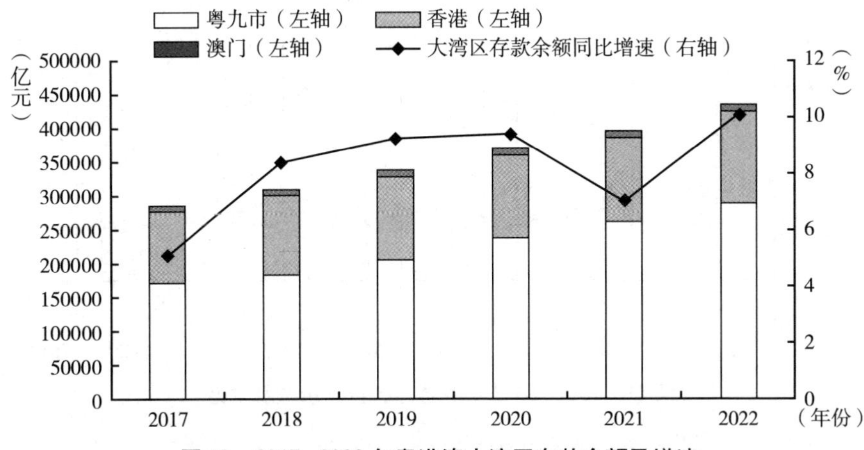

图 19　2017～2022 年粤港澳大湾区存款余额及增速

资料来源：CEIC，Wind。

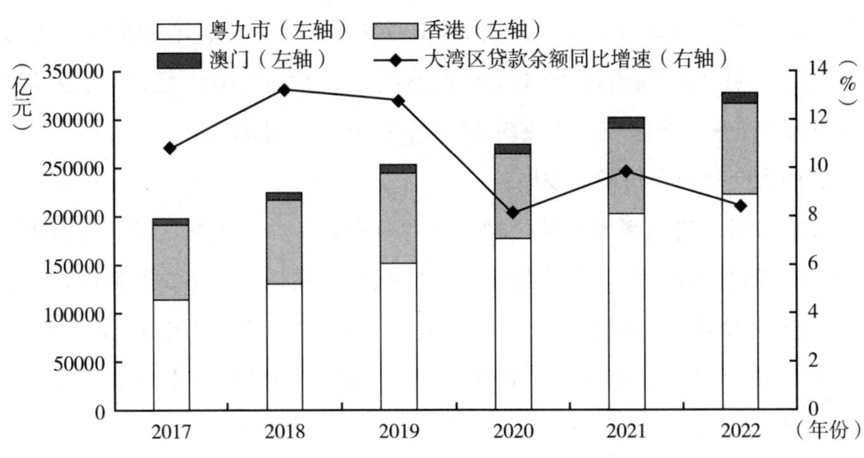

图 20　2017～2022 年粤港澳大湾区贷款余额及占比

资料来源：CEIC，Wind。

香港存款余额增速放缓，贷款余额出现下滑。2022 年末，香港存款余额达到 15.44 万亿港元（约合 13.69 万亿元），较 2021 年末增长 1.7%，增速较上年放缓 3.0 个百分点；贷款余额达到 10.57 万亿港元（约合 9.37 万亿元），较 2021 年末下降 3.0%，增速较上年放缓 6.8 个百分点（见图 21）。

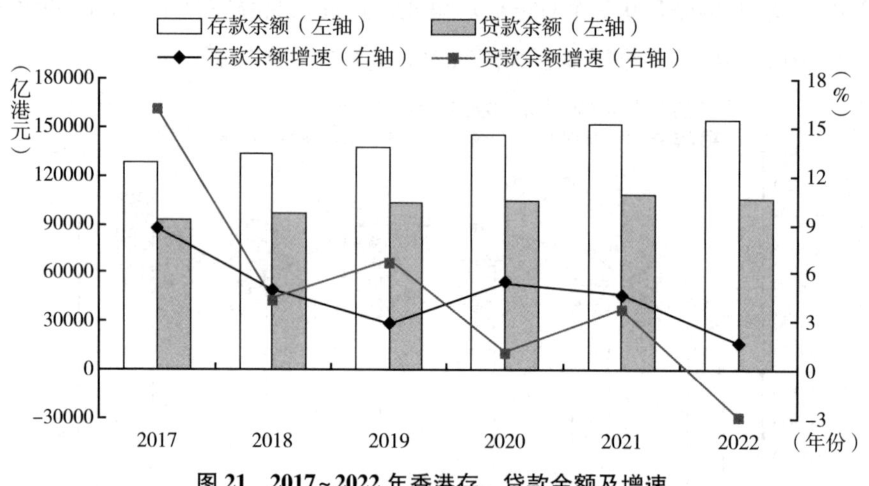

图 21　2017~2022 年香港存、贷款余额及增速

资料来源：CEIC。

澳门存、贷款余额均出现下滑。2022 年末，澳门存款余额达到 12617 亿澳门元（约合 10594 亿元），较 2021 年末下降 1.9%，增速较上年放缓 4.0 个百分点；贷款余额达到 12740 亿澳门元（约合 11061 亿元），较 2021 年末下降 2.3%，增速较上年放缓 13.4 个百分点（见图 22）。

2. 两大交易所保持稳健发展

资本市场是粤港澳大湾区金融发展的核心之一，粤港澳大湾区拥有深交所和港交所两大国际性证券交易所，直接融资体系较为完整，优势明显。

截至 2022 年底，深交所上市公司数为 2743 家，比上年增加 165 家，其中主板 A 股 1511 家，创业板 A 股 1232 家。总股本为 25642 亿元，较上年增加 1185 亿元。总市值为 32.42 万亿元，较上年减少 7.22 万亿元，下降 18.2%。总市值与我国 GDP 的比为 26.8%，较上年下降 7.7 个百分点。

2022 年，深交所全面贯彻新发展理念，服务实体经济，深化市场改革，

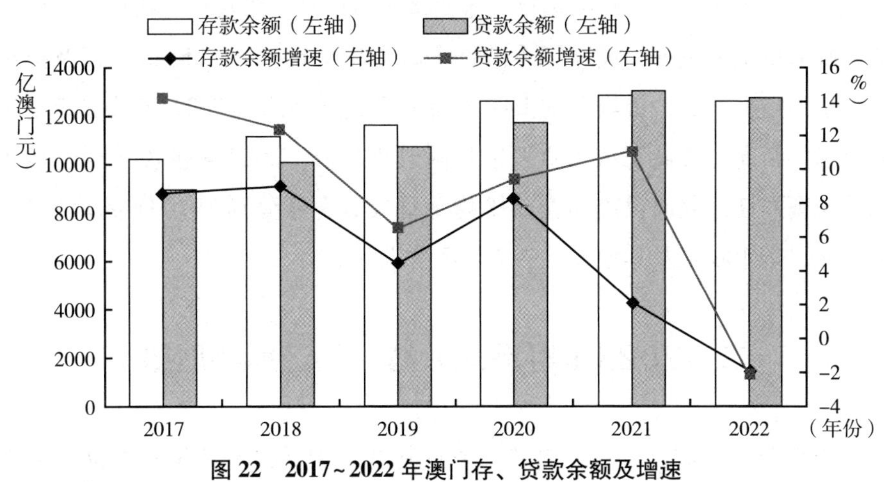

图 22　2017~2022 年澳门存、贷款余额及增速

资料来源：CEIC。

防范化解风险，推动高质量发展。全年直接融资规模保持较高水平，服务对接企业超过 2700 家。维护创业板注册制高质量运行，审核通过首发企业 208 家、再融资企业 119 家、并购重组企业 8 家，新增上市企业 150 家，创业板上市公司突破 1200 家。顺利启动互联互通存托凭证业务，实施深港、深新 ETF 互通，启动大湾区债券平台试点，实现境外机构投资者直接投资交易所债券市场。2022 年，新增申请上市企业中 89%为战略性新兴产业企业；成立了深交所科技成果与知识产权交易中心，发布国证 ESG 评价办法，着力服务科技创新，大力支持绿色发展。加快基础设施 REITs 常态化发行，大力推进 REITs 市场扩规模、拓范围，助力盘活存量资产。

截至 2022 年底，港交所证券市场上市公司达 2597 家，较上年增加 25 家，总市值约为 35.62 万亿港元，较上年下降 6.67 万亿港元，下降 16.0%（新股计算在内）。2022 年共计有 90 家公司 IPO 上市，首次公开发行筹资额达 1045.7 亿港元，较上年下降 68.4%。2022 年底恒生指数收报 19781.41 点，较 2021 年底下跌 15.5%。

2022 年，全球市场气氛受通胀忧虑及经济增长放缓影响，港交所平均每日成交金额为 1249 亿港元，较 2021 年新高纪录下跌 25%。2022 年港交所先后实施了多项重大战略举措，推出多个新产品及市场优化措施，互联互通机制取得重大进展，设立了香港首个碳交易平台 Core Climate，以及推出了一系列衍生产品，市场上的 ETF 产品也更趋多元化。2022 年港交所衍生品市场创新高，香港正成为重要的风险管理中心。2022 年沪深港通营运顺畅并表现强韧，北向及南向交易平均每日成交金额分别为 1004 亿元及 317 亿港元，全年收入及其他收益达 22.68 亿港元。

二　2023年粤港澳大湾区经济形势展望

2023 年，中国经济将开启“修复性复苏”模式，经济增长的动力将由 2021 年和 2022 年的“以外补内”转变为 2023 年的“以内补外”，全国和广东省在 2023 年的增长目标同为 5.0%，由于 2022 年相对较低的基数，只要保持疫情政策优化以来的良好势头，加上香港与澳门的同步复苏，实现 5.0%的增长目标的难度应该会小于上年，这也给粤港澳大湾区提供了更多专注于高质量发展的政策空间。

（一）从党的二十大报告看粤港澳大湾区未来发展

党的二十大指出，中国式现代化的本质要求是实现高质量发展，构建新发展格局，全面实现社会主义现代化。粤港澳大湾区在探索推进中国式现代化进程中取得了举世瞩目的历史性成就，未来将继续为我国加快构建新发展格局、着力推动高品质发展贡献力量。党的二十大报告与粤港澳大湾区发展相关的内容主要有以下几方面。

1. 坚持和完善“一国两制”，保持港澳长期繁荣稳定

党的二十大报告指出，“一国两制”是中国特色社会主义的伟大创举，是香港、澳门回归后保持长期繁荣稳定的最佳制度安排，必须长期坚持。要发挥香港、澳门优势和特点，巩固提升香港、澳门在国际金融、贸易、航运航空、创新科技、文化旅游等领域的地位。要推进粤港澳大湾区建设，支持香港、澳门更好融入国家发展大局，为实现中华民族伟大复兴更好发挥

作用。

可以说，香港与澳门的发展对于粤港澳大湾区来说具有极其重要的意义。香港作为国际金融、航运、贸易中心和国际航空枢纽，是全球最自由的地区之一。澳门作为中国与葡语国家商贸合作服务平台的作用也在不断强化。粤九市近几十年来的发展，离不开香港与澳门作为我国对外的世界窗口和要素枢纽的作用。未来粤港澳大湾区要在构建新发展格局和建设现代化经济体系上取得重大进展，需要深入推进国家治理体系和治理能力现代化，完善社会主义市场经济体制。要利用港澳法律、金融、保险、财务等专业服务优势，强化大湾区联通国内市场和国际市场的功能，充分发挥国内国际双循环引领优势，更加紧密地同世界经济联系互动，促进国内与国际市场更深程度连接融合，推进国内国际要素资源集聚配置。

2. 加快构建新发展格局，着力推动高品质发展

党的二十大报告指出，要实现高质量发展就必须推进高水准对外开放。依托中国超大规模市场优势，以国内大循环吸引全球资源要素，增强国内国际两个市场两种资源联动效应，提升贸易投资合作品质和水准。稳步扩大规则、规制、管理、标准等制度型开放。推动货物贸易优化升级，创新服务贸易发展机制，发展数字贸易，加快建设贸易强国。改革开放 40 多年来，粤港澳在扩大开放上敢为人先，坚持以开放促改革、促发展，在探索推进中国式现代化进程中取得举世瞩目的历史性成就。未来，粤港澳大湾区将有序推进制度型开放，加快粤港澳三地机制衔接，建设世界一流湾区，推动高质量开放发展。加快建设粤港澳合作平台，发挥横琴服务澳门经济适度多元发展的作用，加快前海现代服务业提速发展，探索南沙进一步深化面向世界的粤港澳全面合作。立足双循环交汇节点区位优势，促进国内国际市场深度融合，以对外开放促进对内开放。

同时，党的二十大报告也指出，推动高质量发展必须构建高水准社会主义市场经济体制。把实施扩大内需战略同深化供给侧结构性改革有机结合起来，增强国内大循环内生动力和可靠性，提升国际循环质量和水平，加快建设现代化经济体系。粤港澳大湾区依托“双区”和横琴、前海、南沙三大

平台等国家重大发展战略，可充分发挥大湾区市场发育早、市场主体多、市场力量强、市场规模大、市场空间广、经济密度高、市场环境好、经济活力强、开放程度高、市场化程度高的综合优势，围绕发挥市场在资源配置中起决定性作用和高效率发展的关键作用，更好地发挥政府作用，持续纵深推进社会主义方向的市场化改革，以集成式高质量改革加快构建高水平社会主义市场经济体制，降低市场主体的制度性交易成本，形成高质量经济发展的制度优势，引领建设全国统一大市场，全面深度释放市场活力，推动经济高质量发展。

3. 建设现代化产业体系

党的二十大报告明确提出要加快建设现代化产业体系，坚持把发展经济的着力点放在实体经济上，推进新型工业化，加快建设制造强国、品质强国、航天强国、交通强国、网络强国、数字中国。粤港澳大湾区作为中国乃至世界的制造业中心，加快建设具有国际竞争力的现代产业体系是粤港澳大湾区的新使命。近年来，粤港澳三地在协调机制、互联互通、制度衔接等方面取得重大突破，优势互补的产业和空间协作更加紧密，合作模式从“制造与贸易”简单分工合作发展到智能制造、科技研发、生物医药等多领域深度合作；建设现代产业体系初见成效，先进制造业、战略性新兴产业、现代服务业、海洋经济在全球产业链中的地位和影响力不断攀升，大湾区城市之间产业协作也从要素协作阶段迈入多链融合发展分工协作阶段。未来，粤港澳大湾区建设具有国际竞争力的现代产业体系将进入新的发展阶段，将进一步探索新时代产业高质量发展的新路径，加快实现粤港澳大湾区产业体系向大而强、大而优转型跨越，不断深化粤港澳大湾区在经济高质量发展中的引领和示范作用。

（二）全球经济减速与外需回落挑战下的粤港澳大湾区发展

1. 2023年全球经济将进入减速阶段

2023 年主要国家延续 2022 年的紧缩性货币政策，大多数经济体将进入减速阶段，全球经济复苏动力不足。

一是地缘政治等外生性冲击挥之不去。随着俄乌冲突走向长期化，欧洲能源仍面临供应问题，尽管 2022~2023 年冬季气候偏暖在一定程度上缓解了能源危机，但欧洲的工业基础依然遭到了严重削弱。东西方政治互信趋弱，全球化逆转和贸易保护主义崛起，将长期影响全球产业链和供应链，威胁全球贸易稳定。这些外生性的不稳定因素依旧在较长的周期中推升全球通胀和抑制全球产出。

二是全球通胀降温十分缓慢。从各国 2023 年初的通胀水平来看，除了少数能源与粮食安全边际较高的制造业国家、部分长期陷入通缩的国家，以及一些大宗商品供给国，其他国家仍面临较大的通胀压力。美国、欧元区、英国通胀压力较前期出现了边际改善，但黏性依然较强。日本以及北非、中亚和东欧地区的部分国家通胀仍在上升。从目前情况来看，即便全球大宗商品价格开始回落，全球长期通胀中枢的抬升已不可逆，中速增长与温和通胀的“大缓和”时代一去不复返。IMF 预计全球通胀率将从 2022 年的 8.8%降至 2023 年的 6.5%，预示着全球范围内的通胀降温十分缓慢。

三是全球多数国家正在以紧缩性政策抑制需求。面对供给冲击引发的高通胀问题，各国不得不以压缩需求的方式为通胀降温。以美联储为首的全球央行竞相加息，主要经济体中仅中国、日本、俄罗斯和土耳其没有加息。普遍的紧缩性货币政策正在压低全球需求，2023 年 2 月 G7 国家的 OECD 综合领先指标较 1 月下降 0.01 至 98.54，已连续 10 个月低于 100，标普全球 PMI 综合指数则已连续 5 个月低于 50%荣枯线，紧缩性政策带来的全球经济降温趋势十分明显。

四是全球流动性和金融环境收紧。在经济和政策不确定性加剧的情况下，投资者避险情绪升温导致全球市场表现出紧张态势。此外，多数国家加息幅度不及美国，引发资金回流，全球流动性紧缩、金融环境收紧和本币贬值也使得部分新兴市场国家面临债务困境。即便是美国，金融条件的收紧也在酝酿新的风险，2023 年 3 月 10 日美国硅谷银行因美债估值下降和资产负债表长贷短借问题，爆发流动性危机，最终宣布破产而被政府接管，凸显了金融环境收紧在全球金融机构中隐含的巨大风险。

2. 外需回落使我国的外贸形势面临严峻考验

在外需回落的大背景下，2023 年我国出口面临的形势不容乐观。

首先，海外需求收缩对出口的冲击将会加剧。受货币政策收紧和通胀成本冲击的滞后影响，2023 年海外经济大概率会进入衰退。世贸组织预测，2023 年全球货物贸易量仅增长 1%，较 2022 年放缓 2.5 个百分点左右。我国作为全球第一的外贸大国，全球总需求减少对我国外贸需求必然产生拖累。

其次，出口市场占有率将继续下降。受疫情反复冲击影响，供应链和产业链难以稳定运行，2022 年我国订单外流现象更趋严重。此外，近年来以美国为首的西方国家正在加快推动与中国的产业链脱钩和制造业回流，美国提出了《芯片与科学法案》和《通胀削减法案》，试图通过提供大量补贴吸引制造业尤其是芯片和汽车产业回迁。订单转移和产业链重构等状况必然严重影响我国 2023 年的出口市场。

最后，出口价格也将回落。随着全球经济增速放缓、全球供应链压力缓解以及主要国家紧缩政策短期难以转向，2023 年大宗商品价格将会继续走低。随着 2023 年全球主要经济体通胀幅度收敛，我国出口价格也将相应回落，出口对我国经济的支撑作用将明显减弱。

3. 努力稳外需、扩内需是粤港澳大湾区发展的关键着力点

2023 年我国外需将面临巨大压力。对粤港澳大湾区来说，一方面要努力稳外需，推进高水平对外开放，另一方面也要加大力度促内需，以保持社会总需求的稳定。

随着世界经济衰退风险上升，贸易保护主义、地缘政治负面影响增大，我国的外贸压力明显加大。在这样的形势下，不少企业反映手上的订单在减少，下单在延迟，大单变小，长单变短，全力稳外需成为当务之急。推动货物贸易优化升级，创新服务贸易发展机制，发展数字贸易，是党的二十大报告中提出的有关贸易发展的未来走向。2023 年，粤港澳大湾区将多措并举，全力促进外贸稳规模、优结构。一是推动外贸供应链强链

补链。粤港澳大湾区是中国对外开放程度最高的区域之一，应以粤港澳大湾区为平台挖掘中国外贸新潜力，推动强链补链，加速产业链供应链融合。同时，培育专精特新“小巨人”企业，激活产业链上中小企业活力，推动企业向专精特新方向演进，优化产业布局，增强中国产业链韧性。二是优化贸易方式。做强一般贸易的同时，支持加工贸易梯度转移，升级发展。对现在发展比较迅速的跨境电商、海外仓、保税维修等新业态新模式，要协调推动其快速健康发展。在服务贸易方面，在前期试点的基础上，推动升级建设国家服务贸易创新发展示范区。三是优化产品结构，培育贸易新动能。传统的优势要巩固，同时在升级中不断培育新的贸易增长点。例如，新能源汽车、锂电池以及光伏产品出口增速很快，形成了新动能。不仅如此，还要支持粤港澳大湾区各地探索举办贸易数字化展会，加快大湾区全球贸易数字化领航区建设，不断提升贸易数字化水平，以数字赋能增加贸易动能。四是充分利用 RCEP 的政策红利。推动 RCEP 相关措施在粤港澳大湾区全面落地。持续优化面向 RCEP 国家的通关流程，提升通关效率。鼓励企业抢抓 RCEP 机遇，用足用好各项优惠政策，帮助企业开拓 RCEP 市场。

在促内需方面，关键是要提振消费信心，加快恢复传统消费，培育新型消费。通过加快推进广州、深圳国际消费中心城市和 6 个区域消费中心城市建设，培育形成一批国内外品牌消费集聚区，为恢复和扩大消费营造更加优越的市场环境。在稳增长方面，重点要发挥有效投资的关键作用。通过全力落实广东交通强省战略，加快推动铁路与高速公路支线和联络线、珠海机场等机场项目改扩建、沿海港口疏港铁路、惠州太平岭核电一期等现代化基础设施体系建设，大力发展智慧交通、智慧物流、智慧城市。

（三）中国与粤港澳大湾区2023年经济形势展望

2023 年中国经济将开启“修复性复苏”模式，复苏的主要动能来自抑制经济增长因素的消除。随着疫情防控回归“乙类乙管”，决策层将把发展重点放在"推动经济运行整体好转"以及"提振市场信心"上，预计2023年经济发展将出现较为明显的好转。

从外部看，2023年面临的最大挑战是出口增速放缓。随着发达经济体连续大幅加息，全球经济正在明显降温，我国出口面临的压力加大。出口增速放缓将会对一部分制造业投资产生拖累，并在一定程度上加大就业压力。在此环境下，2023年我国经济增长的动力将显著改变，由2021年和2022年的"以外补内"调整为2023年的"以内补外"。

从内部看，我国经济有望总体回升。一是新冠疫情防控回归"乙类乙管"后，2023年我国经济活力将加速释放，消费、服务业生产和就业都将有明显改善；二是2022年实施的一揽子稳经济措施形成的政策效应在2023年将会持续，而2023年还将加大宏观政策调控力度，大力提振市场信心，存量政策和增量政策叠加发力有利于促进经济加速恢复发展；三是2023年房地产行业逐步转向健康稳定发展的新阶段，房地产对整体经济的影响开始由负面冲击转为中性。

2023年《政府工作报告》设定的全国GDP增长目标为5.0%，较上年5.5%的目标有所回落。广东省的经济增长目标也为5.0%，与全国水平持平。从1~2月的经济情况来看，除进出口外，我国各项宏观经济数据显著回暖，表明疫情优化防控以来，在各项政策的助推下，我国经济发展呈现久违的显著向好势头，特别是内需表现十分强劲。但是，也要看到，当前外需疲弱，我国进出口增速仍为负增长，外需是否具有韧性仍是今年最大的不确定性。

低基数效应也有助于完成经济增长目标。从2022年的GDP情况来看，全国与广东省的GDP增速分别为3.0%和1.9%，形成了相对较低的基数，只要保持疫情政策优化以来的良好势头，实现5.0%目标的难度应该会小于2022年，这也给我国及粤港澳大湾区提供了更多专注于高质量发展的政策空间。此外，香港与澳门的经济基数相对较低，港澳跨境旅游的正常化将提振当地零售业，香港与澳门的零售将出现明显反弹，经济增速也有望明显回升，有助于大湾区整体经济保持稳健增长。

三 政策建议

（一）进一步完善粤港澳大湾区合作协调机制

粤港澳大湾区在密度、力度、广度和优先级等方面都具备优良的条件，发展空间和发展潜力不仅不亚于长三角、京津冀地区，更有望成为全国面积、人口、科技创新、市场化等综合水平最高的国家级重点发展区域。但是，粤港澳大湾区在面临重大发展机遇的同时，也面临着挑战，其中最重要的就是"一国两制"下的城市协同发展。不同于纽约湾区、旧金山湾区和东京湾区，以"一个国家、两种制度、三种货币、三个关税区、四个核心城市"的格局建立世界级城市群的粤港澳大湾区，其社会制度、人文差异、交通运输、协调管治、实施机制等方面的问题更为复杂，跨区域治理也成为粤港澳大湾区建设的重点和难点。

新时期粤港澳大湾区各地协同发展的主要任务，就是以市场为主导，打破行政区域规划限制，树立一体化发展意识，通过政府与市场的有机协同推进，在跨境金融、交通等关键领域形成动态促进区域协调发展的新体制机制，使落后地区补齐发展短板、发达地区克服瓶颈制约，最终实现粤港澳大湾区高质量发展。

（二）在粤港澳大湾区框架下加快香港与澳门的转型发展

随着内地改革开放持续深入，港澳地区由于基本将轻工业转移至内地，又错失了发展信息产业的良机，存在产业空心化问题，主要包括制造业萎缩、产业单一化等，严重阻碍经济转型。此外，香港、澳门作为开放的小型经济体，对外部经济环境具有极强的依赖性。近年来，受新冠疫情影响，进入港澳的游客数量呈断崖式下跌，经济显著收缩，一些中小企业甚至大型企业的正常经营面临着巨大的挑战。

粤港澳大湾区除了拥有独特的制度优势，在科技、金融等领域也具备比较优势，产业链也相对完整。按照《粤港澳大湾区发展规划纲要》，未来香港、澳门都将迎来新一轮的再工业化升级。为不断增强香港、澳门地区畅通国内大循环、联通国内国际双循环的功能，两地需要准确把握自身角色和定位，以粤港澳大湾区高质量发展为契机，发挥独特优势，在大湾区框架下加快港澳地区再工业化进程，调整港澳经济结构，带动经济适度多元发展。

（三）加快推动金融开放创新改革红利释放

党的二十大报告明确提出，要推进粤港澳大湾区建设，支持香港、澳门更好融入国家发展大局，为实现中华民族伟大复兴更好发挥作用。横琴、前海、南沙作为推动粤港澳全面合作发展的重大支撑平台，加大金融支持横琴、前海和南沙的建设力度，对深化内地与港澳合作发展、扩大金融业改革开放、支持大湾区经济高质量发展具有重要意义。

中共中央、国务院于2021年9月印发的《全面深化前海深港现代服务业合作区改革开放方案》《横琴粤澳深度合作区建设总体方案》和国务院2022年6月印发的《广州南沙深化面向世界的粤港澳全面合作总体方案》，明确要求前海、横琴、南沙加快推进与香港、澳门的金融互联互通，打造金融市场率先高水平开放的新高地。《2023年广东金融支持经济高质量发展行动方案》进一步明确提出，要以横琴、前海、南沙三大平台金融开放创新为重点，加快推动金融产业高质量发展，共建粤港澳大湾区国际金融枢纽。2023年2月，中国人民银行、中国银保监会、中国证监会、国家外汇局、广东省人民政府已联合印发了《关于金融支持横琴粤澳深度合作区建设的意见》和《关于金融支持前海深港现代服务业合作区全面深化改革开放的意见》。两份意见秉持利港澳、挺粤深、惠内地的理念，紧扣粤港澳跨境金融合作这一鲜明特色，涵盖金融机构、市场、业务、监管、人才等多领域合作，有利于粤港澳金融领域规则衔接、机制对接和市场融合，推动大湾区国际金融枢纽建设进入新阶段，进而促进粤港澳三地更多领域、更高水平、更深层次的前瞻性产业布局。《2023年广东金融支持经济高质量发展行动方案》也明确表示要加快研究出台金融支持南沙建设专项措施，推进南沙贸易投融资便利化和气候投融资试点，加快探索在资本市场、科创金融、跨境保险、绿色金融等领域扩大与港澳地区的双向金融开放合作。下一步，应加快推动两份意见的细则落地以及金融支持南沙建设专项措施的出台，尽快推动金融改革红利的释放，为大湾区经济高质量发展提供更好的金融支撑。

参考文献

[1] 林洁：《今年粤港澳大湾区经济全面复苏》，《中国青年报》2021年8月24日。

[2] 吴德群：《深圳外贸出口实现三十连冠》，《深圳特区报》2023年1月20日。

[3] 任轩、任生：《凝心聚力谋发展　笃行不怠启新程　省十四届人大一次会议在广州举行》，《人民之声》2023年第1期。

[4] 贺满萍、吕雪峰：《债务削减、贸易摩擦与经济增长》，《中国财政》2018年第24期。

[5] 张建军：《在高质量发展上走在前列作出示范》，《经济日报》2023年1月17日。

[6] 黄剑辉、谭苑芳：《粤港澳大湾区2019年经济形势分析与2020年展望》，载涂成林、苏泽群、李罗力主编《中国粤港澳大湾区改革创新报告（2020）》，社会科学文献出版社，2020。

[7] 王伟中：《2023年广东省政府工作报告》，《南方日报》2023年1月18日。

[8]《习近平：高举中国特色社会主义伟大旗帜　为全面建设社会主义现代化国家而团结奋斗——在中国共产党第二十次全国代表大会上的报告》，中国政府网，2022年10月25日，https://www.gov.cn/xinwen/2022-10/25/content_5721685.htm。

[9] 赵新江：《2023年中国经济稳中向好》，《理财》2023年第2期。

[10] 谢晶晶：《2023：推动粤港澳大湾区高质量协调发展》，《金融时报》2023年2月13日。

体制创新篇

Institutional Innovation

B.2
粤港澳大湾区实行更加开放一体化负面清单压力测试的建议*

广州市粤港澳大湾区（南沙）改革创新研究院课题组**

摘　要： 粤港澳大湾区作为国家经济引擎和开放门户，实行更加开放一体化负面清单压力测试，既是粤港澳大湾区通过扩大制度型开放来突破政策、制度壁垒的自身需要，也是支持国家加入更高标准的国际自贸协定、为我国进一步扩大开放提前探路的需要。粤港澳大湾区实行更加开放一体化负面清单压力测试的基础条件已比较充分，只要做好组织准备、方案准备和保障准备就完全安全可行。

* 本文是广东省决策咨询基地广州大学粤港澳大湾区（南沙）改革创新研究院、广州市新型智库广州大学广州发展研究院的研究成果。

** 课题组组长：涂成林，广州大学二级教授、博士研究生导师，广州市粤港澳大湾区（南沙）改革创新研究院执行院长，广东省区域发展蓝皮书研究会会长，研究方向为城市综合发展、文化科技政策、国家文化安全及马克思主义哲学。课题组成员：谭苑芳，广州大学广州发展研究院副院长、教授、博士，广州市粤港澳大湾区（南沙）改革创新研究院理事长；曾恒皋，广州市粤港澳大湾区（南沙）改革创新研究院研究总监；于晨阳，广州大学广州发展研究院博士后；臧传香，广州大学管理学院博士研究生，广州市粤港澳大湾区（南沙）改革创新研究院特约研究员；杨丽红，广州大学马克思主义学院硕士研究生。执笔人：涂成林、臧传香。

建议对标 RCEP、CPTPP 等国际高标准自贸协定，从市场准入、规则衔接统一、投资贸易自由化和便利化等领域率先重点突破。

关键词： 负面清单　压力测试　市场一体化　粤港澳大湾区

在当前国际国内环境日趋复杂严峻的背景下，进一步全面深化改革、推进高水平开放，加快构建以国内大循环为主体、国内国际双循环相互促进的新发展格局是必由之路。习近平总书记在党的二十大报告中明确提出，在全面建设社会主义现代化国家的前进道路上，坚持深化改革开放是必须牢牢把握的一项重大原则。要坚持以推动高质量发展为主题，加快推进高水平对外开放。“依托我国超大规模市场优势，以国内大循环吸引全球资源要素，增强国内国际两个市场两种资源联动效应，提升贸易投资合作质量和水平。稳步扩大规则、规制、管理、标准等制度型开放。推动货物贸易优化升级，创新服务贸易发展机制，发展数字贸易，加快建设贸易强国。合理缩减外资准入负面清单，依法保护外商投资权益，营造市场化、法治化、国际化一流营商环境。”

粤港澳大湾区建设是新时代推动形成全面开放新格局的重大战略安排，在国家发展大局中具有重要战略地位。“创新驱动、改革引领”是《粤港澳大湾区发展规划纲要》对大湾区建设提出的首要遵循原则，“大湾区内市场高水平互联互通基本实现，各类资源要素高效便捷流动”是粤港澳大湾区建设在 2035 年前必须实现的发展目标。而粤港澳大湾区实行更加开放一体化负面清单压力测试，就是在保障国家发展安全的情况下，在整个大湾区范围内，采用“非禁即入”负面清单管理模式，在项目准入、规则衔接、机制对接等方面先行先试实行更加开放政策的重大改革举措。粤港澳大湾区作为国家经济引擎和开放门户，实行更加开放一体化负面清单压力测试，为我国申请加入 CPTPP 等更高标准自贸协定、进一步扩大开放提前探路，这是大湾区必须担起的历史责任，也是推动大湾区加快建成国际一流湾区和世界级城市群的必然选择和可行路径。

一 粤港澳大湾区实行更加开放一体化负面清单压力测试的必要性

（一）通过扩大制度型开放来突破政策、制度壁垒的需要

相比世界其他湾区，粤港澳大湾区的显著特征是“一个国家、两种制度、三个关税区”。“一国两制”是粤港澳大湾区的重大政策优势，但粤港澳因社会和法律制度不同、分属于不同关税区域，对湾区内部市场互联互通、生产要素高效便捷流动构成了严重障碍。2019 年 2 月中共中央、国务院印发《粤港澳大湾区发展规划纲要》以来，在中央支持下，粤港澳三地政府持续推进交通互联互通、规则对接衔接为主要内容的大湾区一体化发展进程，但要素流动受限、制度规则差异、市场准入门槛等问题依然是制约粤港澳建设国际一流湾区的主要因素。

粤港澳大湾区实行更加开放一体化负面清单压力测试，负面清单之外的行业、领域、业务等，各类市场主体皆可依法平等进入，有助于促进湾区内要素有序自由流动、资源高效配置，形成协同发展效应，提升制度型开放的水平，加快营造市场化、法治化、国际化营商环境；也有助于打破粤港澳大湾区要素流动藩篱，促进制度规则相统一，加快建立与国际通行规则接轨的现代市场体系和更高水平的开放型经济新体制。

（二）先行先试打造改革开放新高地的需要

坚定不移扩大开放，构建“更大范围、更宽领域、更深层次对外开放格局”，是我国始终坚持的发展方向。负面清单是较过去正面清单改革模式开放水平更高、对全球公司和国际资本更具吸引力的一种开放发展管理模式。粤港澳大湾区作为我国改革开放先行地，实行更加开放一体化负面清单压力测试，可以形成一套兼顾开放和风险的双向开放体系，有助于粤港澳大湾区先行先试树立新标杆，率先形成一批可复制推广的

经验成果，构建开放型经济新体制，培育参与和引领国际经济合作竞争的新优势。

（三）支持国家加入更高标准的国际自贸协定的需要

2022年1月1日，《区域全面经济伙伴关系协定》（RCEP）正式生效实施。为促进形成区域一体化的大市场，在RCEP协议中，国家在货物贸易、贸易便利化、投资、服务等领域做出了比WTO相关协议及已有“10+1”自贸协定更开放的承诺，近90%的货物贸易将在10年内分阶段逐步实现零关税。粤港澳大湾区位于RCEP核心区域，要实现区域经济一体化首先要实现大湾区内部一体化。

我国还积极申请加入《全面与进步跨太平洋伙伴关系协定》（CPTPP）、《数字经济伙伴关系协定》（DEPA）等更高水平的自贸协定，积极推动区域经济一体化和贸易投资自由化、便利化进程。习近平总书记在2022年12月15日召开的中央经济工作会议上指出，2023年的经济工作要从战略全局出发推进高水平对外开放，提升贸易投资合作质量和水平。要扩大市场准入，加大现代服务业领域开放力度。要积极推动加入《全面与进步跨太平洋伙伴关系协定》（CPTPP）和《数字经济伙伴关系协定》（DEPA）等高标准经贸协议，主动对照相关规则、规制、管理、标准，深化国内相关领域改革。粤港澳大湾区作为我国开放程度最高、经济活力最强的改革先行区，理应勇担先行先试重任，对标CPTPP等国际高水平自由贸易协定，尽快高效实行压力测试。

（四）广东和广州高水平融入“双循环”新发展格局、实现高质量发展的需要

粤港澳大湾区是中国、广东和广州联系世界的一个重要纽带，在以国内大循环为主体、国内国际双循环相互促进的新发展格局中，粤港澳大湾区具有极为重要的战略支点地位。在举全省之力实施《广州南沙深化面向世界的粤港澳全面合作总体方案》的过程中和在国家推进高水平对外开放、稳

步扩大制度型开放的新征程中勇担使命、当好尖兵，实行更加开放一体化负面清单压力测试，加快建立与国际通行规则接轨的现代市场体系和更高水平的开放型经济新体制，推动投资贸易更加自由化、便利化，拓宽合作领域，以更高水平融入国内大循环为主体、国内国际双循环相互促进的新发展格局，有助于广东和广州更好地利用国内国际两个市场、两种资源获得更强大的发展动能，对广东和广州未来经济“实现质的有效提升和量的合理增长”、确保在高质量发展上走在前列意义重大。

二 粤港澳大湾区实行更加开放一体化负面清单压力测试的可行性

（一）粤港澳大湾区是国家重大战略平台，实行更加开放一体化负面清单压力测试在获得国家支持方面具有明显优势

实行负面清单管理模式是党中央、国务院做出的重大决策部署，也是加快完善社会主义市场经济体制的重要制度安排。负面清单是全国复制、推广的改革措施，在粤港澳大湾区推行负面清单管理模式不存在政策障碍。在进行更加开放一体化制度创新方面，习近平总书记有明确指示，建设好大湾区，关键在创新。要在“一国两制”方针和基本法框架内，发挥粤港澳综合优势，创新体制机制，促进要素流通。大湾区是在一个国家、两种制度、三个关税区、三种货币的条件下建设的，国际上没有先例。要大胆闯、大胆试，开出一条新路来。为积极支持粤港澳大湾区建设，党中央和国家部委出台了一系列支持大湾区全面实现投资贸易自由化的政策，印发了《全面深化前海深港现代服务业合作区改革开放方案》（简称《前海方案》）、《横琴粤澳深度合作区建设总体方案》（简称《横琴方案》）和《广州南沙深化面向世界的粤港澳全面合作总体方案》（简称《南沙方案》），大力支持广东自贸试验区率先探索与港澳规则对接、机制衔接，推进粤港澳大湾区市场一体化发展。

（二）广东坚持基础设施“硬联通”和规则机制“软衔接”并举，为粤港澳大湾区实行更加开放一体化负面清单压力测试奠定良好基础

根据《粤港澳大湾区发展规划纲要》，到2022年实现大湾区开放型经济新体制加快构建，粤港澳市场互联互通水平进一步提升，各类资源要素流动更加便捷高效。近年来广东携手港澳积极推进“轨道上的大湾区”建设，港珠澳大桥、南沙大桥、广深港高铁等一批标志性交通工程建成，投入运营使用，深中通道、深江铁路、深惠城际、穗莞深城际等大通道项目加快建设，粤港澳已基本形成了“1小时生活圈”，三地基础设施互联互通夯实了大湾区市场一体化发展的硬件基础。

近年来，广东也通过深入实施“湾区通”工程，积极探索“一事三地、一策三地、一规三地”改革试点，在三地规则衔接、机制对接方面已取得实质性进展，港澳企业商事登记已实现“一网通办”“一天办结”，三地口岸已实现“一站式通关”“合作查验、一次放行”。在CEPA协议框架下，广东对港澳已全面实现货物贸易自由化，基本实现服务贸易自由化，港澳企业在法律、会计、建筑等领域的投资营商已可享受国民待遇。随着“深港通”“跨境理财通”等一系列跨境人民币便利化政策的落地实施，人民币已连续三年成为粤港澳大湾区第一大跨境结算货币。

（三）广东一直是我国改革开放先行先试地区，具有承载开展更加开放一体化负面清单压力测试的良好社会基础

广东一直以来就是中国改革开放的最前沿，香港和澳门是世界著名的自由港。经过40多年的率先改革实践洗礼和文化积淀，改革开放思想已成为大湾区民众的深层次文化基因。政府、企业和民众对开展更加开放的改革压力测试有较强的心理接受度与压力承受能力。同时，粤港澳三地文化同源、人缘相亲，人员往来与经贸合作频繁，三地企业、民众对大湾区实行更加开放一体化市场环境有迫切需要，压力测试面临的社会阻力较小。

（四）国家先后出台《前海方案》《横琴方案》《南沙方案》，为粤港澳大湾区实行更加开放一体化负面清单压力测试提供了充分的授权和坚实的安全保障

在《粤港澳大湾区发展规划纲要》中，深圳前海、珠海横琴和广州南沙承担着引领带动粤港澳全面合作试验示范的重大平台功能任务。国家制定出台的《前海方案》《横琴方案》《南沙方案》，赋予了三个自贸片区与港澳在规则衔接、跨区域合作、资金和人才跨境流动、贸易投资便利化自由化等方面的一系列先行先试的改革权限，为大湾区开展更加开放一体化负面清单压力测试提供了最佳先行先试平台。2021 年，三个自贸片区就有 13 项改革创新经验在全省复制推广，截至 2022 年 8 月已累计在全省复制推广了 203 项改革创新经验。在由投资自由化、贸易便利化、金融改革创新、政府职能转变、法治化环境等指标构成的 2021～2022 年度全国自贸区制度创新指数排名中，深圳前海、广州南沙稳居第一和第二位。因此，充分发挥三个自贸区的先行试验区功能，有助于推进粤港澳大湾区实行更加开放一体化负面清单压力测试，为粤港澳大湾区妥善推进压力测试、实行更短的负面清单管理提供了坚实的安全保障。

（五）上海、海南等先行区的改革经验证明，粤港澳大湾区实行更加开放一体化负面清单压力测试是安全可行的

上海自贸区在 2013 年便开始大胆尝试外商投资准入负面清单管理，是我国最早实行负面清单管理的先行区。经过近 10 年的发展，证明实行更加开放的负面清单管理模式是安全的、有效的。上海自贸区通过压力测试，外资准入负面清单条文数已从 2013 年版的 190 条缩减至 2021 年版的 27 条。2019 年新扩容的上海自贸区临港新片区更是对标国际最高标准、最高水平，进一步加大开放型经济的风险压力测试力度，近三年来在投资、资金、人员从业等自由化、便利化方面推出了一系列重大改革措施，直接吸引了特斯拉超级工厂等一大批重大项目在上海落户，成为我国开放度最高、发展速度最

快的自贸片区。2021 年，海南自贸港推出了我国在跨境服务贸易领域的第一张负面清单；现在又聚焦贸易和投资自由化、便利化，加快制定新的项目清单、任务清单和压力测试清单，争取 2025 年底前启动海南自贸港全岛封关运作。上海、海南的做法为粤港澳大湾区实行更加开放一体化负面清单管理提供了宝贵经验，有效降低了压力测试风险；同时，上海、海南的改革经验也证明，只要科学谋划、稳步推进，守住安全底线，统筹安全与发展，粤港澳大湾区实行更加开放一体化负面清单管理是完全安全的、可行的。

三　粤港澳大湾区实行更加开放一体化负面清单压力测试的建议

（一）谋定而后动，充分做好压力测试前的基础工作

一是要做好组织准备，建议成立粤港澳大湾区实行更加开放一体化负面清单压力测试工作专班。为确保工作专班的权威性和专业性，建议由广东省委省政府主要领导牵头，成员由粤九市和港澳相关部门负责人、经贸和法律领域相关专家学者构成。

二是要做好方案设计准备。加强可行性、发展策略等前期研究，对以下问题要通过前期研究做到了然与胸：在测试内容上，先试什么，后试什么；在测试方式上，如何试点，如何推广；在管理机制上，如何及时迭代优化，如何控制风险、及时纠偏纠错，如何进行区域协调；等等。在此基础上制定完善的压力测试任务清单、实施方案和策略。

三是要做好相应的制度保障准备。负面清单是一种管理模式，压力测试是一种方法，将两者结合发挥其作用，需要及时完善相关规章制度和风险管控机制，确保负面清单指标执行的有效性和运作的安全性。建议在开展压力测试之前，率先建立健全粤港澳三地统筹协调机制、压力测试成效反馈机制、高技术监测机制、第三方评估机制、清单动态调整机制，形成对压力测试实施全流程掌握与及时调控的能力。

（二）对标 RCEP、CPTPP 等国际高标准自贸协定，从市场准入、规则衔接统一、投资贸易自由化便利化等领域率先重点突破

粤港澳大湾区实行更加开放一体化负面清单压力测试，首先要以清理和解决大湾区内的行政壁垒和政策掣肘为目标，加快推进粤港澳市场一体化。现有的 CEPA 及其相关补充协议与 RCEP、CPTPP 等国际高标准协定相比，在某些领域的市场准入上限制仍然较多，如针对税收服务的商业存在模式，仅在广东自贸区深圳前海片区取消香港注册税务师合伙人数不得高于税务师事务所合伙人数 35%的限制。因此，建议压力测试要对标 RCEP、CPTPP 等国际高标准协定，进一步放宽或取消对港澳投资者的资质要求、持股比例、行业准入等限制，实施国民待遇加负面清单管理制度，逐步消除粤港澳市场一体化的制度性障碍。

其次，要着力推动规则衔接统一，打造要素自由流动和高效配置的良好环境。技术规范、资质认定等规则方面的差异，已成为制约港澳专业机构与人才融入粤港澳大湾区建设的重要因素。粤港澳大湾区实行更加开放一体化负面清单压力测试，在技术标准、技术法规、合格评定程序中减少、消除不必要的限制，在专业服务机构与人才的资质认定、认证许可、执业范围等方面做出更为宽松的制度安排，逐步统一技术标准与规范，加快实现规则衔接统一，促进要素自由流动和高效配置。

最后，要推动投资贸易自由化、便利化，构建一体化高水平开放新体系。推动粤港澳投资贸易便利化和服务贸易自由化是粤港澳大湾区建设的重要内容。粤港澳大湾区实行更加开放一体化负面清单压力测试，对标国际高标准协定的贸易法规、过境自由、海关程序等条款，简化相关程序，促进经贸往来一体化，深化外商投资准入负面清单的配套改革，探索实施跨境服务贸易负面清单管理模式，在投资贸易自由化、便利化及相关的事中、事后监管领域形成一批可复制推广的经验成果，构建一体化高水平开放的新体系。

（三）粤港澳大湾区初期负面清单制定与后期瘦身策略要充分发挥三个自贸片区的先行先试功能

深圳前海、珠海横琴、广州南沙三个自贸片区已在与港澳规则衔接、跨区域合作、人才跨境流动、投资便利化等方面进行了多年的改革探索，形成了一大批可复制推广的改革创新经验，可以作为粤港澳大湾区实行更加开放一体化负面清单压力测试的基础。建议首先对前海、横琴、南沙三个自贸片区已经形成的改革创新经验，按市场准入、规则衔接统一、投资贸易自由化便利化进行梳理，以此为基础提出首份粤港澳大湾区更加开放一体化负面清单，逐步在粤港澳大湾区内建立起 RCEP 框架下的国民待遇加负面清单制度。

同时，粤港澳大湾区要学习借鉴上海自贸区临港新片区的发展经验，继续发挥《前海方案》《横琴方案》《南沙方案》赋予的先行先试功能，对标 CPTPP 等国际高标准、高水平协定，进一步加大在市场准入、规则衔接统一、投资贸易自由化便利化等方面的风险压力测试力度，取得一批经验就立即在大湾区内全面推广，以此推动粤港澳大湾区更加开放一体化负面清单不断瘦身，安全稳妥地推进粤港澳大湾区高水平开放、高质量发展。

参考文献

［1］《习近平：高举中国特色社会主义伟大旗帜 为全面建设社会主义现代化国家而团结奋斗——在中国共产党第二十次全国代表大会上的报告》，中国政府网，2022 年 10 月 25 日，https：//www. gov. cn/xinwen/2022-10/25/content_ 5721685. htm。

［2］《中央经济工作会议举行 习近平李克强李强作重要讲话》，中国政府网，2022 年 12 月 16 日，http：//www. gov. cn/xinwen/2022-12/16/content_ 5732408. htm。

［3］《中共中央 国务院印发〈粤港澳大湾区发展规划纲要〉》，新华网，2019 年 2 月 18 日，http：//www. xinhuanet. com/politics/2019-02/18/c_ 1124131474. htm。

［4］《国务院关于印发广州南沙深化面向世界的粤港澳全面合作总体方案的通知》，2022 年 6 月 15 日，广州市人民政府网，https：//www. gz. gov. cn/zt/nsygahzfa/

ztfa/content/post_ 8338163. html。

[5]《中共中央 国务院印发〈全面深化前海深港现代服务业合作区改革开放方案〉》，广东省人民政府网，2021 年 9 月 7 日，http://www. gd. gov. cn/gdywdt/zwzt/ygadwq/zdgz/content/post_ 3508281. html。

[6]《中共中央 国务院印发〈横琴粤澳深度合作区建设总体方案〉》，广东省人民政府网，2021 年 9 月 6 日，http://www. gd. gov. cn/gdywdt/zwzt/ygadwq/zdgz/content/post_ 3503931. html。

[7]《十年深改丨上海自贸区负面清单“瘦身记”：九年减少近九成》，红星新闻，2022 年 9 月 22 日，https://baijiahao. baidu. com/s? id = 1744649492814596140&wfr = spider&for=pc。

[8] 宁吉喆：《中国式现代化的方向路径和重点任务》，《管理世界》2023 年第 3 期。

[9] 张威：《以更高水平开放推动大湾区高质量发展》，《中国外汇》2021 年第 20 期。

B.3

广深“双城”联动推动广东在新征程中创造新辉煌的路径研究

广州市人民政府研究室课题组*

摘　要： 习近平总书记、党中央对广东工作高度重视，分别赋予广州实现老城市新活力、“四个出新出彩”和深圳建设中国特色社会主义先行示范区的使命任务，为新征程中广深发展指明了前进方向、提供了根本遵循。发挥广深“双城”联动作用，具有重大现实意义和长远战略意义。要紧紧把握“双城”联动战略方向和任务部署，围绕共建国际科创中心、要素配置高地、综合交通枢纽、现代产业体系、制度开放高地和优质生活圈，打造具有全球影响力的大湾区“双子城”，推动广深在全面建设社会主义现代化、努力实现习近平总书记赋予广东的使命任务中当好排头兵、更好发挥示范带动作用。

关键词： 粤港澳大湾区　“双城”联动　“双子城”

广州是国家中心城市、综合性门户城市、省会城市，深圳是经济特区、全国性经济中心城市、国家创新型城市，两市同为粤港澳大湾区区域发展核心引擎、副省级城市、经济强市，在全国、全省发展大局中地位举足轻重。广东省委、省政府深入学习贯彻习近平总书记对广东系列重要讲话和重要指

* 执笔人：朱洪斌，广州市人民政府研究室综合处处长；刘南，广州市人民政府研究室综合处副处长；陈宣宇，广州市人民政府研究室综合处一级主任科员；刘源，广州市人民政府研究室综合处三级主任科员。

示精神，牢牢把握现代化建设规律，赋予广深“双城联动、比翼双飞”的战略任务，要求广深在全面建设社会主义现代化、推动实现总书记赋予广东的使命任务中当好排头兵、发挥示范带动作用。广深两市要深刻铭记总书记、党中央的关怀厚爱，坚决贯彻广东省委、省政府工作部署，携手并肩、互促共进，共同引领带动全省朝着实现总书记赋予广东的使命任务迈进，以“双城”联动的有力行动和扎实成效，体现毫不动摇坚持“两个确立”、坚定不移做到“两个维护”的高度自觉和政治担当。

一　发挥广深“双城”联动作用的重大意义

习近平总书记对广东工作高度重视，亲自为广州、深圳发展把脉定向，分别赋予广州实现老城市新活力、“四个出新出彩”和深圳建设中国特色社会主义先行示范区的使命任务，为新征程中广深发展指明了前进方向、提供了根本遵循、注入了强大动力。发挥广深“双城”联动作用，具有重大现实意义和长远战略意义。

（一）“双城”联动是高水平建设粤港澳大湾区、更好服务“一国两制”事业发展的迫切需要

习近平总书记用“若网在纲，有条而不紊”寓意广东新时代改革开放的“纲”就是粤港澳大湾区建设，要求我们把建设粤港澳大湾区作为广东改革开放的大机遇、大文章抓紧做实。《粤港澳大湾区发展规划纲要》强调，要充分认识和利用“一国两制”的制度优势、港澳独特优势和广东改革开放先行先试优势，建设富有活力和国际竞争力的一流湾区和世界级城市群。广深两市同为大湾区区域发展核心引擎，要深刻认识大湾区建设在国家发展布局、新时代改革开放大局和国际竞争格局中的重要战略地位，把“中央要求”“湾区所向”“港澳所需”“广深所能”紧密结合起来，充分发挥与港澳人缘相亲、文化同源、经贸紧密等优势，持续释放广深“双城”联动的战略叠加效应和强大驱动效应，携手港澳把大湾区打造成产业高度发

达、经济联系紧密、城市协同发展、具有全球影响力和竞争力的世界级城市群，不断提升大湾区在国家经济发展和对外开放中的引领支撑作用，为服务“一国两制”大局、改革开放和现代化建设全局做出更大贡献。

（二）“双城”联动是建设中国特色社会主义先行示范区、探索全面建设社会主义现代化新路径的迫切需要

深圳建设中国特色社会主义先行示范区、创建社会主义现代化强国城市范例，是总书记、党中央赋予新时代广东和深圳的重大历史使命。深圳 40 多年改革发展实践表明，深圳是全国的深圳、广东的深圳，而不仅仅是深圳的深圳。深圳新一轮的改革发展，不仅关系到一城一地的繁荣发展，更在于丰富中国特色社会主义实践，向世界充分展现中国特色社会主义道路的蓬勃生机与活力，展现中国共产党领导的最大优势和中国特色社会主义制度的显著优势。广州要以国家中心城市、省会城市的胸怀、格局和视野，从坚持“两个确立”、做到“两个维护”的政治高度，从探索科学社会主义运动规律的理论高度，从支持深圳率先探索全面建设社会主义现代化强国新路径的实践高度，与深圳同频共振、共担使命，学习对标深圳“五大定位”和“五个率先”重点任务，全力以赴支持深圳建设中国特色社会主义先行示范区，同时加快自身发展，并更好支持深圳，共同谱写中国特色社会主义实践的崭新篇章。

（三）“双城”联动是引领构建“一核一带一区”区域发展格局、实现更高水平更高质量区域协调发展的迫切需要

2018 年习近平总书记视察广东时指出，城乡区域发展不平衡是广东高质量发展的最大短板，要求广东提高发展平衡性和协调性，加快形成区域协调发展新格局，努力把短板变成“潜力板”。改革开放以来，历届广东省委、省政府不断探索区域协调发展战略和路径，先后实施了山区扶贫开发、产业梯度转移、“双转移”、“三大抓手”和产业共建等重大部署，全省人均生产总值最高的深圳与最低的梅州的比值从 2003 年最高的 9.3 倍下降至

2013 年的 7.4 倍，2021 年进一步缩小到 5.2 倍。广东省委十三届二次全会立足广东发展实际，部署实施“百县千镇万村高质量发展工程”，为新时代推动广东城乡区域协调发展明确了方向路径。广深要以“大有大的样子、强有强的水平”的站位和担当，以广州都市圈、深圳都市圈建设为动力，推进珠三角核心区深度一体化，持续用好“双核+双副中心”“湾+带”“湾+区”动力传导机制，率先提升珠江口东西两岸融合发展水平，在全省区域协调高质量发展中更好发挥引领带动作用。

（四）“双城”联动是新发展格局下巩固提升广东改革开放先行地、增创参与国际竞争合作新优势的迫切需要

党的十八大以来，习近平总书记 4 次亲临广东视察，都要求广东以更大魄力在更高起点上推进改革开放，加快构建开放型经济新体制，形成全面对外开放新格局。2020 年以来，党中央提出构建以国内大循环为主体、国内国际双循环相互促进的新发展格局，对广东推进深层次改革、扩大高水平开放提出了新的更高要求。改革开放是广东也是广深最鲜明的时代特征和最大的发展优势。40 多年来，广深始终扮演着改革开放排头兵、先行地、实验区的角色，创造了无数个“全国第一”。广深要紧紧抓住建设全国统一大市场的重大机遇，牢牢把握要素配置关键环节、供需对接关键链条、内外循环关键通道，推动“双城”开放资源融合、开放优势互补、开放举措联动，合力畅通国际国内交通大通道，构筑资源要素配置大平台，搭建完善全球经贸大网络，携手推动新发展格局战略支点做实做强做优，全力打造共建“一带一路”重要枢纽引擎，在改革开放最前沿筑牢战略基石，在大国博弈中牢牢掌握战略主动。

（五）“双城”联动是推动优势互补、打造高质量发展新引擎的迫切需要

习近平总书记多次强调，要正确认识当前区域经济发展新形势，根据各地区的条件，走合理分工、优化发展的路子，形成优势互补、高质量发展的

区域经济布局，要求京津冀、长三角、珠三角地区形成能够带动全国高质量发展的新动力源。当今世界，经济发达的大城市群、都市圈，都出现集聚与辐射功能强大的双核、双中心城市结构。在国际上，有东京湾区的东京-横滨、旧金山湾区的硅谷-旧金山、纽约湾区的纽约-新泽西等；在国内，有京津双城、成渝双城等。广深发展各具特色、优势互补，特别是随着“轨道上的大湾区”、深中通道建设加速推进，区域一体化日益深化。广深要充分借鉴国际国内区域城市联动发展的经验，坚决摒弃“零和”博弈或“单打独斗”的心态，积极探索强化合作之道、合作机制、合作重点，以高水平合作特别是科技创新合作、产业合作的扎实成效，协同提升产业链、供应链韧性和竞争力，打造新时代广东高质量发展动力系统主引擎。

二　广深肩负的城市发展使命

广深两市肩负不同使命，但目标要求殊途同归，都是推动习近平新时代中国特色社会主义思想在广东落地生根、结出丰硕成果的生动实践，都是对中国共产党领导这一最大优势和中国特色社会主义制度显著优势的有力诠释，都是对实现中国式现代化的重要探索，也都是贯彻“三新一高”重要要求的示范引领。广深要坚决担负起总书记、党中央赋予的使命任务，在实现第二个百年奋斗目标新征程上，创造出让世界刮目相看的新的更大奇迹。

（一）紧扣实现老城市新活力、“四个出新出彩”使命任务，推动广州为全国老城市高质量发展闯新路做示范

实现老城市新活力、“四个出新出彩”是习近平总书记赋予广州的使命任务，具有强烈的历史必然性、内在逻辑性、实践指导性、理论科学性，是广州发展史上的重要里程碑、统领广州一切工作的总纲。广州必须深刻领会、砥砺奋进、勇毅前行，奋力把总书记交给广州的使命任务落实好、完成好、实现好。

1. 要牢牢把握老城市新活力的根本要求

广州有绵延2000多年的厚重底蕴，有始终勇立潮头的开放基因，始终是一座经典与时代汇聚、守正与创新交融的活力城市。在世界城市发展史上，像广州这样建城2000多年而始终充满活力、保持开放繁荣、占据重要地位的城市屈指可数。老城市新活力是习近平总书记洞察全球城市兴衰、把握城市发展规律，对老城市治理要求的高度凝练，是习近平总书记城市治理理念的重要组成部分和关于城市工作的重大理论创新，回答了新发展阶段老城市如何实现高质量发展的重大问题。党的二十大报告鲜明提出，高质量发展是全面建设社会主义现代化国家的首要任务。习近平总书记率先对广州提出实现老城市新活力的重要指示要求，就是希望广州充分发挥各方面优势，在高质量发展上做示范当表率。广州要深刻认识肩负的重大历史使命，充分发挥作为国家中心城市、大湾区核心引擎和省会城市的引领带动作用，把实现老城市新活力、“四个出新出彩”作为统领广州工作的总纲，推动广州在现代化建设中始终勇立潮头、持续迸发新的发展活力。

2. 要牢牢把握“四个出新出彩”根本路径

习近平总书记对广州历史现实了如指掌，对广州变化时刻关注，对广州工作耳提面命，对广州发展大力支持，要求广州在综合城市功能、城市文化综合实力、现代服务业、现代化国际化营商环境方面出新出彩。“四个出新出彩”是习近平总书记坚持“一把钥匙开一把锁”，教给我们的思想工作的根本方法，是亲自为广州量身定制的高质量发展的根本路径。广州要深刻认识习近平总书记观照广州历史、现实和未来，高瞻远瞩指明实现老城市新活力的根本方法、根本路径，深刻感悟总书记对广东、广州关爱之深、看待之重、期望之高、支持之大，胸怀“两个大局”，牢记“国之大者”，与总书记对广东系列重要讲话和重要指示精神一体学习领会，准确识变、科学应变、主动求变，以变出新、以实彰彩，致广大而尽精微，坚定自觉推动“四个出新出彩”，为实现老城市新活力注入源源不断的动力活力，切实回答好总书记交给广州的政治答卷、时代答卷、历史答卷。

3. 要牢牢把握老城市高质量发展导向

广州要坚持把高质量发展作为现代化建设的首要任务和总抓手，把聚焦高质量发展作为强烈共识和重要方法论，打造老城市新活力最佳发展范例，充分彰显习近平总书记思想的真理力量和实践伟力。要把握好"人"与"城"的关系，坚持以人民为中心的发展思想，自觉践行人民城市重要理念，加快转变超大城市发展方式，着力解决发展不平衡不充分问题，建设具有经典魅力和时代活力的国际大都市，把广州打造成为劳动者、创造者、奋斗者的理想家园。要把握好"老"与"新"的关系，坚持敬畏历史、敬畏文化、敬畏生态，慎重决策、慎重用权，呵护好历史积淀形成、值得世代赓续的城市精气神，推动城市在坚守中突破、在传承中创新，把广州建设成为古今辉映、新旧交融、独具韵味、彰显中国气派、增强文化自信的魅力家园。要把握好"发展"与"安全"的关系，坚持底线思维，始终把生态和安全放在突出位置，贯穿城市规划建设管理全过程各环节，统筹城市布局的经济需要、生活需要、生态需要、安全需要，把广州建设成为韧性、生态、美丽的宜居家园。要把握好"出新"与"出彩"的关系，坚持守正创新，加强"新"的创造，塑造"彩"的品牌，推动传统功能实现新提升、传统空间实现新价值、传统经济实现新发展，全面激发经济活力、创新活力、文化活力、社会活力、环境活力和政策活力，把广州建设成为开放、包容、创新的活力家园。

（二）紧扣创建社会主义现代化强国城市范例的使命任务，全力支持深圳建设中国特色社会主义先行示范区

深圳是我国改革开放的一面旗帜，是改革开放后党和人民一手缔造的崭新城市。1980 年，党中央决定兴办深圳经济特区，就是要发挥其对全国改革开放和社会主义现代化建设的重要窗口和示范作用。40 多年来，深圳经济特区不辱使命、不负重托，谱写了勇立潮头、开拓进取的壮丽篇章，从一座落后的边陲小镇发展成为具有全球影响力的国际化大都市。深圳经济特区的发展崛起，是人类社会发展史上的一个奇迹，向世界展示了我国改革开放

的磅礴伟力，展示了中国特色社会主义的光明前景。

党中央支持深圳建设中国特色社会主义先行示范区，要求深圳在建设社会主义现代化国家新征程中，牢牢把握“先行示范”这一根本要求，一如既往当好改革开放尖兵，以“一子突破”求得“全盘皆活”，以“一马当先”带动“万马奔腾”，努力成为高质量发展高地、法治城市示范、城市文明典范、民生幸福标杆和可持续发展先锋，创建社会主义现代化强国的城市范例，用生动实践展现中国特色社会主义的强大生命力和竞争力。广州要深刻领会党中央赋予深圳新使命新定位的战略意图，全方位深层次支持深圳实施综合改革试点、高水平建设中国特色社会主义先行示范区，全力以赴推进粤港澳大湾区、深圳中国特色社会主义先行示范区以及横琴、前海、南沙三大平台等重大战略落地落实，携手探索中国式现代化建设实践路径，共同谱写新时代中国特色社会主义崭新篇章。

三　广深共建具有全球影响力大湾区“双子城”的基本路径

广深两市要充分发挥区域发展核心引擎功能，同心同向，攥指成拳，把握先机，赢得主动，以交通联动为先导、体制联动为基础、产业联动为重点、科技联动为核心、要素联动为保障、人才联动为动力、民生联动为指向，全方位宽领域多层次开展交流合作，在优势互补、联动发展中提升综合竞争力和发展能级，引领推动粤港澳大湾区高质量发展，更好展现中国式现代化的光明前景。

（一）共建国际科创中心

党的二十大报告强调，教育、科技、人才是全面建设社会主义现代化国家的基础性、战略性支撑。广州是华南科教重镇，人才资源丰富，高校院所集聚，基础研究和原始创新能力强；深圳拥有诸多创新龙头企业，科技成果转化能力强大。广深要立足自身资源禀赋，整合集约产学研力量，共建广深港澳科技创新走廊，携手打造粤港澳大湾区国际科技创新中心、综合性国家科学中心和高水平人才高地。

第一，要协同建设高水平合作平台，推进科创平台联动，加强南沙科学城与光明科学城等重大创新载体对接合作，联合争取国家实验室、国家重大科技基础设施落户，推动两市互设合作基地。第二，要完善资源开放共享体系，推动两市科技基础设施、科技智力资源、专业技术服务平台、科技文献信息资源和大型科学仪器开放共享，鼓励两地高校、科研机构与大型骨干企业合作共建共享创新平台。第三，要强化政产学研金协同，深化创业孵化、成果转化、技术转让、科技服务等领域合作，建立科技企业项目与创投机构信息对接共享机制，畅通科技成果转移转化渠道。第四，要共建人才荟萃高地，加强国家战略人才力量建设，合作开展全球高端人才延揽，深化人才交流合作，促进两地人才政策协调、制度衔接、服务贯通，着力形成人才国际竞争的比较优势。

（二）共建要素配置高地

党的二十大报告强调，要构建全国统一大市场，深化要素市场化改革，建设高标准市场体系。广深建立社会主义市场经济体制较早，要素市场发育相对充分，具备要素市场化配置改革先行一步的基础条件。要继续发挥改革开放先行优势，推动珠三角从“世界工厂”向“世界市场”转型，引领带动大湾区强化链接国内国际两个市场、两种资源的纽带作用，率先为全国要素市场化配置改革探索路子、创造经验。

第一，要建立统一规则与体系，健全要素市场化配置的政策协同机制，健全要素市场运行机制，探索建立区域一体化标准体系，携手推进要素价格市场化改革，推动区域加快形成高标准要素市场体系。第二，要促进要素双向自由流动，加强两市产权保护协作，携手建设统一的城乡建设用地市场、多层次资本市场、劳动力市场、技术市场、数据市场，进一步畅通两地人流、物流、资金流、信息流，全面提升要素协同配置效率。第三，要完善多层次多领域合作机制，建立国资国企、民营经济等各类市场主体协同联动机制，鼓励行业组织、商会、产学研联盟等开展多领域跨区域合作，探索建立区域互利共赢的税收利益分享、征管协调、争端处理等机制，加快形成有利于生产要素自由流动和高效配置的良好环境。

（三）共建综合交通枢纽

党的二十大报告强调，要优化基础设施布局、结构、功能和系统集成，构建现代化基础设施体系。近年来，广深两市加快推进交通互联互通，已形成广深高速、广深沿江高速、虎门大桥、南沙大桥等公路通道和广深铁路、广深港高铁、穗莞深城际等铁路通道，其中广深铁路实现“公交化”运营，广深港高铁实现30分钟互达。广深要加快区域交通基础设施一体化进程，推动边界地区“无缝对接”，打造畅通交通“大动脉”，携手共建国际性综合交通枢纽。

第一，要统筹优化两地空域资源，加快白云机场、宝安机场改扩建，加强广深机场间地面交通快速衔接，共建广深通用航空产业综合示范区，提升广深机场国际枢纽竞争力，打造粤港澳大湾区世界级机场群。第二，要强化港口资源配置，以广州港、深圳港为龙头，主动联合香港港，加强珠江口湾区港口群合作，协同推进港口集疏运体系建设，大力发展多式联运，打造具有国际竞争力的世界级枢纽港区。第三，要加强交通基础设施规划衔接，共同推动广深第二高铁、深莞增城际等重大项目规划建设，实现高速铁路、城际轨道和高等级公路等多种交通方式直达互通。

（四）共建现代产业体系

党的二十大报告强调，要坚持把发展经济的着力点放在实体经济上，推进新型工业化，建设现代化产业体系。广深产业门类齐全、基础实力厚实，是全国重要制造业基地。要牢牢把握全球新一轮科技革命和产业变革历史机遇，坚持市场主导、政府引导，强化体制机制创新，推动战略性新兴产业集群融合发展，共同打造具有国际竞争力的现代产业体系。

第一，要联手打造世界先进制造业基地，依托两市技术优势和产业基础，加强汽车、互联网、新一代信息技术、智能装备、超高清等领域产业合作，推动互联网、大数据、人工智能和先进制造业深度融合，加快形成更多万亿元级先进制造业集群。第二，要联手打造现代服务业体系，深化两市科技服务、工业互联网、物流运输、专业服务等现代服务业合作，促进先进制造业和现代服务业深度融合，推动生产性服务业高端化、生活性服务业品质化发展，提升现代服务业发展能级。第三，要联手打造大湾区国际金融枢纽核心引擎，发挥深圳证券交易所、广州期货交易所等重大平台功能，推动金融机构互设区域性总部、分支机构和后台服务中心，加快发展科技金融、绿色金融，推进与港澳金融市场互联互通，携手港澳提升全球金融资源配置能力。

（五）共建制度开放高地

党的二十大报告强调，推进高水平对外开放，稳步扩大规则、规制、管理、标准等制度型开放。广深要敢领改革风气之先，勇立开放潮头，在更高起点上共同推进高水平制度型开放，充分发挥湾区引擎的乘数效应，进一步把握国际竞争合作的战略主动。

第一，要深化改革整体谋划，用好广东省同等力度支持广深特事特办工作机制，加强综合改革联动，对标国际最高最好最优，在改革系统集成、协同高效上先行先试，推动各方面制度更加成熟、更加定型。第二，要加强重点平台对接，推动南沙和前海、中新广州知识城和深港科技创新特别合作区、广清经济特别合作区和深汕特别合作区等重点区块战略联动，实行更大程度压力测试，当好制度型开放的“开路先锋”。第三，要率先突破重点领域，聚焦贸易和投资自由化便利化、知识产权保护、公平竞争、商事争端解决等领域，加快构建与国际通行规则相衔接的制度体系和监管模式。第四，要强化引领带动功能，聚焦金融、航运、贸易、科创等核心功能联动，推动广深更高水平开放与“一带一路”、“双区”建设以及横琴、前海、南沙重大平台建设等国家战略协同，充分释放战略叠加效应，为广东省打造新发展格局战略支点提供“硬核”支撑。

（六）共建优质生活圈

党的二十大报告强调，必须坚持在发展中保障和改善民生，鼓励共同奋斗创造美好生活，不断实现人民对美好生活的向往。广深要贯彻人民城市重要理念，把握国际大都市发展规律，更好发挥都市圈中心城市辐射带动作用，推动民生社会事业紧密务实合作，切实提高人民美好生活品质。

第一，要推动生态环保共建，协同加强海洋资源环境保护，强化区域大气污染联防联控，健全联动执法机制，合力打击跨市环境违法犯罪行为。第二，要推动教育合作发展，深化高等教育、职业教育、基础教育合作交流，鼓励和支持两地高校依托国家、省、市各级科研平台和重点学科建设项目，联合申报科研项目、联合共建重点学科，推进教育集团开展教育教学交流活动，共同促进教育优质均衡发展。第三，要密切医疗卫生合作，发展区域医疗联合体和区域性医疗中心，培育引进高水平医院、优质医疗服务和医学教育培训资源，促进医疗卫生资源在两市优化布局、共建共享。第四，要共促文化繁荣发展，推动两市公共文化服务体系深度融合，文化资源共建共享，加大创意设计、动漫游戏、影视传媒等文化创意产业合作力度，打造文化精品，繁荣文化市场，共建优质人文生活圈。

参考文献

[1]《习近平：高举中国特色社会主义伟大旗帜 为全面建设社会主义现代化国家而团结奋斗——在中国共产党第二十次全国代表大会上的报告》，中国政府网，2022年10月25日，https：//www. gov. cn/xinwen/2022-10/25/content_ 5721685. htm。

[2]《中共中央、国务院印发〈粤港澳大湾区发展规划纲要〉》，新华网，2019年2月18日，http：//www. xinhuanet. com/politics/2019-02/18/c_1124131474. htm。

[3]《中共中央、国务院关于支持深圳建设中国特色社会主义先行示范区的意见》，中国政府网，2019年8月18日，http：//www. gov. cn/zhengce/2019-08/18/content_5422183. htm。

[4]《国务院关于广州市城市总体规划的批复》（国函〔2016〕36号），国家发改委

网站，2016 年 2 月 5 日，https://www.ndrc.gov.cn/fggz/lywzjw/wstz/201602/t20160229_1046699.html。

[5] 广州市粤港澳大湾区（南沙）改革创新研究院课题组：《粤港澳大湾区 2021 年经济形势分析与 2022 年展望》，载涂成林、田丰、李罗力主编《中国粤港澳大湾区改革创新报告（2022）》，社会科学文献出版社，2022。

[6] 黄剑辉：《区域协同发展的国际经验借鉴研究》，载涂成林、田丰、李罗力主编《中国粤港澳大湾区改革创新报告（2022）》，社会科学文献出版社，2022。

B.4

支持澳门高校参与横琴粤澳深度合作区开发建设的建议

袁　超*

摘　要：《横琴粤澳深度合作区建设总体方案》（下称《横琴方案》）赋予了合作区便利澳门居民生活就业的新空间等战略定位，明确提出为澳门居民在合作区学习、就业、创业、生活提供更加便利的条件。澳门自回归祖国以来，高等教育在总体规模、科研水平、国际化程度等方面取得长足进步，但也日益面临因澳门产业结构单一而结构性失调等问题，特别是日常教学和产学研发展空间严重不足掣肘其高质量可持续发展，澳门高等教育向外拓展空间、共享内地科研市场的需求日益迫切。横琴粤澳深度合作区应按照先易后难、先共性后个性、由近到远的方式支持澳门高校参与合作区开发建设。

关键词：澳门　横琴粤澳深度合作区　高等教育结构

自澳门回归以来，澳门特区政府高度重视高等教育对社会发展的引擎作用，持续加大投入，推动现代高等教育快速发展。通过多年努力，初步形成了以澳门大学为主导，其他三所公立高等院校和三所私立高等院校共同发展，独具特色、有效规范，以多元化、国际化、制度化和本土化为核心的发展格局。2020年12月，澳门高等教育局公布《澳门高等教育中长期发展纲要

* 袁超，珠海市横琴创新发展研究院副秘书长、研究部副部长，研究方向为区域合作、产业经济、社会治理。

(2021—2030)》(以下简称《发展纲要》),在检视目前澳门高等教育发展现状、发展优势的同时,也对澳门高等教育所面临的挑战与机遇给予关注。近五年来,随着澳门高等教育招生人数的增加,高等教育高质量发展与高等教育资源投入不平衡、经济产业结构单一导致高等教育结构性失调等问题逐步凸显,在高等教育教学和产学研发展空间方面,除澳门大学在横琴拓展新校区,其他几所澳门高等院校已面临发展空间受限;此外,在优质生源招录、科学技术创新、产学研转化、国际化合作等方面也面临着较大发展瓶颈,向外拓展办学空间、提升教学质量、加强科技创新和产学研转化等需求日益迫切。本文将通过实地调研、座谈交流、文献收集等方式,重点论述澳门高校发展参与横琴粤澳深度合作区(以下简称"合作区")开发建设的情况和诉求,并就支持澳门高校参与合作区开发建设提出对策建议。

一 澳门高校参与合作区开发建设的情况

(一)以租赁方式设立澳门大学横琴校区,扩展高等院校办学空间与规模

2009 年 6 月,第十一届全国人民代表大会常务委员会第九次会议表决通过《关于授权澳门特别行政区对设在横琴岛的澳门大学新校区实施管辖的决定》。2014 年,澳门大学横琴新校区正式运行,以一流设施、一流师资、一流人才、一流成果引领澳门高等教育发展。截至 2021 年底,澳门大学已有超过 12500 名学生,开设约 130 门学士、硕士和博士学位课程。澳门大学迁址横琴后,进一步扩展了澳门高等院校的办学空间,原澳门大学氹仔校区被分配给多所高等院校,包括澳门理工大学、澳门城市大学、澳门旅游学院,帮助其他高等院校进入"有校有园"的发展阶段。

(二)澳门四所国家重点实验室在合作区设立分部,积极推动产学研转化

在国家和澳门特区政府大力支持下,科技部先后批准在澳门大学、澳门

科技大学设立中药质量研究国家重点实验室、模拟与混合信号超大规模集成电路国家重点实验室、智慧城市物联网国家重点实验室和月球与行星科学国家重点实验室。2019 年 12 月，澳门大学、澳门科技大学分别在横琴设立珠海澳大科技研究院（以下简称“珠研院”）和珠海澳科大科技研究院（以下简称“澳科大研究院”），模拟与混合信号超大规模集成电路、中药质量研究、智慧城市物联网、月球与行星科学 4 所国家重点实验室的横琴分部也正式落地，推动澳门重大科研成果在合作区乃至粤港澳大湾区实现转移转化。

（三）建设澳门科技大学医学院第一附属医院，推动琴澳优质医疗卫生资源共建共享

2021 年 3 月 27 日，珠海市人民政府与澳门科技大学签署《珠海市人民医院澳科大医学院第一附属医院框架协议》，明确提出共同建设珠海市人民医院成为澳门科技大学医学院第一附属医院、开展“中葡高端医学论坛”等系列学术论坛、推动促进“一带一路”医学学术交流发展、建立珠澳国际医学人才培育基地、探索国际医学精英人才引进及培养机制、逐步推进建立支撑珠澳本地医疗卫生服务人才队伍体系等。同年 9 月 11 日，澳门科技大学医学院第一附属医院在珠海市人民医院医疗集团揭牌，通过采取政校合作共建的创新模式，珠海市人民医院医疗集团横琴院区正式成为澳门科技大学医学院直属附属医院。此外，澳门镜湖护理学院驻珠海市人民医院医疗集团横琴医院培训基地正式挂牌成立，双方将促进珠海临床护理教学优势资源与澳门镜湖护理学院优秀的教育培训力量强强联合，培养更多复合型护理人才。

（四）建设澳门旅游学院横琴培训基地，打造大湾区休闲旅游服务人才培养体系

为落实《粤港澳大湾区发展规划纲要》提出的“发挥澳门旅游教育培训和旅游发展经验优势，建设粤港澳大湾区旅游教育培训基地”，积极配合澳门建设世界旅游休闲中心和横琴国际休闲旅游岛的发展需求，2019 年 12

月 13 日，澳门旅游学院与原横琴新区管理委员会签署战略合作框架协议，通过合作共建澳门旅游学院横琴培训基地、合作举办休闲旅游服务人才培训和研究建立旅游服务标准等举措，将澳门旅游学院在旅游职业教育行业领域的先进成熟管理运营经验引入横琴，助力推动澳门先进服务理念、行业标准在大湾区广泛推广。澳门旅游学院依托横琴培训基地，创新与大横琴泛旅游公司校企合作模式，先后举办了澳门旅游职业教育经验学习班、澳门职业技能认可基准（MORS）内地企业导师班、澳门大学生横琴学习考察交流和公益大讲堂等活动，累计培训 50 余名涉旅产业人才和 60 余名澳门高校学生，初步在旅游职业教育领域建立起“产教培习”全链条职业技能人才培养通道。

（五）澳门高校积极参与各类社会活动，与合作区发展同频共振

为落实《粤港澳大湾区发展规划纲要》提出的“加强粤港澳青少年交流”，“在大湾区为青年人提供创业、就业、实习和志愿工作等机会，推动青年人交往交流、交心交融，支持港澳青年融入国家、参与国家建设”要求。自 2018 年至今，合作区已连续举办 5 届、每届为期 4 周的澳门大学生暑期实习活动。澳门大学、澳门科技大学、澳门城市大学、澳门旅游学院等高校积极响应此项活动，先后累计选派超 500 余名符合条件的大学生参加暑期实习活动。

二　澳门高校参与合作区开发建设的诉求

为详细了解澳门高校参与合作区开发建设面临的问题及诉求，我们通过实地走访、座谈调研等方式，先后与澳门大学、澳门科技大学、澳门城市大学等 9 所高校（澳门保安部队高等学校除外）进行访谈交流，详细了解已参与合作区开发建设的澳门高校在实际工作中所面临的问题，以及有意落户合作区并参与开发建设的澳门高校的具体诉求。

（一）发展空间诉求

近两年报考澳门高校的学生大幅增长，但由于澳门高校办学空间狭小，明显制约了各校的招生规模，也显著地影响了师生们相关权益的充分保障（见表 1）。调研发现，2020 年报考澳门科技大学的学生有 13300 人，实际录取 1900 人，2021 年报考学生超过 16000 人，实际录取 2200 人。截至 2021 年 9 月，澳门科技大学本硕博在读生为 16700 人，已达到本校招生规模的极限。澳门城市大学用地属于政府资产，续期借用 5 年后将被特区政府收回，澳门城市大学用地问题迫在眉睫。此外，按照国家高校设置标准，高校生均占地面积要求为 54~64 平方米（有学校产权），除澳门大学，其余的澳门高校均达不到此项标准，澳门理工大学生均占地面积仅为个位数。澳门紧张的土地资源不仅无法满足澳门高校适度扩张的发展需求，也无法适应粤港澳大湾区融合发展中师生流动的需求。

表 1　2020~2021 学年澳门部分高校占地面积情况

学校	校园占地面积(万平方米)	注册学生数(人)	生均占地面积(平方米)
澳门大学	109	11416	95.48
澳门理工大学	2.0	3687	5.42
澳门旅游学院	2.1	1700	12.35
澳门城市大学	8.6	6166	13.95
圣诺瑟大学	3.8	1291	29.43
澳门科技大学	21	14005	14.99
澳门镜湖护理学院	0.8	389	20.57
澳门管理学院	0.4	266	15.04
澳门中西创新学校	0.5	139	35.97

资料来源：根据公开资料整理。

（二）创新办学模式诉求

澳门出生率持续偏低，据估算，未来 10 年澳门高中毕业生人数每年将维持在3707~4442人。澳门高中毕业生除了选择澳门高校，还可以选择到内地、台湾、香港及海外其他国家和地区接受高等教育。2018~2019学年到外地求学的澳门学生比例已经高达52%，其中选择内地高校的澳门学生占当年澳门高中毕业生总数的30.9%。澳门高校本地生源窘境明显，内地已经成为澳门高校的最大生源市场，在澳门高校生源结构中，外地生接近六成（见表2）。在此情形下，结合上面提到的发展空间诉求，澳门高校均有较强的向内地拓展的意愿。澳门理工大学、澳门城市大学、澳门旅游学院、澳门管理学院在调研中表示，希望能够依托合作区与澳门一体化发展优势，借鉴国家赋予海南自贸港允许境外高水平大学独立办学的政策，以及上海纽约大学楼宇式办学模式，进驻合作区开展跨境授课，缓解教学空间紧张的压力。

表2　2020~2021学年澳门高校生源结构一览表

单位：人，%

学校	本地生	外地生	外地学生占比
澳门大学	6725	4691	41.09
澳门理工大学	2993	694	18.82
澳门旅游学院	1220	480	28.24
澳门城市大学	1849	4317	70.01
圣若瑟大学	1188	103	7.98
澳门科技大学	1175	12830	91.61
澳门镜湖护理学院	358	31	7.97
澳门管理学院	257	9	3.38
澳门中西创新学院	133	6	4.32
澳门高校合计	15930	23163	59.25

资料来源：澳门教育暨青年发展局发布的《教育统计数据概览2021》。

（三）加快产学研转化诉求

1. 积极营造良好的产学研环境

在调研过程中，澳门大学、澳门科技大学作为澳门为数不多的两所综合性大学，均表示在产学研过程中面临着科技成果转化投入大、风险高等问题，虽然四所国家重点实验室起步扎实、发展良好，但由于澳门产业结构单一，市场端需求不足，短期内难以形成从基础研究到中间放大试验，最后到产业化的完整供需端转化体系。澳门大学和澳门科技大学希望合作区下一步能够加快营造良好的产学研转化生态，进一步加大对澳门高校在产学研转化领域的政策支持力度，加快建立“揭榜挂帅”制度、完善知识产权保护、拓宽融资渠道，构建有利于澳门高校承担大项目、形成大成果的资源配置体系，帮助学校充分挖掘合作区内科技型企业研发需求，通过链接“需求端”、嫁接“人才端”、打开“市场端”的方式，使产学研与创新链、产业链、价值链高效衔接，依托合作区打开内地市场，实现产学研的良性可持续发展。

2. 建立健全产学研结合支撑体系

在调研中，澳门大学、澳门科技大学表示，希望合作区能加快建立和完善科学、规范、市场化的人才技术交流机制，探索开展政、校、企跨境人才联合培养，为产学研结合提供人才、技术的市场支撑。

3. 营造高质量的创新创业环境

产学研转移转化离不开良好的创新创业环境做保障。澳门大学和澳门科技大学将依托四所国家重点实验室的横琴分部，加快推动科研成果转化，希望合作区未来能够加快优化提升创新创业环境，降低大学生创新创业门槛；加紧完善科技创新资源开放共享平台，鼓励合作区内科研机构、企业的实验室以及科研仪器、设施等科技创新资源面向大学生开放共享，提供价廉质优的专业服务，支持大学生创新创业；加强政府支持引导，加大对创业失败大学生的扶持力度。

（四）推动多元发展诉求

随着澳门特区政府持续加大对高等院校的支持力度、澳门高校的逐年扩招以及师资、生源质量的提升，澳门高校整体发展水平和竞争力都取得长足进步，向外多元发展诉求也逐渐增强。

1. 为合作区政府、企业人员提供赴澳培训的机会

随着合作区开发建设的深入推进，琴澳两地在文旅会展产业领域的合作也将具有更大空间，希望能够充分发挥澳门在旅游专业领域的长处，通过政府间定期或不定期、委托或定向等方式，使合作区相关政府部门和企业能够赴澳门进行课程培训或社会实践，积极推动职业培训教育领域“一试多证”政策落地，打造粤港澳“一试多证”示范区。此外，探索通过与合作区政府、行业协会合作等方式，为在合作区创新创业的澳门居民提供可持续进修课程和技能提升课程，为更多的澳门青年赋能发展。

2. 为合作区提供医疗卫生、社会工作、基础教育等配套服务

合作区作为便利澳门居民生活就业的新空间，未来将会有越来越多的澳门居民在合作区创业、就业、生活，这也为澳门高等院校参与合作区开发提供了重要机遇。澳门高校希望能够继续发挥其在基础教育人才培养方面的优势，为日后合作区的澳门子弟班、国际学校等中小学校输出人才；同时，通过合作共建实习基地的方式，为更多的澳门籍教育工作者提供社会实践机会，深化琴澳两地在教育领域的交流合作；此外，也希望合作区能够加快与澳门特区政府协商，推动“多点行医”政策落地，让更多的澳门医疗专业人员到合作区就业、提供服务。

3. 支持开展国际考试服务

澳门作为世界旅游休闲中心、中国与葡语国家商贸合作服务平台，很多面向东南亚地区的国际测试考点落户澳门。澳门高校希望能够依托合作区“分线管理”的政策优势，探索通过“一考两地”方式，将相关考试考点落户合作区，助力解决澳门空间不足、人才资源紧张、通关受限等问题，为琴澳两地教育培训服务产业发展提供更多支撑和保障。

4. 打造澳门大学生融入国家发展大局的“实习首站”

澳门大学、澳门科技大学、澳门城市大学、澳门旅游学院等高校在调研中表示，随着祖国日渐繁荣昌盛以及《粤港澳大湾区发展规划纲要》的实施，越来越多的澳门青年积极融入国家发展大局，希望合作区能够充分发挥“四新”定位作用，政校共建一批研学实践、暑期实习、创新创业示范基

地，通过研修实习、暑期学校、短期考察等方式，安排专人就业辅导、创业导师跟陪、社区管家帮扶，并给予专项配套政策支持，打造澳门大学生"实习首战"，促进学生深度交流，不断增强青年学生的国家认同感、民族自豪感和社会责任感，为他们更好融入国家发展大局营造良好环境。

三　支持澳门高校参与合作区开发建设的建议

从总体情况看，澳门高校对合作区未来发展充满信心，非常有意愿参与合作区开发建设。合作区可按照先易后难、先共性后个性、由近到远的方式支持澳门高校参与合作区开发建设。

（一）近期工作：着力提升现阶段澳门高校参与合作区开发建设的质量

一是推动政策高质量落地。加快放宽市场准入特别措施、首批授权事项清单等重大改革政策出台。加快合作区"一线"口岸和"二线"基础设施建设。推动人员进出高度便利、创新跨境金融管理、建立高度便利市场准入制度、促进国际互联网数据跨境安全有序流动等关键性政策落地实施，让澳门"自由港"优势延伸至合作区，全面激活人流、物流、资金流、信息流在合作区的高效便利流动，加速琴澳一体化发展。

二是强化创新资源要素集聚。围绕合作区重点发展的集成电路、大健康产业，谋划布局科技基础设施和重大科技创新平台，鼓励支持澳门高校与内地大院大所、海内外知名高校、国家科研机构等在合作区合作建立科研基地。锚定四大产业加紧出台一批针对性强、有竞争力的产业扶持政策，加快各类生产要素集聚发展。多措并举吸引企业上岛办公、海外人才回流，大幅降低合作区营商成本、融资成本。

三是加大高素质科研人才引进力度。以吸引"高精尖缺"科研人才为重点，加快构建具有国际竞争力的人才引进制度；建立符合国际惯例的高端人才评价体系和激励保障机制，对符合条件的国际高端人才给予高度便利和优质服务，优化知识型外籍人才引进机制和技术移民制度体系。探索以联合培养和产业基地建设为抓手，引导澳门高校合理拓展师资力量和教学模式，通过建立政校、校企大学生交流合作培养机制，共同跨域联合培养博士、硕士研究生；加快推进合作区海外高端人才离岸创新创业基地建设，为优质人才进入合作区创造优质条件。

四是打造国际化高品质生活环境。加快推进高品质住房、教育、医疗、商贸、文化等城市配套设施建设，加快集聚国际优质医疗、教育、商贸资源，丰富跨境通勤供给保障。加快人才房、公共租赁住房、政策性商品房等多层次住房保障体系建设，促进职住平衡。积极对接澳门民生公共服务和社会保障体系，争取澳门药械在合作区试点使用，降低澳门高校教职及科研人员在合作区的生活成本。

五是为澳门高校在合作区发展提供更多便利。建立健全合作区政府信息社会化公布机制，在保障国家信息安全前提下，拓宽政府信息获取渠道和公开范围，探索建立政校常态化沟通交流机制，为校企搭建对话平台和解决机制。探索开展跨境科研资金自由流动试点，有序推动区内科研资源、科研设备、科研项目向澳门高校开放。支持澳门高校在合作区探索教师、科研人员双聘或互聘制度。着力在专业资格认证、便利通关、签证居留、社会保险、医疗服务、生活配套等方面给予重点政策支持。为澳门高校学生提供更多研学实践、暑期实习机会，并给予政策支持，促进澳门青年在合作区创新创业。

（二）中期节点：充分激发澳门高校参与合作区开发建设的潜力与动力

一是加快建立多元化合作机制。围绕合作区与澳门高校各自发展诉求，重点在医疗卫生、社会服务、职业培训、基础教育等领域进一步深化合作，通过政校、校企联合共建、共育、共管、共享等方式，鼓励合作区内企业特别是大型企业与澳门高校深化合作，重点围绕合作区四大重点产业、特色产业发展需要，探索建立跨域职业技能培训、定向委托研发、科研人员委培等合作机制，合作区可在用地、经费、宣传等方面给予政策支持，鼓励校企合作、产教融合。

二是进一步丰富合作内涵。充分发挥澳门高校在人才培养、科研创新、对外交流、智库建设等领域的专长，在建立紧密的政校合作机制基础上，探索通过政校联合成立股份公司的方式，打造政校发展“共同体”，重点在科研创新、产业孵化、社会服务等领域构建产学研用一体化精准对接机制，让职业培训、国际化考试、课题研究等合作区各种社会化发展需求与澳门高校实现精准对接。充分利用澳门高校校友会遍布世界和“精准联系人”的优势，通过“校友招商”方式，吸引优质商户落地。

三是强化重大科技创新平台的引领作用。主动瞄准科技前沿和关键领域，积极争取一批国家级重大科技基础设施落地合作区，加快推进国家中药新药技术创新中心、中葡科技交流中心、横琴科学城等创新平台载体建设，带动合作区内科技前沿、产业实力和人力资源的发展。充分发挥澳门国家重点实验室等资源的作用，鼓励科技研发、大健康、澳门品牌工业等重点产业企业导入资源，组建产业科技创新中心，通过“需求导入+创新研发+资本运作+市场开拓”方式，全面促进国际先进技术成果转移转化。

四是打造产学研用一体化科技创新与产业发展对接体系。畅通澳门高校在合作区内开展科技成果转移转化的渠道，构建琴澳科技成果转移转化平台。完善境外高校科研创新资金使用机制，畅通对澳科研资金拨付渠道，支持澳门高校符合条件的科技人员申请相应科技项目。推动琴澳重大科技基础设施和大型科研仪器设备共享。高标准建设澳门大学、澳门科技大学产学研示范基地，促进澳门大学、澳门科技大学科技成果在合作区落地量产。

五是加快跨区域产教协同发展。立足粤澳资源禀赋和发展基础，在深入实施“澳门特色+国际资源+横琴平台+政策优势+成果共享”产业发展模式基础上，加快推动与澳门在产教领域形成跨区域基础研发、产业分工、平台载体建设等协调联动，率先在大健康、中医药及澳门品牌工业等领域实现“澳门大脑+横琴手脚”产教分工发展，打造科技成果转移转化共同体。

（三）远期目标：全面提升澳门高校参与合作区开发建设的能级与量级

一是探索推动跨境授课政策落地。借鉴澳门企业在合作区跨境办公方式，探索开展跨境授课模式，重点是充分发挥合作区内现有优质空置楼宇的空间载体功能，将其打造成为支持澳门高等院校在合作区内高质量发展的飞地，用合作区的商业楼宇解决澳门高等院校办学空间受限问题，按照“办学主体在澳门、教学授课在横琴、粤澳联合共管”的方式，实现澳门高等院校办学空间的多元化发展。

二是积极争取境外高校独立办学政策。借鉴《海南自由贸易港外商投资准入特别管理措施（负面清单）（2020年版）》，探索允许澳门等境外理工农医类高水平大学、职业院校在合作区独立办学，并针对澳门等境外高校在合作区独立办学，探索适当突破办学模式的限制，给予相应的鼓励引导政策或实施准入特别管理措施。

三是探索打造澳门高校发展集聚区。由于合作区土地资源非常珍贵，现有不少土地资源已留用作为日后支撑“四新”产业发展用地，在此背景下，建议参考借鉴合作区法律集聚区建设模式，在推动争取境外高校独立办学和放宽办学模式条件等政策落地基础上，通过“政府出资+市场化运作”的方式，为澳门高校在合作区提供必要的授课教学和实验场所，以扩大澳门高校规模、增强群聚效应。

四是支持澳门高校在合作区布局特色学院。对标全球主要科学中心和创新高地，以广珠澳科技创新走廊为依托，围绕空间分布集聚和学科方向关联的重大科技基础设施集群、大型科研院所、广东省实验室等重大创新资源，采用“学校+重大创新资源”“学校+大型系列研究设施”“学校+大型科研院所”“学校+国家重点实验室”等多种形式，支持澳门高校探索在合作区布局以前沿科学交叉学科为主的特色学院。

五是探索打造“虚拟大学园”。借鉴深圳“虚拟大学园”“一园多校、政校共建”模式，按照前期政府出资或由政府和学校共同承建，中后期逐渐转变成以院校为主体、企业多方参与投资建设的方式，探索在合作区打造“虚拟大学园”，打破区域空间边界壁垒，吸引和促进澳门高校、国内外名校科研院所来合作区进行科技成果转化和产业化，积极促进中小型科技企业孵化和高层次人才培养，逐步将大学的科研和智力优势融入合作区创新型城市建设，为合作区产业高质量发展提供有力支撑。

参考文献

[1] 焦磊：《微型社会高等教育追求卓越之路：基于澳门、香港地区和马耳他的比较》，华东师范大学出版社，2019。

[2] 庞川、林广志、胡雅婷：《回归以来澳门高等教育发展的成就与经验》，《华南师范大学学报》（社会科学版）2019 年第 5 期。

[3] 蔡依莹：《政策产学研兴澳，助力经济多元，粤澳合作创新局》，《21 世纪经济报道》2021 年 9 月 7 日。

[4] 南日平：《把粤港澳大湾区建设抓紧抓实办好》，《珠江水运》2019 年第 4 期。

[5]《国务院办公厅关于进一步支持大学生创新创业的指导意见》，中国政府网，2021 年 10 月 12 日，https：//www. gov. cn/zhengce/content/2021-10/12/content_5642037. htm？ ivk _ sa = 1024320u&wd = &eqid = c08c25f7000536e100000002645cefe2。

[6] 庄真真：《论澳门青年大湾区就业现状与问题》，《广东青年研究》2022 年第 2 期。

[7] 武汉大学横琴粤澳深度合作区研究课题组：《横琴粤澳深度合作区创新驱动发展研究》，《中国软科学》2021 年第 10 期。

[8] 灵迪：《不辱使命再铸新“传奇”——广东全面推进横琴、前海两个合作区建设稳健起步》，《人民之声》2022 年第 2 期。

[9]《中共中央、国务院印发〈横琴粤澳深度合作区建设总体方案〉》，中国政府网，2021 年 9 月 5 日，https：//www. gov. cn/zhengce/2021-09/05/content_5635547. htm。

B.5

关于粤港澳大湾区社会组织合作创新的调研报告*

粤港澳大湾区（南沙）社会组织合作创新基地课题组**

摘　要： 社会组织是推进粤港澳大湾区高质量发展不可或缺的重要力量。推动粤港澳大湾区社会组织合作创新，需要明确社会组织合作创新的政策、机制与平台，组建社会组织合作创新枢纽，进一步深化多方合作内容，试点突破推动工作。本文从促进大湾区高质量建设高度出发，总结分析了粤港澳大湾区社会组织合作创新现状与存在问题，并提出了支持粤港澳大湾区社会组织合作创新的政策建议。

关键词： 粤港澳大湾区　社会组织　合作创新

粤港澳大湾区担负着“支持香港、澳门更好融入国家发展大局，为实现中华民族伟大复兴更好发挥作用”的重任。为进一步推进大湾区国际一流湾区和高质量发展典范建设，聚焦大湾区科技创新、产业协同、民生改善

---

* 本文是广州市南沙区民政局委托项目研究成果。

** 课题组组长：邓晓，广州市南沙区社会组织联合会常务副会长兼秘书长。课题组成员：孙朋朋，广东省体制改革研究会助理研究员，主要研究方向为政治发展与改革、社会治理与政策；倪方方，香港大学社会科学硕士，粤港澳大湾区（南沙）社会组织合作创新基地负责人，广州市南沙区社会组织联合会副秘书长，主要研究方向为粤港澳社会组织政策与培育发展、公共政策和国际化社会治理创新；郭启华，广州市南沙区社会组织党委委员、南沙百民社会服务中心理事长；邵珺，粤港澳大湾区（南沙）社会组织合作创新基地专员，广州市南沙区社会组织党群服务中心指导员。执笔：孙朋朋、倪方方。

等重点领域建设，应当充分发挥社会在组织整合社会资源、提供社会服务、表达社会诉求、创新治理方式与增进治理成效方面的功能，推动粤港澳大湾区社会组织全面合作创新。

一　粤港澳大湾区社会组织合作创新现状

（一）明确合作创新的任务与机制

1. 在任务方面

一是中央发布《粤港澳大湾区发展规划纲要》，要求充分发挥社会组织承接政府职能转移的作用，发挥行业协会商会的积极作用；强化港澳同内地社会福利界合作，深化社工交流与养老服务。

二是广东省发布《广东省推进粤港澳大湾区建设三年行动计划（2018—2020 年）》，在科技创新合作，加强粤港澳青少年交流，推动文化交流，推进大湾区学校互动交流，推进文化遗产弘扬和保护合作，支持养老机构建设和养老产业发展，深化社会治理合作等方面给社会组织参与大湾区建设提供了广阔的政策空间。

三是在地方层面，2019 年 4 月，深圳出台《深圳市贯彻落实〈粤港澳大湾区发展规划纲要〉三年行动方案（2018—2020 年）》，支持香港、澳门投资者在深圳兴办养老机构享受与深圳民办机构同等待遇，鼓励港澳地区优质社会服务机构在深圳开展业务。2019 年，广州市印发《关于推动粤港澳大湾区社会组织交流合作的行动方案》，探索推进粤港澳大湾区社会组织交流合作，促进社会组织共同参与大湾区城市民政及社会福利事业建设。2020 年 8 月，珠海市民政局印发《港澳专业社会工作从业人员在珠海市执业规定（试行）》，支持、鼓励港澳社工来珠执业。2021 年，广州市和深圳市签署了《深化广州深圳社会组织工作交流合作框架协议》，推动广州和深圳两地社会组织在“双区”建设、“双城”联动中发挥更大作用。

2. 在机制方面

建立粤港澳大湾区城市民政及社会福利政府部门联席会议制度。2019年3月，大湾区11个城市签署了《粤港澳大湾区城市民政事业协同发展合作框架协议》等三个政策文件，为推动粤港澳大湾区建设、实现粤港澳共同繁荣发挥民政及社会福利政府部门的积极作用。

粤港澳大湾区11个城市开展共同提升养老服务质量、探索开展特殊群体互助关爱行动、探索推进社会组织交流合作、推进社会工作交流合作、探索推动自愿性社会服务、探索开展慈善事业共建共享行动、探索开展民政及社会福利部门专业人才共育行动、巩固开展养老机构扶持助力行动、有序实施义务工作拓展提升行动、探索开展民政及社会福利领域深度共研行动、探索推动体制机制共建共享行动11项共同行动项目。

（二）组建社会组织合作创新的平台

1. 传统总会与联盟

香港深圳社团总会自2003年成立至今，通过举办交流探访及座谈会，加强香港与深圳在经贸、文化及旅游等方面的合作。总会亦热心传扬中国传统美德和国家发展理念，通过不同活动团结乡亲力量，传递忠孝精神，发挥爱国爱港的正能量。2018年，广东省医师协会、香港西医工会、澳门中华医学会等机构共同发起成立粤港澳大湾区医师联盟。同年，广东省律协推动建立了粤港澳大湾区律师协会联席会议制度，并召开了首次粤港澳大湾区律师协会联席会议。2019年6月，粤港澳大湾区教师联合会成立，大会集结了粤港澳三地教育管理部门、研究机构以及学校的领导、专家和优秀教师，分享了粤港澳三地创新教师培养、推动教育融合、促进教师发展的新方法、新路径。2020年11月，粤港澳大湾区中小学校长联合会成立，强化校长专业引领和各地学校融合互通。2021年9月，151家会计师事务所（广东83家、香港53家、澳门15家）及广东省注册会计师协会、香港上市公司审核师协会、澳门会计专业联会签署《粤港澳会计师行业发展战略协议》。

2. 新型合作创新平台

2022 年 5 月，广东省政府横琴办社会事务局与珠海市民政局签署《横琴粤澳深度合作区社会组织高质量发展共建框架协议》，推进共建合作区社会组织高质量发展新体系。2022 年 12 月，粤港澳大湾区（南沙）社会组织合作创新基地在广州南沙挂牌成立。基地由广东省社会组织管理局、广州市等湾区城市民政部门和广州市南沙区民政局三级合作共建，核心任务是培育孵化具有服务湾区能力的社会组织和合作项目，建设立足湾区、协同港澳、面向世界的活跃、前沿和具有一定创新性的社会组织聚集区，通过大湾区社会组织“一站式”服务机制，设立顾问委员会、专家委员会、战略合作伙伴委员会及秘书处四大核心部门，构建传播展示、交流合作、培育发展、项目对接、智库研究、综合事务六大功能板块，建设科技创新产业合作、青年创业就业合作、高水平对外开放、规则衔接机制对接、高质量城市发展五大社会组织发展枢纽，聚集社会组织势能，为促进大湾区创新社会治理、扩大对外交往等发挥作用。

（三）粤港澳大湾区社会组织合作内容不断深化

1. 从民生领域率先破局

粤港澳大湾区的社会组织合作开始于民生领域的合作，并逐渐深化。早在 2008 年，广州荔湾区政府和香港国际社会服务社在逢源街道合办了“穗港家庭综合服务中心”，开政府购买服务的综合家庭服务中心之先河。2013 年，根据 CEPA 补充协议九，商务部、民政部联合下发《关于香港、澳门服务提供者在内地举办营利性养老机构和残疾人服务机构有关事项的通知》，允许香港、澳门服务提供者在内地设立营利性养老机构和残疾人服务机构。2017 年，广州与香港社区发展促进会合作开展广州市社工服务站标准化建设工作。2019 年 11 月，作为澳门社团在内地开设的第一个社会服务中心，澳门街坊会联合总会广东办事处横琴综合服务中心正式揭牌。2020 年 1 月，澳门民众慈善会广东办事处揭幕启用，该办事处是澳门民众慈善会在广东设立的首个办事处。港澳服务类社会组织在养老、残疾人服务、社区服务等领域与粤九市建立了比较密切的合作关系，这种合作为粤港澳大湾区社会组织的合作发展奠定了良好的基础。

2. 专业领域合作不断深化

2016 年以来，广东省律协先后举办多场次专题讲座，邀请 60 位香港大律师与广东省近千名律师进行专业交流，并形成了粤港律师“讲座+互动+小范围深度座谈”的交流模式和“大律师事务所+内地律协”的新型交流平台。2020 年 3 月，深圳首家粤港澳三地联营的律师事务所挂牌成立，该律师事务所重点关注粤港澳大湾区“三税区、三法域、三货币”背景下人员、物资、资金、信息互融互通所产生的法律问题，为跨境商业交易、跨境争议解决、企业投融资、科技创新等提供法律方案。佛山市引导和鼓励市侨商投资企业协会、留学人才协会、青年商会、社工服务机构等社会组织加强对外交流合作，佛山市青年商会积极开展港澳青年交流活动，分别接待了香港广东社团总会、澳门青年商会、国际青年商会台湾青商总会等社团。

3. 信息交流形式丰富

2019~2020 年，广州市连续举办粤港澳大湾区社会影响力暨广州慈善盛典，邀请粤港澳研究机构、高校专家、香港赛马会等慈善机构参与，成立粤港澳大湾区社会影响力研究基地，打造慈善湾区，共同提升了大湾区公益慈善影响力。2019~2022 年，广州市连续四年举办粤港澳大湾区社会组织合作论坛，邀请大湾区社会组织负责人、专家学者等共同探讨推动社会组织创新，促进了大湾区社会组织发展经验交流和相互学习。

（四）群团组织发挥引导作用

1. 广东省妇联历来重视与港澳社会组织加强交流合作，增进与港澳妇女组织的情感交流

广东省妇联与港澳妇女组织交往密切，专设港澳特邀代表和执委，并在 2019 年起配备了港澳兼职副主席。2020 年 11 月，广东省妇联与港澳妇女组织签订了《粤港澳大湾区妇女融合协同发展框架协议》。2021 年 12 月，广东省妇联主管的第一家境外社会组织代表机构——澳门妇女联合总会广东办

事处在横琴粤澳深度合作区揭牌启用，为粤澳两地居民提供妇幼发展服务及其他社会服务。

2. 团省委和省青联积极与港澳青年组织开展交流合作，服务港澳青年

近年来，团省委加快搭建粤港澳台青年交流合作平台，推动实施“青年同心圆计划”。联合港澳机构建设 38 家大湾区青年家园，发行大湾区青年卡，开通 12355 港澳台青年服务热线，并推出《粤港澳大湾区青年资讯通》，为港澳青年发展提供“一站式”服务，助力打通港澳青年来粤发展“最后一公里”。

3. 广东省工商联与港澳主要商会日常沟通联系，积极参与商会举办的活动与来访事宜

2004 年，粤港澳主要商会高层圆桌会议由广东省工商联（总商会）、香港中华总商会、澳门中华总商会等粤港澳主要商会共同发起，现有正式成员商会 16 家，2023 年举办了第 21 次会议。三地工商团体携手共进，聚焦推动高质量发展，进一步提振企业发展信心；聚焦整合优势资源，进一步搭建合作服务平台；聚焦产业融合升级，进一步推动构建现代产业体系；聚焦企业创新发展，进一步推动建设国际科创中心；聚焦大湾区青年发展，进一步助力高水平人才高地建设，为粤港澳大湾区发展提供新思路，赋能新动力。

总体上看，《粤港澳大湾区发展规划纲要》公布以来，以深圳、广州、珠海为代表的内地城市与港澳地区的社会组织之间的交流合作快速发展。

二　存在问题

（一）社会组织自身能力有待加强

截至 2022 年 12 月，粤九市登记注册各类社会组织 41659 个，每万人拥有社会组织数仅为 5.3 个，与世界发达国家（一般超过 50 个）相比差距很大。而且粤九市社会组织主要集中在深圳、广州、佛山三个城市，分别占比

26.3%、18.7%、13.8%，合计占比达到58.8%，其他城市发展明显滞后（见图1）。社会组织除空间分布不均衡，类型分布也不平衡。根据社会组织任务性质分类，包括行业性社会组织、联合性社会组织、学术性社会组织、专业性社会组织等。在粤九市的社会组织中，行业性社会组织3443个，联合性社会组织7834个，学术性社会组织1237个，专业性社会组织4905个，公益慈善类社会组织1115个（见图2），公益慈善类、技术服务类社会组织发展明显滞后。从行业分类来看，粤九市社会组织主要是教育类，占比高达54.7%；其次是社会服务类，占比为16.0%（见图3）。社会组织过度集中在教育等领域，工商业服务、法律、职业及从业服务等专业类社会组织发展无法满足群众需求。同时，一些社会组织没有完善的运行管理制度，缺乏稳定的资金、技术和专业人才保障，社会公信力也不够强，严重制约了社会组织开展有效的项目策划、资金筹措、项目运作等工作。

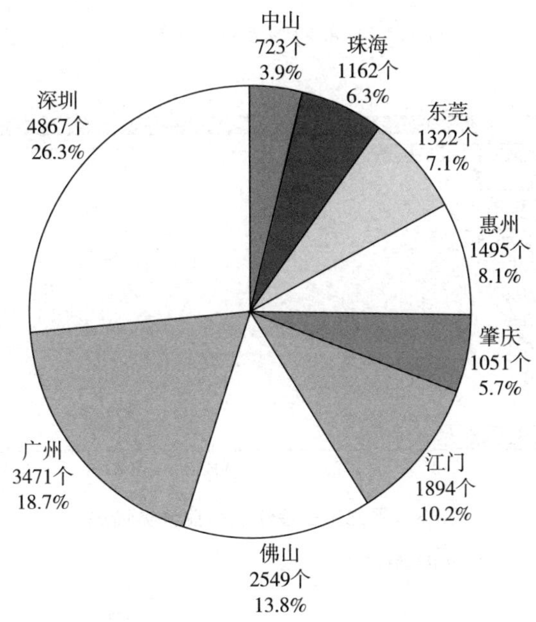

图1　粤九市社会组织登记注册情况

资料来源：广东省社会组织管理局，不包括社区社会组织和在省民政厅注册的社会组织，下同。

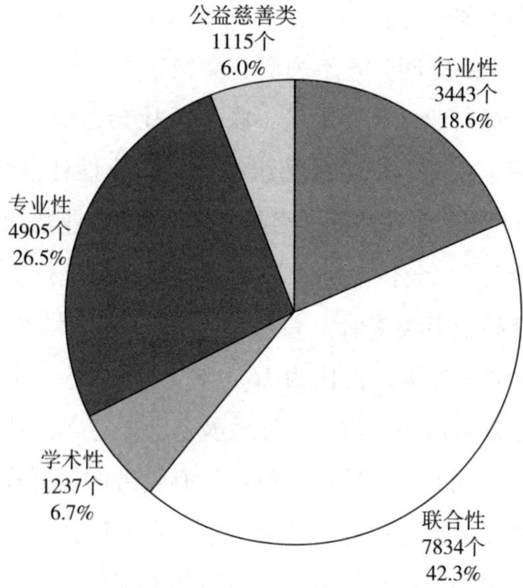

图 2　粤九市社会组织根据任务性质分类情况

资料来源：广东省社会组织管理局。

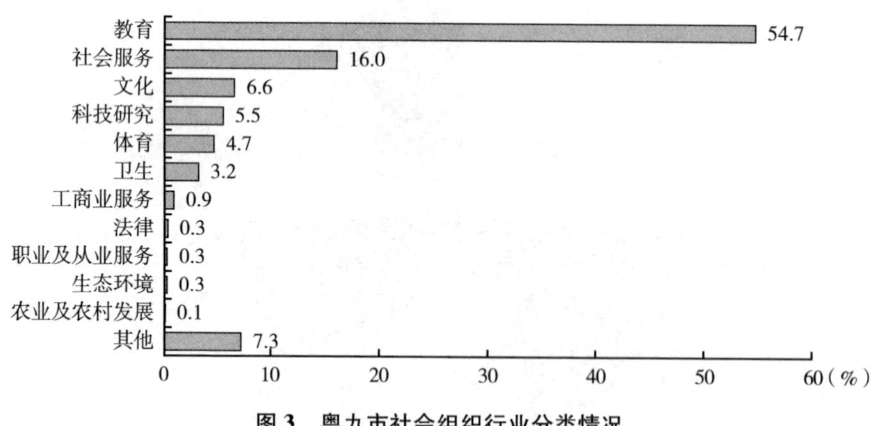

图 3　粤九市社会组织行业分类情况

资料来源：广东省社会组织管理局。

（二）现行政策影响港澳社会组织落地

受现有法规和政策的制约，港澳社会组织（非政府组织）对来粤落户或开展实质性合作意愿较高，但实操较为谨慎，因为社会发展和社会治理领域的合作开放程度不及经贸领域。

随着粤港澳深度融合发展，现行政策对港、澳、台人士深度参与社会组织经营给予了更宽松的条件，如《广州市社会组织管理办法（2015 年修正本）》规定“港、澳、台人士在本市投资兴办经济实体并在本市工商注册的，可以担任本市社会组织除法定代表人之外的领导职务和非领导职务，但应当按照相关规定报有关部门审批”。尽管如此，根据《社会团体登记管理条例》及有关政策，审批条件一定程度上对港澳与珠三角资源要素在社会组织层面的深度交流与合作造成影响。根据《中华人民共和国境外非政府组织境内活动管理法》和我国社会组织的监管办法，非政府组织到境内设立代表处和开展业务活动，需要在省级公安部门登记、备案，并由省级政府部门作为业务主管单位，但现实中由于操作困难、意识和理解不同以及政府部门的意愿等因素制约，该条件一定程度上影响了港澳社会组织落地。

（三）培育发展平台能力不足

现阶段，粤港澳大湾区内部对社会组织发展培育的力度还不够大。一方面是缺乏长期性和综合性社会组织合作孵化平台。比如，当前对粤港澳青少年交流活动资源统筹不足。另一方面缺乏大湾区社会组织间的生态链、行业标准平台及重大合作项目平台。尽管大湾区基金会的数量居全国前列，但其溢出效应不足，在行业内部没有形成一个有效的生态链。并且，现阶段大湾区社会组织合作创新缺乏粤港澳三地政府的顶层设计与政策指引。

（四）资金资源支持力度不够

当前，粤港澳大湾区社会组织合作创新处于快速发展阶段，但资金不足严重制约了大湾区社会组织合作意向与行动。一方面，公共财政的专项支持力度不够，加上为社会组织提供金融服务的孵化基金、种子基金缺乏，导致当前大湾区粤九市社会组织合作交流的相关经费基本上为社会组织自筹，资金压力较大。另一方面，大湾区现有资金没有充分发挥资助引导作用。当前，大湾区社会组织资金主要源于政府、企业和公众，来自基金会与慈善会的资助较为有限。

（五）合作交流的信息机制建设不足

粤港澳三地社会组织之间缺少信息的及时共享。究其根源，一方面是粤港澳三地在社会组织领域缺乏信息共享的技术平台和政策支持；另一方面，内地对跨境信息交换实施比较严格的管制，监管部门立足信息安全，对任何跨境的信息流动都保持敏感态度。此外，社会组织信息共享困难还因为监管部门之间信息难以互通，广东省民政部门、省内相关业务监管部门与港澳相关机构之间的信息交流渠道较少，省级层面对深圳市的社会组织基本信息采集较少，并且内地主管部门对港澳社会组织管理制度了解不足，缺乏对港澳社会组织相关制度的系统性梳理。

三　粤港澳大湾区社会组织合作创新的对策建议

（一）高质量发展合作创新平台

粤港澳大湾区社会组织合作创新需要专门的平台，通过合作创新平台引导大湾区社会组织交流合作，探索港澳社会组织落地入户，提升社会组织能力与服务水平，代表大湾区社会组织从业者发声。广州南沙已经组建了粤港澳大湾区社会组织合作创新基地，担负着聚集社会组织势能，促进大湾区创新社会治理，扩大对外交往，探索、推进和深化穗港澳社会组织合作与交流的重任。

在自身建设方面，应当充分赋能大湾区各个社会组织合作创新基地，支持基地的人才、资金与链条建设，使之有能力完成自己的使命。要为各个基地搭建顶层设计的架构，协调政府资源，规划人员结构，建立一支能够承担起责任的队伍；要在财政上保证大湾区各个基地的基本开支与活动经费，确保基地长久的生命力；要充分拓展基地的合作方，通过社会办基地，使之具有链接社会资源、自身拓展与“造血”的功能。

在业务方面，要积极推进大湾区社会组织合作创新基地信息机制建设，使基地成为大湾区社会组织生态链的枢纽，建成大湾区社会组织信息库；基地要通过同大湾区社会组织交流，汇集大湾区社会组织的利益表达，分析大湾区社会需求，形成自己独特的研究能力与政策表达能力；基地要通过发布社会组织发展标准，举办论坛与培训班，提升大湾区社会组织的能力。

（二）积极试点推进港澳社会组织落户粤港澳大湾区

在积极推进粤港澳大湾区建设的背景下，大湾区社会组织合作创新最为重要的是推进港澳社会组织在大湾区合法注册。应当选择前海、横琴与南沙，试点推进社会组织合法注册。

以南沙区为例，为深入贯彻落实《粤港澳大湾区发展规划纲要》《广州南沙深化面向世界的粤港澳全面合作总体方案》（以下简称《南沙方案》）和广东省委省政府、广州市委市政府以及广东省民政厅工作部署，全力支持南沙与横琴、前海共同发挥战略支点作用，共同引领粤港澳大湾区协同高质量发展，应为引进、发展一批国际智库和符合南沙规划发展、大湾区建设需要的顶尖社会组织落户南沙以及优质资源集聚南沙创造政策上的便利，从而带动其所辐射的各项产业资源在地实现对接与成果转化，促进社会与科技、经济、产业同步发展。

一是采用试点模式，即“意向机构—设立标准和管理程序—政府部门认证”。选定一批在重点领域与南沙有业务往来或发展意愿的爱国爱港（澳）港澳非政府组织，纳入跨境社会组织合作创新白名单，设立标准和管理程序，由公共管理机关给予一定的主体豁免权，后续扩大试点范围，结合南沙发展需要，制定标准、程序与管理方案。

二是制定《广州南沙跨境（港澳）社会组织合作创新重点领域准入目录》（以下简称《准入目录》），重点社会组织建立一事一议制。依据《南沙方案》制定《准入目录》，由政府部门印发实施，鼓励广州南沙进一步开发开放，引导投资合作方向，管理合作项目。对符合《准入目录》的重点社会组织落户提供一事一议制，由相关部门牵头对接建立专班小组，建立对接机制，开辟绿色通道，并由业务主管单位明确各重点领域开办资金准入门槛。

三是争取允许符合条件的取得内地永久居留资格的国际人才担任民办非企业科研机构法人代表并准予登记。

四是对落户痛点难点推行区域性试点政策，进行创新突破。针对社会团体区域限制，有条件的放宽会员分布，并明确港澳籍入会流程，允许港澳机构和个人发起社会团体和入会，并通过出台指导意见或入会章程等给予明确指导。针对名称限制，相当一部分港澳非政府组织的名称具有品牌效应和公信力，可通过制定《广州南沙跨境（港澳）社会组织合作创新重点领域准入目录》《跨境合作创新"关键词"目录》等，有条件的允许保留或部分保留港澳机构原名。

（三）探索建立粤港澳大湾区社会组织合作机制

粤港澳大湾区社会组织合作创新不仅指突破体制障碍，推进港澳社会组织落地，还包括大湾区内地九个地市社会组织之间的合作交流。由于现行法规的限制，社会组织跨地域业务受到严格规范。业务活动是社会组织合作交流的最大动力，也应当是社会组织交流合作的最核心内容。广东各级政府，特别是粤九市政府应当通过政策试点，由易到难，探索放松对社会组织的地域限制。一是建立大湾区社会组织人才交流渠道，实现人才要素的便捷流通；二是积极打造大湾区社会组织典型品牌，实现跨区域品牌联动，扩大品牌对整个大湾区乃至广东全省的影响力；三是鼓励社会组织通过承接政府职能转移的方式，逐步实现业务范围的全湾区化；四是推动社会组织通过设立办事处、联系点等方式，实现在整个大湾区多点布局。

（四）设立粤港澳大湾区社会组织项目创投

社会组织公益创投项目能够进一步激发社会组织活力，提高社会组织公益创投资金使用效益，推动社会组织更好参与社会服务、服务经济社会发展大局，确保社会组织持续健康规范有序发展。通过开展大湾区社会组织公益创投，能够激发大湾区 11 个城市社会组织参加大湾区建设积极性，充分调动社会多元力量，更好地满足人民群众对美好生活的需求。鼓励大湾区各级政府同港澳政府等机构合作，设立大湾区社会组织创投资金。申报主体包括港澳背景的社会组织、非政府组织境内代表处，鼓励社会组织与港澳非政府组织联合投标。港澳政府对公益项目扶持力度较大，在扶持资金监管方面规范严格，通过设立大湾区创投计划，建立与港澳资源合作的平台，有助于指导并鼓励项目主体申报香港（澳门）政府资助资金，双向培育孵化社会组织，培育大湾区社会组织合作特色项目。

（五）积极引进港澳社会服务标准与人才

港澳开展社会服务工作更早，服务水平和服务能力也达到了世界先进水平，并且建立了较为完善的社会服务标准化体系。应当发挥社会组织合作创新平台与枢纽的作用，引进港澳资源，建立一套符合内地需求并达到世界先进水平的社会组织从业人员培训、评估与考核标准。支持港澳社会组织将完善的社会服务人才培养支援体系引进内地，充分发挥港澳在社会服务方面的优势，与内地社会服务机构形成优势互补。一方面，引导在粤设立的港澳社会服务机构加强对内地社工的培养，通过培养一批高水准的内地社工而非直接聘用香港、澳门社工，减轻该类社会服务机构用人成本高的困难；另一方面，引导港澳社会服务机构以内地社区中心为根据地，引进香港、澳门特色社工培训，如工作坊培训、督导培训以及活动展示等，弥补内地在社会工作人才专业培训方面的短板，发挥香港、澳门机构的专业特长。

（六）积极打造社会组织合作创新试验区

在横琴、前海、南沙探索社会组织合作创新试验区建设。以横琴、前海、南沙为平台，探索开展港澳社会组织人才评价试点，探索建立粤港澳跨境社会福利信息系统，探索粤港澳社会福利和慈善事业合作的体制机制，成立粤港澳大湾区社会服务基金，建立港澳与内地社会福利界交流合作基地，建立粤港澳社工专业培训基地，开展社会（社区）服务领域职业（专业）资格互认，探索港澳养老服务机构以服务购买的方式运营各类社会服务中心。同时，鼓励开展社会组织创新试验，比如科技合作试验、国际交往合作试验等，拓展国际科技交流渠道，构建开放信任合作格局。

参考文献

[1] 许亚敏：《澳门社会组织、社工在社区治理和服务中的作用及启示》，《中国民政》2018 年第 3 期。

[2] 马玉丽、李坤轩：《社会组织参与社会治理的经验与启示——以美国、台湾地区、香港地区为例》，《临沂大学学报》2020 年第 4 期。

[3] 林捷兴：《将大湾区打造成高质量发展典范》，《深圳特区报》2022 年 10 月 28 日。

[4] 唐政秋、喻建中：《社会组织承接政府购买服务的现实困境与突破路径》，《社科纵横》2021 年第 4 期。

[5] 娄胜华：《成长与转变：回归以来澳门社团的发展》，《港澳研究》2016 年第 4 期。

[6] 陈嵘伟、陈理：《为三地青年提供逐梦圆梦热土》，《南方日报》2022 年 10 月 14 日。

[7] 齐暄：《粤港澳大湾区社会组织合作发展的体制机制创新研究》，《广东经济》2022 年第 5 期。

[8]《广州加强与港澳社会机构合作　推进大湾区民政事业发展》，中国新闻网百家号，2019 年 4 月 3 日，https://baijiahao.baidu.com/s?id=1629707605488239019&wfr=spider&for=pc。

[9]《横琴粤澳深度合作区将建枢纽型社会组织》，中国青年网百家号，2022 年 5 月 7 日，https://baijiahao.baidu.com/s?id=1732154955284554344&wfr=spider&for=pc。

[10] 吴巧瑜、黄颖：《第三方治理：粤港澳大湾区社会组织跨区域协作治理研究——以 Y 青年总会为例》，《学术研究》2022 年第 3 期。

区域发展篇

Regional Development

B.6
关于深圳腾飞奇迹与社会主义市场经济实践的调研报告

李罗力*

摘　要： 深圳与国内其他城市和地区相比，最主要胜在市场经济搞得好，率先建立起比国内其他地区相对完善的市场经济体系。不用行政手段直接干预企业在市场经济中的自主经营，不去越俎代庖地直接指挥企业自主发展，不去干扰和阻碍企业的正当市场竞争，这是真正建立和完善市场经济体制的最根本要求。深圳恰恰就是在这一点上比国内许多地方都强。“社会主义市场经济”是对马克思主义理论的重大发展，完整准确地理解社会主义市场经济的“以公有制为主体”的真正要义，是解码深圳腾飞奇迹的关键。

* 李罗力，中国（深圳）综合开发研究院副理事长，深圳市马洪经济研究发展基金会创会理事长，中国经济体制改革研究会资深高级研究员，南开大学兼职教授、博士研究生导师。

关键词： 深圳腾飞奇迹　社会主义市场经济　以公有制为主体

一　市场经济是创造深圳腾飞奇迹的立足之本

我们要解码深圳腾飞奇迹，一定要知道深圳与国内其他城市和地区相比的优势，深圳最主要胜在市场经济搞得好，率先建立起比国内其他地区更完善的市场经济体系。

很多人可能并不真正理解这一点，尽管大家都承认，深圳在全国率先建立起社会主义市场经济体制，为全国的改革开放和建立社会主义市场经济体制做出了不可磨灭的历史贡献。1992 年 10 月，党的十四大确立了社会主义市场经济体制改革目标，全国开始搞大改革、大开放，都在搞市场经济，而且很多地方的市场经济都搞得相当不错，百花齐放，各有特色。再加上“市场经济”“社会主义市场经济”“中国特色社会主义市场经济”这些名词几乎每天都见诸报端，见诸各种主流媒体，因而不少人认为各个地方的市场经济发展并没有多大差别。为什么还要说深圳搞市场经济比别的地方搞得好呢？深圳的市场经济怎么个好法？好在哪里？

对于市场经济，人们最熟悉的一句话就是“市场是资源配置的决定性因素”。但时至今日，许多人没有真正理解这句话的含义。大多数人简单地认为，过去在计划经济时代，所有的资源配置都由政府制订的计划来决定，现在这一套已经取消了，难道不就已经是由市场来配置资源了吗？事实上并非如此，或者说远未如此。从理论认识上来说，仅仅从概念上知道市场经济是由市场决定社会资源配置的经济形态是远远不够的，还必须知道，市场经济还是指经济运行基础是市场竞争的经济形态，是强调竞争的有效性和公平性的经济形态，是一种为达到公平竞争的目的，政府必须从法律上创造出适宜的外部环境，并为企业提供平等竞争机会的经济形态，因此也是一种要有明确法律规定，包括政府行为，都要以立法为依据，通过立法来贯彻执行，因而具有公开性、法治性、规范性的经济形态。

这恰恰是理解什么是真正的市场经济的关键，只有明白了这一点才能理解为何说深圳市场经济体系相对于其他地区来说更加健全、深圳的市场经济搞得更好。而许多地方的决策者没有真正搞明白这一点，因而才会从理论认识再到决策行为都在犯错，而且一错再错。

我们已经进入现代经济的社会化大生产时代，表现为各种生产资料和劳动力集中在企业里进行有组织的规模化生产，同时生产的专业化分工不断发展，各种产品生产之间协作更加密切，并且生产过程各环节形成了一个不可分割的整体。在这样一种经济形态下，土地、生产设施、资金、劳动力等各种社会资源的配置是否合理，是否符合社会化大生产自身的内在规律，对经济发展的水平、质量和效率起着决定性作用。

在以往的计划经济时代，资源配置由政府通过制订国民经济计划，通过层层行政审批和行政命令来统管和分配。这种资源配置方式的根本弊病是，资源配置主要通过人的主观意志来完成，“层层审批”排斥选择，“事事统管”排斥竞争。尽管在经济结构比较简单、人们需求比较单一的情况下，政府配置资源有简便和功效直接的优势，但在社会化大生产的阶段，经济规模不断扩大，经济结构、产业结构和产品结构不断细化和复杂化，人们对产品的需求即市场的需求也日益多样化，在这样的情况下，以政府计划和行政审批配置资源的方式已无法把握瞬息万变的市场需求，无法做到科学准确地符合社会化大生产的内在客观规律，因而从根本上不利于资源的优化配置，也必然造成经济发展的低效率、低质量和低水平，造成社会资源的巨大浪费，违背客观规律，造成巨大损失。改革开放前我国的经济发展之所以与西方发达市场经济国家差距那么大，而且越拉越大，甚至与韩国、新加坡以及中国的台湾和香港这些以市场经济为主体的“亚洲四小龙”差距也越来越大，其根源就在这里。

市场之所以能够最大限度地提高资源配置效率，是通过市场机制的作用能动地实现的。市场机制的三大要素——市场供求、市场价格和市场竞争相互联系、相互制约、相互作用。市场供求反映提供给市场的商品及劳务数量，市场价格反映市场供求变化引起的商品和劳务价格的升降，市场竞争则是市场主体围绕商品质量和价格等方面进行的经济博弈。

市场机制的这三大要素能够客观地反映瞬息万变的市场需求，能够比较科学准确地符合社会化大生产的内在规律，因而从根本上有利于资源在社会化大生产的各个环节中的合理和优化配置，从而实现经济发展的高效率、高质量和高水平。

二 深圳腾飞奇迹在于正确把握住了市场经济“无形之手”与“有形之手”的关系

从亚当·斯密的古典经济学到新古典经济学等学派，都强调市场机制的天然合理性。然而事实已经证明，他们的这种理论是错误的。西方经济学中的市场经济理论，均假设市场经济主体是理性人，而事实上，在现实的市场经济运行中，这个假设根本就不能成立。

市场经济在长期发展的实践中已经证明其有四个天然固有且单靠自身力量不可克服的缺陷：一是市场主体一切向钱看，为追求自身利益而进行各种不正当竞争，因而具有一定的对市场经济公平竞争造成破坏和危害的自发性；二是由于各个分散的市场主体无法掌握社会各方面的信息，也无法控制整个社会经济变化的趋势，只能依据市场价格信号进行经济决策，因而具有一定的盲目性；三是由于市场调节是一种事后的调节行为，因而具有一定的滞后性；四是当市场经济发展到一定阶段，极少数市场主体在市场竞争中具有相当经济优势时，为了保持自己的优势而采用非竞争手段不允许他人再与之进行竞争，因而具有一定的垄断性。

市场经济这只“无形之手”具有自身无法克服的固有缺陷，有时会陷入市场失灵，因此需要有政府这只“有形之手”对经济实行一定的干预和调控。正因如此，我们现在所强调的市场经济，事实上已经由两部分组成，一部分是指对社会资源配置发挥决定性作用的市场机制那只“无形之手”，另一部分则是指通过政府发挥适当作用补充市场失灵的那只“有形之手”。实际上，早在20世纪30年代大萧条之际，就诞生了由这两部分共同组成的最早的西方市场经济理论体系——凯恩斯宏观经济理论体系。

我们现在之所以说许多地方的市场经济体系不完善、不健全，存在很多弊病，很多地方还需要进一步深化经济体制改革，主要是因为没有正确把握市场经济中“无形之手”与“有形之手”的关系；很多地方的经济发展效率不高，发展水平和质量有问题，其关键也在于此。

解决这个问题我们要更加正确和更加深入地理解市场机制在市场经济运行中所发挥的作用。正如我前面所讲，只认识到市场经济是由市场决定社会资源配置的经济形式是远远不够的，我们还必须认识到市场经济的主体是企业，而不是政府。这是计划经济与市场经济的根本不同之处。市场竞争是市场机制的灵魂。这更说明，市场机制灵魂的载体是企业，而不是政府。这是我们很多地方政府对市场经济还没有充分深刻认识的根本之处。因此，不用行政手段直接干预企业在市场经济中的自主经营，不去越俎代庖地直接指挥企业自主发展，不去干扰和阻碍企业的正当市场竞争，这是真正建立和完善市场经济体制的最根本要求。

唯有认识到上述这些，才算真正全面地理解市场经济在我国所应该具有的地位和作用，才能在经济和社会发展中真正发挥市场经济体制的作用，也才能建立起完备的市场经济体系。

说到底，深圳恰恰就是在这一点上比国内许多地方都强，深圳的企业特别是民营企业比国内任何地方发展得都好，这正是深圳能够创造“奇迹中的奇迹”的关键所在，也是解码深圳腾飞奇迹的关键所在。深圳能够成为“创新之都”，就是由于企业在研发创新方面发挥着根本的作用，而不是大学和科研院所，更不是政府部门。

由此，我们应该更加正确和更加深入理解政府在市场经济中的作用。

政府在市场经济中要做什么？要保证市场竞争的有效性和公平性，而不是代替企业去实现各种经济行为，更不能用行政手段干预企业的自主经营，指挥企业的自主选择，阻碍企业的市场竞争。政府怎样才能保证市场竞争的有效性和公平性呢？必须从法律上创造适宜的外部环境，并为企业提供平等竞争机会。这里所说的“法律上”也要包括政府的行为，要以立法为依据，通过立法来贯彻执行。只有这样，才能使我们的市场经济真正成为具有公开性、法治性、规范性的经济形态。

综上所述，在真正健康有效和健全的市场经济中，政府不必也不能对企业进行多余的直接干预。必须充分保证企业是市场经济的主体，是市场竞争的主体，这样才能正确发挥市场机制作用，让整个经济活动能够通过市场经济达到高效健康运行。做到了这一点，实际上就要使政府成为“有效有限”政府，就要正确把握并处理好市场经济中“有形之手”与“无形之手”关系的关键。

三　要完整理解社会主义市场经济的“以公有制经济为主体”

众所周知，新中国成立后直至改革开放前 30 年时间里，一直实行的是计划经济。当然，即使到现在也不能否认计划经济体制在新中国发展的初期阶段所发挥的重大积极作用。我曾经做过一个基本的统计，1949～1965 年，中国的经济发展水平虽然不及西方发达国家，但与那些在二战后独立、且与我国差不多同期建立的发展中国家相比，包括那时在国际上威望很高的印度（1949 年印度的经济发展水平高于中国），我们的工业和农业发展水平、速度和质量都高于这些国家。

但是，随着时间的推移和条件的变化，计划经济体制那种主要依靠政府意志决策、高度统一、限制地方和企业的主动性、限制企业的竞争活力、排斥市场作用、只靠行政命令配置资源、大搞平均主义、职工吃企业的“大锅饭”、企业吃国家的“大锅饭”的弊端就日益暴露出来了。这种经济体制最终导致了国民经济发展到一定水平后开始迟缓、落后，甚至停滞不前。随着中国的改革开放，中国开始从“以阶级斗争为纲”转向“以经济建设为中心”。只有这样，才能解放和发展生产力，这正是邓小平提出搞市场经济的根本出发点。

邓小平所讲的市场经济不是一般意义上的市场经济，他创造性地提出

"社会主义市场经济"。社会主义市场经济是市场经济的一种形态，但具有一般市场经济所不具备的三大基本特征。

第一，它是以公有制为主体的市场经济形态。这里指的公有制不仅包括国有经济、集体经济，还包括混合经济。在公有制为主体的前提下，非公有制经济也是重要组成部分，这也成为社会主义市场经济区别于其他形态的市场经济的一个根本特征。

第二，它是主要以计划为指导的市场经济形态。由于长期以来"社会主义经济"都实行计划经济体制，因此社会主义体制与市场经济"合体"时，计划就成为这种新型经济形态的又一大根本特征。正如邓小平所指出的，"资本主义也有计划"，日本有企划厅，美国和英国、德国、法国等欧洲主要发达资本主义国家政府都有各自的发展计划。这充分表明，现代资本主义市场经济中同样有计划；这也充分说明，对于现代资本主义市场经济来说，计划也是政府这只"有形之手"克服市场这只"无形之手"的自发性和盲目性的重要手段。

但是，只有在中国这样的社会主义市场经济形态中，计划才会占有不可缺少、不可动摇和不可分割的重要指导地位。我国制定五年发展规划，同时还制定十年甚至更长时间的发展战略规划，并且每年都要制定完成五年规划的具体目标。另外还针对不同的产业和社会发展领域制定相应的中长期发展规划和每年必须完成的规划目标。这一点是我国与实行自由市场经济的西方发达国家的根本区别之一。

在社会主义市场经济形态中，市场与计划各有其客观地位和作用范围：前者是微观经济活动中资源优化配置和激发竞争活力的基础，后者是宏观经济活动中全局性和方向性的指引。这些关系构成了社会主义市场经济形态中市场与计划关系的内涵。

第三，社会主义市场经济以达到共同富裕为目标。让全体人民共同富裕，是社会主义的本质要求，也必然是社会主义市场经济的基本特征。这一点又与资本主义市场经济形态形成了根本的差别。资本主义市场经济形态以私有制为经济基础，在这种经济体制下，人人都可以自由地不受限制地追求自己的利益最大化。结果必然是贫富两极分化，而且必然出现“富者愈富，穷者愈穷”的马太效应，这是因为富者掌握了更多的财富，也就比穷者具备更多的社会发展资源。社会主义市场经济则不同，中国共产党建立社会主义的根本目的是要让全体人民都得到幸福，要让全体人民都富裕起来，都能过上幸福的生活。我们实行社会主义市场经济，是为了打破计划经济体制的束缚，解放生产力，发展生产力，消灭剥削，消除两极分化，最终达到共同富裕。因此最终达到共同富裕就成为社会主义市场经济的终极目标。

如前所述，中国共产党人创造性地建立起了社会主义市场经济，也就是有中国特色的社会主义市场经济。2012 年党的十八大以后，中国特色社会主义市场经济也进入了一个新的发展阶段。事实上，现在我们经常提到的“市场对资源配置起决定性作用”这个概念，也是中国进入新时代后的理论升华，是对邓小平所创立的社会主义市场经济理论的又一重大发展。

中国特色社会主义市场经济理论的建立，非常重要的一点是如何体现以公有制经济为主体。许多人特别是许多地方、许多部门的领导和决策层都认为，坚持以公有制经济为主体，就是要重点发展国有经济，重点扶持国有企业，因此很多地区民营经济发展不起来，甚至出现民营经济“大退潮”的现象；也有很多领域出现了只大力扶持国有经济和国有企业，而对民营企业和民营经济所面临的困难和问题重视不够，解决不够，以至于这些困难和问题久拖不决，严重影响了民营经济的正常发展。正因为这一点，很多人对中国特色社会主义市场经济的以公有制经济为主体产生了理论上的怀疑，认为这是引起现在普遍存在的“国进民退”的理论和思想根源，认为这与中央所说的要毫不动摇鼓励、支持、引导非公有制经济发展，大力发展民营经济，大力支持民营企业相矛盾。

我们应该明白一个根本道理，那就是中国特色社会主义市场经济坚持以公有制经济为主体，指的是在关系国家安全和国民经济命脉的主要行业和关键领域，必须要坚持公有制经济占据支配地位。

在市场经济领域该如何呢？这就是我们在中国特色社会主义市场经济理论中经常讲的另外一段话了，那就是要大力扶持和发展非公有制经济。非公有制经济既与市场经济具有天然联系，又与多个层次的生产力水平相对接；不仅有利于充分发挥市场配置资源的决定性作用，促进经济效率提高，而且在促进创新、扩大就业、增加税收、增强经济活力等方面具有巨大优势。

所以，要真正完整准确地理解中国特色社会主义市场经济，就要认识到在关系国家安全和国民经济命脉的主要行业和关键领域要坚持国有经济的决定性支配地位，大力发展国有经济和国有企业；而在充满活力的市场竞争领域，则要发挥非公有制经济的作用，大力发展民营经济和民营企业。

事实也充分证明，在市场竞争领域，只有民营经济发展得好，民营企业发展得好，经济才能真正搞好，经济的效率、水平和质量才能真正提高，产业的转型升级才能真正完成。这恰恰是深圳比其他地方发展得更好些的关键，也是解码深圳腾飞奇迹的关键。

参考文献

［1］范氏周红：《中越两国社会主义市场经济体制构建相互借鉴与启示》，《理论观察》2016 年第 10 期。

［2］张旭、郭义盟：《社会主义市场经济三十年：理论进展及其评价》，《经济思想史学刊》2022 年第 4 期。

［3］陈晋：《成长：中国制度（三）》，《新湘评论》2023 年第 1 期。

［4］刘方现、王培利：《从跨越“卡夫丁峡谷”看社会形态的统一性与多样性》，《湖北经济学院学报》（人文社会科学版）2022 年第 1 期。

［5］王天义：《发挥市场在资源配置中的决定性作用》，《学习时报》2013 年 11 月 18 日。

［6］马誉峰：《学习党的十八届三中全会精神市长笔谈　让市场在资源配置中起决定性作用》，《领导之友》2014 年第 1 期。

［7］陈剑：《理顺政府与市场关系 充分释放市场活力》，中国共产党新闻网，2013 年 11 月 25 日，http：//theory. people. com. cn/n/2013/1125/c40531-23648136. html。

B.7

中山市打造一流营商环境的对策研究

中山市经济研究院课题组*

摘　要：　党的二十大报告明确提出营造市场化、法治化、国际化一流营商环境。本文通过分析中山市打造一流营商环境取得的成效与存在的问题，研究借鉴粤港澳大湾区深圳、东莞和长三角先行城市经验做法，提出了发展粤港澳大湾区背景下中山市打造一流营商环境的一系列对策建议。

关键词：　粤港澳大湾区　一流营商环境　中山市

党的二十大报告对营造市场化、法治化、国际化一流营商环境做出重要部署。2023 年，广东省委经济工作会议提出营造市场化、法治化、国际化一流营商环境。中山市委十五届五次全会强调要抢抓“双区”建设和深中通道即将通车的重大历史机遇，全面实施“东承、西接、南联、北融”一体化融合发展大战略，聚焦营商环境、产业、交通、创新、社会治理和公共服务、规划六个方面，全方位学习对接深圳等先进城市，深化营商环境改革“头号工程”，打造市场化、法治化、国际化一流营商环境。中山市委经济工作会议提出深入实施优化营商环境改革“头号工程”，谋划推动一批创新型、引领型、集成式改革，打造市场化、法治化、国际化营商环境。2023

---

* 课题组组长：梁士伦，博士，电子科技大学中山学院教授，中山市经济研究院院长，主要研究方向为区域经济学、产业经济与政策。课题组成员：丘书俊，中山市经济研究院副院长，高级经济师；马国华，中山市经济研究院助理研究员；梁爽，中山市经济研究院助理研究员；贾昊睿，中山市经济研究院助理研究员。

年中山市政府工作报告提出坚持以省级改革创新实验区为牵引，积极参与环珠江口 100 公里“黄金内湾”建设，全力打造大湾区一流营商环境。粤港澳大湾区背景下中山市打造一流营商环境，是把握大局大势，抢抓先机主动作为，推动新一轮大改革、大开放、大发展的关键举措。

一　中山市打造一流营商环境取得的成效与存在的问题

（一）取得的成效

中山市历届政府无不将打造市场化、法治化、国际化营商环境作为重中之重，不断出台优化营商环境的政策举措。2021 年 12 月，中山市第十五次党代会提出把优化营商环境作为中山改革的“头号工程”。2022 年，中山积极对照国家和省营商环境评价体系，对标深圳、广州等先进城市经验做法，制定出台了《中山市关于打造一流营商环境的行动方案》《中山市 2022 年优化营商环境改革重点任务清单》等文件，聚焦企业全生命周期服务、要素支撑、政务服务、法治服务、城市环境等领域推出系列改革举措，不断激发市场主体活力，目前中山已经实现企业开办全流程平均时间压缩至 1 个工作日，企业开办各类事项实现网上可办和“指尖可办”。截至 2022 年底，中山有市场主体 57.83 万户，比 2016 年新增 25.13 万户，其中企业类市场主体 24.11 万户，以占全市约 42%的市场主体数量，支撑起全市约 99%的市场注资规模（见表 1）。2020～2022 年，在广东省营商环境评价中，中山连续三年位列全省第二梯队（档）（见表 2）。

表 1　2016～2022 年中山市市场主体发展情况

年份	市场主体			注册资本(金)		
	市场主体（万户）	企业（万户）	企业占比（%）	市场主体注册资本(金)(亿元)	企业注册资本(金)(亿元)	企业注册资本(金)占比(%)
2016	32.70	12.10	37	4107.4	4054.84	99
2017	35.08	13.78	39	5251.46	5192.12	99

续表

年份	市场主体			注册资本(金)		
	市场主体（万户）	企业（万户）	企业占比（%）	市场主体注册资本(金)(亿元)	企业注册资本(金)(亿元)	企业注册资本(金)占比(%)
2018	38.27	15.34	40	6349.9	6282.75	99
2019	42.11	16.90	40	7139.65	7059.05	99
2020	46.29	18.88	41	8159.03	8068.59	99
2021	51.38	21.55	42	9402.88	9301.21	99
2022	57.83	24.11	42	13015.51	12978.87	99

资料来源：中山市市场监督管理局网站。

表 2　2022 年广东省营商环境评价结果

评价结果	城　市
第一档	深圳、广州
第二档	佛山、东莞、珠海、江门、肇庆、惠州、中山、汕头、清远、湛江
第三档	韶关、茂名、潮州、云浮、梅州、汕尾、河源、阳江、揭阳

资料来源：《2022 年广东省营商环境评价报告》。

（二）存在的问题

1. 规划频繁调整，影响企业发展

近十年来中山未能坚持“一张蓝图绘到底”，产业园区定位、建设规划不断调整，导致产业定位摇摆，本位主义严重，重眼前、轻长远，不仅透支了政府公信力，而且严重影响企业家对未来的预期，不利于企业扩大投资和战略布局，长此以往势必影响地方招商引资和项目落地，贻误发展时机，形成恶性循环。部分产业链条较短、布局分散、本地化配套不足，上下游专业化协作的产业生态不完善。各个镇街各自为政，内部竞争激烈，难以实现有效统筹，镇街间缺乏有效合作，企业缺乏供需对接平台，削弱了本地产业链竞争优势，难以形成全市产业链内循环和统一大市场。

2. 现有政策体系不完善，支持力度有待加大

在产业促进政策制定方面，政府在制定出台政策时调研论证不充分，部

分政策合理性不足、适用度不高，导致政府一厢情愿出台一些所谓“好政策”，却未必最符合企业需要。大部分惠企政策受惠对象主要是大型企业和部分重点企业，政策覆盖面仍然偏窄、种类较少、门槛较高，政策力度和吸引力与珠江东岸城市相比存在较大差距。政策缺乏完善的意见收集机制，网上征求意见等方式大多流于形式，没有充分听取企业声音，政策有效性尚待提高。部分企业反映政策连续性不足，缺乏稳定性、可预期性，政策变动频繁，打乱了企业生产经营节奏，影响企业正常发展。在政策精准性方面，产业政策存在多、散、政出多门等问题，“锦上添花多、雪中送炭少”，企业获得感不强。企业发展的资金需求以银行贷款间接融资为主，直接融资、投资基金不足。受到疫情影响，部分企业经营压力增大，盈利能力下降，引发流动性紧张，融资和偿债能力恶化，目前政策难以精准帮助企业走出困境。部分政策存在“一刀切”，如固投、产值、税收等指标门槛，部分专精特新、高成长性中小企业短期内难以达到，难以惠及很多真正具有潜力的优质企业。在政策执行和兑现方面，一些政策在落实过程中存在操作程序烦琐、兑付周期较长、市场主体知晓度较低、政策推送精准度不高等问题，企业争取帮扶资金手续多、流程久、事后奖补多，不能满足企业需求。

3. 人才招引难留住难，企业面临人才紧缺困境

在人才政策实用性方面，多年来中山引进的人才大多集中在党政机关和事业单位，流向企业较少。人才优惠政策制定标准不尽合理，很多企业人才难以享受优惠待遇，仅靠相关部门评审，不利于企业集聚人才。最新出台的《中山市新时代人才高质量发展二十三条》强化对各类人才的服务保障措施，但不少企业在调研中反映，中山的人才政策在落户、安家、税费、住房保障等方面与周边城市仍有一定差距，人才政策存在进一步优化的空间。在人才招引留住方面，企业普遍反映单个企业招聘难、到知名院校招聘难，企业招聘员工成本较高，部分企业只能在外地成立子公司招聘人才。人才看重在城市工作的“面子”问题，相比于深圳、广州等城市，中山城市活力较弱，对人才的吸引力不足，吸引年轻人到镇里面工作更难。中山现有教育资源不足、镇街分布不均，优质中小学教育资源数量少，缺乏高端国际学校，

优质学校主要集中在主城区，在镇里工作的人才、劳动力子女难以入读优质学校，这不利于企业留住人才。在人才服务配套设施方面，人才房有房但不配套，表现为人才房手续不齐、配套标准太低、镇街房源质量不高，不能满足人才需求，城市配套设施不足。企业普遍反映，中山欠缺高层次的成就个人事业和安家的软硬环境，人才的物质文化生活需求得不到满足，并且人才聚集交流和同行互动互鉴的工作氛围、技能培训及再教育机会等也比较欠缺。

4.“工改”配套措施不完善，产业发展空间亟待拓展

中山土地开发强度在40%左右，超过30%的国际土地开发强度警戒线，工业用地供给不足，低效利用问题突出，单位工业用地增加值仅相当于深圳的三成、广州的六成和珠海的七成左右，且小、散、乱分布现象普遍存在，权属交错分布、布局混乱、缺乏统筹规划。推进“工改”是大势所趋，已成共识，但“工改”相关政策主要集中在国土规划、审批服务、资金保障、园区建设和产业准入等方面，对招商、必要产业环节支持的政策配套不足，部分激励政策适用范围较窄，对中小企业扶持力度不够。中山市在“工改”财政投入力度上比顺德、珠海、东莞弱，顺德是全方位、全链条奖励扶持，珠海重在推动国企实施改造并给予大力度财政奖励，东莞不区分改造方式和主体，侧重在拆除、新建、产业导入方面的直接财政支持。中山市除给镇街周转性扶持外，更多以未来税收增量、贴息等方式给予改造项目支持引导，扶持力度相对有限，加之市级层面腾挪园区、临时厂房统筹建设不足、“工改”与招商不同步，对企业生产经营造成影响，导致一些中小企业外迁。针对增资扩产的资源配置不足，大量实体企业没有属于自己的产业用地，在租来的物业中进行增资扩产的意愿不强，尤其本地成长型小微企业多租赁厂房，渴望购买恒产、增资扩产却难以实现。项目落地方面还存在一些亟待打通的症结，例如有的增资扩产项目质量较高、意向明确，但市级层面审查、批复流程较长，耗费近半年时间仍没有具体答复，制约企业扩大再生产。

5.思想不够解放，担当作为不足

改革开放初期，中山曾以独特的改革创新精神创造了一个又一个全省全国的“第一”，但近些年来，中山敢闯敢试、敢为人先的精神和胆识魄力逐

渐丧失，有些干部观念滞后，思想不解放，“不做不错”“少做少错”的思想严重，故步自封的观念成为中山进一步加快发展的阻碍。与周边城市相比，中山有些行政审批事项标准、自设门槛过高，仍存在有些干部因循守旧、推诿扯皮、敷衍塞责等现象。很多企业反映干部创新突破缺乏担当，真抓实干不足，有些干部缺乏企业工作经验、对企业运作了解不深、对企服务能力不强。中山没有建立完善的容错机制，一些干部担心追责问责，不敢抛开顾虑、放开手脚、大胆干事。对外地外市优惠招商政策的影响研究不系统、评估不充分、反应不及时、有效应对不够，主动担当作为的积极性、主动性、创造性有待充分激发。

6. 城市环境有待优化，城市形象亟须提升

中山城市格调、品位较低，交通、公共服务、园区配套设施不完善，对高端资源要素的集聚能力不强。多数企业认为中山交通运输网络不完善，路网建设滞后，城际、市内交通通达度较低，道路拥堵常态化、修路周期过长等问题突出，中山站和中山北站管理设施不完善，周围的城市面貌落后，门户形象亟待提升。优质教育医疗等公共服务设施与珠江东岸城市存在较大差距，工业园区基础设施建设不完善、休闲娱乐、学校、就医等配套设施不健全，产城融合水平不高。中山同时拥有建筑工程、市政公用工程施工“双一级”资质的本地优质建筑企业凤毛麟角，难以为城市建设提供优质的工程施工服务。目前外界对中山的印象大多还停留在“孙中山的故乡”上面，对本地企业品牌策划宣传不足，重商亲商护商的人文社会环境有待营造。中山相较于大城市显得知名度不高，各地人民、各类人才对中山的了解和印象不深，城市形象宣传推广亟待发力。

二　粤港澳大湾区和长三角城市经验借鉴

（一）深圳经验

深圳是国家首批营商环境创新试点城市，将优化营商环境作为“一号改

革工程”，加快推进重点领域和关键环节改革创新，坚持企业需求导向，聚焦强化要素新供给、对接国际新规则、培育优质新主体三大主攻方向，秉持“敢为人先”的首创精神，优化整合各类资源，提供精准高效服务，针对企业不同成长阶段，完善捕捉寻找、孵化培育、扶持壮大机制，推动企业转型发展、创新发展、跨越发展。深圳打造一流营商环境的主要经验做法如表 3 所示。

表 3　深圳打造一流营商环境的主要经验做法

序号	主要举措	值得借鉴的做法
1	秉持“敢为人先”的首创精神，鼓励干部敢于担当、积极作为	先后发布 5 个版本的营商环境改革方案，在“规定动作”之外提出“自选动作”改革任务。出台支持改革创新容错免责办法、地方性法规、容错纠错正面清单，为干部干事创业“保驾护航”
2	惠企政策精准直达	以“深 i 企”为主要平台入口，完善涉企政策发布和专项资金统一申报机制。涉企政策制定过程中和企业保持密切沟通，精准对接企业需求，推进“政策补贴直通车”，改革与政务服务“全市域通办”，强化部门数据共享，推广“免申即享”模式
3	重构产业创新体系，推进产业链和创新链深度融合	围绕“20+8”产业集群（20 个战略性新兴产业、8 个未来产业），建立“六个一”工作机制（一个产业集群对应一张龙头企业和“隐形冠军”企业清单、一份招商引资清单、一份重点投资项目清单、一套科技创新体系、一个政策工具包、一家战略咨询支撑机构），建立起“基础研究+技术攻关+成果产业化+科技金融+人才支撑”全过程创新生态链，促进产业链与创新链“双链”融合
4	强化对企业发展的要素支持	一是拓展用地空间。推进第二、第三产业混合用地和优质产业空间供给试点改革，实现工业用地到产业园区的转变。推动“工业上楼”，支持企业联合拿地、联合建楼。二是打造人才高地。突出“高精尖缺”标准，赋予用人单位更大自主权，吸引顶尖人才来深发展。三是注入资本活水。设立天使投资引导基金，与社会投资管理机构共同发起设立各类细分产业子基金，基金的运作充分市场化，撬动社会资金更多投向种子期的企业，形成一个可覆盖全生命周期的闭环

（二）东莞经验

东莞市以企业需求为导向，以深化“放管服”改革为重点，以“企莞家”、政务服务“莞家”系列、“税莞家”、“金融莞家”、“信用莞家”等为支撑，打造企业全生命周期“莞家”式服务品牌，并围绕优质企业培育、产业集群建设、激发产业链发展活力、空间拓展等方面精准发力，大力促进企业高质量发展。2021 年，东莞拥有 1.1 万家规上工业企业、7387 家国家高新技术企业、79 家专精特新“小巨人”企业、67 家上市企业，以及 24 家超百亿元企业、3 家超千亿元工业企业，成为以先进制造业为支撑的万亿元 GDP 城市。东莞打造一流营商环境的主要经验做法如表 4 所示。

表 4　东莞打造一流营商环境的主要经验做法

序号	主要举措	值得借鉴的做法
1	以营商环境为抓手，塑造发展新优势	搭建“企莞家”公共服务平台，推动政务、公共、城市等服务事项高效集成，打造“莞家”式营商服务品牌。开发建设东莞市智能审批平台，推出政务服务“秒批”事项，推动“不见面审批”“一网通办”。推进政务服务全域标准化，持续深化村级证明事项标准化改革，推进“全市通办”事项和镇街高频事项全面上线运行。在市民服务中心设立政策兑现专窗，开设“跨省通办”“帮办代办”窗口和“办不成事”反映窗口，提供一条龙主题服务，开通企业市长直通车专线，设立营商环境专线
2	以产业集群为支撑，构建产业新体系	以集群化、高端化、数字化、品牌化和绿色化为主攻方向，打造“百、千、万”亿元级的产业集群发展梯队，建设“以科技创新为引领的全国先进制造之都”。建立健全主要领导协调推动和“七个一”工作机制，在智能移动终端及穿戴设备、半导体及集成电路、新能源、高端装备、生物医药等领域率先形成集聚生态。实施数字经济融合发展工程，支持传统产业依托数字经济深度转型，加强创意设计，创建国潮品牌
3	以内培外引为驱动，激发产业链新活力	突出增资扩产强基稳存量。出台《东莞市加快企业增资扩产等投资项目落地专项行动方案》，建立增资扩产项目全市“一盘棋”统筹机制和“直通车”服务制度，统筹安排用地指标，设立增资扩产专项子基金，制发“增资扩产服务直通卡”，推动产业链重点企业扎根发展。实施产业链精准招商，举办东莞全球先进制造招商大会等投资推介活动，签约一大批强链补链新兴产业项目，提升产业链配套优势
4	以空间拓展为突破，优化产业新布局	划定工业用地保护红线，健全工业用地二级市场管理机制，坚决守住“工业红线”。实施连片土地统筹、产业空间更新、低效用地处置三大行动，加大存量用地盘活和闲置土地处置力度。通过“多审合一”“容差审批”“拆旧建新同步办理”等改革措施，支持产业项目原地扩建、零地增容。统筹约 60 平方千米连片土地，谋划建设 7 大战略性新兴产业基地，围绕优势传统产业，认定扶持产业集群发展核心区

（三）长三角城市经验

扬州、常州、南通等长三角城市，以打造市场化、法治化、国际化一流营商环境作为重要抓手，对标国际国内先进水平，全力攻坚，靶向施策，营造营商特色品牌，优化城市环境，提升城市形象，抢抓长三角一体化发展机遇和政策红利，明确产业规划定位，围绕新能源、新材料、新型电力装备等优势产业链，加速推进科技、人才、项目等资源集聚，完善产业链配套企业，建立优质企业梯度培育体系，破解企业发展难题，做大规模，增创优势，培育龙头，加快高质量发展。扬州、常州、南通打造一流营商环境的主要经验做法如表 5 所示。

表 5　扬州、常州、南通打造一流营商环境的主要经验做法

序号	主要举措	值得借鉴的做法
1	明确产业规划定位，持之以恒推进	常州 2002 年规划建设大学城，后来升级为科教城，促进科技研发创新，虽然换了多任书记，但一直坚持“一张蓝图绘到底”
2	致力于解决企业自身不能解决的问题	扬州特别围绕企业关注的痛点、堵点、难点问题出台优化提升营商环境任务清单
3	打造营商特色品牌	扬州建立政务服务专员制度，打造“好地方事好办”的政企服务品牌。常州以智能技术手段助力政务服务提速增效，建设工程招投标领域电子保函应用、“证照分离”、“四联四减”等做法成为特色亮点
4	聚力强企壮企	扬州建立领航企业、单项冠军、专精特新“小巨人”、专精特新中小企业、创新型中小企业梯度培育体系，壮大“主力军”，助力“高成长”，培强“引领者”。常州重点培育专精特新和行业“小巨人”企业，出台梯度培育、创新提升、融通发展、要素支撑、市场开拓、服务优化等“一揽子”系统化扶持政策。南通以产业龙头企业、高新技术企业、优势成长企业、科技型中小企业、“四新”类企业为培育主体，推动企业创新发展、技术升级、管理提升、品牌打造、市场建设、专业服务、金融扶持、集群打造等
5	着力优化城市环境，提升城市形象	南通围绕全方位融入苏南、全方位对接上海、全方位推进高质量发展，打造南通创新区高品质城市地标，完善交通、园区、公共服务等配套设施，建设沿江生态走廊，深化跨江融合，提升城市格调品位，打造“南通好通”城市品牌。扬州建设企业家公园，打造成为尊商重企、弘扬企业家精神的综合体。在中央电视台做形象宣传，以“扬州是个好地方”为主题，系统展示扬州“世界运河之都、世界美食之都、东亚文化之都”品牌魅力

（四）对中山的借鉴启示

深圳、东莞和长三角部分城市的经验做法，对中山的主要借鉴启示如下：一是明晰产业规划定位、持续推进；二是统筹各类政策工具系统支持企业发展，推动政策精准直达、惠企利企；三是围绕优质企业培育、产业集群建设、空间拓展等方面精准发力，为增资扩产提供全链条服务，促进企业扎根发展；四是解放思想，担当作为，帮助企业破解发展难题，贴心服务企业做强壮大；五是优化城市环境，完善交通、园区、公共服务等软硬件配套建设，加大城市形象宣传推广，提升城市品质和形象。

三　中山市打造一流营商环境的对策建议

抢抓“双区”、横琴和前海“两个合作区”、中山建设广东省珠江口东西两岸融合互动发展改革创新实验区、深中通道即将建成通车等重大历史机遇，深化营商环境改革“头号工程”，在主动对标学习深圳、东莞和长三角城市等经验做法基础上，结合中山的实际情况，以企业需求为导向，厚植亲商、重商、爱商、护商的营商文化，优化政企沟通和企业服务机制，真心细心、用心用情帮扶服务企业，充分发挥市场在资源配置中的决定性作用，更好发挥政府作用，正确处理好管理、服务、发展的关系，全面提升企业家对营商环境的体验感、获得感、满意度，推动企业做强壮大、提质增效、转型升级、创新发展，增强企业的发展信心和归属感，推动中山新一轮大改革、大开放、大发展。

（一）规划明晰，推动产业高质量集聚

明晰产业规划定位并持之以恒地推进，实现“一张蓝图绘到底”。提升产业集群发展能级，每个产业集群做到专员负责、挂图作战。支持传统优势产业集群依托数字经济深度转型，建立数字化转型促进中心，组织专家团队开展数字化转型诊断，加强创意设计，制定中山标准，创建国潮品牌。市级

层面统一规划、建设、运营现代主题产业园，打造一批现代工业集聚区、共性产业园区、战略性新兴产业和未来产业基地，积极创建国家新型工业化产业示范基地。

（二）精准施策，支持企业发展壮大

政策出台前认真听取商协会、代表性企业的意见建议，可引入代理人和代表制度，建立企业家智库，培养涉企政策专业咨询队伍（或委托第三方机构），切实广泛征求意见，增强政策制定效果。定期梳理排查不合时宜的政策，明确新出台政策的时效和政策实施的范围、条件，注重新旧政策有序衔接，保持政策的稳定性、连续性和可预期性。加强各部门政策统筹和衔接，改变“撒胡椒面”式扶持方式，推动各种各样的政策扶持精准汇集扶持企业发展，完善政策细则、解读和配套措施。建立政策精准直达企业服务平台，通过部门间数据共享、联审等方式实现“免申即享”“应享尽享”。

（三）多措并举，破解企业发展难题

对标深圳等先进城市调整优化人才政策，对优质企业给予人才举荐权、评定权。组织企业组团进高校联合招聘。采取新建、改扩建、配建等模式建设一批优质公办学校、高端国际学校，给予优质企业分配入学指标和名额。构建人才内生机制，加快高水平大学建设，加大对以长春理工大学中山研究院为代表的重点产业集群人才培养与创新支撑平台的支持力度。总结重点行业龙头企业与高校联动推进高端科技人才培养基地建设的经验模式，支持重点企业、高校院所建设技能型人才培育基地、研究生培养基地。整合人才房资源，高标准打造人才小区（社区）、人才楼，完善生活、娱乐等配套设施和软硬环境。完善“工改”配套政策，做好招商前置，对必要产业环节予以扶持，推进多审合一、容差审批、拆旧建新同步办理，建设腾挪园区、临时厂房，妥善腾挪安置优质企业。构建“快筹、快建、快投”服务机制，前移项目用地及基础配套工作，为企业提供从项目引进至竣工投产全链条的优质高效服务，推动项目“引进即筹建”“拿地即动工”“竣工即投产”。适当放宽

专精特新、高成长性优质企业的产业准入门槛，提供租金补贴和优惠支持。鼓励企业"股份制"联合开发。支持专精特新企业联合拿地，打造专精特新产业园。推动"工业上楼"，打造"垂直工厂"，探索土地混合开发、企业联合建楼等模式。打造"一站式"综合金融服务平台，完善直接融资模式，通过行业头部企业为主发起、财政资金注入、社会资金参与，以市场化运作方式撬动社会资本，以"基金+产业"模式，重点投向上下游产业链重点企业和具有高成长潜力的初创企业，帮助解决企业资金需求，体现政府支持，同时共享企业发展红利，拓展财政收入来源，实现"以投促引""以投促产"。

（四）引育并重，打造更具竞争力的产业链和创新链

实施企业规模效益跃升、单项冠军和专精特新"小巨人"孕育行动，提供投融资、稳定生产、市场开拓等支持。建立增资扩产项目全市"一盘棋"统筹机制，统筹配置用地指标，制发"增资扩产服务直通卡"，开启项目建设"加速器"。推进产业链精准招商，围绕头部企业建立产业链配套园区，推动优质中小企业入园发展。构建供需对接平台，实现就地采购、就地供应，畅通本土产业链内循环。打造"一中心多节点"科技服务网络，加快实施一批具有战略性、全局性、前瞻性的重大科技项目，培育助力企业创新发展的高端智库，建立"企业家+技术专家+现代产业园"的科技成果转化应用新模式，形成开放创新生态。

（五）解放思想，创造性做好政府服务

加大力度分批选派干部到深圳等先进城市挂职锻炼、跟班学习，推动干部深入基层，下沉企业锻炼，打造服务专员队伍。出台支持改革创新容错免责办法、容错纠错正面清单，激发干部担当作为。在市镇（街）设立中易办企业服务中心，开通企业直通车专线，设立政策兑现专窗，开设"跨域通办""办事不成"等窗口。打造法律服务业集聚区，成立民商法律服务站，依法切实保护民营企业产权和企业家权益，完善知识产权公共服务体系，提高对企业轻微违规的容忍度，推动包容审慎监管。

（六）城市提质，全力提升品牌形象

加大对本地优质建筑企业培育力度，实施城市品质提升工程，完善交通、公共服务等软硬件配套建设，对中山站、中山北站站区进行升级改造，提升城市面貌。实施工业园区提质升级工程，完善园区学校、医院、休闲娱乐场所等配套设施，推动传统工业园区向产城融合的新型产业社区转变。加大对于中山雄厚的产业基础、优良的交通区位、优美的自然环境、深厚的文化底蕴、和谐的社会环境等综合优势所带来的美好发展前景的宣传，将其纳入基层尤其是招商引资相关的干部培训和企业家培训计划，坚定发展的信心与决心。建设中山企业家公园，培育崇尚创新的企业家精神，讲好企业文化故事，统筹运用各种媒体平台打造企业推介宣传品牌，营造重商、亲商、护商的人文社会环境。在中央电视台黄金时段播出中山城市宣传广告，在高速路口、城轨（高铁）站宣传中山城市形象，利用大型活动、重大会议加大对中山城市形象的包装宣传力度，增强城市的知名度和美誉度。

（七）改革突围，推动营商环境一体化发展

加大对全市优化营商环境改革工作的统筹协调力度，加强部门、镇街之间的协作合力，形成全市优化营商环境“一盘棋”。深化完善市直管镇体制改革，加快行政区划优化调整，打破行政边界“藩篱”，减少内耗和内部不良竞争，解决“小马拉大车”问题。优化政绩考核体系，将企业对营商环境的评价、满意度纳入市镇（街）绩效考核体系。在全市营商环境改革工作领导小组下设营商环境咨询监督委员会（办公室），设立营商环境评估员和社会监督员，发挥商协会等第三方机构在营商环境咨询、调研、评估、论证和监督方面的作用，推动解决营商环境突出问题，补短板、强弱项、治痛点、通堵点，加快建设服务效率高、管理规范广、综合成本低的营商环境高地。以中山建设广东省珠江口东西两岸融合互动发展改革创新实验区、广东自贸试验区联动发展区建设和打造“黄金内湾”等为重要契机，加强与深圳、黄金内湾周边城市营商环境一体化发展。对标学习深圳营商环境改革经

验做法，推动商事登记、行政审批、政务服务等重点领域“跨城通办”，逐步实现政策协同、规则衔接、公共服务一体化。对于相关法律法规规定、国家和省授权事项，积极争取先行先试事项和政策，争取省级层面下放更多管理权限，将改革实施范围延伸扩大，探索更多具有地方特色的改革先行举措，打造一体化营商环境。

参考文献

[1]《党的二十大报告学习辅导百问》，学习出版社，2022。

[2] 宋林霖：《世界银行营商环境评价指标体系详析》，天津人民出版社，2018。

[3] 罗新培：《世界银行营商环境评估：方法·规则·案例》，译林出版社，2020。

[4] 中山市经济研究院课题组：《粤港澳大湾区背景下中山市提升产业链现代化水平的对策研究》，载涂成林、田丰、李罗力主编《中国粤港澳大湾区改革创新报告（2021）》，社会科学文献出版社，2021。

[5] 致公党江苏省委员会、浙江省委员会联合课题组：《加强协同推动长三角区域营商环境一体化发展》，《中国发展》2019 年第 6 期。

[6] 于颖：《粤港澳大湾区与旧金山湾区营商环境比较研究》，《全国流通经济》2021 年第 14 期。

[7] 彭向刚、马冉：《政务营商环境优化及其评价指标体系构建》，《学术研究》2018 年第 11 期。

B.8
香港北部都会区建设与深圳对接策略研究*

谢来风　谭慧芳**

摘　要： 规划建设北部都会区，是香港百年来重大发展战略调整，标志着香港融入国家发展大局有了“本地平台”，对香港发展、深港合作以及大湾区建设均有深远影响。特别是北部都会区与深圳南部区域一河之隔，天然具有一体化发展的基础和优势，为未来深港合作及同城化发展创造巨大空间和机遇。本文概述北部都会区发展策略内容，分析北部都会区建设的重要意义和面临的现实挑战，并提出深圳与北部都会区建设的对接策略。

关键词： 北部都会区　粤港澳大湾区　深港合作

一　香港北部都会区发展策略内容概要

2021年10月，香港特别行政区政府时任行政长官林郑月娥在2021年施政报告中明确提出建设香港北部都会区，并同期发布《北部都会区发展策略》。

---

* 本文相关研究得到国家发展和改革委员会地区经济司2022年度研究课题“粤港澳大湾区内地一体化协同发展重大问题研究”（2022JJ05）、湖南省社会科学成果评审委员会一般课题（XSP2023JJC046）、湖南省教育厅科学研究项目（22C0549）的资助。

** 谢来风，综合开发研究院（中国·深圳）港澳及区域发展研究所副所长、主任研究员；谭慧芳（通讯作者），湘南学院经济与管理学院讲师。

《北部都会区发展策略》的主要内容包括空间范围、产业发展和城市规划三个方面。

（一）北部都会区的空间范围

北部都会区由毗邻深圳的元朗区和北区组成，陆地面积约 300 平方千米（元朗区 144.3 平方千米、北区 168.0 平方千米），包括现有的天水围、元朗及粉岭/上水三个已经建成的新市镇及相邻地区，兴建中的创科发展项目（河套深港科技创新合作区香港园区，香港称之为港深创新科技园），已规划的古洞北、粉岭北、洪水桥/厦村、元朗南四个新发展区，拟议的新发展区/新市镇，如新田/落马洲发展枢纽、文锦渡发展走廊和新界北新市镇等。

《北部都会区发展策略》提出的“双城三圈”，覆盖了深圳发展最成熟及发展动力最活跃的都市核心区，以及香港境内城市建设资源正在高速汇集并拥有庞大发展潜力的北部都会区（见表 1）。

表 1　香港北部都会区“双城三圈”构成

三圈	香港侧	深圳侧
深圳湾优质发展圈	元朗新市镇、天水围新市镇、洪水桥/厦村新发展区和元朗南发展区	蛇口、南山、前海和宝安
港深紧密互动圈	新田/落马洲发展枢纽、港深创科园、古洞北及粉岭北新发展区、粉岭/上水及新界北新市镇	罗湖和福田中心区
大鹏湾/印洲塘生态康乐旅游圈	莲麻坑、沙头角、沙头角海、吉澳海/印洲塘、沿岸村落和其他外岛	沙头角、盐田和大鹏半岛

资料来源：《北部都会区发展策略》。

（二）北部都会区的产业发展

北部都会区“三圈”的定位与产业发展密切相关。其中深圳湾优质发展圈的定位是核心商务区，推动及深化与前海在金融及专业服务业、现代物流业和科技服务业方面的高端经济合作发展；港深紧密互动圈是港深口岸最密集的地区，定位是深港共同推动科技创新产业发展与合作；大鹏湾/印洲塘生态康乐旅游圈的定位是康乐旅游休闲区。围绕产业定位，“三圈”将形成各具特色的产业生态。

创新科技产业是北部都会区的发展重点，因此规划中的新田科技城特别值得关注。《北部都会区发展策略》提出构建香港硅谷——新田科技城，规划占地 11 平方千米，其中发展部分和保育部分各占一半，将形成研发、生产及投融资服务组成的完整创科产业生态系统，与居住及社区服务和谐结合，成为类似硅谷的创科人才汇聚的工作及生活综合社区。

（三）北部都会区的城市规划

北部都会区的远景目标是打造与香港维港都会区媲美的宜居、宜业、宜游都会区，是综合性的城区发展规划，主要体现在人口规模、住房数量、配套设施、综合交通等方面。

在人口规模和住房数量方面，《北部都会区发展策略》认为，现在正在进行规划及发展的项目可增加约 35 万个住宅单位及 45 万个工作职位，加上建议发展项目，预计整个北部都会区最终能容纳约 250 万人居住、提供约 65 万个工作职位。根据香港特区政府统计处的数据，2020 年元朗区和北区共有 95.51 万人，占香港总人口的 12.9%，劳动人口在 50 万人左右。过去三年，元朗区和北区的人口数量、性别比例、年龄中位数基本稳定，与香港平均值大体一致。北部都会区如按既定目标建成，则需要新增 150 万人。根据香港及大湾区发展情况看，其中 100 万人主要是香港内部人口存量调整，即通过加大住房供给，引导人口从香港其他地区迁入，还有 50 万人则是增量人口引入，包括从海外和内地引进需要的专才优才。

在配套设施方面，《北部都会区发展策略》提出在北部都会区建设全港或区域性的社区设施和地标性的公共建筑，如高校、医院、体育及文化/艺术设施等。落实海绵城市建设，打造可持续的碳中和智能社区，推动和实施蓝绿建设。

在综合交通方面，《北部都会区发展策略》提出以铁路为运输系统主要骨干带动，以构建港深一小时通勤网络为目标，扩大港深连接面，为两地居民提供跨境商贸、工作、居住、学习、旅游和享用生活服务的多元选择。该发展策略所提出的5个铁路项目有4个与深圳有关，深港轨道联通将进一步密切。

二　香港北部都会区建设的重要意义①

北部都会区建设，将有望打破香港“南重北轻”旧格局，加快推进香港北部与深圳南部融合发展，强化粤港澳大湾区“香港—深圳”极点带动功能。同时，跳出香港来看，北部都会区建设可以为粤港澳大湾区国际科技创新中心建设提供有力支撑，服务国家科技自立自强战略，对区域发展和国家战略均有重大意义。

（一）服务国家高水平科技自立自强战略

香港作为国际自由港、国际金融中心、国际贸易中心、国际航运中心，是“双循环”新发展格局中畅通国际循环的重要支撑。香港有5所高校进入QS世界大学排名百强，有16个国家重点实验室和6个国家工程技术研究中心分中心，“深圳—香港—广州”是全球创新指数报告（GII）中排名全球第二的科技集群。北部都会区建设的重中之重是发展创新科技产业，计划将新田科技城打造成香港硅谷，能够与河套深港科技创新合作区在平台、政策、体制机制等方面进行优势深度结合，并与深圳的光明科学城、南山科技园、西丽湖国际科教城，以及东莞松山湖、广州南沙等科技创新平台协同联动，深度融入、积极嵌入国际科技创新体系和网络，面向世界科学前沿部署大科学研究，集聚全球高端创新资源，为应对美国等国家科技脱钩和科技制

① 本部分内容主要来自作者已发表论文：谢来风、谭慧芳、周晓津《粤港澳大湾区框架下香港北部都会区建设的意义、挑战与建议》，《科技导论》2022年第7期。

裁提供"缓冲地带"，共同为国家高水平科技自立自强战略打造一条与全球科技创新体系衔接的战略通道。

（二）强化粤港澳大湾区建设核心引擎

当今时代，城市发展空间并非完全取决于行政界线，更重要的是通过发达的交通和信息网络，与周边城市互联互通互融，共享更广阔的空间。要素资源整合不限于行政区域，而是在城市内外乃至更远的地区展开。借助软硬件基础设施建设，推进大区域、广覆盖的要素资源配置整合，通过都市群协同发展，持续优化提升城市的功能结构，已经成为世界潮流。纽约、伦敦、东京等大城市的全球地位和影响力，取决于其所在都市群整体实力和竞争力。

《粤港澳大湾区发展规划纲要》明确香港、深圳、广州和澳门四个中心城市，以及"香港—深圳"、"广州—佛山"和"澳门—珠海"三大极点。广东省第十三次党代会提出打造环珠江口100公里"黄金内湾"，北部都会区是"黄金内湾"的东岸桥头堡。规划建设北部都会区，推动与河套深港科技创新合作区、前海深港现代服务业合作区等重大平台联动，有利于加快推进粤港澳规则机制深度对接，逐步消除要素流动不畅对区域一体化发展的制约，率先建立接轨国际规则的制度体系，加快实现区域一体化、构筑"共同市场"，打造粤港澳大湾区建设的核心引擎。

（三）提升"香港—深圳"极点带动功能

北部都会区是香港首次主动提出加快香港深圳双城建设，"双城三圈"是从规划一体化维度对深港合作、粤港合作等大湾区跨境合作的有益探索。北部都会区建成后，在打破香港"南重北轻"旧格局的同时，也将从地理空间上拉近深港要素流动的实际距离，促进香港北部与深圳南部融合发展，逐步形成以"香港—深圳"为极点的东部组团，推进大湾区跨境合作和一体化发展进程。

三　香港北部都会区建设面临的现实挑战①

作为一个范围广、周期长、影响大的区域发展策略，北部都会区的建设是一项系统性工程，涉及土地、产业、要素跨境和粤港、深港合作机制等问题，需要客观认识和积极应对。

（一）实际可开发空间和产业空间有限

虽然北部都会区规划范围约300平方千米，但郊野公园及湿地约占三成，水体（河、湖、地下水等水累积处总称）约占二成，实际上总体只能增加约6平方千米土地作为住宅和产业用地，其中有不少是农地、棕地、乡村发展用地等，政府收储土地难度较大、周期较长。同时，《北部都会区发展策略》提出大规模增加创科用地以建设新田科技城，而建议用作企业和科技园用地的土地仅为2.37平方千米，不足北部都会区规划面积的1%。用作科技园的新增土地面积1.5平方千米，按照可兴建的楼面面积估算约为540万平方米，加上港深创新科技园规划的120万平方米，楼面面积合计660万平方米，与国际国内科技园区相比差距极大。如此有限的用地规模无法满足创科产业发展。

（二）土地开发流程有待精简

根据香港政府策略规划，要建造一片“熟地”，涉及收购农地、规划申请、地契及补地价、建筑工程系列程序，通常需要10~20年时间才能完全发挥地块的功能。过去20年香港缺乏规划完善的大规模新市镇，可及时用作大型高密度房屋项目的优势“熟地”甚少。香港面临“熟地”供应低、房屋落成低、居住素质低的“三低”死结。此外，现有城市规划条例制约土地供应。据统计，2000年以后香港的新发展区开发周期约为12~17年（见表2）。

① 本部分内容主要来自作者已发表论文：谢来风、谭慧芳、周晓津《粤港澳大湾区框架下香港北部都会区建设的意义、挑战与建议》，《科技导论》2022年第7期。

表 2　2000 年后香港新市镇规划发展情况

新市镇项目	规划发展周期(首批住房入住)	用时(年)
古洞北/粉岭北	2007~2023 年	16
洪水桥	2007~2024 年	17
东涌新市镇扩展区	2011~2023 年	12
元朗南	2011~2028 年	17

资料来源：团结香港基金的研究报告《提速新界城镇化 助力香港创新天》。

（三）缺乏招商引资经验

北部都会区建设的核心是“产城融合”，需要产业化和城市化有机协同，其中产业导入（即内地的“招商引资”）是决定北部都会区成败的关键。挑战在于特区政府对此并不擅长，且香港自由经济制度难以提供支持。相较于高度发达的金融与地产业，特区政府并没有较为成功的创科产业发展经验，参与程度较低，其“小政府”的施政理念欠缺内地“大政府”模式下政府主导的招商引资或创科产业构建经验。北部都会区虽然明确了发展创新科技产业的愿景，但欠缺具体的产业政策和实质指标，特区政府对创科理念的坚持和推进大型创科项目时的问责执行情况令人担心。

发展创科产业需要良好的社会氛围及充分的产业生态支撑。香港基础科研实力雄厚，汇聚众多科研学术人才，具有发展创新科技产业的先天优势。但特区政府长期以财政拨款方式支持本地创科产业发展，而没有完整的产业导向政策，主要是大学等科研环节受惠，对促进本地科技产业化效果十分有限。此外，金融业“虹吸效应”、应用研发能力不足、制造业萎缩、政策扶持及资助不足、成本高昂等不利因素，致使对创科需求不多，难以支撑产业下游的市场生态发展。

20 多年来，香港在创新科技方面所获不多。香港由上至下、由政府至商界乃至普通市民均缺乏对科技价值的共识，也不相信香港能做出自己的科技、能带来巨大经济效益。如何通过北部都会区完善香港创科生态，同时与深圳乃至粤港澳大湾区的创科发展相辅相成，使创科成为香港新经济引擎，带动经济转型，对特区政府和香港社会都是考验。

（四）缺乏先进制造项目支撑

无论是再工业化还是创新科技发展，香港目前都缺少大型先进制造项目支撑，这给北部都会区建设带来较大挑战。没有先进制造产业，科技创新的土壤就会缺失，犹如在沙滩上建楼。这一方面导致科技人才留不住也引不来，另一方面高校的科研成果也较难在本地转化。近年来，新加坡之所以成为全球科技人才青睐的地方，重要的原因之一是在全球引入高端制造和科技含量较高的高精尖制造商，比如美国葛兰素史克、德国药厂 BioNTech、法国制药公司赛诺等高端生物科技公司。新加坡制造业已经形成三大支柱产业：一是 ICT 产业，包括半导体、计算机设备、数据存储设备、电信及消费电子产品等，占据新加坡制造业半壁江山；二是精密工程业，主要产品包括半导体与工业设备、半导体引线焊接机和球焊机、自动卧式插件机等；三是生物医药业，这是新加坡近年来重点培育的战略性新兴产业，占制造业总产值的 10.8%，就业人数 2.44 万人，打造了启奥生物医药研究园区、大士生物医药园区等全球著名产业园区。

香港特区政府统计处的数据显示，近年来服务业增加值一直占香港 GDP 的 90%以上，2021 年服务业占比 93.6%，第二产业占比 6.5%。新加坡统计局的数据显示，2021 年新加坡服务业占比 65.9%，商品生产业（第二产业）占比 24.9%。对细分产业进一步对比可以发现，对香港 GDP 贡献最大的产业是金融及保险（21.3%），而对新加坡 GDP 贡献最大的是制造业（21.1%），香港制造业占比仅为 1%，与新加坡形成巨大反差（见表 3）。因此，上海银科研究院的研究人员分析指出，新加坡与香港的竞争不是在金融业，而是在制造业。

（五）政府行政效能有待提升

香港回归以来，特区政府曾经谋划过一些重大事项，但有的议而不决，

表 3　2021 年香港、新加坡对 GDP 贡献排名前四的产业对比

单位：%

排名	香港		新加坡	
	产业	占比	产业	占比
1	金融及保险	21.3	制造业	21.1
2	公共行政、社会及个人服务	20.4	批发及零售	18.2
3	进出口贸易、批发及零售	19.4	金融及保险	13.8
4	楼宇业权	10.9	房地产、专业服务、公共行政及其他支持服务	11.7

资料来源：香港特区政府统计处、新加坡统计局。2022 年数据均暂未公布。

有的决而不动，有的动而不果，实施效果并不理想。如回归初期的“八万五”房屋计划因亚洲金融风暴冲击而夭折，建设深港西部快速轨道线因所谓效益问题而放弃，港珠澳大桥、广深港高铁落成日期一延再延，成本预算严重超支。这些事项没有达成预期目标与当时香港错综复杂的大环境有关，也与特区政府施政效率有关。有分析认为，北部都会区建设对特区政府的决策力、执行力提出了更高的要求，而香港现有的决策机制和各类土地及其他审批制度纷繁复杂，难以适应大型开发项目的运作。对于建设北部都会区这样一个全新的创举，如果不能尽快形成快速推进的势头，其时效性、重要性和可信性都会大打折扣，可能不了了之。

北部都会区建设对特区政府提出了行政再造的要求。一是需要加快由“小政府”向“有为政府”转变，强化行政功能，需要调整行政架构，完善体制机制，提升行政效率。二是需要加强内部统筹，施政报告建议设立副司长职位，负责领导包括北部都会区等大型区域发展，是特区政府的新尝试。如何统筹未来北部都会区人口构成、就业岗位供给等也是新课题。三是需要加强问责机制，如果特区政府在问责官员和公务员队伍时依然奉行程序至上、不问目标和结果，那么北部都会区建设就可能流于概念，难以落地。

（六）粤港、深港合作机制有待突破

北部都会区迫切需要深港深化合作，创新合作体制机制。目前粤港、深

港合作机制方面存在的问题是没有一个真正的深港双方人员在一起联合办公的实体机构，并缺少更高层级的统筹和决策机制。未来北部都会区建设涉及粤港、深港协同，必须要在现有合作机制上有所突破。

四　深圳对接北部都会区建设的策略

北部都会区规划建设为20年，不应也不会是香港“一己之事”，中央、广东和深圳等各个层面的支持和对接也十分关键。特别是深港合作一直是粤港澳大湾区建设的关键，深圳南部区域与北部都会区一河相隔、跨境接壤，拥有前海深港现代服务业合作区、河套深港科技创新合作区等深港合作重大平台，能够给北部都会区建设提供空间和资源支撑。因此，应从战略定位、合作机制、科创载体和计划、先进制造项目以及口岸联通五个方面着手，创新策略路径，推出务实政策举措，推动北部都会区建设取得“早期收获”，体现河套深港科技创新合作区的使命担当。

（一）将河套深港科技创新合作区建设成为“中国科技特区”

积极争取国家支持，提升战略层级，将河套深港科技创新合作区打造成为“中国科技特区”，率先探索科技创新要素自由流动。

在合作区科技要素跨境流动方面，对于进出合作区的国际科研人员，颁发多次出入、时间灵活的特殊签证，实现国际科研人员“无感通关”。对科研物资通关出台合作区深圳园区专项特殊监管政策、构建专属海关监管模式。科研资金建议在确保金融安全的前提下，实行有别于一般外汇进出、最为宽松便捷的特殊监管政策。在合作区科技创新环境方面，在合作区实行最开放的科研制度和最宽松的科技政策。如实行便利获取知识产权的开放政策，即在专利形成前，允许知识产权无偿获取和使用。在合作区信息跨境流通方面，建议建设国际数据港，创造与国际无速差的工作和生活通信环境。大力支持深圳数据交易所建设，探索数据主权、数据管辖、数据垄断、数据保护等举措。

（二）深港共建先进制造业合作园区

深圳市委七届六次全会提出要聚焦打造更具全球影响力的经济中心城市和更具全球影响力的现代化国际大都市，首要任务就是建设“全球领先的重要的先进制造业中心”，这是深圳落实国家制造强国战略和广东省制造业当家战略的关键举措。2022 年 12 月 22 日，香港特区政府颁布《香港创新科技发展蓝图》，提出香港新型工业化的愿景和策略，提出加强对新能源汽车、半导体芯片等先进制造业的支持。

深圳与香港的先进制造业发展战略是相向而行的。因此，深港应在宝安、龙岗等制造业大区共建若干先进制造业合作园区，与香港合作共建宝安深港先进制造业园区。宝安区是深圳制造业大区，也是制造业强区，目前正规划建设宝安深港先进制造业合作区，面积 14.2 平方千米，其中 6.4 平方千米位于扩区后的前海深港现代服务业合作区范围内，对于新时期推进深港深度融合、开拓深港合作新局面具有重要意义，可以重点推进建设。

（三）建立深港联合投资及管理机制

一是与香港科学园公司联合成立开发建设公司。推动深圳市属国资国企与香港科学园公司合作，合资设立开发建设公司，在河套深港科技创新合作区、北部都会区和口岸经济带共同建设若干标杆项目。

二是深港共同设立科创发展基金。建议深港两地政府牵头，深创投等企业与香港科学园公司参与，共同设立科创发展基金（可以以母基金 FOF 形式设立），投资河套深港科技创新合作区、北部都会区、口岸经济带以及大湾区科创企业和项目。

（四）推动深港共建科创载体和计划

一是建设深港跨境科研机构。由香港高校牵头，与深圳高校和科研机构（如深圳先进技术研究院等）合作，在河套深港科技创新合作区和北部都会区共同建立跨境大型科研机构，专注研究前沿科学以及仍未解决的重大科学问题。

二是深港共同发起大湾区国际大科学计划。推动深圳科创委与香港创科及工业局合作，在国家科技部支持和指导下，在河套深港科技创新合作区、北部都会区共同发起大湾区国际大科学计划，开展国际科技合作。

（五）支持企业在北部都会区布局先进制造项目

支持河套深港科技创新合作区以及深圳先进制造企业在香港北部都会区布局高精尖制造项目，支持香港创新和新型工业化，建立研发和制造产业链。同时，支持河套深港科技创新合作区企业在香港北部都会区设立数据中心和算力中心，开展全球业务，在确保安全前提下有序推进数据跨境流动。

（六）加快推进深港口岸“无缝联通”

应统筹协调深港边界地区开发建设，加快完善深港两地交通和口岸设施“无缝联通”，在“一地两检”机制上探索更加高效便捷的通关新模式。落实《国家“十四五”口岸发展规划》，加快建设河套深港科技创新合作区跨境专用口岸，在河套深港科技创新合作区探索人员货物等自由流动的特殊通关机制。借助福田和皇岗口岸，打造口岸经济节点，助力香港北部都会区建设。

参考文献

［1］中华人民共和国香港特别行政区：《北部都会区发展策略》［EB/OL］，https：//www.policyaddress.gov.hk/2021/chi/pdf/publications/Northern/Northern-Metropolis-Development-Strategy-Report.pdf。

［2］谢来风、谭慧芳、周晓津：《粤港澳大湾区框架下香港北部都会区建设的意义、挑战与建议》，《科技导报》2022年第7期。

［3］A. T. Kearney，2021 Global Cities Report［EB/OL］，https：//www.kearney.com/global-cities/2021。

[4] 团结香港基金：《提速新界城镇化 助力香港创新天》[EB/OL]，https：//ourhkfoundation. org. hk/sites/default/files/media/pdf/20210706 _ NTSUD _ report _ 2021_C. pdf。

[5] 谭慧芳、谢来风：《粤港澳大湾区：国际科创中心的建设》，《开放导报》2019年第4期。

[6] 张虹鸥、王洋、叶玉瑶等：《粤港澳区域联动发展的关键科学问题与重点议题》，《地理科学进展》2018年第12期。

[7] 叶玉瑶、王翔宇、许吉黎等：《新时期粤港澳大湾区协同发展的内涵与机制变化》，《热带地理》2022年第2期。

[8] 张玉阁：《深港合作：粤港澳大湾区建设的关键》，《开放导报》2017年第4期。

[9] 郭万达、张玉阁、谢来风：《从国家战略高度规划建设河套深港合作区》[EB/OL]，https：//www. thepaper. cn/newsDetail_forward_13795953。

B.9

关于南沙“一区两站”高铁站点更名、打造大湾区交通枢纽的调研报告*

广州市粤港澳大湾区（南沙）改革创新研究院课题组**

摘　要： 独有的高铁“一区两站”格局是南沙打造粤港澳大湾区交通枢纽的重要支撑，也是提升南沙在国内外认知度和影响力的重要窗口。但现有的高铁站点名称与南沙在粤港澳大湾区的交通枢纽定位、空间格局不相匹配，也不能显示南沙“一区两站”的配置优势，有必要尽快启动对区域内两座高铁站点的更名工作。从将高铁站名作为凸显南沙空间地理格局的地理标识思路出发，建议分别更名为“南沙北站”与“南沙南站”；从南沙在大湾区中的交通枢纽地位和打造“立足湾区、协同港澳、面向世界”的重大战略平台思路出发，建议以“南沙港科大站”与“南沙枢纽站”进行重新命名。

关键词： 大湾区交通枢纽　地理空间识别　南沙

---

* 本文为广东省决策咨询基地广州大学粤港澳大湾区（南沙）改革创新研究院、广州市新型智库广州大学广州发展研究院的研究成果。

** 课题组组长：涂成林，广州大学二级教授、博士研究生导师，广州市粤港澳大湾区（南沙）改革创新研究院执行院长，广东省区域发展蓝皮书研究会会长，研究方向为城市综合发展、文化科技政策、国家文化安全及马克思主义哲学。课题组成员：谭苑芳，博士，广州大学广州发展研究院副院长、教授，广州市粤港澳大湾区（南沙）改革创新研究院理事长；周雨，博士，广州大学广州发展研究院主任、讲师，广州市粤港澳大湾区（南沙）改革创新研究院副院长；于晨阳，广州大学广州发展研究院博士后；曾恒皋，广州市粤港澳大湾区（南沙）改革创新研究院研究总监；臧传香，广州大学管理学院博士研究生，广州市粤港澳大湾区（南沙）改革创新研究院特约研究员；杨丽红，广州大学马克思主义学院硕士研究生。执笔人：涂成林、周雨、于晨阳。

高铁站属于全国铁路交通网络节点，除了站点本身的交通功能属性，对推动地方经济、社会、文化发展，提高地区的知名度、影响力，提升地理空间格局、历史文化价值等都具有重要的拉动和促进作用。广州南沙区域内高铁站点布局是“一区两站”（即已开通的京港高铁“庆盛站”和尚未开通的深茂高铁“南沙站”）格局，这种高铁网络资源配置，使南沙搭上了“高铁经济”“枢纽经济”的快车，也成为提升南沙在国内外认知度和影响力的重要窗口。

然而，南沙现有的高铁站名不仅难以有效提升南沙的知名度和影响力，也与国务院最近颁布的《广州南沙深化面向世界的粤港澳全面合作总体方案》（简称《南沙方案》）赋予南沙的“打造成为立足湾区、协同港澳、面向世界的重大战略性平台”战略定位不相匹配。因此，为充分发挥高铁站名对南沙经济社会发展和城区形象提升的综合功能，强化南沙“一区两站”的空间识别，有必要尽快启动对广州南沙区域内两座高铁站点的更名工作。

一　南沙现有高铁站点更名的必要性与可行性

站名、地名类似于商品品牌名称，恰当的名称能带给人们关于一个地区最直观的印象和体验，也能体现该地区的独有价值属性。高铁站点的命名和更名不仅是文化地理学的研究领域，也是城市发展的历史记录和城市形象的塑造过程。随着城市的不断扩展、改造和更新，交通站点特别是高铁站的命名往往形成新的城市记忆，塑造新的城市形象，产生新的城市地标和新的文化软实力载体。作为信息化时代最常用的社会公共信息，高铁站点的名称不仅具有地理指向功能，也具有区域发展的见证、文化历史印记及引导沿线城市规划布局的功能，甚至在一定程度上可以塑造该区域的地理空间格局，并有力地提升该区域的功能定位，不容小觑，更不可忽视。

（一）南沙高铁站点原站名与南沙在粤港澳大湾区的枢纽定位、空间格局不相匹配，也不能显示“一区两站”的配置优势

在建的南沙枢纽既是广州重要的铁路和交通枢纽，也是粤港澳大湾区城际轨道网和国家高速铁路网的重要节点，是南沙作为粤港澳大湾区地理几何中心、打造“十”字形交通枢纽、彰显南沙实力、提升南沙辐射带动能力的核心支撑。南沙目前已开通的高铁“庆盛站”和在建的高铁“南沙站”是南沙独有的“一区两站”重要交通资源，也是南沙打造粤港澳大湾区国际交通枢纽的重要支撑。但目前仍存在以下不足：一是高铁“庆盛站”命名与南沙枢纽、湾区之心的关联度实在太低，不仅难以体现和联想与南沙相关的综合价值符号，也缩小了南沙作为交通枢纽的格局；二是在建的高铁“南沙站”虽然体现了南沙的地区符号，但与高铁“庆盛站”缺乏外在的联系，容易给外界造成整个南沙只有一座高铁站的印象，不能彰显南沙高铁“一区两站”配置的实力优势。

（二）庆盛村作为微观地理位置名称存在天然缺陷，以庆盛村为基础设置高铁“庆盛站”造成了地理空间识别混乱，难以发挥高铁站名的标识引领作用

彰显地理标识是高铁站命名的重要依据。以显著地理名称命名高铁站点，不仅方便旅客出行确定自己所处的位置以及将要前往的目的地，也容易发挥高铁站名提升地区知名度的功能。不以显著地理名称来命名高铁站点，不仅会造成旅客地理空间识别的混乱，也无法发挥高铁站名使外界熟悉该地区的应有价值。因此，当前我国高铁站点命名都首选“所在地城镇”和“知名度最高”的名称，普通村庄名称基本不予考虑或放在最后考虑。

庆盛村是南沙区东涌镇一个仅有 2000 余人的村落，作为微观地理位置，并不具有知名度和辨识度；目前港澳居民和企业对大湾区主要城市比较熟悉，但对设区时间较短的南沙区却相对陌生，亟须采取各种措施提升南沙区的知名度和显示度。因此，从构建南沙在大湾区的地理空间格局、提升南沙

在大湾区乃至全国的知名度看，以庆盛村微观地理位置名称来命名高铁站点存在天然的社会识别缺陷，既无法在短期内形成地名标识效应，也难以提升南沙的知名度、显示度，可见南沙高铁站点的更名工作具有迫切性和必要性。

（三）从政策法规许可和经济成本效益综合评估，南沙高铁站点更名工作是完全切实可行的

本课题组以《地名管理条例》《铁路工程命名规则》等相关政策法规为基础，结合国家、省、市及南沙区有关规划材料，通过对铁路运营部门、广州市轨道交通规划部门等的调研和周边居民实地走访，认为南沙高铁站点更名工作是切实可行的。

首先，《地名管理条例》（2022 版）第五条规定："地名的命名、更名、使用、文化保护应当遵守法律、行政法规和国家有关规定，反映当地地理、历史和文化特征，尊重当地群众意愿，方便生产生活。"被用来命名高铁"庆盛站"的庆盛村是隶属于南沙区东涌镇的一个无历史名迹、知名度的普通村落。"庆盛"二字作为站名亦无其他特别含义，更名工作不会影响人民群众生产生活。因此，推进更有利于体现高铁站点地理标识的更名工作符合《地名管理条例》（2022 版）规定。同时，本课题组在庆盛村进行随机走访调查也发现，当地群众对"庆盛站"高铁站名重新设置和修改多持"无所谓"和"支持"的态度，只有不足两成的群众表示"舍不得"，但也表示可以慢慢适应。这说明群众对更改站名基本赞同，并无舆情阻力。

其次，通过对有关部门调研，了解到更改高铁站名涉及铁路系统（铁路站点系统、票务系统、后台管理系统等）、地铁系统（广州地铁网络站点系统、票务系统、后台管理系统、站名指示等）、公路交通系统（公交线路站牌、公路交通指示牌等），是一个复杂的系统工程，会产生一定成本。但随着轨道交通设备国产化替代、数字化进程快速推进，高铁系统和地铁系统变更已实现独立自主，票务系统、指示牌、站牌也已实现数字化，这无疑提

高了站名修改的可操作性。由此产生的站名更改成本，对广州南沙来说也是完全可以承受的。

（四）国内其他交通站点设施更名的成功案例证明，南沙推进高铁站点更名工作非常必要也十分可行

北京市为提升朝阳区作为经济大区的地理标识显示度，更好发挥交通标识助力区域发展、方便旅客出行的功能，于2020年将京沈高铁线首发站“星火站”正式更名为“北京朝阳站”。天津市滨海新区为推进新区发展，在2019年舍弃了依据微观地理位置设置的“于家堡站”，并同时将区内两座高铁站进行更名，原“于家堡站”改为“滨海站”，原“滨海站”改为“滨海西站”。南宁市政府为适应“大南宁”的发展需要，提升南宁的知名度，于2015年申请将以镇命名的“坛洛站”更名为“南宁西站”，与另一个站点“南宁东站”相呼应，构建南宁西部的辅助交通枢纽。此外，南宁市政府为提高南宁市宾阳的知名度，打造宾阳地理标识品牌，于2015年将原“黎塘西站”更名为“宾阳站”。广州市地铁站点也多次进行更名。比如，广州地铁3号线“赤岗塔站”就更名为更具新地标显示度的“广州塔站”；又如，地铁4号线将开通初期以附近村庄命名的“南亭站”和“北亭站”更名为现在的“大学城北站”和“大学城南站”；等等。这都说明，高铁站点或其他交通站点的命名，要依托更大的地理空间或新的地标，也要考虑标识显著的地理位置名称，以此来提升区域的知名度，助力区域经济社会发展。

二　尽快启动南沙高铁站点更名工作的对策建议

（一）高度重视南沙高铁站点的更名工作，成立工作专班尽快启动前期准备工作

南沙区内高铁站点“一区两站”的设置，使南沙极具优势交通枢纽资源，需要加倍珍惜，好好利用。尽快启动南沙高铁站点的更名工作，既有助

于梳理区内交通框架与脉络，力求正本清源，也有利于凸显交通资源优势，助益交通枢纽建设，还有利于构建区域地理空间格局，提升区域的知名度和显示度。因此，南沙高铁站点更名，不仅具有战略的必要性，也具有现实的可行性。建议南沙区委区政府尽快成立由区主要领导牵头的高铁站点更名工作领导小组，下设工作专班，启动高铁站点更名工作。该小组的任务，一是负责委托专业机构研究南沙高铁站点更名的可操作流程，系统测算更名工作的重点难点和经费预算，提出具体实施方案细则，为正式向有关部门申请更名提供准备；二是与国家铁路管理部门和省、市相关部门做好工作对接、关系协调，做到专人专责，提高工作效率。

（二）积聚各方力量协调推进，争取将更名工作列入实施《南沙方案》的一项重要工作内容

为降低南沙高铁站点更名工作的难度，提高高铁站点更名申请获批的速度和效率，本课题组建议积极利用专家、媒体、人大代表、政协委员等社会力量，通过各种方式和途径，多管齐下积极游说广东省、广州市和国家铁路部门，支持南沙高铁站点更名工作。

一是动员和组织全国、广东省和广州市的人大代表、政协委员通过建议、提案等方式为南沙高铁站点更名工作发声。在这方面，“北京朝阳站”更名的经验值得南沙区认真研究与借鉴。2020 年全国“两会”期间，全国政协委员建议将京沈高铁线首发站“星火站”更名为“北京朝阳站”，委员认为交通部门车站命名的意义在于地理方位标识，方便旅客出行，同时助力当地经济发展，朝阳区作为北京市的经济大区，交通标识助力区域发展意义重大。仅仅一个月后，有着 54 年历史的“星火站”就被成功更名为“北京朝阳站”。

二是邀请和组织有影响力的专家学者和各类媒体通过专项研究成果、资政建议的方式为南沙高铁站更名工作发声。最近国务院出台的《南沙方案》明确提出将南沙“打造成为立足湾区、协同港澳、面向世界的重大战略性平台”，南沙区内高铁站点的更名工作与南沙作为“重大战略性平台”的定

位具有明显的内在关联，对南沙未来的发展十分重要。要运用各种媒体对专家学者的相关研究成果广泛宣传，力争将南沙高铁站点更名工作列为实施《南沙方案》的一项重要工作内容，这对获得上级部门支持、降低更名难度有重要的作用。

（三）南沙“一区两站”高铁站点更名的两种思路

高铁站名既是某个区域的地理代名词，也是展示某个区域的闪亮名片，既要充分考虑高铁站名所指称的区域地理位置，也要充分考虑展现该区域的地理空间格局和长远发展需求。根据《铁路工程命名规则》相关规定：“车站应以车站所在地的城镇名称命名，也可按该站所属行政区内最近、知名度最高的名胜古迹、风景旅游景点、村庄的名称或地名命名。”我们认为，南沙“一区两站”高铁站点的更名主要有以下两种思路。

一种是将高铁站名作为凸显南沙空间地理格局的地理标识的思路，建议将现有的“庆盛站”更名为“南沙北站”，将拟开通的“南沙站”更名为“南沙南站”。按照这种思路启动高铁站点更名工作，一是能更有效利用站名来提升南沙的地区知名度和显示度，为外界认识南沙、熟悉南沙提供更加直接的渠道；二是容易形成地理标识整体效应，外界能一目了然，清楚南沙拥有“一区两站”交通枢纽地位和国家级新区地位，有利于南沙打造城市功能完整的国际化滨海新城。

另一种是贯彻落实《南沙方案》关于南沙在粤港澳大湾区中的枢纽地位和“立足湾区、协同港澳、面向世界”的重大战略性平台功能的思路，建议将现有的“庆盛站”更名为“南沙港科大站”，将拟开通的“南沙站”更名为“南沙枢纽站”。按照这种思路启动高铁站点更名工作，一是在运用高铁站名更改凸显南沙地理空间标识和拥有优越高铁站点资源的同时，也凸显南沙拥有港科大的高校资源优势和“十”字形交通网络枢纽地位，通过“交通+教育”的定位为南沙整体城市形象加分，提高南沙对外影响力和吸引力，这对港科大的未来发展壮大也是利好消息；二是可以强化南沙作为“湾区中心”的地理标识与功能标识，构建南沙承载“粤港澳全面合作”功能的“湾区中心”形象，充分发挥高铁站名的功能拓展价值，为南沙打造“立足湾区、协同港澳、面向世界”的重大战略性平台提供标识引领和有力支撑。

参考文献

[1]《地名管理条例》（国令第753号），中国政府网，2022年4月21日，http：//www. gov. cn/zhengce/zhengceku/2022-04/21/content_5686491. htm。

[2]《今晚，滨海新区两个高铁站正式更换站名!》，《滨海时报》2019年1月4日。

[3] 张兵：《京沈高铁首发站站名惹争议，“星火站”还是“北京朝阳站”?》，《民生周刊》2020年第13期。

[4] 康达华：《广州建设国际性综合交通枢纽问题研究》，载涂成林、陈小华、薛小龙主编《2022年中国广州经济形势分析与预测》，社会科学文献出版社，2022。

[5] 广州市委政研室课题组：《广州引领共建粤港澳大湾区世界级城市群的路径研究》，载涂成林、陈小华、薛小龙主编《2022年中国广州经济形势分析与预测》，社会科学文献出版社，2022。

[6]《国务院关于印发广州南沙深化面向世界的粤港澳全面合作总体方案的通知》，广州市人民政府网，2022年6月15日，https：//www. gz. gov. cn/zt/nsygahzfa/ztfa/content/post_8338163. html。

B.10 东莞促进“瞪羚”企业融通发展的模式与路径研究

孔建忠*

摘　要： “瞪羚”企业是科技创新型企业的典型代表，也是推动经济高质量发展和科技创新的新引擎。站在“双万”新起点上，东莞提出“科技创新+先进制造”的城市定位，积极构建“科技型中小企业、高新技术企业、‘瞪羚’企业、百强创新型企业”的创新型企业梯队，引领全市加快向科创制造强市迈进。本文全面梳理分析东莞市2019年以来培育发展创新型企业的成效、模式和不足，从加强顶层设计、以抓研发促“高”“新”、构建梯度培育体系、强化全链条科技招商等维度，提出构建适应新经济、新动能的创新型企业培育体系新路径。

关键词： “瞪羚”企业　梯度培育体系　东莞

“瞪羚”企业和百强创新型企业是科技创新型企业的典型代表，也是推动经济高质量发展和科技创新的新引擎。立足于“双万”新起点，东莞市进一步培育和深度服务科技企业，实施创新型企业梯队培育工程，重点遴选创新能力强、成长速度快、发展潜力好的247家高新技术企业评定为“瞪羚”企业和百强创新型企业，积极构建“科技型中小企业、高新技术企业、‘瞪羚’企业、百强创新型企业”的创新型企业梯队，引领全市加快向科创制造强市迈进。

---

* 孔建忠，东莞市电子计算中心高级经济师，主要研究方向为科技创新与区域发展。

一　东莞市“瞪羚”企业快速壮大发展

（一）支柱产业领域集中分布

截至2022年底，东莞市共有“瞪羚”企业和百强创新型企业247家，其中百强创新型企业113家、“瞪羚”企业134家。从镇街分布来看，松山湖高新区、东城街道、寮步镇“瞪羚”企业和百强创新型企业最多，分别有51家、22家、17家（见图1）。从高新技术领域来看，主要集中在电子信息、先进制造与自动化、新材料等领域。在半导体及集成电路领域，天域半导体掌握了全球领先的外延材料缺陷密度和均匀性控制技术；在工业机器人领域，本润机器人的谐波减速器作为机器人核心部件，其精度和质量稳定性等稳居国内领先地位，媲美日本制造水平；在光通信领域，福可喜玛科技是国内第一家MT/MPO插芯领域领先企业，填补国内空白。

（二）经营指标稳中有升

近年来，面对新冠肺炎疫情和中美贸易摩擦等国内外复杂环境影响，东莞市“瞪羚”企业和百强创新型企业持续保持稳定增长，有效应对冲击和变化。根据调研的98家企业反馈数据①，2022年共有55家企业营业收入实现正增长。其中，实现倍增式增长（增幅在100%以上）的企业有5家，实现跃升式增长（增幅在50%~100%）的企业有4家，实现高速式增长（增幅在25%~50%）的企业有10家，实现平稳式增长（增幅在25%以内）的企业有36家（见图2）。

（三）研发要素投入持续增强

围绕“科技创新+先进制造”城市定位，东莞市创新型企业持续加大各

① 由于东莞市创新型企业第三批认定企业名单于2022年底发布，尚未享受相关优惠政策措施，因此以第一批和第二批企业数据作为分析对象。

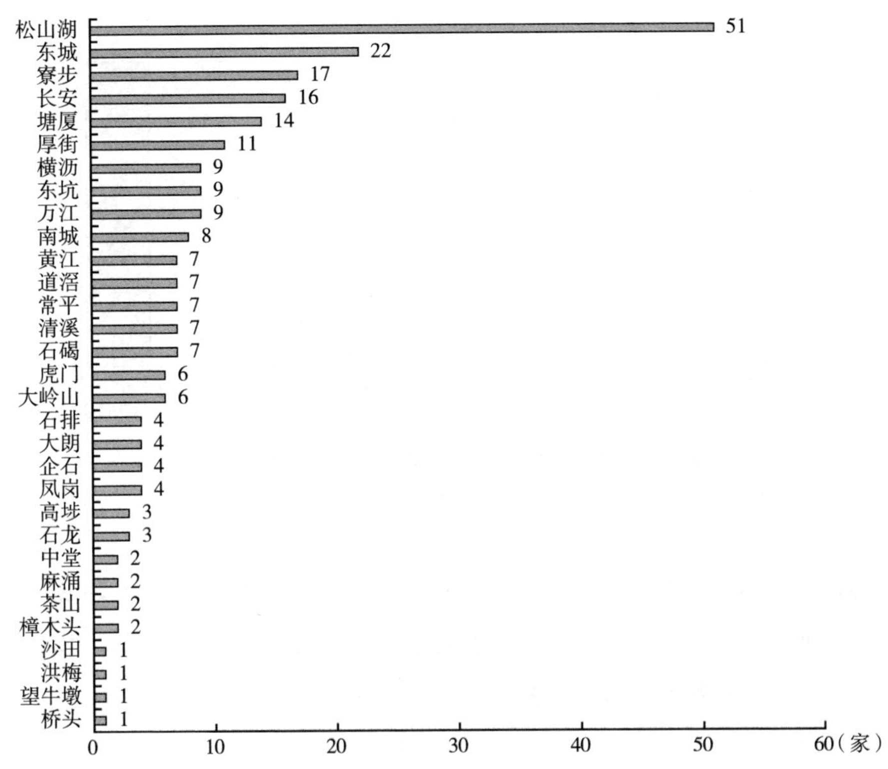

图 1　2022 年东莞市“瞪羚”企业和百强创新型企业区域分布

资料来源：《东莞科技创新发展报告（2021～2022）》。

类研发要素投入。在研发投入方面，2022 年创新型企业研发投入同比增长 28.5%，R&D 占比为 5.35%。在产学研合作方面，创新型企业已与华南理工大学、西安电子科技大学、华中科技大学等 76 所知名高等院校开展具体项目联合攻关。东莞共有超过 250 家研发机构，全市唯一的国家级工程中心为依托生益科技建设的国家电子电路基材工程技术研究中心。

（四）上市企业板块加速扩容

“瞪羚”企业和百强创新型企业凭借行业领先的创新能力，逐步成为东莞市资本市场上市的主力军。2022 年，共有 12 家创新型企业在资本市场挂牌上市。此外，熵基科技、鸿铭智能、鼎泰高科、澳中新材料、优邦材料、

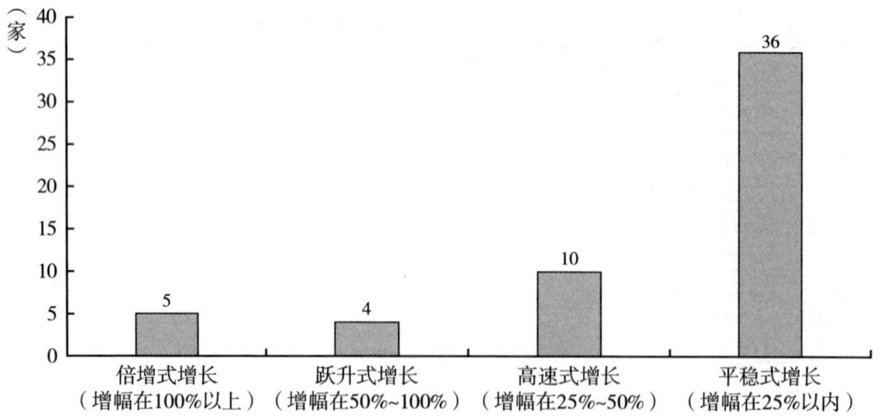

图 2　2022 年东莞市创新型企业经营收入增长情况

资料来源：《东莞市创新型企业服务工作报告》。

远锋科技、瑞勤电子、铭基高科、长江智能等一批企业已进入上市程序，创新型企业的培育正加速推进“东莞板块”上市企业持续扩容。2022 年东莞市创新型企业挂牌上市情况如表 1 所示。

表 1　2022 年东莞市创新型企业挂牌上市情况

序号	企业名称	上市板块
1	易事特集团股份有限公司	深交所主板
2	广东利扬芯片测试股份有限公司	上交所科创板
3	广东正业科技股份有限公司	深交所创业板
4	广东众生药业股份有限公司	深交所主板
5	楚天龙股份有限公司	深交所主板
6	胜蓝科技股份有限公司	深交所创业板
7	广东奥普特科技股份有限公司	上交所科创板
8	开普云信息科技股份有限公司	上交所科创板
9	奕东电子科技股份有限公司	深交所创业板
10	东莞市本润机器人科技股份有限公司	新三板
11	广东天元实业集团股份有限公司	深交所主板
12	广东安达智能装备股份有限公司	上交所科创板

资料来源：根据企业年报等相关信息综合整理。

二　东莞培育“瞪羚”企业模式分析

东莞市科技部门牢牢把握科技创新型企业培育这一关键抓手，在企业研发投入、资本投资、空间配置等方面探索实行分类扶持，有力推动高成长企业发展壮大。

（一）梯度培育，精准补助

立足于将东莞高新技术企业数量优势转变成高新技术产业的发展优势，市科技部门提出实施创新型企业培育计划，印发《东莞市培育创新型企业实施办法》。根据创新型企业不同发展阶段的需求分类别给予扶持，对年营业收入首次晋级5000万元、2亿元、10亿元级别的国家高新技术企业给予最高奖励50万元；对百强创新型企业、“瞪羚”企业上年度经税务部门核定可加计扣除的研发费用最高不超过5%的比例进行补助，市级财政资助总额分别不超过100万元、50万元；对百强创新型企业给予研发投入补助、科技项目配套资助、人才住房保障、人才税收优惠补助、展会补贴、论坛补贴、租金补贴等全方位扶持措施。2021年共有58家创新型企业获得研发投入补助约3000万元，2022年共有113家创新型企业获得研发投入补助约4000万元，有效发挥了引导创新型企业加大创新投入，推动创新型企业快速成长的促进作用。

（二）一企一策，靶向服务

东莞市科技部门联动支援支撑平台（市电子计算中心），组建服务专班团队，围绕人才培育、成果转化、政策服务、研发管理体系建设、产业链要素支持和企业上市六个维度，每季度实地走访调研服务企业，了解企业最新经营动态、存在困难和问题以及发展计划等动态信息，以列清单的方式制定“一企一策”服务方案，为企业提供贴身有效的服务。通过近两年专项服务，创新型企业普遍反馈有助于进一步推进产业链创新合作，实现企业间成果转化交流。比如，推动优邦材料与黄埔材料研究院合作，拟接洽海思芯片封装底胶研发等；推动德聚胶接与汕头大学、华井生物与华南农业大学、优邦材料和广州大学等开展研究生培育、校企产学研合作；为瑞勤电子寻找半导体领域高端人才，开展省市工程中心建设；协助海丽化学对接广东省化工学会，承办现代橡胶行业高峰论坛及大湾区科研成果展等。

（三）人才引育，共生共荣

一是激活调动特色平台作用。充分发挥名校研究生培育发展中心平台、科技特派员计划等优势，从高校院所遴选专业人才到企业开展科技服务，打通企业人才引育、科研对接的通道。截至 2022 年底，共协助 26 家创新型企业引进研究生超过 180 人，为企业完善人才梯队培育输入新鲜血液。二是联动本土高校资源。围绕企业提出的技能人才招聘需求，组织了奕东电子、鸿铭智能、大普通信、东翔电子及华井生物等 9 家创新型企业与东莞市技师学院召开座谈会，就企业技能型人才培养及招聘事宜与技师学院展开交流洽谈并推动后续合作事项。三是构建人才素质提升体系。为进一步满足科技创新对技术人才的需求，积极向省、市人力资源部门争取下放承接职称评审权限，分别依托市新一代人工智能产业技术研究院和市电子计算中心，组建工程系列人工智能专业副高级职称评审委员会和自然科学研究系列情报科学专业中级职称评审委员会，为构建多层次专业技术人才培育体系提供精准服务。

（四）金融助力，协同联动

综合运用科技计划项目、科技金融等一揽子科技政策，打出金融“组合拳”，为创新型企业解决融资难等问题。比如，统筹利用贷款贴息、科技保险、风险投资等多种方法，引导金融机构支持创新型企业发展。协同市金融部门联合开展后备企业的走访考察，德聚胶接、瑞勤电子、益诚自动化、大研自动化等企业经推荐申报后纳入后备上市企业；积极配合市金融工作局举办科创资本班，提供丰富、前沿、具有实操性的资本市场咨询信息，帮助企业厘清思路、解决困难。

（五）整合资源，组合创新

在完善科技企业孵化体系中，市科技部门不断优化整合科技创新的资源力量，大力推进新型创业孵化载体的建设。一方面，依托香港科技大学李泽湘团队，建设松山湖国际机器人产业基地，通过“基地+基金”模式，联结香港、内地及全球的高校、研究所、投资基金、供应链等资源，开展机器人及相关行业的创业孵化。基地累计孵化创业实体 80 个，总产值超过 35 亿元，培育了逸动科技、松山智能、云鲸智能等一批高成长性企业。另一方面，推动松山湖国际创新创业社区的建设，以“园区、校区、社区”三融合的模式整合资源，推进完善人才、科研、交流、商业等配套，制定专项政策，设立科研仪器设备共享平台、天使投资基金，开设创新训练营、技术经理人培训班，打造政府主导的低成本空间，承接优质科技项目落地转化。此外，还吸引了中科院声学所东莞电声产业基地、东莞市集成电路创新中心等创新综合体项目落户，创新活力日益凸显。

三　东莞“瞪羚”企业培育存在的问题

（一）增量培育的边际效益加速递减

高新技术企业是培育“瞪羚”企业和百强创新型企业的基础。在前期培育奖励政策的驱动下，东莞高新技术企业经历了高速增长阶段。当前，东莞市高新技术企业培育入库工作坚持以结果为导向，参照高新技术企业认定标准，只要企业拥有专利，员工超过 10 人就纳入培育库，实行动态管理和跟踪服务。目前，全市具有成长潜力的企业基本已培育成高新技术企业，现有高新技术企业培育库数量已基本触底，再进一步挖掘新增高新技术企业难度较大。可以说，现有高新技术企业组织培育体系所产生的红利接近枯竭，难以再出现较大量级的产出。

（二）创新体系积累量能不足

从企业运营发展来看，东莞高新技术企业经营净利润普遍不高，高新技术行业盈利能力比传统行业还低；从创造附加值的角度来看，东莞高新技术企业群体既不高也不新，并未体现科技创新对经济发展的引领作用；从协同创新来看，由于界定不清，各类企业竞争多于合作，系统性不强、风险控制能力不足、动态调整不及时，难以形成合力。

（三）基层末端服务力有待提升

部分镇街众创空间、孵化器等高效科技服务平台建设缓慢，科技金融，科技风险贷款和普惠金融业务滞后。尤其是在疫情防控期间，由于无法到企业开展现场指导，部分镇街对企业复工复产情况跟踪、年报指导、政策解读等工作出现中断，使得企业无法最大限度降低疫情所带来的影响。

四　促进“瞪羚”企业融通发展路径探析

（一）协同贯通用活“政策包”

1. 加强组织领导

一是提高政治站位。围绕全市打造万亿元级的新一代信息技术，5000亿元级的高端装备制造，千亿元级的新材料、新能源、服装鞋帽、食品饮料产业发展格局，将创新型企业培育体系建设与创新纳入更高层级的产业发展规划层面统筹考虑，明确创新型企业培育的战略价值和重要意义。二是建立全市创新型企业培育联席会议制度。由分管市领导作为会议召集人，组织召开创新型企业工作会议，参会成员包括工信、商务、财政、统计、税务、人社、金融等部门以及各镇街（园区），统筹解决有关问题，强化全方位协同联动，推动工作落地落实。三是建立考核机制。由第三方科技服务机构开展不定期创新型企业统计分析工作，对全市创新型企业发展状况及时进行跟踪和研究。

2. 优化配套政策体系

一是在财政政策方面，借鉴先进城市的经验，在确保财政资金可承受的前提下，适当提高创新型企业认定通过奖励资助额度，增加通过复审或重新认定的补贴，对符合条件引进的创新型企业给予一定的奖励资金。二是在税收政策方面，协助培育入库企业积极申报研发费用税前加计扣除、技术引进费用等事项，让惠企税收政策便捷落地。三是在知识产权政策方面，完善专利奖励制度，落实专利等各项知识产权政策支持力度。

3. 建立立体式联动机制

建立市镇村三级纵向联动的创新型企业培育组织体系，特别要加强基层科技工作力量，安排专项资金、专人负责落实创新型企业培育发展的相关工作，提高工作的业务水平，保障工作人员的稳定性。市级层面落实统筹谋划总体责任，制定全市创新型企业培育总体发展规划，建立企业评估台账，加大辅导指导力度，深化挂点指导督导工作模式；镇街层面落实企业服务主体责任，跟踪和落实高新技术企业培育工作计划与进展，从企业成长管理、日常经营生产、创新型企业服务等方面着手，定期对企业进行摸底和排查，做好基础数据收集整理工作，全面梳理遴选优质科技型中小企业；村（社区）层面落实企业属地服务责任，从宣传创新型企业培育优惠政策、完善水电等公共配套辅助设施、生态环境建设等方面着手。

（二）梯度培育夯实“蓄水池”

坚持以构建“科技型中小企业、高新技术企业、‘瞪羚’企业、百强创新型企业”的创新型企业梯队为导向，从培育链条前端入手，充分挖掘科技型中小企业和高新技术企业潜力，以规模以上非高新技术企业和外资企业为重点培育对象，以常态化、精细化、特色化为服务原则，分类指导，精准服务。

1. 搭建创新型企业培育库

制定“瞪羚”企业培育库入库条件，进一步扩大培育范围，加大高成长性科技企业储备力度，鼓励镇街（园区）按标准对高成长性企业进行筛选，给予入库企业支持。推动镇街（园区）关注和服务快速成长的创新型企业，强化市镇联动支持科技企业做大做强工作，促进项目、技术、资本等各类创新要素向“瞪羚”企业培育库、“瞪羚”企业、百强创新型企业集聚，推动创新型企业为全市经济稳增长持续输出创新能量。

2. 明确重点培育对象

经调研摸排，东莞市规模以上非高新技术企业主要分布在电子信息制造业、机械设备制造业、橡胶和塑料制品业、金属制品业、纺织服装鞋帽业、文体用品制造业等领域，都属于东莞市传统优势产业，具有相对完善的企业内部管理制度和规模经营效益，培育发展空间巨大。而东莞市高新技术企业主要分布在先进制造与自动化、电子信息、新材料三个技术领域，与“科技创新+先进制造”整体思路保持高度一致，说明产业集聚效应和规模效益发挥积极作用。因此，建议认真贯彻落实《国务院关于进一步做好利用外资工作的意见》（国发〔2019〕23号）等文件部署，加强对外商投资企业申请高新技术企业认定的指导和服务，持续发挥产业规模拉动初创期科技型中小企业迅速成长的促进作用，将规模以上非高新技术企业和规模以上外资非高新技术企业作为重点培育对象，优化完善高新技术企业培育库入库标准和条件，扩充后备培育库规模。

3. 链条式培育规模以上企业

结合东莞市规模以上企业数量庞大、技术创新能力不强的特点，按照不同行业分类和技术领域，制定精准服务计划和方案。一是全面摸清底数，构建动态培育机制。联合工信、市场监管、税务等部门对东莞市规模以上非高新技术企业开展全覆盖式摸排，重点收集生产经营、科研人员数、知识产权保有量、科技项目、技术改造项目和主要财务指标等数据，为规模以上非高新技术企业登记造册。按照“先易后难、稳步推进”的工作原则，推动传统规模以上企业高新化，构建“发现一批、服务一批、推出一批、认定一批”的培育机制。二是实施精准服务计划。在《东莞市“3+1”产业集群试点培育专项资金管理办法》等配套政策基础上形成组合拳，对不同类型和发展阶段的规模以上非高新技术企业进行分类指导、精准施策，对重点企业实施“一企一策”，对标高新技术企业认定标准，排查企业短板，协助企业在财务、研发、管理等方面不断规范完善。

4. 保障式培育外资企业

结合外贸大市特点，深入挖掘外资企业发展潜力。一是营造良好营商环境。以打造公开、透明的外商投资环境为着力点，进一步做好外资高新技术企业认定指导和服务工作，稳定外资高新技术企业群体，引导外资企业更多投向高新技术产业。二是推动政策落实落地。面向外资企业加强高新技术企业政策宣传和培训力度，利用线上线下平台组织外资企业宣讲服务专场活动，特别是对生物医药和医疗器械类企业予以重点关注，推动外资企业对高新技术企业政策的及时知晓、准确落实。三是提升便利化水平。建立快速便捷管理服务体系，优化管理流程，完善服务体系，加强对外资企业申报高新技术企业认定动态信息整理与分析，提高服务质量和服务效率。四是助力企业纾困解难。加强对外资高新技术企业政策落实情况的跟踪评估，尤其是在国际环境持续复杂多变的情况下，分析外资高新技术企业面临的新形势、新特点、新挑战，完善配套政策措施，加大资源配置力度，推出切实举措，积极帮助外资高新技术企业解决疫情防控与复工复产中出现的问题。

5. 推动孵化载体高质量发展

一是加强科技孵化器服务能力建设。完善孵化器管理制度，对不同类型的孵化载体进行分类指导。提升孵化器企业服务能力，支持孵化器建设公共服务平台、专业化服务团队和专业化导师队伍，围绕企业成长各阶段需求，为入孵企业提供精准技术服务、商业服务和创业辅导服务。二是推动科技孵化器向专业化方向发展。在全市七大战略性新兴产业基地内建设专业孵化器，引导综合孵化器围绕主导产业加大入驻企业的产业集聚度，转型发展成专业孵化器。三是推进科技孵化器全镇域覆盖。积极推动通过城市更新盘活低效利用空间资源，构建一批低成本、便利化、全要素、开放式的科技企业孵化器和加速器。四是推广创新创业社区建设。在创新实力较强的镇街（园区）布局建设一批创新创业社区，通过市镇园区联动统筹一批高品质、低成本空间，承接周边城市与港澳地区技术、产业和人才外溢，吸引国内外优质创新创业项目落户孵化。

（三）平台赋能拓展“服务圈”

1. 提升高新技术企业培育服务水平

一是建立创新型企业培育库运行状态监测系统，强化对企业的综合服务，提供政策咨询、融资对接、技术转移、政府采购等服务，推动入库企业成长壮大。二是整合财税、法律、知识产权、政策咨询等专业领域的中介力量，通过加强业务培训、制定服务标准、评估标准和负面清单等，提升中介服务机构专业能力。

2. 大力招引高新技术企业项目

一是明确重点发展领域，绘制精准招商地图。根据全市重点发展技术领域，剖析现有高新技术企业上下游产业链企业分布，绘制各重点领域精准招商地图。二是完善科技招商顶层设计，突出东莞招商特色。建立科技招商的市镇联动机制，明确市镇之间的招商职责，市级部门负责项目资源的搜寻、商务对接与谈判、政策资源配套等招商引资事务，镇街一级负责统筹建立面向新兴产业的创新创业社区、科技园区、科技孵化载体等低成本空间，并配套一定比例扶持资金，共同推进新兴产业项目的快速落地。三是组建专业服务团队，开展全领域全流程服务。市科技部门统筹各方资源，组建专门的科技招商服务专班，成立产业支援服务中心，确保各项科技招商服务工作落实有保障。

3. 突破培育品牌打响方式

高规格发布“瞪羚”企业榜单，加大“瞪羚”企业培育宣传力度，树立创新发展新典型，提高东莞“瞪羚”企业知晓度，吸引社会力量关注东莞“瞪羚”企业。深化“政府搭台、机构唱戏”措施，高层次举办“瞪羚”企业活动，引导市场资源向科技早期“独角兽”企业集聚，引导社会力量“扶早、扶小，投早、投小”，赋能“瞪羚”企业发展，为东莞市“小巨人”企业、上市企业、“独角兽”企业培育提供优质企业种苗。

4. 搭建“瞪羚荟”交流平台

突破现有科技企业服务渠道和方式，建立“瞪羚荟”交流平台，精准锁定国内“瞪羚”企业，通过政企对接会、“瞪羚荟”交流活动等，走出去对接市外“瞪羚”企业，争取招引一批优质企业落户东莞；邀请“瞪羚”企业走进来，通过交流平台链接市场资源，为“瞪羚”企业找技术、找资金、找市场、找人才、找场地，营造有利于科技企业发展的优质育成环境。

参考文献

[1] 孔建忠：《“双区”建设背景下推动东莞数字经济高质量发展研究》，《科学发展研究》2022 年第 5 期。

[2] 孔建忠：《粤港澳大湾区建设金融离岛的思路探析》，《财经与市场》2022 年第 4 期。

[3] 东莞市电子计算中心主编《东莞科技创新发展报告（2021~2022）》，社会科学文献出版社，2022。

[4] 王晓丹：《高新技术企业培育的新模式探究》，《商业观察》2021 年第 10 期。

[5] 郑文韬：《国家级高新区高新技术企业培育体系建设研究——以济南高新区为例》，《科技经济导刊》2021 年第 23 期。

[6] 张英：《宜宾市高新技术企业发展现状及对策思考》，《宜宾科技》2020 年第 1 期。

[7] 施文全、司聪：《苏州高新技术企业发展现状及对策研究》，《企业科技与发展》2021 年第 6 期。

[8] 刘胜、纪佳敏：《粤港澳大湾区城市高新技术产业国际竞争力研究》，载涂成林、田丰、李罗力主编《中国粤港澳大湾区改革创新报告（2022）》，社会科学文献出版社，2022。

产业协同篇

Industry Synergy

B.11 “双城”联动背景下广州南沙打造广深战略性新兴产业联动发展带的对策研究*

广州市粤港澳大湾区（南沙）改革创新研究院课题组**

摘　要： 国务院印发的《广州南沙深化面向世界的粤港澳全面合作总体方案》（以下简称《南沙方案》）赋予南沙重大战略定位、重磅支持政策。加强广深“双城”联动，积极推动广深战略性新兴产业联动发展，是推动南沙加快形成粤港澳大湾区高质量发展新引擎的重要措施。本文深入探讨了广深“双城”联动背景下，南沙打造广深战略性新兴产业联动发展带的背景、理论基础、可

* 本文是广东省决策咨询基地广州大学粤港澳大湾区（南沙）改革创新研究院、广州市新型智库广州大学广州发展研究院的研究成果。

** 课题组组长：涂成林，广州大学二级教授、博士研究生导师，广州市粤港澳大湾区（南沙）改革创新研究院执行院长，广东省区域发展蓝皮书研究会会长，研究方向为城市综合发展、文化科技政策、国家文化安全及马克思主义哲学。课题组成员：谭苑芳，博士，广州大学广州发展研究院副院长、教授，广州市粤港澳大湾区（南沙）改革创新研究院理事长；于晨阳，广州大学广州发展研究院博士后，广州市粤港澳大湾区（南沙）改革创新研究院特聘研究员；周雨，博士，广州大学广州发展研究院政府绩效评价中心主任，广州市粤港澳大湾区（南沙）改革创新研究院副院长、讲师。执笔人：涂成林、于晨阳。

行性以及发展路径，并在此基础上提出了针对性的对策建议，以期推动广深战略性新兴产业高质量联动发展。

关键词： 粤港澳大湾区 "双城"联动 战略性新兴产业

党的二十大报告明确指出，应贯彻新发展理念，着力推进高质量发展，推动构建新发展格局，制定一系列具有全局性意义的区域重大战略。广东省"十四五"规划提出，以深化广深"双城"联动强化核心引擎功能，推动广州、深圳立足全局谋划城市功能布局和现代产业发展，完善发展联动机制，全面深化战略协同、战略合作，建设具有全球影响力的大湾区"双子城"，放大辐射带动和示范效应。2022 年 6 月，国务院印发《南沙方案》，赋予南沙重大战略定位、重磅支持政策。把握新时期历史机遇，加强"双城"联动，谋划产业发展，是推动南沙加快形成大湾区高质量发展新引擎的重要措施，对推动南沙打造立足湾区、协同港澳、面向世界的重大战略性平台，在粤港澳大湾区建设中更好发挥引领带动作用具有重要意义。

一 南沙打造广深战略性新兴产业联动发展带的背景

（一）基础优势

1. 大湾区战略及地缘优势突出

南沙地处粤港澳大湾区地理几何中心，连通广深战略性新兴产业资源的地缘优势突出。多重国家战略叠加发展格局，战略定位持续跃升。南沙重点围绕打造粤港澳大湾区"半小时交通圈"，不断加大交通基础设施投入，推动南沙大桥、国际邮轮母港等投入使用，南沙港区四期基本建成，综合立体交通"四梁八柱"初步构建。规划了狮子洋通道、南中高速（含万顷沙支线）等高快速路，大湾区城际和高铁等重大轨道交通项目加快建设，实现

南沙30分钟直达深圳及周边其他城市中心，与粤港澳大湾区主要邻近城市60分钟互达。随着粤港澳大湾区建设深入推进，南沙作为大湾区几何中心的地缘优势将充分显现，成为广深两地创新资源流动的必经之地，将进一步加速集聚广深两地的人才、技术、资本、数据等高端产业要素。

2. 经济发展势头强劲

南沙经济规模接连跨越新台阶，新兴产业加速集聚，为广深战略性新兴产业联动发展提供了完善的产业配套支撑。2021年，南沙区GDP首次突破2000亿元，同比增长9.6%，增速领跑全市，人均GDP突破23万元，2022年经济规模进一步突破2200亿元。企业主体超过20家，稳居全市第四，引进世界500强企业投资项目累计达239个。2021年战略性新兴产业实现增加值720.26亿元，占GDP的33.8%。近年来，南沙区智能网联与新能源汽车、人工智能、新一代信息技术、生物医药等新兴领域蓬勃发展，重点项目加速集聚，产业发展后劲不断增强。大岗先进制造业基地、集成电路产业园、广东医谷等一批特色产业平台和载体加快建设。

3. 创新动力源持续增强

“1+1+3+N”科技创新体系加快构建，高标准规划建设南沙科学城，已集聚22家科研机构及创新平台，布局高超声速风洞、冷泉系统、极端海洋科考设施三个大科学装置，南方海洋科学与工程广东省实验室（广州）汇聚16个院士团队，高端领军和骨干人才数量达2万人。全社会研发投入快速增长，R&D投入占GDP比重达5.45%，中科院明珠科学园、广东智能无人系统研究院等一批重大平台加快建设。高新技术企业突破900家，科技型中小企业入库数达2158家，建成12家孵化器和9家众创空间。国家级专精特新“小巨人”企业5家，入选广州“独角兽”创新企业榜单25家。

4. 营商环境日益优化

南沙着力打造国际一流营商环境，拥有吸引广深战略性新兴产业联动发展的政策环境。发布了国家级新区首个“四链融合”产业政策体系，构建共性核心政策和特色专项政策，全生命周期支持企业经营发展。率先实施国家新区营商环境创新试点方案，投资、贸易便利化等指标领跑全国。行政审批制度改革深入推进，实施“交地即开工”3.0版和“无证明自贸区”等创新举措。在全国首创商事登记确认制、全球溯源体系等一批标志性改革品牌，市场化、法治化、国际化营商环境初步形成。

（二）劣势短板

1.内生经济增长动力较弱

一方面，近年来南沙吸引了不少企业注册，但有部分企业抱着“观望”态度，希望享受一些政策上的优惠，在企业核心竞争力上的提升和重视不够，对拉动区内经济发展动力不足。另一方面，南沙被赋予连接港澳、服务内地的使命，但目前与港澳合作层次还不够深，产业协同发展还不够强，对南沙的经济发展带动作用有限。

2.外部竞争加剧

从国际看，目前全球经贸形势发生变化，国际分工格局正在重塑，经济区域化特征越来越明显。技术自主创新能力不足，容易遭受技术壁垒；劳动力成本优势弱化，面临印尼、越南等国家承接产业转移的威胁；金融、资本市场开放程度不够高，创新与要素吸引受限。从国内看，建立国家新区、自贸试验区以及发展京津冀、长三角、大湾区等区域战略，使区域及城市竞争日趋激烈，高端要素抢夺白热化，南沙作为开发开放阶段的新区，机遇与挑战并存。

二　“双城”联动背景下南沙打造广深战略性新兴产业联动发展带的理论基础

（一）“多中心”发展理论

在区域经济学中，“单中心”发展模式指的是区域内由单一增长极驱动的发展模式，而“多中心”发展模式指的是区域内存在多个增长极带动地区经济发展。当区域发展水平较低时，无法分散资源进行多中心发展，只能集中资源首先发展核心地区。但当区域发展水平较高时，不同地区可以充分发挥各自的比较优势，通过资源整合避免无序竞争，此时“多中心”发展不仅更有利于区域整体发展，也能使区域内不同城市共同发展。

（二）总部经济模型

总部经济模型指的是企业将技术研发和生产制造环节分离，不同环节根据地区的比较优势进行选址。在总部经济模型下，企业可将总部设在区域中心，而将生产制造部门设在区域外围，一方面企业总部可以分享中心区知识集聚带来的正向溢出效应，提升自身技术水平，另一方面企业生产制造部门可以凭借外围区的规模效应降低生产成本。在该模型下，作为中心区的广州市和深圳市能够通过总部集聚占据战略性新兴产业联动发展带的技术研发高地，而南沙区可以通过高端生产制造部门集聚将广深的研发技术进行成果转化。基于以上理论分析，总部经济能充分发挥广州市、深圳市和南沙区的比较优势，不仅能提升各自的经济发展水平，还有利于广东省整体的产业转型与协调发展。

（三）产业纵向关联理论

产业纵向关联理论指的是产业链上游行业在区域间存在产业互补效应和产业竞争效应，即同一产业链的上游（或下游）行业间存在竞争，同一产业链的上游行业与下游行业则存在互补。根据产业纵向关联理论，可以进一步细分广东省“3+5”战略性新兴产业的上游行业和下游行业，广州市、深圳市与南沙区在同一产业的上游行业或下游行业重复布局会导致明显的产业竞争效应，不利于整体产业链的协调发展，因此南沙区应打造广深战略性新兴产业联动发展带，补齐广州市与深圳市在战略性新兴产业上游或下游的行业缺口，这样能够带来显著的产业互补效应，不仅能提升南沙区自身的产业链整合能力，也能够促进广东省和广深两市的产业可持续发展。

三　大湾区典型城市的产业发展特征模式

（一）大湾区各行业产业集聚特征

1. 总体特征

目前大湾区形成了第三产业集聚在广深，第二产业集聚在佛莞惠的格局。根据 2021 年各个城市的统计公报，广州、深圳和珠海第二产业占 GDP 的比分别达到 27.35%、36.98%与 41.84%，第三产业占 GDP 的比分别达到 71.56%、62.94%与 56.74%。粤九市中广州、深圳和珠海完成了从第二产业向第三产业的转型，第三产业占比远超第二产业。珠海市第三产业发展强于第二产业，但主要推动因素为地缘与政策优势，并非由产业转型推动，且总体集聚规模较低；而佛山、惠州和东莞三地仍以第二产业发展为主导，第三产业占比略低于第二产业，其产业集聚规模仅次于广深，产业转型仍未有效实现（见图 1）。

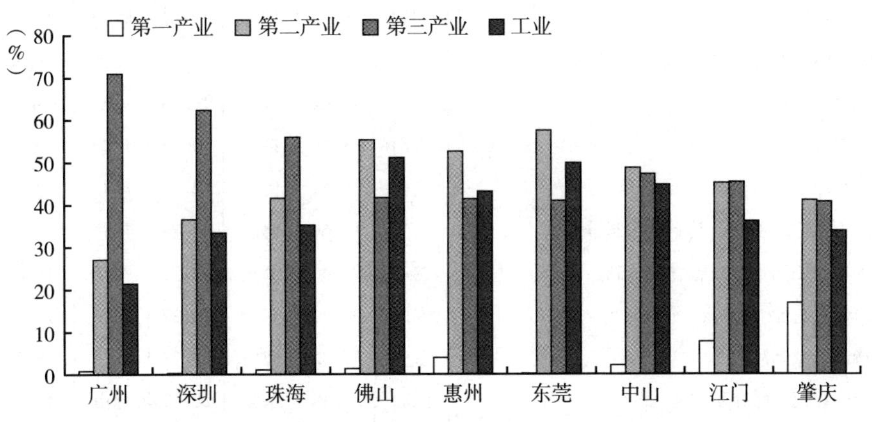

图 1　2021 年大湾区各市总体产业集聚特征

2. 行业特征

工业是大湾区各城市发展的基石。通过对 34 类工业行业的分析，可以看出粤九市分别集中了不同类型的工业企业。其中，汽车制造、石油化工、金属和机械制品集中在广州，计算机、通信与电子设备制造集中在深莞惠，纺织、家具等轻工制造集中在佛山。广州市的汽车制造业和深圳市的计算机、通信和其他电子设备制造业分别占全省的65.09%和55.12%，行业集中度超过35%的还有广州市的燃气生产和供应业（46.69%）、烟草制品业（45.64%）以及金属制品、机械和设备修理业（45.50%）；深圳的仪器仪表制造业（40.42%），其他制造业（36.44%），文教、工美、体育和娱乐用品制造业（36.31%）以及专用设备制造业（35.26%）；佛山的纺织业（38.19%）与电气机械和器材制造业（35.49%）；东莞的造纸和纸制品业（37.32%）（见表1）。

表1 粤九市各行业工业总产值占全省比重排前三位的城市

单位：%

行业	第一位		第二位		第三位	
	城市	占比	城市	占比	城市	占比
农副食品加工业	东莞	20.50	佛山	15.48	广州	9.80
食品制造业	广州	28.33	佛山	14.62	江门	14.38
酒、饮料和精制茶制造业	佛山	23.83	广州	23.66	深圳	18.40
烟草制品业	广州	45.64	深圳	17.43	—	—
纺织业	佛山	38.19	东莞	9.74	广州	9.02
纺织服装、服饰业	东莞	15.41	佛山	14.38	广州	8.72
皮革、毛皮、羽毛及其制品和制鞋业	东莞	19.60	佛山	15.28	广州	9.96
木材加工和木、竹、藤、棕、草制品业	佛山	21.46	肇庆	12.33	东莞	11.07
家具制造业	佛山	30.41	东莞	18.27	广州	14.47
造纸和纸制品业	东莞	37.32	佛山	14.73	江门	8.74
印刷和记录媒介复制业	深圳	21.48	东莞	20.42	佛山	12.23
文教、工美、体育和娱乐用品制造业	深圳	36.31	佛山	16.75	东莞	12.25
石油、煤炭及其他燃料加工业	惠州	22.51	广州	18.06	佛山	4.59
化学原料和化学制品制造业	广州	21.88	佛山	17.97	惠州	13.67
医药制造业	深圳	24.16	广州	22.28	佛山	14.73

续表

行业	第一位		第二位		第三位	
	城市	占比	城市	占比	城市	占比
化学纤维制造业	佛山	30.38	珠海	25.45	江门	17.70
橡胶和塑料制品业	佛山	21.20	东莞	20.78	深圳	14.40
非金属矿物制品业	佛山	22.96	广州	8.85	深圳	8.01
黑色金属冶炼和压延加工业	佛山	20.77	广州	11.14	珠海	5.15
有色金属冶炼和压延加工业	佛山	31.95	广州	13.96	深圳	12.88
金属制品业	佛山	32.42	东莞	14.04	肇庆	9.28
通用设备制造业	深圳	22.91	佛山	21.65	东莞	18.34
专用设备制造业	深圳	35.26	佛山	19.86	东莞	17.67
汽车制造业	广州	65.09	佛山	13.40	深圳	8.81
铁路、船舶、航空航天和其他运输设备制造业	广州	34.28	江门	20.93	深圳	12.18
电气机械和器材制造业	佛山	35.49	深圳	17.96	东莞	11.50
计算机、通信和其他电子设备制造业	深圳	55.12	东莞	23.01	惠州	7.11
仪器仪表制造业	深圳	40.42	广州	16.98	东莞	16.46
其他制造业	深圳	36.44	东莞	27.54	中山	11.68
废弃资源综合利用业	佛山	34.95	深圳	31.50	肇庆	9.21
金属制品、机械和设备修理业	广州	45.50	珠海	37.34	深圳	9.57
电力、热力生产和供应业	广州	23.43	深圳	13.21	东莞	9.39
燃气生产和供应业	广州	46.69	深圳	12.86	佛山	7.54
水的生产和供应业	佛山	28.59	深圳	24.11	广州	16.70

3. 典型模式

一是以深圳、广州为代表的创新发展模式。广州与深圳的创新发展水平与协同创新绩效有着鲜明对比，广州以渐进式、改良式的技术演进为主，创新能力平稳提升，而深圳以跨越式、激进式的技术演进为主，创新能力急剧变化。二是以东莞为代表的东岸外源型发展模式。东莞的产业发展渊源是“三来一补”加工工业，以加工贸易起步，主动承接发达国家和地区的产业转移，形成以外向型经济为主导的东莞模式。三是以佛山、中山为代表的西岸内源型发展模式。

（二）深圳企业的溢出特征

1. 总体演变特征

根据图 2 可以看出深圳市近 10 年来明显的产业转型特征，第二产业占 GDP 的比从 2010 年的 46.9%下降到 2020 年的 37.8%，其中工业占 GDP 的比从 2010 年的 44.1%降低到 2020 年的 34.4%，而第三产业则从 2010 年的 53%上升到 2020 年的 62.1%。这意味着深圳市的经济发展逐渐从依赖加工制造转向了提供科技研发与金融等商业服务，在该过程中，深圳市也不断重塑产业分工格局，部分低端生产制造业和需要大规模扩张的企业转移到周边城市，而生产研发与金融商业服务企业则进一步集中到深圳。

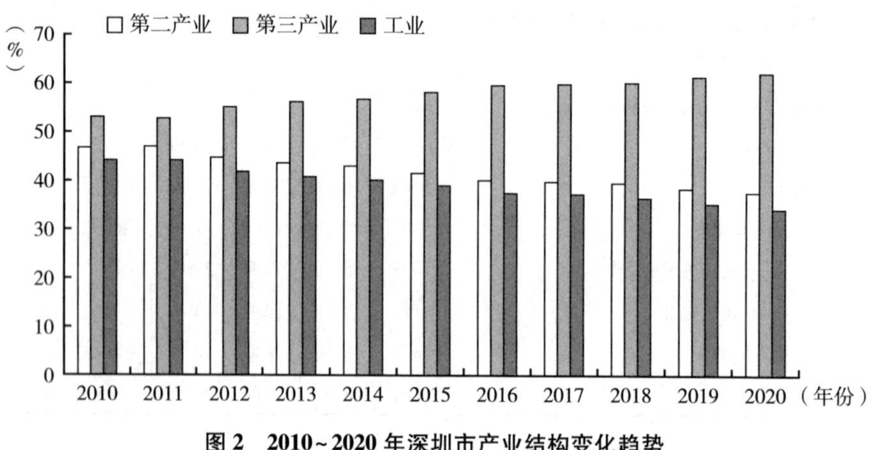

图 2　2010~2020 年深圳市产业结构变化趋势

根据企查查企业信息数据库的初步统计，深圳企业在东莞市开设分公司的数量最多，截至 2021 年，有 5434 家深圳企业在东莞开设分公司，随后是在惠州和佛山，分别为 3639 家和 1858 家，中山和珠海紧随其后，分别是 1135 家和 1160 家，在江门和肇庆开设分公司的只有 583 家和 354 家。同时，通过对企查查的爬虫数据分析，发现深圳市在广州以外的大湾区城市开设分公司数量最多的是零售业，其次是批发业、商务服务业和房地产业。相比于以上传统服务业，软件和信息技术服务业公司的迁出数量紧随其后，这意味着大量从事软件和信息技术服务的公司因深圳较高的租金与其他各类成本转移到了周边城市。

2. 战略性新兴产业外迁特征

在行业方面，根据深圳市对战略性新兴产业的界定，主要有新一代信息技术、生物医药、高端装备制造、新材料和绿色低碳等。调研发现深圳市战略性新兴产业中企业外迁最多的是新一代信息技术，其次是生物医药、高端装备制造、新材料和绿色低碳。需要指出的是，以上外迁包含了深圳市企业在本地注销并迁往外地与在外地开设分公司两种情形。在地点分布方面，调研发现深圳市战略性新兴产业的企业外迁几乎都在省内，约占迁移总量的80%~90%，主要集中在广州、东莞、惠州和佛山四个城市（见图3）。在所有外迁企业中，迁往广州的企业数量最多，占深圳市外迁企业的30%。此处外迁包含了深圳市企业在本地注销并迁往外地与在外地开设分公司两种情形。在产业链方面，调研发现深圳市战略性新兴产业企业的迁移在规模和产业链环节上呈现异质性。规模在10亿~50亿元的战略性新兴产业企业主要是某一领域的专精特新企业，这些企业会将总部留在深圳，但因其具有极强的业务扩张需求，会选择在东莞开设分公司，分公司的业务主要是建厂与产能扩充。规模较大的企业或者注销深圳总部迁出深圳的企业大部分都迁移到了广州。

（三）深圳产业溢出的主要原因

本文认为导致深圳市产业溢出的主要原因可归纳为四类，分别是产业基础和市场需求、产业配套与基础设施、产业服务能力与政策环境以及自然与社会资源。

第一，产业基础和市场需求。调研中发现深圳市向外迁移的战略性新兴产业企业中最多的是新一代信息技术企业，该类企业对低成本办公空间需求比较大，因深圳租金以及经营成本较高，这类企业会选择迁移到成本更低且距深圳较近的地区。

第二，产业配套与基础设施。调研中发现深圳市向外迁移的新一代信息

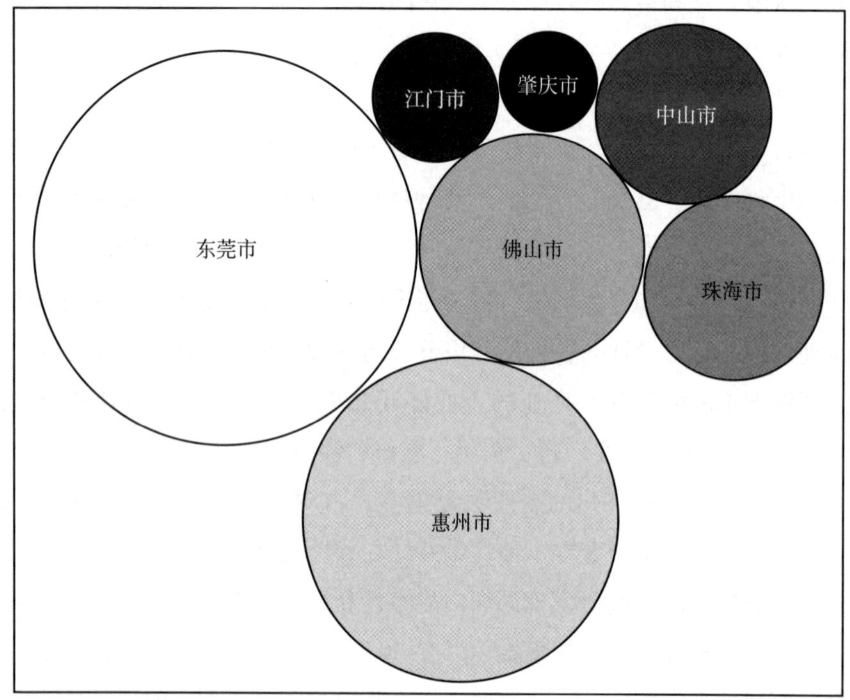

图 3　深圳市企业在大湾区城市（除广州）开设分公司的城市分布

技术企业同时也对迁入地的交通基础设施与周边配套具有较大需求，例如机场、高铁、高速公路、学校、医院、商业区与公园等设施。而深圳周边地区的各类基础设施有较为明显的提升，这在一定程度上降低了深圳在该方面的优势。

第三，产业服务能力与政策环境。考虑到深圳市集聚了大量的生产服务型企业，包括金融公司、技术服务公司以及各类专业服务公司，为深圳市战略性新兴产业企业提供了强大的金融支持、专业服务与公共技术服务，这提升了产业运作效率。但战略性新兴产业企业在深圳获取此类服务的成本也在逐渐上升，而周边地区也逐渐能为各类企业提供有一定质量的金融支持、专业服务与公共技术服务，同时还会给予企业更多的政策补贴，这也是导致深圳市战略性新兴产业企业外迁的重要原因。

第四，自然与社会资源。部分企业也会因为深圳市的环保要求、生活节奏、气候条件以及社会氛围等不适应而选择迁出，例如部分资源密集型企业或盈利能力不足的企业等。

四 "双城"联动背景下南沙与深圳产业协同发展的可行性

（一）南沙与深圳产业协同发展的独特优势

一是完善的产业体系与基础设施。在南沙区的三大支柱产业中，智能与新能源汽车已经形成了包含产业链上游、中游与下游的完善产业体系。二是良好的创新环境与人才政策。南沙新区（自贸片区）集聚人才创新发展若干措施，为不同类型的创新人才和不同规模行业的创新企业提供了具有吸引力的政府扶持政策。三是产业服务能力与软环境。南沙区出台的一系列产业服务支持政策能为迁入企业提供便捷快速的服务，让企业专注于产业生产研发与市场开拓。四是基于《南沙方案》的政策优势。南沙可以凭借《南沙方案》的政策优势，加强与香港和深圳市前海区的合作，通过打造广深合作区，以深圳市或前海区作为跳板，引入香港的现代服务业。

（二）南沙与深圳产业的互补性分析

结合深圳市产业溢出的主要原因与南沙区的独特优势，本文认为南沙区与深圳市在如下几个方面存在较好的产业优势互补。

1. 智能与新能源汽车和新一代信息技术的互补

根据对深圳市产业溢出特征的分析，企业迁出数量最多的战略性新兴产业为新一代信息技术。对于南沙区来讲，新一代信息技术产值在 2021 年只有 54.99 亿元，占战略性新兴产业总产值的 7.63%左右（见图 4）。所以，南沙区在新一代信息技术方面对深圳市企业的吸引力不足。但南沙区的智能与新能源汽车具有足够的产业基础和市场需求。将智能与新能源汽车与新一代信息技术结合，吸引与智能与新能源汽车相关的新一代信息技术企业迁入南沙是较为可行的。

同时，尽管南沙区的新能源与节能环保、新材料与精细化工以及生物医药与健康三个行业的绝对规模不算高，但也能对深圳市外迁企业产生一定的吸引力，特别是先前与南沙区企业有长期合作关系的深圳市企业。鼓励此类企业在迁出深圳时优先考虑南沙是可行的。

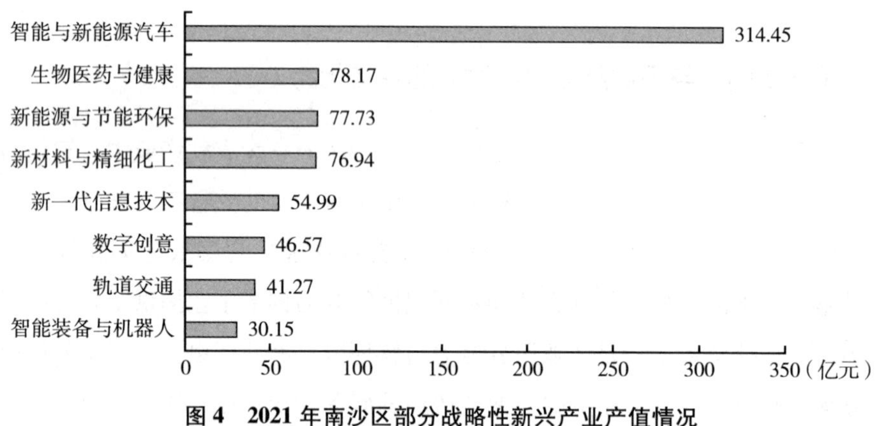

图 4　2021 年南沙区部分战略性新兴产业产值情况

2. 生物医药与健康和医疗器械的互补

医疗器械产业也是深圳企业迁出数量较多的领域。作为中国科技创新中心，深圳的医疗器械多年来一直保持高速增长。深圳土地储备有限，且生产成本相对较高，企业不断寻找合适的迁出地。近年来，深圳很多医疗器械企业纷纷外迁生产制造环节，大部分企业在环深周边城市布局，甚至到中西部城市扩展生产基地。南沙虽然相较于东莞在医疗器械相关的工业基础上较为薄弱，但在生物医药与健康方面有着一定的积累，拥有粤港澳大湾区精准医学产业基地、广东医谷、中山大学附属第一（南沙）医院等健康服务平台，以及大量的医疗器械市场需求。因此，深圳市企业迁移到南沙区，可以获得大量的医疗器械订单，与更贴近市场的需求反馈；另外，深圳市企业迁移到南沙区也会极大地带动南沙区生物医药与健康产业的发展。

3. 健康服务与医疗检测的互补

依托粤港澳大湾区精准医学产业基地、广东医谷、中山大学附属第一（南沙）医院等健康服务平台，南沙区拥有较强的医疗检测服务需求，但由于南沙区缺乏专业且全面的医疗检测机构，部分较为专业的实验分析与医疗检测业务仍然需要外包给深圳或东莞的公司。南沙区政府可以考虑围绕粤港澳大湾区精准医学产业基地、广东医谷、中山大学附属第一（南沙）医院等健康服务平台的特定医疗检测需求，对深圳或东莞的医疗检测机构进行定向招商引资，吸引一批医疗检测机构入驻，完善南沙区健康服务业的产业链生态。

4. 新能源与节能环保和新材料与精细化工的互补

新能源与节能环保和新材料与精细化工也是南沙具有一定规模的战略性新兴产业，但需要指出的是，这两类产业在南沙并没有较强的产业基础，占 GDP 的比不足 6%。对于此类产业，南沙区仍可以加强与深圳市新一代信息技术、新能源、新材料的合作，致力于打造一到两个专注某一特定领域的专精特新企业。具体来讲，南沙区可以引进一批与新能源、新材料相关的新一代信息技术企业，为新能源、新材料相关企业提供软件技术支持，以推动此类产业的转型升级。

5. 轨道交通和智能装备与机器人的互补

香港科技大学广州校区落户南沙对南沙区发展轨道交通和智能装备与机器人行业具有一定推动作用，港科大在工业智能化研发方面有较强的比较优势。南沙区可以通过与港科大共建产学研产业基地，推动港科大将国际前沿的工业智能化技术应用到轨道交通和智能装备中，并吸引深圳市轨道交通和智能装备与机器人参与进来，一同推动轨道交通和智能装备与机器人的互补。

五　南沙打造广深战略性新兴产业联动发展带的路径

（一）推动广深两市在南沙打造广深联动发展合作区

基于“一核三谷”的产业空间布局，围绕广深开放合作核打造广深联

动发展合作区。可借鉴上海漕河泾新兴技术开发区的经验，以企业主导型模式打造广深联动发展合作区。推动深圳市、广州市和南沙区共同出资成立广深战略性新兴产业发展公司，该公司负责广深联动发展合作区的基础设施建设、资金筹集和运用、土地开发和土地使用权转让、房产经营，创造良好的投资环境，吸引国内外资金和先进技术，兴办各类企业，提供技术和产品贸易等综合服务，并行使市政府授予的部分管理事权。广深联动发展合作区内形成广深战略性新兴产业先进制造承载区、科技信息技术集聚区和海洋装备制造集聚区，按“总部+基地”和“研发+生产”模式，前瞻性地将生物医药、数字经济与工业互联网等战略性新兴产业科学合理地布局在广深联动发展合作区，利用“新区白纸好作画”的优势，积蓄发展动能，在大湾区形成一个新的增长极，辐射带动周边区城。

（二）打造广深信息技术产业联动发展示范区

根据深圳市产业溢出特征分析，可以看出深圳市战略性新兴产业中企业转移到大湾区城市最多的是新一代信息技术，南沙区可以围绕数字谷打造广深信息技术产业联动发展示范区。为把握深中通道开启后的发展机遇，南沙区应在数字谷内打造广深信息技术产业联动发展示范区，聚焦引进一批符合要求的深圳市新一代信息技术产业企业，特别是大型集团公司的信息技术部门与细分行业的隐形冠军。对于此类技术含量高、产值高且工业占地面积小的企业，南沙区可制定针对性的政策进行补贴和奖励来增强南沙区的吸引力。

（三）“内融外引”推动生物谷双轮驱动增长

根据调研分析结果，深圳市的生物医药企业迁出数量仅次于新一代信息技术企业，南沙区应把握产业发展新态势与市场需求，立足南沙区位优势和本地产业基础，以“内生发展”和“外源增长”双轮驱动，探索医疗器械跨界融合发展，汇聚生物医药高端创新资源，推动健康服务质量提升，超前部署前沿产业，加快推动南沙区生命科学和生物技术产业高质量发展。

（四）聚焦发展大湾区高端健康服务业

发挥广州市在医疗、生态文旅和高端康养方面的比较优势，依托广深联动发展带推动健康谷精准医学发展区、生态文旅发展区和高端康养发展区协同发展。围绕中山大学和广州医科大学等医学研究机构，吸引健康医疗领域的优质企业落地。依托中山大学附属第一（南沙）医院集聚中山大学的科研力量与科研人才，共同搭建公共试验和创新创业平台。把握2024年深中通道开通和2025年由粤港澳共同举办的第十五届全国运动会的重大机遇，充分吸纳大湾区高端健康服务需求、文体娱乐服务，加快相关要素和产业集聚。

六　南沙打造广深战略性新兴产业联动发展带的对策建议

（一）加强组织协调实施

依托广深战略合作机制，加强两市市级层面协同对接机制。成立区级战略性新兴产业领导小组，建立统筹部门协同推进机制，加强对口部门沟通协调，推动各项任务落实落地。建立由行业专家、第三方智库、企业高层、资深投资者组成的产业专家委员会，为广深产业联动发展提供决策建议。

（二）加强产业要素支持

一是加强产业用地保障。结合广深战略性新兴产业联动发展带建设规划，重点推进“一核三谷”建设，优先满足产业基地的用地规模，每年新增建设用地指标优先满足产业基地建设需求，优先落实基地产业项目用地指标，加强土地整备，储备一批战略性新兴产业领域的重大项目用地。参考借鉴东莞等地的产业园建设模式，探索低空间成本的产业园架构，引导高附加值与前沿技术的产业园发展。优化产业用地供应机制，支持采取长期租赁、先租后让、租让结合等弹性出让方式，降低优质产业项目的用地成本，允许符合条件的闲置产业用地建设创新型产业用房，实行创新型产业用房租金优惠。支持鼓励战略性新兴产业领域企业对厂房设施等进行合理化改造，拓展发展空间，满足发展需要。

二是加大财税金融支持。推进商业性金融配置方式、政策性金融配置方式和民间性金融配置方式三管齐下，建立全覆盖式融资服务网络体系，鼓励金融机构向制造业企业和项目提供适应其生产和建设周期特点的中长期融资，缓解融资难、融资贵、融资慢困境。引导和鼓励国有资本投资制造业，鼓励民间资本参与或发起设立制造业创业投资基金、股权投资基金和天使投资基金，引导投资初创期、成长期的中小微企业。针对深圳市产业转移特征，有针对性地重点关注新一代信息技术、生物医药、高端装备制造、新材料和绿色低碳等重点领域，按照“龙头项目—上下游配套—产业生态圈”思路，以强链、补链、延链为原则，瞄准世界500强、大型跨国企业和行业领军企业，开展产业链精准招商。推动企业成为招商主力军，探索以企招商、以商招商模式。重点项目招商可一事一议，在项目审批、规划调整、环保评估、基础配套等方面给予全力支持。

（三）创新与人才政策扶持

发挥南沙作为自贸试验区的政策创新优势，增强对区内企业与个人的创新创业政策扶持。争取广州市支持南沙积极探索产教融合新模式、新机制。一是支持南沙建设现代产业学院园区，积极推动大湾区内高校、职业院校与龙头企业、高水平科研机构对接，在园区合作设立一批融人才培养、科学研究、技术创新、创业就业服务等功能于一体的现代产业学院，探索产业链、创新链、教育链有效衔接机制，建立新型信息、人才、技术与装备设施共享机制，完善产教融合协同育人机制，培养适应南沙乃至大湾区现代产业发展的高素质应用型人才、复合型人才、创新型人才。二是引导鼓励一批具有实力的高校和科研院所、领军企业、创业投资综合服务机构共同发起设立科技企业孵化器、众创空间、创客学院、品牌赛事等，打造集经营办公、生活居住、文化娱乐于一体的综合性创客社区。

参考文献

[1] 涂成林:《广深“双城联动”发展的模式和路径》,《南方日报》2021 年 9 月 6 日。

[2] 涂成林:《推动“双城”联动 强化粤港澳大湾区核心引擎功能》,《中国社会科学报》2022 年 2 月 28 日。

[3] 丁焕峰、周锐波、刘小勇:《广深“双城”联动打造世界级创新平台战略》,《城市观察》2021 年第 1 期。

[4]《东莞市生命科学和生物技术产业发展规划(2021—2035 年)政策解读》,《东莞日报》2021 年 3 月 22 日。

[5] 广州市粤港澳大湾区(南沙)改革创新研究院课题组:《关于支持南沙构建粤港澳合作重大平台的建议》,载涂成林、田丰、李罗力主编《中国粤港澳大湾区改革创新报告(2021)》,社会科学文献出版社,2021。

[6] 张灵、董阳:《推动广东先进制造业和现代服务业融合发展》,《今日科苑》2021 年第 12 期。

[7]《广州市人民政府办公厅关于印发〈广州市战略性新兴产业发展“十四五”规划〉的通知》,广州市人民政府网站,2022 年 4 月 8 日,https://www.gz.gov.cn/zt/jjsswgh/sjzxgh/content/post_8175867.html。

B.12

广州南沙打造协同港澳检验检测认证产业集聚区的调研报告*

广州市粤港澳大湾区（南沙）改革创新研究院课题组**

摘　要： 在广州南沙打造协同港澳检验检测认证产业集聚区，积极吸引港澳检验检测认证方面的资本、技术、人才、国际市场、先进服务理念等诸多优势资源来南沙集聚发展，既有必要性，也有可行性。建议南沙检验检测认证产业集聚区发展策略要充分利用自身的政策优势和南沙在粤港澳大湾区中的独特交通区位优势，凸出协调港澳、服务湾区的特色，搭建产业园区和总部基地双平台，加快形成与番禺、黄埔两个集聚区的区域联动、差异化发展新格局。

关键词： 检验检测认证产业　协同港澳　广州南沙

---

* 本文为广东省决策咨询基地广州大学粤港澳大湾区（南沙）改革创新研究院、广州市新型智库广州大学广州发展研究院的研究成果。

** 课题组组长：涂成林，广州大学二级教授、博士研究生导师，广州市粤港澳大湾区（南沙）改革创新研究院执行院长，广东省区域发展蓝皮书研究会会长，研究方向为城市综合发展、文化科技政策、国家文化安全及马克思主义哲学。课题组成员：谭苑芳，博士，广州大学广州发展研究院副院长、教授，广州市粤港澳大湾区（南沙）改革创新研究院理事长；曾恒皋，广州市粤港澳大湾区（南沙）改革创新研究院研究总监；于晨阳，广州大学广州发展研究院博士后；周雨，博士，广州大学广州发展研究院主任、讲师，广州市粤港澳大湾区（南沙）改革创新研究院副院长；粟华英，广州市粤港澳大湾区（南沙）改革创新研究院调查总监、经济师；臧传香，广州大学管理学院博士研究生，广州市粤港澳大湾区（南沙）改革创新研究院特约研究员。执笔人：涂成林、臧传香。

一　研究背景

检验检测认证是国家质量基础设施的重要组成部分，是推动质量强国建设、实现高质量发展的关键保障。《广州市国民经济和社会发展第十四个五年规划和2035年远景目标纲要》明确提出了加快推动先进制造业高质量发展、建设全国质量强市示范城市的目标任务，要求在“十四五”期间“实施质量提升行动，加强标准、计量、认证、专利体系和能力建设，提升‘广州制造’‘广州标准’‘广州品牌’竞争力、话语权。加强质量基础设施建设，布局一批国家级和省级质检中心、产业计量及认证测试中心，吸引国内外专业认证机构落户，建设国家检验检测高技术服务业集聚区（广州）”。

2013年，国家发改委和原国家质检总局批复同意广州建设全国首个国家检验检测高技术服务业集聚区。根据2015年12月广州市政府常务会议审议通过的《国家检验检测高技术服务业集聚区（广州）发展规划》和《国家检验检测高技术服务业集聚区（广州）建设方案》，正式确定广州国家检验检测高技术服务业集聚区“立足广州、辐射华南、服务全国、走向世界”的发展定位，并采取跨地区、跨部门的“一区三园”模式进行规划建设。所谓“一区三园”，即总规划占地面积约2平方千米的检验检测高技术服务集聚区包括中部的番禺园区、北部的黄埔园区（广州开发区）和南部的南沙园区。三个园区根据服务产业和区域特征在定位上各有侧重，其中占地约0.13平方千米的番禺园区为传统优势产业检验检测与认证服务园区；占地约1平方千米的黄埔园区为先进制造业与新兴产业检验检测服务和标准化引领示范园区；占地约1平方千米的南沙园区为粤港澳检验检测与认证全面合作示范园区。

2022年，广州国家检验检测高技术服务业集聚区的番禺园区和黄埔园区规划建设均已取得显著进展。番禺园区以检验检测认证机构整合改革试点为契机，整合了广州市的国资检验检测认证机构和5个国家质检中心，2016年挂牌成立了广州检验检测认证集团，成为华南地区服务功能最齐全、技术设备最先进、建筑规模最大的公共检验检测与认证技术服务平台。黄埔园区以开发区发达的制造业为牵引，SGS（通标）、ITS（天祥）、UL（美华）、凯威、金域等一大批国际国内领军检验检测认证机构集聚发展，在黄埔园区运营的国检中心已达到19家，省级质检站有26家，分别占广州市的54.3%和35.1%，检验检测机构数量由2015年的60多家增加到2022年的217家，并以占广州市20.89%的机构数量贡献了广州市43.64%的营业收入。更可喜的是，在黄埔区政府“万亿制造”计划推动下，2021年以来黄埔园区产业高质量发展带来检验检测认证机构集聚的效应更加明显，粤港澳大湾区国家技术标准创新基地（家用电器和电器附件国际标准化）正式落户黄埔，粤检集团也已与广州开发区投资集团签署协议，计划投资100亿元在黄埔打造大湾区国家检验检测认证创新中心，建设国家级半导体与集成电路检测中心、国家新能源动力电池及充电设施质检中心等7个重量级检验检测认证研究院。

由于产业基础薄弱、规则衔接障碍、缺乏配套政策支持等因素，定位为粤港澳检验检测与认证全面合作示范区的南沙园区规划建设却还停留在纸面阶段，与番禺园区、黄埔园区形成鲜明对比。2022年6月，国务院出台了《广州南沙深化面向世界的粤港澳全面合作总体方案》（以下简称《南沙方案》），在加快建设科技创新产业合作基地、青年创业就业合作平台、高水平对外开放门户、规则衔接机制对接高地和高质量城市发展标杆等方面做出了一系列重大制度性安排，粤港澳检验检测与认证全面合作迎来新的发展契机。

二　必要性与可行性分析

（一）必要性分析

1. 是加快落实《南沙方案》、携手港澳增强内外循环链接功能的需要

加快推动广州南沙深化粤港澳全面合作，协同港澳共建高水平对外开放

门户，是《南沙方案》赋予南沙的重大战略任务。在《南沙方案》中，国家明确支持南沙建设中国企业“走出去”综合服务基地，要求“加强与香港专业服务机构合作，共同构建线上线下一体化的国际投融资综合服务体系，提供信息共享、项目对接、标准兼容、检测认证、金融服务、争议解决等一站式服务”。在支持南沙增强国际航运物流枢纽功能方面，也明确要求“加快发展船舶管理、检验检测、海员培训、海事纠纷解决等海事服务，打造国际海事服务产业集聚区”。检验检测认证等专业服务是香港的优势产业，在南沙打造协同港澳检验检测认证产业集聚区，可全面深化与港澳在科技创新、产业服务、城市建设等领域的合作，吸引更多港澳专业人才来南沙就业创业。

2. 是加快将南沙打造成为广州乃至广东高质量发展重要动力源、增长极的需要

检验检测认证是推动实体经济、工程建设和生产生活高质量发展的重要技术支撑，也是国家确定的战略性新兴产业，纳入国家重点发展的 11 类生产性服务业、8 类高技术服务业以及 9 类科技服务业。在大湾区几何中心的广州南沙，打造协同港澳检验检测认证产业集聚区，不仅可以更好地服务、支撑广州加快建设先进制造业强市、现代服务业强市、科技创新强市，还可以充分发挥南沙的地域优势，更好地服务珠三角、大湾区产业发展，促进广州更好地发挥粤港澳大湾区核心引擎功能，提升广州作为国家中心城市和综合性门户城市的服务能级。

3. 是支持南沙产业立区、科技兴区高质量发展的需要

南沙要在粤港澳大湾区参与国际合作竞争中发挥引领作用，成为香港、澳门更好融入国家发展大局的重要载体和有力支撑，产业优先发展是根本。需要持续壮大智能网联汽车、无人系统产业、船舶装备制造等先进制造业，加速发展数字产业、可燃冰、海洋生物等战略性新兴产业，聚力发展国际商贸、跨境数据服务、跨境电商、国际金融等现代服务业，加快提升产业基础高级化和产业链现代化水平。建设发展协同港澳的检验检测认证产业集聚区，吸引港澳检验检测认证方面的优势资源来南沙集聚发

展，能显著提升对南沙区内的传统产业及高新技术产业、国际商贸活动的服务保障能力，通过检验检测认证引领产业从价值链中低端向中高端迈进转变。

（二）可行性分析

1. 优势条件

南沙加快布局建设“芯晨大海”，已有良好的本地产业基础条件。检验检测认证服务业的集聚发展，一般都需要依托区域内有高度发达的制造业和商贸业。本地市场需求不足，也是前些年南沙园区一直没有取得大的进展的一个重要原因。但 2012 年广州南沙新区成立，特别是 2015 年南沙自贸试验区成立以来，南沙的经济平均增速为两位数，2022 年实现地区生产总值 2252.58 亿元。市场主体从十年前的 3 万家增长到现在的 30 万家，高新技术企业突破 900 家，科技型中小企业入库数达到 2158 家，区内新增省级以上专精特新企业 235 家，有 25 家企业入选广州“独角兽”企业榜单，汽车产业已发展成为两千亿元级集群，集装箱吞吐量超 1800 万标箱。2022 年规模以上工业总产值已达到 3805 亿元，总量位列全市第二。当前南沙区正在加快发展芯片和集成电路研发制造、战略性新兴产业和未来产业、高端装备和智能制造等大制造、海洋经济四大产业类型，力争到 2025 年形成总规模达 2 万亿元的“芯晨大海”产业集群。

从几何中心到交通枢纽中心，服务大湾区的区域交通条件已完全具备。南沙是粤港澳大湾区的几何中心，但前些年由于交通不便事实上远离城市中心，对服务半径大、致力于开拓大湾区检验检测认证业务的国际国内头部企业并没有形成真正的投资布局吸引力。现在随着广深港高铁、南沙大桥、地铁 18 号线的相继建成，广珠澳高铁、深江铁路、南珠城际、狮子洋通道等重大交通基础设施加快规划建设，南沙与香港、珠江口东西两岸主要城市、广州主城区之间已实现 30 分钟直接通达，“半小时交通圈”日臻完善，推动南沙从大湾区的几何中心真正走向交通枢纽中心，大型检验检测认证机构在南沙投资布局的优势已真正凸显。

南沙检验检测认证产业集聚发展已有较好的基础条件。在南沙区政府和市场双重推动之下，目前在南沙注册的各类检验检测认证机构已有 230 家，其中获得市场监管部门资质授权的检验检测服务机构有 67 家，主营业务涵盖了产品质量检测、建设工程质量检测、环境检测、机动车安全检测、疾病预防控制、认证咨询、技术服务等多个领域，广东稳固、广州必维、智慧计量等一批规模效益较好、技术水平较高、行业信誉较优的检验检测认证品牌正在快速形成，而且主要分布在东涌镇、黄阁镇、南沙街等区域，检验检测认证产业集聚发展已现雏形。

南沙在吸引国际国内检验检测认证头部企业集聚发展方面有明显的政策优势。2015 年广东自贸试验区成立后，国家认监委在同年 4 月就发布公告，鼓励港澳权威检验检测认证认可机构在南沙检验检测高技术服务业集聚区设立分支机构并开展业务，适度放开港澳机构进入南沙自贸试验区开展检验检测认证业务的限制，并给予港澳资本在南沙自贸试验区设立的检验检测认证机构和实验室享有与内地机构同等待遇条件。2022 年 6 月《南沙方案》出台后，南沙在吸引国际国内检验检测认证头部企业集聚发展方面的政策优势更加明显，不仅明确支持南沙加强与香港检验检测等专业服务机构合作，支持南沙打造国际海事服务产业集聚区，而且在南沙湾、庆盛枢纽、南沙枢纽三个先行启动区内的鼓励类产业企业可享受减按 15%税率征收企业所得税的政策优惠，同时在科研设备进口、国际高端专业人才入境与停居留等方面也可以获得其他区域所不具备的便利化。

2. 存在的问题与不足

第一，以小微企业为主，缺乏国际国内大型龙头检验检测认证机构进驻，行业发展基本处于群龙无首的阶段。天眼查的数据显示，截至 2022 年底，在南沙存续和在业的 230 家检验检测认证机构中，注册资本主要分布在 100 万~200 万元之间，注册资本在 200 万元以下的机构数量有 140 家，超过六成。

第二，多数检验检测认证机构规模小且服务无特色，多数机构的服务业务集中在建筑建材、汽车安检、环境检测等领域，中低端同质化竞争严重，中高端供给严重不足，在先进制造业、战略性新兴产业和高新技术领域存在许多能力空白，对南沙、广州乃至整个大湾区的产业高质量发展的支撑能力亟待加强。

第三，检验检测认证产业缺乏明确的规划建设指引和专项政策支持，导致行业整体布局相对分散，没有真正形成产业发展合力。各类检验检测认证机构之间缺乏统一的服务平台和联系渠道，服务机构之间、产业链上下游之间联系松散，基本还处于初级发展阶段，难以实现规模服务效应，行业资源的综合利用率和服务水平亟待提高。

第四，由于缺乏针对检验检测认证产业集聚的相关配套政策和专项资金支持，上级赋予南沙的一些开放政策优势难以转变为真正的市场优势、产业优势，进而削弱了国际国内检验检测认证头部机构来南沙发展的吸引力。粤港澳检验检测与认证全面合作的格局没有真正形成，在南沙注册开展业务的港资、外资检验检测认证机构至今寥寥无几。

第五，多数企业面临人才难招、人员难留的问题，研发创新型、高端复合型技术人才尤其严重缺乏，技术人才匮乏已成为制约南沙检验检测认证产业技术能力升级和进一步发展壮大的关键制约因素。

（三）研究结论

打造规则衔接机制对接高地是《南沙方案》赋予南沙的一项重大改革发展任务。《南沙方案》出台后，过去制约南沙粤港澳检验检测与认证全面合作示范区发展的制度性障碍应该很快就能消除，当前广州南沙本身的经济基础和交通区位条件也足以支撑起检验检测认证产业的集聚发展需求。

以实施《南沙方案》为契机，在南沙园区基础上升级规划建设协同港澳的检验检测认证产业园区和总部基地，积极吸引港澳检验检测认证方面的资本、技术、人才、国际市场、先进服务理念等诸多优势资源来南沙集聚发展，不仅是加快推动广州国家检验检测高技术服务业集聚区“一区三园”发展格局成熟成型的必要举措，而且有助于广州加快建设全国质量强市示范城市和积极创建质量强国标杆城市，进一步提升广州在粤港澳大湾区建设中的核心引擎功能，对加速促进港澳更好融入国家发展大局，加快推进《南沙方案》落地落实，引领南沙乃至广州、大湾区经济和城市高质量发展等都有非常重大的价值和意义。

因此，抓住《南沙方案》实施机遇，加快在广州南沙规划打造协同港澳检验检测认证产业集聚区，既有必要性，也有可行性。

三　发展建议

（一）发展策略突出协调港澳、服务湾区特色，搭建产业园区和总部基地双平台

广州南沙规划打造的检验检测认证产业集聚区，在发展策略上一定要凸显协调港澳、服务湾区的特色。这是由《南沙方案》赋予广州南沙“打造成为立足湾区、协同港澳、面向世界的重大战略性平台”的战略定位确定的。突出协调港澳、服务湾区特色，也是为了更好地利用广州南沙“共建高水平对外开放门户、打造规则衔接机制对接高地”的特殊政策优势，以及南沙在粤港澳大湾区中独特的交通区位优势。

南沙检验检测认证产业集聚区在发展策略上要坚持高端路线，通过国资、内地及港澳社会资本联合共建检验检测认证产业园区和总部基地双平台。一是为了筑巢引凤，吸引优质港澳检验检测认证机构、资本、人才来南沙投资发展和创业就业，通过建设内地企业总部、合资开设新机构、合作发展新业务，使南沙检验检测认证产业真正形成“联动港澳、服务湾区”的能力和水平。二是可以为南沙现有的本土检验检测认证机构提供高层次集聚发展平台，为产业快速发展壮大创造良好环境。三是可以充分发挥社会资本充裕和市场机制灵活两大优势，打造真正的粤港澳合力的创新检验检测认证服务平台，为大湾区的发展战略提供技术保障。

（二）加强规划引领与政策支持，加快形成与番禺、黄埔两个集聚区区域联动、差异化发展的新格局

要抓紧制定南沙检验检测认证产业专项发展规划，明确定位和重点。建

议南沙检验检测认证产业集聚区设置在南沙自贸试验区三大先行区之一的庆盛枢纽区块，一是可以充分享受《南沙方案》的各项优惠政策；二是能够便捷与港科大、港人社区等港澳资源对接，更利于吸引港澳优质机构和人才来南沙发展；三是与番禺检验检测认证产业集聚区空间临近，通过错位协同发展可以形成更大的竞争优势。在产业定位上，建议根据《南沙方案》的五大重点任务，充分利用香港的优势，加快提升在战略性新兴产业和高技术产业领域的服务能力，重点发展工程建设、智能制造、智能网联汽车、海洋产业、进出口产品、农渔产品等领域的检验检测认证服务，形成南沙特色，避免与番禺、黄埔同质化竞争。

要根据规划确定的定位和重点，抓紧出台相应的扶持政策，对重点发展产业和引进项目在用地、融资、奖励等方面给予最大的政策支持，从而积极引领目标资源加速向既定方向集聚。

（三）加强重点项目建设支持，促进南沙检验检测认证产业加快提升服务能力，形成发展合力

广州国家检验检测高技术服务业集聚区的番禺园区能够迅速形成强大的服务能力，很大程度上在于广州先期将大部分市属国资检测研究院、国家级质检中心等优质资源统一迁入番禺园区进行整体规划，一举奠定了番禺园区在纺织品、皮革制品、加工食品等领域的检验检测能力和技术服务水平国内领先的地位。黄埔园区前期依托市场力量吸引了大量民营、外资检验检测认证机构集聚发展，现在也在积极引进粤港澳大湾区国家技术标准创新基地、粤检集团等重大项目，大力推动黄埔园区在家用电器、半导体与集成电路等检验检测领域的技术服务能力。南沙园区的检验检测认证产业要想加快提升服务能力，建议采取省市区共建、政企共建、校企共建等多种模式，在海洋科技、海事船舶、智能制造等重点发展领域，加快规划布局一批国家级、省级、市级检验检测中心、重点实验室、质量技术公共服务平台和博士工作站。

南沙检验检测认证产业要尽快扭转当前产业链上下游间联动松散和企业间各自为政、低水平竞争的发展局面，建议成立产业链工作办公室，联

合产业上下游，打造南沙特色的“科技研发驱动—检验检测认证引领—装备制造增效—人居环境舒适”闭环生态链，形成发展合力，让产业得到持续发展。

（四）成立工作专班，切实加强对检验检测认证机构用地、融资、用工、人才等现实问题的专项服务支持

针对当前南沙检验检测认证企业普遍存在的用地、融资、用工、人才等方面的现实问题，建议南沙区加快构建完善的针对检验检测认证产业的定制化贴身服务机制，为解决企业、行业面临的个性问题配置定制化服务团队，更加高效地服务企业在用地、融资、用工、人才等方面的共性和个性化需求，为本土检验检测认证机构技术能力升级和进一步发展壮大创造更加优质的发展环境。

同时，要充分利用《南沙方案》赋予南沙在人才、医疗、教育、金融等方面的先行先试改革权限，以及广州南沙获批创建全国首个“国际化人才特区”的历史机遇，加快推进在人才管理和使用、境外人才职业资格评价、人才跨境便捷流动、外籍人才工作和停居留许可、技术移民、跨境保险服务等方面的改革进程，从户籍、住房、教育、医疗等方面着手，进一步优化南沙的人才安置政策，更好地满足南沙检验检测认证产业对高端复合型技术人才的市场需求。

参考文献

［1］《国务院关于印发广州南沙深化面向世界的粤港澳全面合作总体方案的通知》，广州市人民政府网，2022 年 6 月 15 日，https：//www. gz. gov. cn/zt/nsygahzfa/ztfa/content/post_8338163. html。

［2］《中共中央 国务院印发〈质量强国建设纲要〉》，新华网，2019 年 2 月 18 日，http：//www. gov. cn/zhengce/2023-02/06/content_5740407. htm。

［3］《广州南沙产业结构》，广州市南沙区人民政府网，2022 年 12 月 29 日，http：//

www. gzns. gov. cn/tzns/tzhj/cyjg/。
[4]《广州打造中国检验检测之都》，《广州日报》2015 年 12 月 15 日。
[5]《广州市人民政府关于印发广州市国民经济和社会发展第十四个五年规划和 2035 年远景目标纲要的通知》，广州市人民政府办公厅网站，2021 年 5 月 19 日，https：//gz. gov. cn/zwgk/fggw/szfwj/content/post_7288094. html。
[6] 广州市社会科学院现代产业研究所、广州市委政研室综合研究处联合课题组：《关于加快夯实广州现代产业体系根基的研究报告》，载涂成林、陈小华、薛小虎主编《2022 年中国广州经济形势分析与预测》，社会科学文献出版社，2022。
[7] 中国（深圳）综合开发研究院课题组：《粤港澳大湾区协同创新的目标模式和路径选择》，载涂成林、苏泽群、李罗力主编《中国粤港澳大湾区改革创新报告（2020）》，社会科学文献出版社，2020。

B.13

广东奋勇东盟产业园创建国家级东盟产业合作示范区的路径研究

廖 东*

摘 要： 粤港澳大湾区发展迅猛，催生了多方面新动能。本文着眼于抢抓RCEP新机遇，借助大湾区的新动能，积极推动广东奋勇东盟产业园创建国家级东盟产业合作示范区的思路，通过实证分析和规范分析相结合，客观分析广东奋勇东盟产业园创建国家级东盟产业合作示范区的重要意义，以及创建的主要优势和短板，提出大湾区新动能背景下创建国家级东盟产业合作示范区的实现路径。

关键词： 东盟产业合作示范区 粤港澳大湾区 奋勇东盟产业园

《粤港澳大湾区发展规划纲要》指出，大湾区要“加快培育国际合作和竞争的新优势”，成为“带动中南、西南地区发展，辐射东南亚、南亚的重要经济支撑带”。近年来，大湾区建设以基础设施的互联互通开路、制造业当家，发展如火如荼，在产业发展、科技引领、制度创新、开放合作、投资贸易等多领域催生了许多新动能，具有强大的标杆引领和辐射带动功能。随着规模最大的自由贸易协定《区域全面经济伙伴关系协定》（RCEP）于2022年1月1日正式生效，大湾区迎来了发展的新机遇。

* 廖东，广州市粤港澳大湾区（南沙）改革创新研究院高级研究员，广东省区域发展蓝皮书研究会副会长，湛江市哲学政治经济学学会会长，曾任国家级湛江经济技术开发区管委会副主任。

地处湛江市的广东奋勇东盟产业园是广东省唯一的东盟产业园区。RCEP 的生效使其地位和功能越来越重要。在大湾区新动能背景下，如何推动广东奋勇东盟产业园优化升级，提升其国际竞争力，创建国家级东盟产业合作示范区，更好地对接 RCEP，发挥广东与东盟交流合作桥头堡的作用，成为当前广东推进高水平对外开放的一个重要课题。

一　推动创建国家级东盟产业合作示范区的重要意义

（一）贯彻党的二十大精神、推动高质量发展的需要

党的二十大报告指出，要推动高水平对外开放，提升贸易投资合作质量和水平。2022 年 1 月 1 日，《区域全面经济伙伴关系协定》（RCEP）正式生效，该协定包括东盟十国和中国、日本、韩国、澳大利亚、新西兰共 15 个国家，这是我国推动对外开放的好机遇。我们一定要抓住这个难得的机遇，借助大湾区新动能，加快推动广东奋勇东盟产业园优化升级，朝着国家级东盟产业合作示范区的目标奋进，提升国际竞争力，积极对接 RCEP，充分发挥广东与东盟交流合作桥头堡的功能，从而促进广东的高水平对外开放和高质量发展。

（二）打造广东新优势、在加强与东盟合作交流方面走在全国前列的需要

广东省地区生产总值连续 34 年居全国之首，还有多项主要经济指标长期领跑全国，尤其是粤港澳大湾区发展迅猛，亮点纷呈。因此在与东盟的贸易投资合作方面也要有所作为，走在前列。RCEP 对广东和大湾区的发展都是难得的好机遇。当务之急是发挥广东尤其是大湾区经济实力强、市场范围广和地缘、商缘、人缘等方面的有利条件，采取有效措施将广东奋勇东盟产业园这个广东省唯一的东盟产业园打造成为积极对接 RCEP 的具有国际竞争力的国家级东盟产业合作示范区。

（三）推动湛江加快建设省域副中心、落实广东省委区域协调发展战略的需要

湛江是广东省的欠发达地区，其经济发展水平与珠三角城市相比差距较大。2022 年，湛江市的人均 GDP 不到深圳市的 1/4。若能抓住 RCEP 的机遇，借助大湾区引领辐射的新动能，提升广东奋勇东盟产业园的国际竞争力，充分发挥其与东盟合作交流桥头堡的功能，就能拉动湛江的贸易投资站上新台阶，大大提升湛江对外开放的水平，有效做大湛江的经济总量，提升湛江的城市能级，为湛江建设省域副中心打下坚实的基础，促进广东的区域协调发展。

二　广东奋勇东盟产业园的现状分析

（一）历史沿革

地处湛江的广东奋勇东盟产业园（下称“奋勇东盟产业园”），是广东省唯一的东盟产业园。前身是奋勇华侨农场，建于 1952 年，土地面积 46 平方千米，有来自印度尼西亚、马来西亚、新加坡、越南、缅甸、老挝、新西兰、印度、泰国、荷兰、澳大利亚等 13 个国家的归侨侨眷共 3996 人，是广东省安置归难侨的重要基地之一，也是湛江市唯一的华侨农场。为充分发挥广东侨务优势，更好服务全省经济社会发展，广东省政府与国务院侨办于 2012 年 3 月签订《关于发挥侨务优势促进广东加快转型升级合作备忘录》，商定共同推动在奋勇华侨农场兴办东盟产业园。

2012 年 4 月，湛江市委、市政府将奋勇华侨农场转制为奋勇高新区。2013 年 4 月，广东奋勇东盟产业园正式揭牌成立。2017 年，纳入《广东省沿海经济带综合发展规划（2017—2030 年）》，作为广东省六个高水平对外开放合作平台之一和广东与东盟合作的重要平台。2021 年，奋勇东盟产业园规划为湛江大型产业园集聚区起步区。目前，奋勇东盟产业园是集国家新

型工业化产业示范基地、广东省产业转移工业园、湛江大型产业集聚区、高新技术开发区、东盟产业园五大功能园区于一体的现代产业园区。

（二）经济发展情况

奋勇东盟产业园按照“一区五园”的规划推进开发（见图1）。2021年园区扩容发展空间5000余亩，推进汽车产业园建设。目前，全区入园项目44家，投资在亿元以上的企业25家，投资总额90多亿元。投产企业20家，其中规上企业7家。初步形成食品医药、钢铁配套、新材料三大支柱产业。全区已入园的主要工业产业、重大项目有8个。2022年产值在亿元以上的企业有3家，分别是广东东岛新能源股份有限公司、广东南国药业公司和瑞士西卡德高公司（世界500强企业）；产值在5000万元以上的企业有6家。

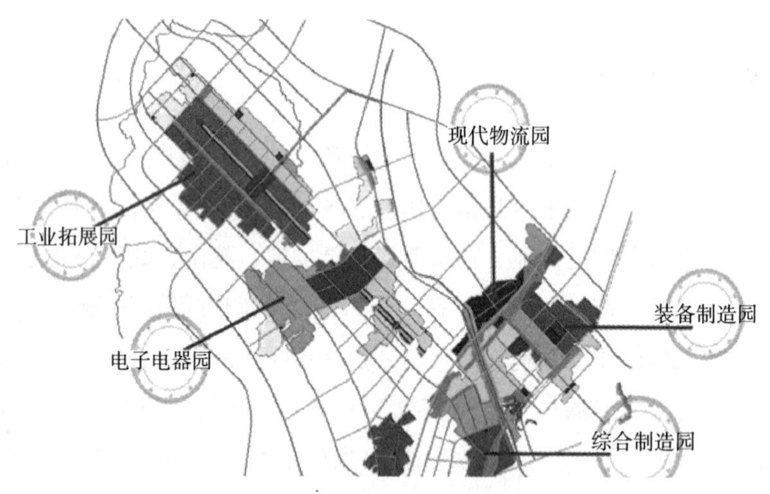

图1 广东奋勇东盟产业园“一区五园”规划

2021年，奋勇东盟产业园固定资产投资实现翻番，全年完成固定资产投资6.65亿元，同比增长100.5%，增速位居全市第一；工业经济增速全市第一，全年规模以上工业企业总产值4.85亿元，同比增长75.4%；规上工业增加值增长77.5%，工业投资4.3亿元，增长100.3%，规上工业增加值和工业投资的增速均名列全市第一；工业税收收入大幅增长，全口径税收收入完成4134万元，比上年增长79.04%。2022年，奋勇东盟产业园固定资产投资、工业总产值、规上工业总产值、本级税收收入等主要经济指标增速全市第一（见表1）。

表1　2021~2022年广东奋勇东盟产业园主要指标完成金额及增长率

单位：亿元，%

项目	2021年		2022年	
	金额	增长率	金额	增长率
固定资产投资	6.65	100.5	11.6	74.62
工业总产值	6.5	51.9	11.35	74.5
规模以上工业企业总产值	4.85	75.4	8.78	62.5

（三）广东奋勇东盟产业园的比较优势分析

1. 拥有国家级、省级功能园区多个品牌

奋勇东盟产业园有国家级军民融合示范区、省级高新区、省级产业转移工业园和大型产业集聚区等牌子，五区合一。多个品牌的光环效应，既有利于招商引资，推动产业发展，也有利于争取上级政策扶持，是特色功能产业园区建设发展的重要载体和平台。

2. 全区均为国有土地，征地赔偿成本低

全区46平方千米土地基本为国有土地，无村庄，也无大型居民集聚区，没有基本农田、没有生态保护区，地势平坦，连片集中，均办理国有土地证，不需要向农民征地，土地回收供应快。

3. 区位有优势，交通相对便利

奋勇东盟产业园地处雷州半岛中部，对于打造广东进军东盟的桥头堡具有明显的区位优势。同时奋勇东盟产业园北连湛江市区，南接海南自贸港，东临东海岛，西迎北部湾，位于粤港澳大湾区、海南自贸港、北部湾经济区三大国家战略平台的交汇处，发展空间广阔。在交通方面，是两条高速

（沈海高速、东雷高速）、两条铁路（粤海铁路、广海高铁）、207 国道、雷湖快速路的交汇处，园区离高铁站、高速入口 2 千米以内，离雷州市区 3 千米，离东海岛钢铁石化基地 30 千米，到高铁站车程 20 分钟，到湛江港、湛江市区 40 分钟，到徐闻港、湛江机场 1 小时，距海南岛不到 100 千米，与海南自贸港产业合作交通便利。

4. 新能源汽车片区基础配套完善

奋勇东盟产业园把新能源项目作为重点发展的龙头产业，已做好前期准备，筑巢引凤。按照“九通一平”的标准全面完成东盟产业园首期 5400 亩园区基础设施建设，燃气、热蒸汽等能源供应集中保障，整齐亮丽的生活配套区一期两栋宿舍落成。园区近期拟扩园至 10000 亩，目前在建的 17 条道路总长度 23.499 千米，相关基础设施正在加快建设。

5. 侨区特色文化利于面向东盟开展文化经济交流合作

侨批具有承载近代中国国际移民集体记忆的重要价值，已列入世界记忆名录。奋勇东盟产业园前身是奋勇华侨农场，有 3900 多名归侨侨眷来自印度尼西亚、新加坡、新西兰、印度、泰国、荷兰、澳大利亚等 13 个国家，在面向 RCEP 国家广泛开展文化经济交流合作方面有着明显的优势。

6. 与东盟国家对接合作具备一定基础

在园区内，目前已有 6 家企业面向东盟国家开展对外贸易与国际经济合作。如广东东岛新能源股份有限公司与日本建立合作关系，东腾集团产品出口至马来西亚，鑫润滔公司产品全部出口至南美、美国，新美生物科技原材料全部从印尼进口、产品出口至东南亚和俄罗斯等地。成功引进西卡集团德高新材料项目和澳门汇盛集团投资高端环保包装纸制品生产基地项目。

（四）广东奋勇东盟产业园的发展短板分析

1. 历史条件局限，发展基础较为薄弱

奋勇东盟产业园由原华侨农场转制而来，发展基础差，底子薄，园区基础设施、市政设施、公共服务配套等建设资金投入缺口较大，其中，影响园区发展的道路管网建设、污水排海管道建设、铁路货运站及专线、工业水源供应建设和天然气管道等生活区配套建设资金缺口近40亿元。

2. 缺乏大项目支撑，发展速度相对缓慢

目前，奋勇东盟产业园总体上体量较小，对外贸易和合作较少。园区内企业大多是地理空间的聚集，企业关联度不大。制造业及服务业发展落后，严重缺乏拉动经济快速增长并起核心带动作用的大企业、大项目，难以形成集聚效应和优势集群。

3. 东盟品牌不够响亮，欠缺与东盟交流合作的政策支持

作为广东省唯一的东盟产业园，园区产业的东盟特色尚未突出，对外宣传也不够，在国内外甚至省内知名度和认知度“双低”。目前在产业政策、土地政策、进出口政策等方面没有形成与自身定位和优势相适应的政策支持。

4. 管理体制不配套

奋勇东盟产业园是功能区，属于市政府派出机构，财政体制不健全，区财政局没能开设国库，影响了资金运作。功能区不是独立的行政区域，没有行政区划代码，无法推进政务数字化、智能化管理。奋勇东盟产业园从农场转制后，作业区既没有纳入城市管理范畴，也没能享受乡村振兴的相关政策，不利于调动数千名归侨侨眷的积极性。

5. 人才结构不配套

全区设六个职能局，目前公务员编制连同工勤人员总共只有47人，一个科室要应对上级几个甚至十几个部门，人员严重不足，而且人才欠缺，尤其欠缺招商和科技人才，欠缺具有熟悉国际经贸规则和法律政策、了解东盟国家语言文化和国情的专业化、复合型人才。

三　推动创建国家级东盟产业合作示范区的路径选择

贯彻党的二十大精神，顺应推动高水平对外开放的大趋势，抢抓RCEP生效的发展新机遇，借助大湾区标杆引领和辐射带动的新动能，按构建具有国际竞争力的国家级东盟产业合作示范区的格局要求，着力打造六个方面的重要支撑。

（一）奋力打造产业支撑

1. 加强与大湾区产业对接合作，按构建现代产业体系的要求，突出发展重点产业

一是学习大湾区城市发展经验，培育发展新能源汽车产业。大力引进培育一批汽车整车和零部件企业，形成整车制造、新能源汽车和智能网联汽车相结合的梯次产业格局，打造成为千亿元规模的汽车产业集群。二是对接粤港澳大湾区和海南自贸港需求，加快发展装备制造业。以钢铁石化配套、海工装备配套等装备制造生产加工基地作为切入点和突破口，着力培育一批具有较强竞争力的装备制造企业。三是做大做强新材料产业。依托湛江钢铁基地、巴斯夫精细化工基地和中科炼化石化新材料园区等，发展锂电池材料、金属新材料、化工新材料、新型建筑材料等产业，加速新材料产业集聚发展。四是大力发展食品医药产业。发挥本地资源和产业基础优势，大力发展农海产品深加工产业，引进国内外知名生物医药企业和一批附加值高、产出率高、科技含量高的项目。五是高品质发展现代服务业。推动生产性服务业与先进制造业融合发展，推动专业化和价值链高端生产性服务业建设，重点发展康养旅游、现代物流、电子商务等新兴业态。

2. 以东盟产业园为依托，积极对接 RCEP，强化面向东盟和“一带一路”沿线国家的开放合作

精准对接东盟国家需求，突出面向东盟国家开放合作，畅通物流通道，大力培育绿色食品、先进装备制造、新材料、新能源、电子加工贸易等外向型经济。利用广东面向东盟合作桥头堡的区位优势，不断扩大对东盟国家的贸易规模。加强与粤港澳大湾区城市和茂名、阳江等粤西城市的合作，构建协同发展区，争取自贸区等相关政策，提升协同区投资贸易自由化、便利化水平。

3. 扩大对外开放，增强利用外资的能力，提高实际利用外资的水平

积极引入面向东盟、面向“一带一路”的外向型企业，持续拓展外贸进出口业务。优化利用外资结构，拓展农业、教育、金融等领域对外开放。

围绕主导产业引进在产业链中居于核心地位的外资企业，以核心企业、主导产业为依托，引进相关配套国际知名企业。完善外资投资环境，壮大开放型经济规模。

4. 加强招商引资，争取省重点布局和推动1~2个百亿元级重大项目落户

以发展高科技、实现产业化为方向，主动承接粤港澳大湾区、北部湾城市群以及海南自由贸易港外溢产业转移，积极争取省重点布局大项目，实现全区工业规模、质量和效益快速提升。争取省将开展面向东盟和 RCEP 市场的大型贸易、投资、技术交流的展会和外事活动放在湛江市；继续举办中国（广东）—东盟合作华商交流会，各国驻穗领事官员湛江行等活动，吸引东盟及海内外先进企业在奋勇东盟产业园投资置业，打造 RCEP 国际合作产业园。

（二）着力构建平台支撑

1. 产业转移平台

争取将奋勇东盟产业园作为省级产业有序转移重点主平台，享受省级主平台的扶持政策。为统筹各类资源要素集中支持建设主平台标杆，在园区重大基础设施建设和公共服务平台等方面加大财政支持力度；支持省、市属国有企业以及社会资本积极参与园区基础设施、标准厂房建设，推动园区“七通一平”标准化建设，省财政给予一定的免息和贴息扶持。

2. 开放平台

建设实施 RCEP 及东盟合作的开放平台。一是建设 B 型保税区，将奋勇东盟产业园纳入国家加工贸易产业园（第二批）和湛江综合保税区。赋予奋勇东盟产业园更加灵活的出口加工内销政策，将奋勇东盟产业园打造为国家绿色贸易出口示范区。二是与东盟国家合作建设进口产业基地。借鉴海南做法，在园区内实施加工增值内销优惠政策，对鼓励类产业企业生产的不含进口料件或者含进口料件在园区内加工增值超过 40%的货物，进入内地免征进口关税。与东盟国家重点企业合作，吸引东盟与海内外先进企业在奋勇东盟产业园投资，打造 RCEP 国际合作园区，形成具有跨国优势的大产业集群。

3. 物流平台

规划建设一个奋勇（湛江）保税国际物流产业园。物流平台是整合资源、提升产业竞争力的重要基础。在东盟产业园内打造一个以国际化、绿色化、智能化为特点，立足广东，辐射东盟，服务全产业链的物流园，对于提升国际竞争力、打造国家级东盟产业合作示范区很有必要。园区规划面积10~15平方千米，包括冷链物流区、汽车整车及零部件物流区、绿色农产品物流区、集装箱集拼区、跨境电商物流中心、大数据信息交流中心、保税仓库以及一个拓展区。其功能的发挥将大幅提升粤西地区物流服务的整体水平，带动区域制造业、农业、服务业等产业的快速发展，为提高对外开放水平，全面对接 RCEP 注入新动能。

4. 服务平台

积极推动 RCEP 湛江企业服务中心落户奋勇东盟产业园。推动 RCEP 湛江企业服务中心打造成省级乃至国家级示范中心，争取更多权限，为广大企业特别是园区企业走向 RCEP 成员国市场和涉外公证、商务、税务、关务、金融、物流、原产地证签发等提供“一站式”政务服务，并筹划设立 RCEP 事务内设机构，研究制定湛江园区与 RCEP 成员国经贸合作发展规划，组织和开展园区乃至湛江市与 RCEP 成员国经贸合作各项活动。

5. 文化交流平台

奋勇东盟产业园侨资源丰富，侨文化颇具优势，要进一步擦亮“侨”的特色品牌。一是加大力度对外宣传推介。制作中英文版的具有侨文化特色的东盟产业园区经贸合作专题片和图文并茂的招商宣传画册。专题片和招商画册在中央电视台、广东电视台和广交会、海丝博览会、中国—东盟博览会、粤港澳大湾区全球招商大会等国家级和省级展会、活动中广为宣传；在 RCEP 成员国华人报纸杂志积极宣传推介，以此提高奋勇东盟产业园在 RCEP 国家中的知名度和影响力。二是挖掘和整合归侨文化资源。已建成归侨物品和侨批展示厅，并组建东南亚风情舞蹈队，开发东南亚风情特色美食，着力打造东南亚特色文化小镇，提升特色文化的软实力和文化招商的影响力。三是申请举办第二届中国（广东）—东盟合作华商交流会。广泛发掘海外侨胞、港澳侨界资源，积极与海外侨界人士、侨团、协会开展文化交流联谊活动，通过大型会展等形式，鼓励有资本、有技术的华侨华人回乡投资创业。

（三）切实强化基础设施支撑

1. 积极筹措资金，加大力度完善园区基础设施建设

一是总投资估算需 20 亿元的污水排海管道项目，关系到引入大项目的基础条件，要争取省市支持解决建设资金推进项目建设。二是抓紧建设一座日供水量 15 万吨的自来水厂，解决工业水源供应问题。三是加快推进东盟产业园高铁连接线建设，打通区内物流园至梅州高铁站道路。四是推进东盟产业园疏港货运铁路专线建设，提高园区集疏运能力。五是进一步提高道路管网覆盖率，使产业园区形成内畅交通、交接互联的路网体系，为打造良好的营商硬环境提供强有力的道路通行保障。六是推进新型基础设施建设。加快光纤入户，实施光缆扩容、智能管道新建工程，推进 5G、数据中心等基础设施建设，实现主要生活区和产业园 5G 网络全覆盖。

2. 按产城融合、建设生态美丽宜居侨乡的目标，积极推进生活配套等公共服务设施建设

一是完善园区居住和医院、学校等基本居住配套。二是以雷州高铁站为核心，积极发展高铁商贸经济圈，打造辐射园区的高端商贸区。重点布局商务服务、商业文化、酒店商贸等高端服务业。三是加快周边交通互联互通，推动奋勇高铁商贸经济圈与雷州市高铁新区组团中心有效衔接，共享雷州市级的教育、文化、体育、医疗等公共设施配套和商业综合体。四是以 13 个东南亚国家特色文化为主线，辅以雷州半岛文化，打造集旅游、居住、美食于一体的东南亚特色风情的东盟文化小镇，并建设华侨主题公园和滨湖公园等休闲娱乐场所。五是完善城市公共服务体系，加快全区医疗、教育等公共服务事业发展，加快在交通、水电、通信等基础设施方面与雷州市实现一体化对接。六是加强园区生态环境保护，以净化、绿化为目标，探索卫生日常管护模式，持续改善侨区人居环境，让全区侨民和来投资置业、务工经商的居民都得到安居。

（四）大力推进科技与人才支撑

1. 积极实施高新技术企业培育计划，大力发展高新技术企业

学习江门、肇庆等湾区城市发展科技的做法，在现有企业中筛选一批具有一定基础和发展潜力的企业，建立高新技术企业培育库。完善先进制造业、新材料、食品医药等新兴产业培育名单，动员企业申报认定高新技术企业，申报省、市级企业技术中心。争取到 2026 年全区高新技术企业达 50 家。

2. 积极推进创新载体的建设

提升科技孵化器运营服务水平，积极引入科技企业。探索出台科技企业加速器扶持措施，支持园区内龙头企业围绕自身产业链需求引入高质量众创空间、孵化器、加速器等专业性全链条创新载体。

3. 在提升企业自主创新能力上下功夫

采取政府财政扶持、股权投资、科研项目资助等多种方式，鼓励规模以上工业企业普遍建立和申报企业研发技术中心、工程技术研究中心、重点实验室、工程实验室、博士后工作站、院士工作站等研究机构，提升企业的自主创新能力。

4. 围绕创新驱动，实施更加积极、更加开放、更加有效的人才政策

要建立人才引进体系，突出“高精尖缺”导向。为了对接 RCEP，更好开拓东盟市场和加强与 RCEP 国家的贸易投资合作，要重点引进招商引资人才和科技人才，尤其是引进熟悉国际经贸规则和法律政策、了解东盟国家语言文化和国情的专业化、复合型人才。

5. 采取措施切实加强本地人才的培养

大力发展技工教育、加强职工技能培训。鼓励和推广各高等院校、职业技术学院、技工学校与园区企业合作，采取短期培训和委托培养等方式，为园区内企业培养专业人才。

（五）创新建设体制效能支撑

1. 加强对东盟产业合作区的领导和协调

建立广东奋勇东盟产业园高质量发展省级协调机制，加强对奋勇东盟产业园开发建设的统筹协调。省有关部门要加强对奋勇东盟产业园的指导和服务，研究制定具体可行的定向政策措施，支持奋勇东盟产业园更加紧密参与粤港澳大湾区、海南自贸港、北部湾经济区三大国家战略建设，发挥三大国家战略交汇叠加、五大功能园区优势叠加及华侨资源优势，复制推广三大国家战略建设制度经验，不断提升国际竞争力，在积极对接 RCEP 方面发挥更大的作用。

2. 积极推动湛江经开区与广东奋勇东盟产业园融合发展

湛江经开区拥有招商品牌和产业龙头优势，奋勇东盟产业园拥有土地资源优势，两区优势互补，融合发展，正当其时。现两区均纳入了湛江大型产业集聚区的规划范围，由湛江市政府一位副市长兼任两区的党委书记，融合发展有了前提基础。要在领导职数、人员编制、机构设置、项目布局、产业配套、相关政策等方面给予大力支持，促成两区整合资源融合发展。

3. 创新广东奋勇东盟产业园现行的管理体制

按功能先导区特事特办的原则，支持解决管理体制上的突出问题：一是支持解决区财政局设立国库的问题，非税收入直接入库，上级扶持的资金可以一步到位，增强园区资金运作的活力；二是学习肇庆高新区的做法，采用街道办城市化的管理体制，将四个作业区统管起来，纳入城市管理范畴，享受城市公共服务的相关政策，增强侨区民众的归属感，调动他们干事创业的积极性；三是按创建国家级东盟产业合作示范区的要求，增加奋勇东盟产业园的公务员和工勤人员编制，以更好地承担重任。

4. 深化园区“放管服”改革，增强行政效能

建议下放省级建设项目用地审批权限，将项目用地审批、环保、安全生产等产业园发展相关的管理权限，依法授权或委托产业园管理机构实施，以清单形式赋予园区管委会依法实施，形成“一门受理、一次办好”的行政

运行机制。学习借鉴江门高新区推进政务服务“三个前移”（服务前移、业务前移、智慧导办前移）；落实公共资源交易“一网通办”；推进政务服务“跨域通办”和诉求服务“快速响应”等成功经验，进一步优化营商环境。

（六）积极争取政策支撑

1. 争取纳入广东自贸试验区的联动发展区

自由贸易试验区最突出的优点是自由、便利、通达和先行先试、负面清单管理，这项政策对于推动与 RCEP 国家的贸易投资便利化十分有利。2023 年，广东省政府已批准在湛江市设立广东自贸试验区联动发展区。湛江联动发展区涵盖湛江湾、徐闻、雷州三个片区，总面积 119.58 平方千米。建议将奋勇东盟产业园纳入湛江联动发展区的实施范围，增强其对接 RCEP 的能力。

2. 争取纳入国家级跨境电子商务综合试验区政策的重点实施范围

2020 年 4 月，国务院已批复同意设立中国（湛江）跨境电子商务综合试验区。要积极推动国家级跨境电商综合试验区的政策在奋勇东盟产业园重点实施，建设面向 RCEP 市场的跨境电商经营平台、海外仓、独立站。依托湛江水产、小家电、农产品等特色产业优势，开展面向 RCEP 国家的各类跨境电商直播带货活动，引导跨境电子商务全面开展，推进对接 RCEP 贸易的高质量发展。

3. 争取规划用地政策扶持

加强对奋勇东盟产业园重大项目用地保障。新增建设用地计划指标由省级重点支持。扩大奋勇东盟产业园城区城镇开发边界范围，满足园区拓展需要。加强对奋勇东盟产业园重大项目用地保障。对产业园列入省重点的建设项目，确需新增建设用地的，新增建设用地计划指标由省级重点支持，市、区级统筹保障。

4. 争取财政政策扶持

争取省级财政加大扶持力度，省财政连续 5 年每年给予奋勇东盟产业园专项扶持资金。同时，探索建立支持构建国家级奋勇东盟产业合作示范区高水平建设的财政扶持机制。在基础设施建设、产业转移、发展先进制造业和高新科技产业、引进人才等方面给予政策和资金上的倾斜支持。

5. 争取投融资政策扶持

争取省级产业基金，或省级部门引导和支持省属国企或珠三角有实力、有经验的国有企业、投融资机构等投资奋勇东盟产业园。通过直接投资园区开发建设和运营，或共同设立产业发展基金，定向投入产业园建设，或向产业园开发公司注入资本金等方式，共同建设和运营园区。

6. 争取招商引资政策扶持

据悉，广西、云南和湖南等地相继成立了东盟产业园，配套的招商引资政策各具特色。为增强广东省对接 RCEP 的竞争力，应争取省级层面出台广东奋勇东盟产业园招商引资政策。建议由省级金融部门牵头，组织投融资机构针对广东奋勇东盟产业园区建设情况，研究出台更低门槛、更高额度、更长期限、更优惠利率等融资优惠政策，支持园区开发公司和园区企业融资发展。

7. 争取科技政策扶持

争取国家级高新区的扶持政策，推动奋勇东盟产业园高新技术企业发展壮大。落实好研发经费加计扣除、高新技术企业所得税减免、小微企业普惠性税收减免等政策；培育科技型中小企业，支持科技人员携带科技成果来园区创新创业；加强金融服务，鼓励商业银行在园区设立科技支行；支持新产业、新业态发展用地，建设创新创业产业载体。

参考文献

［1］《习近平：高举中国特色社会主义伟大旗帜 为全面建设社会主义现代化国家而团结奋斗——在中国共产党第二十次全国代表大会上的报告》，中国政府网，2022 年 10 月 25 日，http：//www.gov.cn/xinwen/2022-10/25/content_5721685.htm。

［2］《中共中央 国务院印发〈粤港澳大湾区发展规划纲要〉》，新华网，2019 年 2 月 18 日，http：//www.xinhuanet.com/politics/2019-02/18/c_1124131474.htm。

［3］《中共广东省委、广东省人民政府：关于支持湛江加快建设省域副中心城市打

造现代化沿海经济带重要发展极的意见》，《南方日报》2021 年 3 月 29 日。

［4］郭芳、叶石界：《湾区新动能：全球投资者为何继续坚定看好这片热土》，《南方》2023 年第 1 期。

［5］《“2021 大湾区论坛”探讨 RCEP 为粤港澳大湾区带来的新机遇》，中国日报网，2021 年 12 月 1 日，https：//cnews.chinadaily.com.cn/a/202112/01/WS61a6b55aa3107be4979fabd1.html。

［6］《2022 年湛江市政府工作报告》，湛江市人民政府网，2023 年 1 月 14 日，https：//www.zhanjiang.gov.cn/zfgzbg/content/post_1562111.html。

［7］《广西东兴国家重点开发开放试验区 抢抓 RCEP 机遇 打造沿边开放合作新高地》，《广西日报》2022 年 9 月 15 日。

［8］廖东：《实施粤港澳大湾区战略背景下湛江加快建设省域副中心的对策研究》，载涂成林、田丰、李罗力主编《中国粤港澳大湾区改革创新报告（2021）》，社会科学文献出版社，2021。

［9］廖东：《湛江打造粤港澳大湾区特别拓展区的对策研究》，载涂成林、李泽群、李罗力主编《中国粤港澳大湾区改革创新报告（2020）》，社会科学文献出版社，2020。

B.14

珠三角地区金融支持战略性新兴产业发展的对策研究[*]

赵天齐　汤　萱[**]

摘　要： 珠三角地区战略性新兴产业在过去十余年间取得长足发展，尤以高端装备制造业和新一代信息技术产业最为突出。然而，珠三角地区战略性新兴产业发展仍存在产业发展不均衡不充分、扶持重点不明确等问题，与京津冀、长三角地区也存在一定差距。因此，应充分利用金融支持手段，以金融强化区域辐射、提升政策助力、优化信息管理、细化银企合作，提升珠三角地区金融支持效率，使金融资本更有效地助推珠三角地区战略性新兴产业的高质量发展。

关键词： 战略性新兴产业　金融支持　珠三角

随着中国经济转型升级与发展动能转换步伐的加快，产业结构欠佳、自主创新能力有限、资源环境约束等问题制约了经济的高质量发展。发展战略性新兴产业是转变我国经济发展方式、引领未来经济社会可持续发展的重大战略选择。作为现代经济发展“动脉”的金融，在培育和发展战略性新兴产业过程中发挥着基础性支持作用。珠三角是粤港澳大湾区的核心，拥有良好的地域区位优势及金融资源优势。以金融手段促进粤九市资源优势补充、深度融合，方能充分发挥区域竞争优势。因此，探索提高金融支持效率的路

* 本文受国家自然科学基金“战略性新兴产业集聚对城市生态效率的驱动效应研究”（52270180）资助，项目经费文化编号为中工广研究〔2023〕10号。

** 赵天齐，广州大学管理学院博士研究生；汤萱，广州大学管理学院教授。

径，使金融资本更有效地助推珠三角地区战略性新兴产业的发展，是粤港澳大湾区建设中面临的重要问题。

一　战略性新兴产业国家及地方制度政策依据

建立在重大前沿科技突破基础上的战略性新兴产业，代表未来科技和产业发展新方向，对经济社会发展具有全局带动和重大引领作用。2010 年 10 月，中央颁布《国务院关于加快培育和发展战略性新兴产业的决定》，首次提出加快培育和发展战略性新兴产业是我国新时期经济社会发展的重大战略任务；2016 年，“十三五”规划提出要将战略性新兴产业摆在经济社会发展更加突出的位置，促进其发展壮大并成为支柱产业；2018 年，国家统计局发布《战略性新兴产业分类（2018）》，以战略性新兴产业发展作为我国转方式、调结构，实现产业转型和升级的战略选择；2020 年，十九届五中全会为“十四五”时期我国加快发展现代产业体系做出重要部署，以战略性新兴产业作为我国实现经济转型的重要战略支撑，提升我国在全球产业链中的地位，培育经济发展的新动能，获取新的国际竞争优势。2022 年，党的二十大报告提出，要推动战略性新兴产业融合集群发展，构建新一代信息技术、人工智能、生物技术、新能源、新材料、高端装备、绿色环保等一批新增长引擎。

广东省政府、财政厅与发改委紧随国家步伐，制定了一系列助力战略性新兴产业发展的政策。2016 年，广东省政府出台《战略性新兴产业融资担保风险补偿金合作协议》，旨在引导担保机构加大融资投入，为在粤战略性新兴产业的企业解决“借钱难”问题；2017 年，发布《广东省战略性新兴产业发展“十三五”规划》，目标是将珠三角地区建设成全球重要的战略性新兴产业聚集区；2019 年，国务院发布《粤港澳大湾区发展规划纲要》，为珠三角地区战略性新兴产业的发展注入新活力；2021 年，广州市人民政府发布《广州市国民经济和社会发展第十四个五年规划和 2035 年远景目标纲要》，指出把发展壮大战略性新兴产业作为经济工作的“首要工程”，并加强与深圳、佛山等粤港澳大湾区城市的产业协同发展。

各地市也采取一系列政策支持战略性新兴产业发展。2011 年，肇庆市出台《关于加快培育和发展高新技术产业和战略性新兴产业的若干意见》，对成功上市的战略性新兴产业企业给予总额 300 万元的奖励；2016 年，广州市出台《关于加快集聚产业领军人才的意见》，计划 5 年内投入 35 亿元吸引高端人才，引领人才流向重点培育的新兴产业；2018 年深圳市正式实施专项资金扶持政策，对符合战略性新兴产业申报要求的企业提供最低金额高达 250 万元的支持等；2022 年 4 月，广州市人民政府发布《广州市战略性新兴产业发展"十四五"规划》，强调着力打造广州都市圈创新引擎，构建"一核、两带、三城、多节点"的广州市战略性新兴产业空间新格局。

二　珠三角地区战略性新兴产业发展概况

珠三角是我国经济改革发展的桥头堡，保持经济高速增长四十余年，凭借毗邻港澳的特殊地理区位优势，成为我国区域协同发展的重要试验基地。本文基于中证指数有限公司发布的中国战略新兴产业综合指数成分股，选取在上海与深圳交易所交易、公司注册地位于珠三角地区的上市公司，通过整理与分析，得出珠三角地区战略性新兴产业发展相关数据。

（一）珠三角地区战略性新兴产业上市公司数量与规模

自 2011 年起，珠三角地区战略性新兴产业上市公司数量由最初的 93 家上升到 2021 年的 259 家，产业产值规模由 2011 年初的 3641 亿元上升到 2022 年初的 29968 亿元，数量和产值规模均稳步增长，表明珠三角地区战略性新兴产业发展呈渐进式增长，发展势头良好、步伐稳健，发展前景向好（见图 1）。

（二）2022年珠三角地区战略性新兴产业上市公司行业分布

按照战略性新兴产业标准分类，珠三角地区集聚了高端装备制造产业（168 家）、新一代信息技术产业（38 家）、生物产业（19 家）、新材料产业（13 家）、节能环保产业（8 家）、相关服务业（5 家）、新能源汽车产业（3

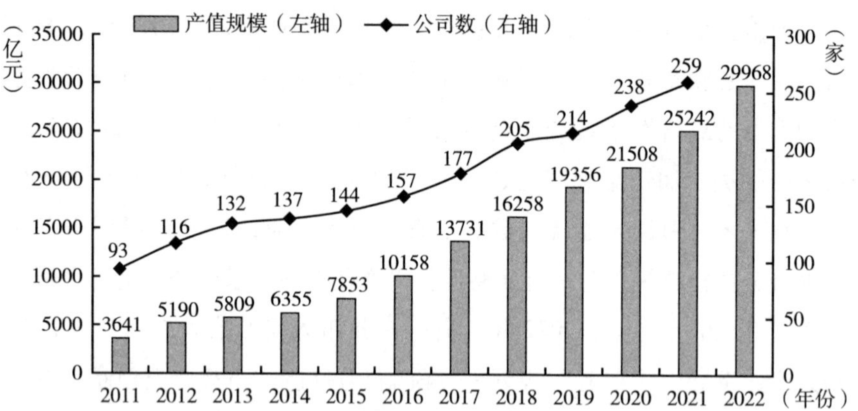

图1　珠三角地区战略性新兴产业上市公司数量与产值规模

资料来源：中证指数有限公司、国泰安数据库。

家）、新能源产业（3家）、数字创意产业（2家）九大产业，基本覆盖了国家战略性新兴产业的全部大类（见图2）。

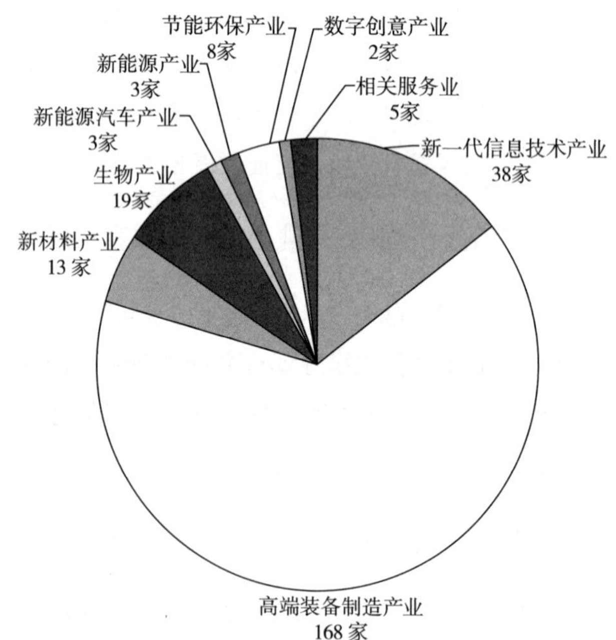

图2　2022年珠三角地区战略性新兴产业上市公司行业分布

资料来源：中证指数有限公司、国泰安数据库。

（三）2022年珠三角地区战略性新兴产业区域分布情况

珠三角地区战略性新兴产业在粤九市分布数量也有所不同，其中广州43家、深圳158家、佛山14家、肇庆1家、东莞10家、惠州8家、珠海14家、中山9家、江门2家。

（四）2022年珠三角地区战略性新兴产业细分行业上市公司数量与规模

从产业结构看，高端装备制造业无论公司数量还是规模都高居首位。从上市公司数量看，新一代信息技术产业与生物产业分别位于第二、第三位。但从产业规模看，新能源汽车公司数量虽少但规模较为庞大，产业总规模处于第二位（见图3）。

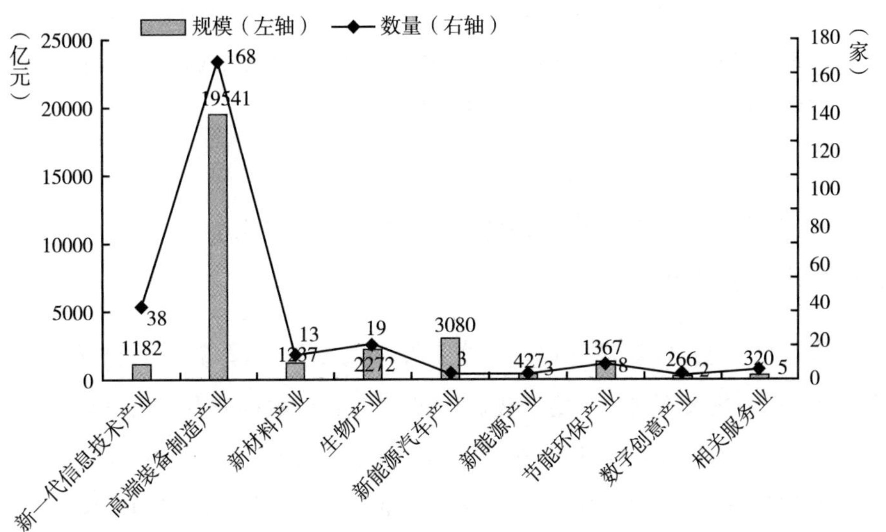

图3　2022年珠三角地区战略性新兴产业细分行业上市公司数量与规模

资料来源：中证指数有限公司、国泰安数据库。

（五）2022年珠三角地区战略性新兴产业上市公司数量与规模空间分布

从空间分布看，战略性新兴产业上市公司主要集中于深圳市，其次为广州，其他分布较均衡。惠州上市公司数量虽少但产业规模仅次于深圳，高于广州，居于第二位。肇庆、江门等地理上位于周边的地区上市公司无论数量还是规模上都相对较少（见图4）。

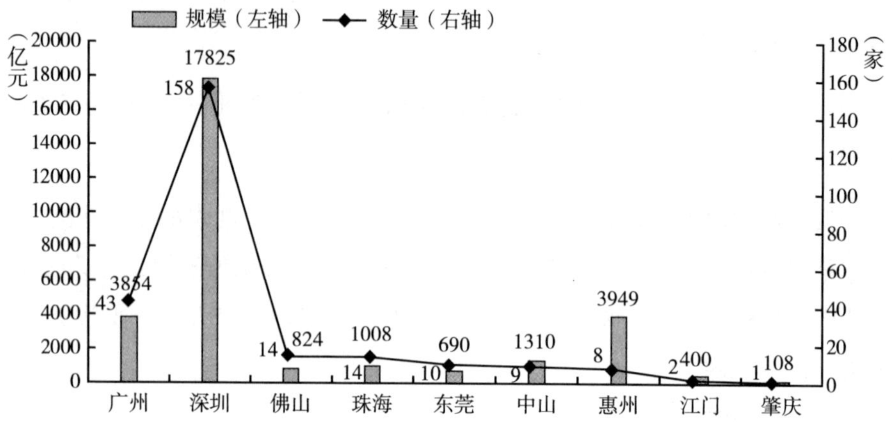

图4　2022年珠三角地区战略性新兴产业上市公司数量与规模空间分布

资料来源：中证指数有限公司、国泰安数据库。

（六）珠三角、长三角、京津冀三大经济区和北上广深四大城市战略性新兴产业发展

总体上来说，自2011年以来，珠三角、长三角、京津冀三大经济区的战略性新兴产业规模都逐年平稳增长。从2022年初的数据来看，长三角经济区战略性新兴产业总体规模已达56437亿元，京津冀经济区已达49255亿元，珠三角经济区战略性新兴产业基础相较于京津冀和长三角地区仍相对薄弱，仅为29968亿元（见图5）。三大区域比较，珠三角经济区还有较大的提升空间。

自2011年以来，北京、上海、深圳和广州四大国内一线城市的战略性新兴产业产值规模总体均呈现稳步上升的发展态势，但四大城市战略性新兴产业产值规模差距也较为明显。从2022年初的数据来看，北京的战略性新兴产业产值规模居于首位，达到41428亿元，上海26944亿元，深圳17825亿元，广州垫底，仅为3854亿元，尚不足北京的1/10，约为上海的1/7、深圳的1/5（见图6）。

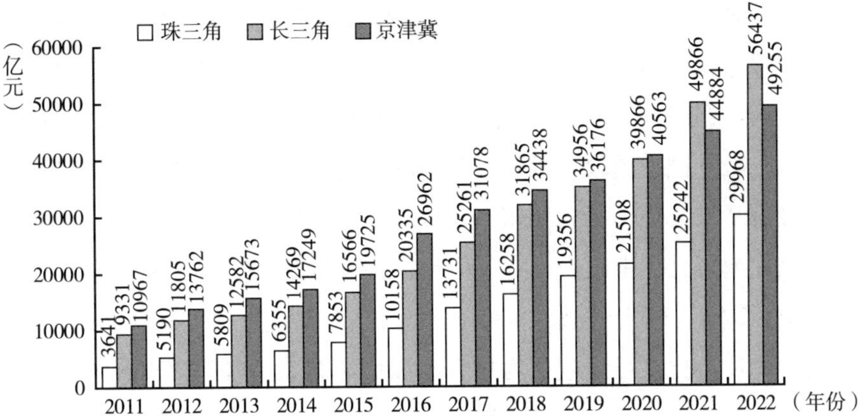

图5　2011~2022年珠三角、长三角、京津冀三大经济区战略性新兴产业发展对比

资料来源：中证指数有限公司、国泰安数据库。

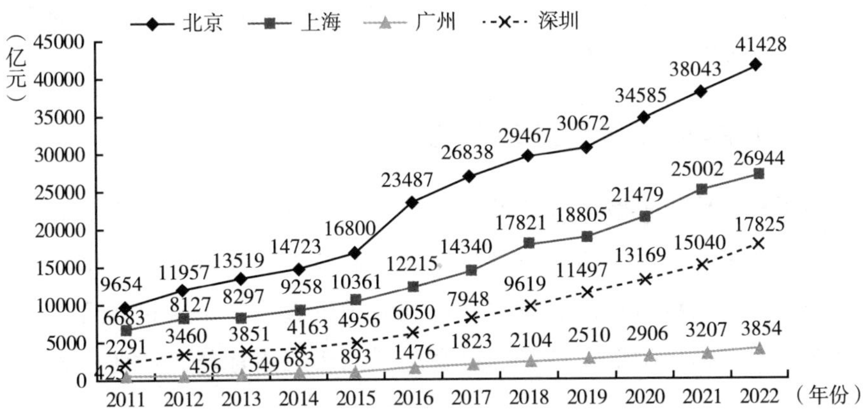

图6　2011~2022年北京、上海、深圳和广州四大城市战略性新兴产业发展对比

资料来源：中证指数有限公司、国泰安数据库。

三　珠三角战略性新兴产业发展金融支持情况

（一）金融基础设施情况

2022年，广东省金融业增加值实现1.18万亿元，同比增长7.8%，对经济增长贡献率达到创纪录的1/3；新增社会融资规模3.5万亿元和本外币贷款2.3万亿元，均占全国的1/9。截至2022年末，全省本外币存款余额32.2万亿元，同比增长10%；贷款余额24.6万亿元，同比增长10.6%。珠三角地区金融基础设施较为雄厚，其中以深圳最为发达。在银行总部数量方面，深圳有9家（不包括村镇银行、农信社），在粤九市居首位，江门、肇庆以6家并列第二，中山、东莞、广州、珠海的银行总部数量相对较少，分别为1家、2家、3家、3家；在证券公司总部数量方面，深圳在珠三角城市中的领先优势比银行领域更为显著。深圳拥有23家证券公司总部，远超第二名广州的4家；东莞、珠海是穗深以外仅有的两个拥有本地证券公司的珠三角城市，但规模相对较小，影响力有限。保险公司总部在珠三角的空间分布与证券公司总部类似，仅深圳、广州、珠海三个城市拥有保险公司总部。在保险公司总部数量上，深圳保险公司总部数量是广州的2倍，深圳保险公司总注册资本为广州的15倍。

（二）金融政策与金融市场支持情况

为了推进珠三角地区战略性新兴产业的蓬勃发展，广东省颁布大量金融支持举措，包括实施一系列税收优惠和政府补贴政策、增加针对战略性新兴产业的科研拨款、设立一系列专项资金、与金融机构合作为战略性新兴产业提供融资支持等，以金融手段为战略性新兴产业的发展保驾护航。

在税收与补贴方面，2010年以来广东省对重点领域研发费用推出针对性税收政策，大力推行减税降费活动。2017年，广东省发改委印发《广东省加快战略性新兴产业发展实施方案》（以下简称《方案》），对六大重点领域的国家高新技术企业，以其上一年研发投入为基数，按照10%的比例给予财政后补助支持；此外，高新技术企业减免税落实台账逐步建立，确保企业足额享受优惠。

在科研经费投入方面，广东省针对科研创新的拨款逐年增加，广东省的部分研发投入（R&D投入）情况如图7和表1所示。2021年，全省研发投入 4002.18 亿元，比上年增加 522.30 亿元，增长 15.01%，增速比上年提高 2.71 个百分点；R&D 投入强度（R&D 投入与全省地区生产总值之比）为 3.22%，比上年提高 0.08 个百分点。战略性新兴产业是财政拨款的重点扶持对象。

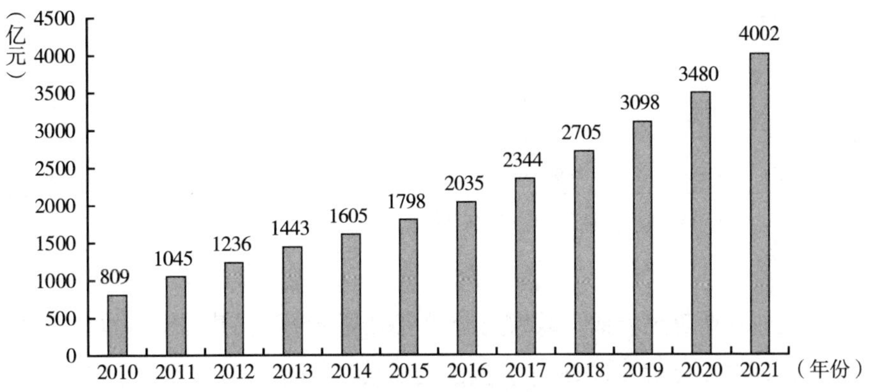

图 7　2010~2021 年广东省科研经费支出情况

资料来源：广东省统计局、广东省科学技术厅、广东省财政厅。

粤九市各市每年的研发投入占 GDP 的比例不等。2021 年，深圳的研发投入已达到 GDP 的 5.49%，约 1682.15 亿元；东莞、惠州的研发投入分别占 GDP 的 4.00%和 3.39%；广州的研发投入占 GDP 的 3.12%；肇庆最少，仅占 GDP 的 1.11%（见表 1）。

表 1　2018~2021 年珠三角城市研发投入情况

单位：亿元，%

地区	2018 年		2019 年		2020 年		2021 年	
	R&D 投入	占 GDP 比重	R&D 投入	占 GDP 比重	R&D 投入	占 GDP 比重	R&D 投入	占 GDP 比重
广州	600.17	2.63	677.74	2.87	774.84	3.10	881.72	3.12
深圳	1161.93	4.8	1328.28	4.93	1510.81	5.46	1682.15	5.49
珠海	92.15	3.16	108.31	3.15	113.52	3.26	113.73	2.93
佛山	254.77	2.56	287.41	2.67	288.56	2.67	342.36	2.82

续表

地区	2018年		2019年		2020年		2021年	
	R&D投入	占GDP比重	R&D投入	占GDP比重	R&D投入	占GDP比重	R&D投入	占GDP比重
惠州	94.19	2.30	109.35	2.62	126.52	3.00	168.97	3.39
东莞	236.32	2.85	289.96	3.06	342.09	3.54	434.45	4.00
中山	61.12	1.68	65.37	2.11	73.97	2.35	81.13	2.27
江门	62.63	2.16	71.06	2.26	78.57	2.45	92.72	2.57
肇庆	22.72	1.03	24.81	1.11	24.94	1.08	29.53	1.11
全省	2704.70	2.78	3098.49	2.88	3479.88	3.14	4002.18	3.22

资料来源:《中国城市统计年鉴》和广东省统计局、广东省科学技术厅、广东省财政厅发布的数据。

在系列专项资金方面,政府与金融机构展开合作,共同支持符合条件的战略性新兴产业发展。2016年,国家发改委、国家开发投资公司和中国投融资担保股份有限公司签署了《战略性新兴产业融资担保风险补偿金合作协议》,旨在引导担保机构加大融资投入,帮助在粤战略性新兴产业的企业解决“借钱难”问题。2017年广东省发改委印发的《方案》提出,省财政已设立的用于创新和产业发展的各类财政专项资金,以不低于50%的比例支持战略性新兴产业发展。2018年印发的《广东省战略性新兴产业发展专项资金(省财政安排)竞争性分配评审办法》规定,省财政原则上对8类战略性新兴产业的16个项目组,每组扶持1~2个项目,其中对单个企业项目支持金额为1000万~5000万元,对每个产业集群项目支持金额为3000万~8000万元。2020年,浦发银行广州分行与广东省工信厅签署协议,计划在未来五年为广东省战略性新兴产业集群企业提供2000亿元新增融资支持。

在金融市场方面,广东省政府为寻求有效的战略性新兴产业资金来源做出了多项努力。在银行信贷方面,2010~2022年,广东省本外币各项贷款余额从5.18万亿元增加到24.57万亿元,增长374.32%,战略性新兴产业是信贷投放增加的重点惠及对象。在其他融资渠道方面,广东省政府通过电子信息服务构建小微信用信息和融资对接平台、推出知识产权质押融资服务、扩大企业债权融资规模与品种、推行“广东新三板苗圃工程”等，为战略性新兴产业融资拓宽了渠道。

四 珠三角战略性新兴产业发展中存在的问题

（一）产业发展不均衡，区域发展不充分

珠三角地区的战略性新兴产业发展不平衡问题体现在产业发展不均衡和区域发展不协调两方面。从珠三角地区产业分布看，高端装备制造产业上市公司数量占总量的2/3左右，规模也遥遥领先；而新能源产业、相关服务业和数字创意产业上市公司数量、规模均较小，产业发展较为薄弱。由于产业发展不平衡，欠发达战略性新兴产业中集聚效应较弱，不利于产业发展。

从空间分布特征看，战略性新兴产业企业多位于深圳与广州，肇庆、江门等地上市公司屈指可数。不仅如此，穗深地区金融配套设施也更为完善，区域发展不平衡因马太效应而放大，周边地区战略性新兴产业难以充分获得金融支持带来的发展红利。从城市群空间分布看，珠三角地区的相关服务业和新能源产业上市公司资产规模远落后于京津冀地区，新一代信息技术产业规模远落后于长三角地区（见图8）。

（二）专项资金针对性欠缺，扶持重点不明确

战略性新兴产业规模、性质、发展阶段不同，融资需求有所不同。广东省针对战略性新兴产业的金融支持政策及举措却相对笼统，没有具体到各个细分行业。以《广东省战略性新兴产业发展专项资金（省财政安排）竞争性分配评审办法》为例，省财政对8类战略性新兴产业的16个项目组，每组扶持1~2个项目，对各个产业的扶持力度相仿，对产业间存在的差异以及不同产业的具体发展情况考虑不足。

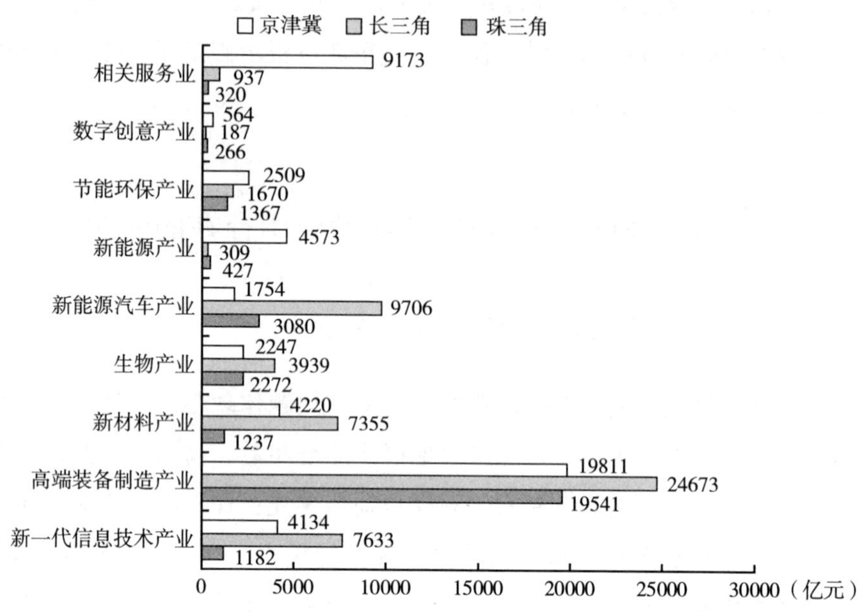

图 8　2022 年三大经济区战略性新兴产业上市公司资产规模对比

资料来源：中证指数有限公司、国泰安数据库。

（三）政府信息公示不到位，企业政策敏感性不足

从资金获取渠道而言，战略性新兴产业外部资金来源于政府和资本市场。政、银、企三方携手，方能为企业提供更有效的金融支持。从政府金融支持视角，虽然政府已着手推行一系列专项资金计划，但其落实仍存在一定困难。从企业视角，部分企业具备享受政策性金融支持的资质，却因缺乏政策敏感性而错失了获取专项资金的机会。究其原因，一方面是企业未能及时有效获取政策信息；另一方面是企业对自身了解与认识不足，因而错过了从政府获取资金的机会。

（四）银企对接相对困难，缺乏专业服务平台

除政府专项资金外，银行贷款仍然是战略性新兴产业资金的主要来源。

在政银合作方面，广东省工业和信息化厅和中国农业银行广东省分行携手合作，为战略性产业集群提供专属融资服务方案。但在银企合作方面，战略性新兴产业的融资渠道仍然不够畅通。战略性新兴产业融资需求主要特点是需要长期性资金匹配技术研发，同时技术研发及转化时间较慢，资金回收期较长、风险较高，而银行作为典型的风险厌恶者，与高风险的战略性新兴产业并不匹配。此外，由于缺乏专业的服务机构，银行放款的各项流程往往需亲力亲为，这增加了业务难度。

五　金融支持珠三角战略性新兴产业发展的对策建议

（一）发挥产业长板效应，强化区域辐射作用

战略性新兴产业发展不均衡问题带来的影响并不全都是负面的，产业发展不均衡同样意味着重点产业突出。因此，在“补短板”的同时也应注重发挥长板效应，进一步巩固优势产业地位。政府可以侧重培育特定产业或行业龙头，以点带面促进整体发展水平。对于新能源汽车产业这类数量较少但产业规模较大的产业，应注重将单个企业做大做强，鼓励规模较大、竞争优势明显的企业发展为科技型龙头企业。而对于新一代信息技术产业这类公司数量较多但总体规模较小的产业，则应发挥“苗圃”作用，从中发掘发展势头强劲、潜力突出的企业，作为重点培育对象。在区域协同方面，应充分推广深圳、广州“双城”联动示范效应，发挥其金融辐射作用，带动其他城市新兴产业发展。在充分发挥穗深优势的同时，加大对周边地区的金融基础设施建设和金融支持力度，发挥粤港澳区域协同发展效应，发掘区域发展潜力。

（二）提高政策针对性，精准制定金融支持政策

政府应该细化具体金融支持政策，以匹配不同产业、不同地区、不同产业发展阶段的发展需求。省政府可以将金融支持任务分配至具体地市，由各地市因地制宜制定适配本地发展的金融支持政策；针对产业的不同性质组建

不同的专家智库咨询组，选定不同的金融支持与服务路径。例如，对于新能源产业和节能环保产业，政府可以支持其发行绿色债券，并由广州碳排放权交易所等专业机构为其提供衍生金融产品服务；对于相关服务和数字创意产业，可以由广东省工业与信息化厅牵头，助其构建数字服务平台，并反哺其他战略性新兴产业的发展。

（三）强化信息披露机制，完善信息管理系统

为保障政策实施效果，政府应对资金的具体用途进行追踪与披露，建立一套内涵政策信息公示系统和企业信息披露系统。在政府层面，持续跟踪金融支持政策的进展情况，根据反馈做出适宜的政策调整；同时可充分发挥行业龙头企业的示范效应，让中小企业了解专项资金这一融资渠道。在企业层面，在获取政府专项资金或银行贷款后应对资金的具体用途去向、项目进度进行披露，既满足银行风控系统的要求，也是对政府金融支持的反馈。通过信息管理机制的完善，引导资金流高效流转，纵深推进大湾区金融市场互联互通。

（四）细化银企合作渠道，打造金融服务平台

为解决企业融资难问题，银行是重要切入点。一方面，建立科技银行，专门负责战略性新兴产业的信贷事宜；另一方面，充分发挥政策性银行的作用，专门为战略性新兴产业融资提供配套金融服务。此外，银行应与行业协会以及产业龙头协作，以行业为单位共同建立银企对接平台，为不同战略性新兴产业中的企业提供专业融资服务。同时，应积极发挥供应链作用。银行可以与供应链服务平台开展深度合作，在生产经营活动方面共同为战略性新兴产业提供支持。

参考文献

［1］李晓华、吕铁：《战略性新兴产业的特征与政策导向研究》，《宏观经济研究》

2010 年第 9 期。

[2] 朱瑞博:《中国战略性新兴产业培育及其政策取向》,《改革》2010 年第 3 期。

[3] 刘向耘:《从粤港澳大湾区建设看金融如何支持经济转型升级》,《金融经济学研究》2018 年第 1 期。

[4] 家俊辉:《湾区金融的进阶与超越:粤港澳金融融合发展路正宽》,《21 世纪经济报道》2022 年 12 月 23 日。

[5] 陈颖:《广东金融业对经济增长贡献率创新高》,《南方日报》2023 年 2 月 11 日。

[6] 谭苑芳、温洋:《构建"双循环"格局的粤港澳大湾区创新金融生态圈研究》,载涂成林、田丰、李罗力主编《中国粤港澳大湾区改革创新报告(2021)》,社会科学文献出版社,2021。

[7] 易行健:《粤港澳大湾区建设国际金融中心的策略研究》,载涂成林、苏泽群、李罗力主编《中国粤港澳大湾区改革创新报告(2020)》,社会科学文献出版社,2020。

B.15
以“制造业当家”驱动粤港澳大湾区战略性新兴产业发展研究

陈秀英　蔡泓正*

摘　要：　坚持以制造业当家推动实体经济高质量发展，对粤港澳建设国际一流湾区具有重要意义。本文采取定性和定量相结合的方法，分析当前粤港澳大湾区战略性新兴产业发展的现状特征，以及用产业政策与科技战略支撑大湾区战略性新兴产业发展的困境挑战，提出在新发展阶段下，亟须多措并举、先试先行，通过构建粤港澳大湾区经济高质量发展体系、探索现代产业治理体系现代化和以数字化转型驱动产业突破性创新，协力推动战略性新兴制造业的高端化、智能化、绿色化发展，为打造有较强国际竞争力的“智能制造”大湾区提供强有力的支撑。

关键词：　粤港澳大湾区　制造业当家　战略性新兴产业　智能制造

党的二十大报告指出，建设现代化产业体系，坚持把发展经济的着力点放在实体经济上，推进新型工业化，加快建设制造强国、质量强国、航天强国、交通强国、网络强国、数字中国，同时还强调高质量发展是全面建设社会主义现代化国家的首要任务。当前粤港澳大湾区战略性新兴产业面临“大而不强”之痛，产业现代化、智能化水平不高，创新引领作用不够、开

---

* 陈秀英，广东金融学院经济贸易学院副教授；蔡泓正（通讯作者），广东外语外贸大学经济贸易学院研究助理。

放程度不高等短板日益凸显。同时，当前粤港澳大湾区对标国内外先进地区仍有完善空间，表现为财税支持力度不足、财政投入资金结构不合理等，这些瓶颈和不足严重影响了粤港澳大湾区战略性新兴产业向高端攀升的效果。如何解决粤港澳大湾区制造业发展面临的短板和瓶颈，落实党中央在新发展阶段提出的新概念、新方向，从而更好地促进大湾区高质量发展，这些都是有重要研究意义和讨论价值的问题。

一　粤港澳大湾区战略性新兴产业的特征性事实

粤港澳大湾区建设以来，受益于广东产业政策的有力支撑，广东战略性新兴产业集群得到了快速发展，国家高新技术企业突破 6 万家，20 个战略性新兴产业集群增加值已占到大湾区地区生产总值的 1/3 强。2019 年，国家发改委发布了首批 66 个国家级战略性新兴产业集群，广东省有 6 个产业集群入选，数量居全国第二位。其中，深圳市有新型显示器、人工智能和智能制造三个产业集群入选；广州市有智能制造和生物医药两个产业集群入选；珠海市则入选了生物医药产业集群。据中国（深圳）综合开发研究院的研究测算，到 2030 年，粤港澳大湾区高成长企业将超过 100 家，专精特新企业将超过 1000 家，战略性新兴产业规模将达到万亿美元。大湾区战略性新兴产业预期发展较好。

（一）地区维度的特征分析

粤港澳大湾区粤九市地区生产总值在 2018~2022 年均呈增长趋势，其中广州增长最快，增长 7836.56 亿元，深圳排名第二（见表 1）。这表明了大湾区粤九市经济发展水平不断提高，经济形势持续较好，有利于产业发展的政策不断完善与优化，制造业不断发展。

图 1 反映粤港澳大湾区粤九市规模以上工业呈现稳步增长趋势，工业规模和活力持续提升，但同时也反映了大湾区内部地区间工业发展差距较大。根据各地区增加值情况总体可以划分为三个层次，其中深圳工业发展最快，

表 1　2018 年、2022 年粤港澳大湾区地区生产总值和人均情况

地区	2018 年地区生产总值(亿元)	2022 年地区生产总值(亿元)	2018 年人均生产总值(元)	2022 年人均生产总值(元)
广　州	21002.44	28839.00	118511	153317
深　圳	25266.08	32387.68	155320	183188
珠　海	3216.78	4045.45	150345	163785
佛　山	9976.72	12698.39	109272	132137
惠　州	4003.33	5401.24	69206	88982
东　莞	8818.11	11200.32	84708	106265
中　山	3053.73	3631.28	72119	81237
江　门	3001.24	3773.41	64163	77963
肇　庆	2102.29	2705.05	51879	65499

资料来源：《广东统计年鉴》。

2019 年规模以上工业增加值已经达到 8893 亿元，2022 年更是突破万亿元大关，是我国一线城市中第一个工业增加值突破万亿元的城市；广州、东莞和佛山发展次之，2022 年增加值均超过 5000 亿元，属于第二层次；其他地区总体发展较慢，2022 年这些地区规模以上工业承压运行，增长较慢，增加值均不足 230 亿元，地区发展的极化效应明显。

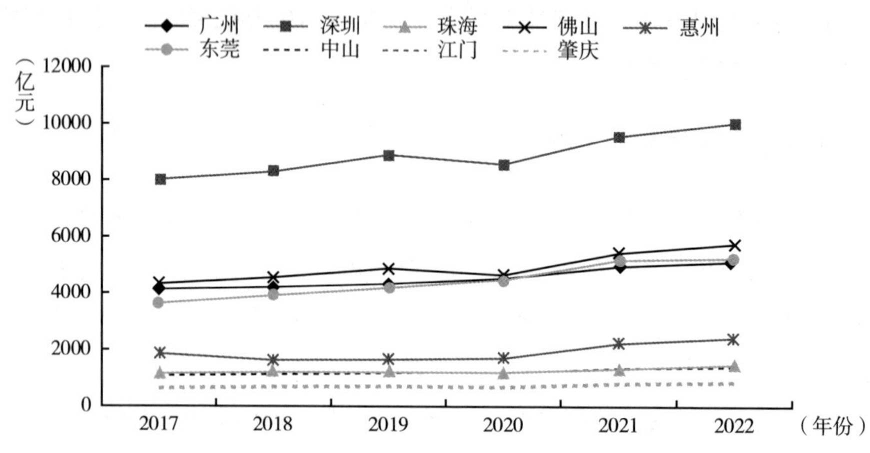

图 1　2017~2022 年粤港澳大湾区粤九市规模以上工业增加值

资料来源：《广东统计年鉴》。

广东省战略性新兴产业包括半导体与集成电路、高端装备制造、智能机器人、区块链与量子信息、前沿新材料、新能源、精密仪器设备等。十大战略性新兴产业集群已经成为广东省新的经济增长点。十大战略性新兴产业着眼于“进”，成为新的经济增长点。2022 年前三季度十大战略性新兴产业集群实现增加值 4519.73 亿元，同比增长 7.8%，增幅高于全省 GDP 增速 5.5 个百分点，呈现蓬勃发展态势。表 2 是广东省十大战略性新兴产业集群子产业部分核心城市分布，分区域看，以广州市和深圳市为核心城市发展的战略性新兴产业各有 10 个；以佛山市为核心城市发展的战略性新兴产业有 5 个；以珠海和江门为核心城市发展的战略性新产业各有 4 个。

表 2　广东省十大战略性新兴产业集群子产业部分核心城市分布

广州	深圳	佛山	东莞	珠海	江门
半导体与集成电路	半导体与集成电路	智能机器人	前沿新材料	半导体与集成电路	高端装备制造
高端装备制造	高端装备制造	安全应急与环保	新能源	高端装备制造	智能机器人
智能机器人	智能机器人	精密仪器设备		精密仪器设备	激光与增材制造
区块链与量子信息	区块链与量子信息	前沿新材料		前沿新材料	安全应急与环保
前沿新材料	前沿新材料	新能源			
新能源	新能源				
激光与增材制造	激光与增材制造				
数字创意	数字创意				
安全应急与环保	安全应急与环保				
精密仪器设备	精密仪器设备				

（二）行业维度的特征分析

图 2 反映了 2015～2021 年广东省规模以上先进制造业与规模以上高技术制造业总产值和增加值不断增长，并且通过线性预测趋势线估计未来会保持持续增长趋势。从图 3 可以看出规模以上先进制造业与高技术制造业增加值占规模以上工业增加值的比值均呈现增长趋势，并预估会持续增长。2017 年以来，规模以上先进制造业增加值占比均超过 50%，规模以上高技术制造业增加值占比均超过 30%。先进制造业和高技术制造业发展态势较好、发展前景光明；制造业发展水平不断提高、经济发展活力不断被激发；提振了市场信心，对于稳定发展预期、稳住经济大盘、助力高质量发展意义重大。

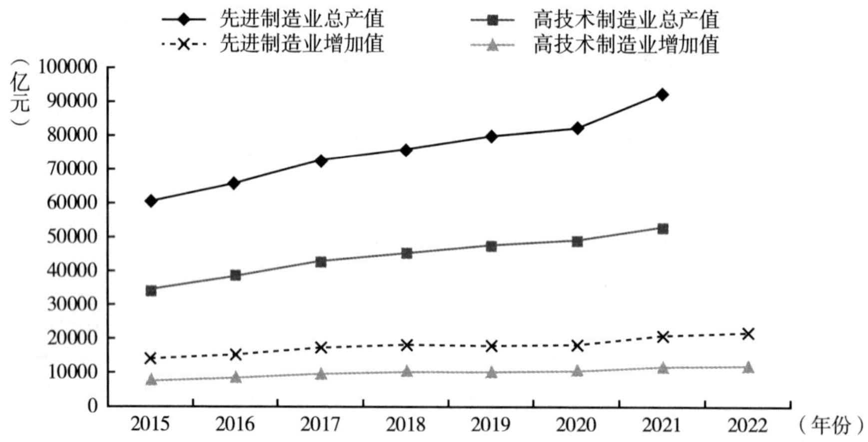

图 2　广东省规模以上先进制造业与规模以上高技术制造业总产值和增加值

资料来源：《广东统计年鉴》。

图 4 显示粤港澳大湾区第二产业的生产总值较小、比重偏低，对地区生产总值的贡献率波动较大，对地区生产总值的拉动率较低，基础支撑作用和辐射带动能力比较弱。第二产业占地区生产总值的比值波动较小、比较平稳，第二产业对经济发展始终起到比较重要的作用。从发展趋势看，粤港澳大湾区对地区生产总值的拉动率在 2015～2020 年呈现下降趋势，虽在 2021

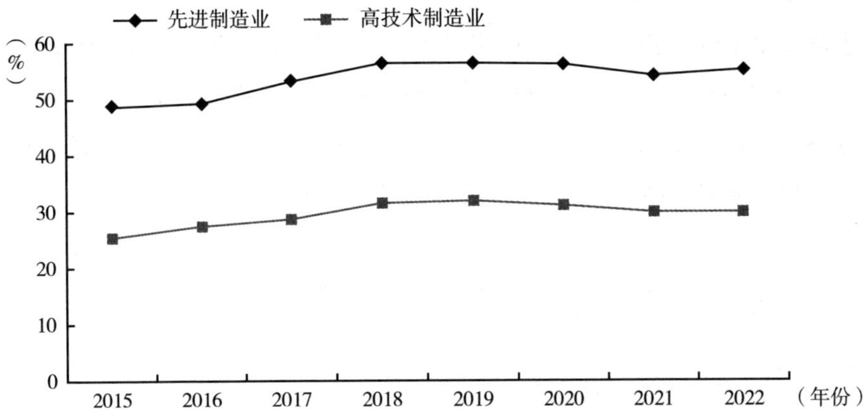

图3　2015~2022年广东省规模以上先进制造业与高技术制造业增加值占规模以上工业增加值的比值

资料来源：《广东统计年鉴》。

年有所回升，但2021年的拉动率与2015年的相等，均不超过3.5%，第二产业对经济发展的拉动力不足。

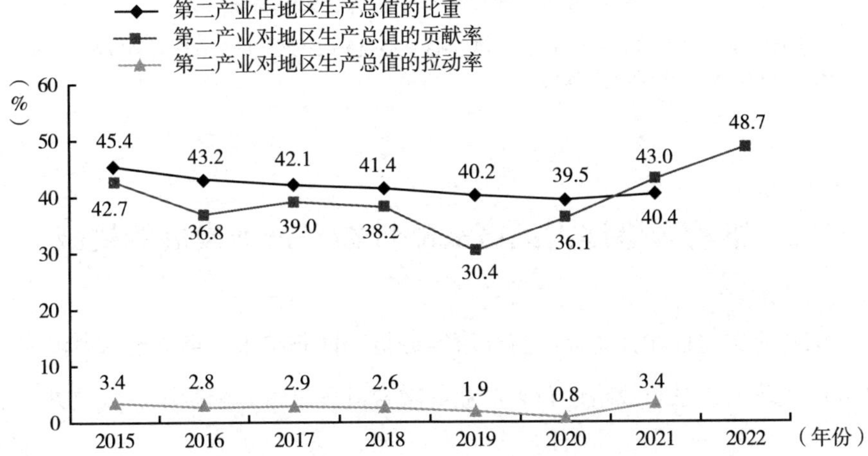

图4　广东省第二产业占地区生产总值比重以及对地区生产总值的拉动率和贡献率

资料来源：《广东统计年鉴》。

图5显示2015~2017年广东省的高技术制造业、先进制造业、装备制造业增速呈上升趋势，2018年增速减缓，至2021年才有所回升；优势传统行业[①]增长速度较稳定，发展总体稳步增长；六大高耗能行业[②]总体增长速度在降低，但在2021年增长速度大大提高。这些数据表明广东制造业发展不断加快、质量不断提高，但也面临着绿色发展的问题。

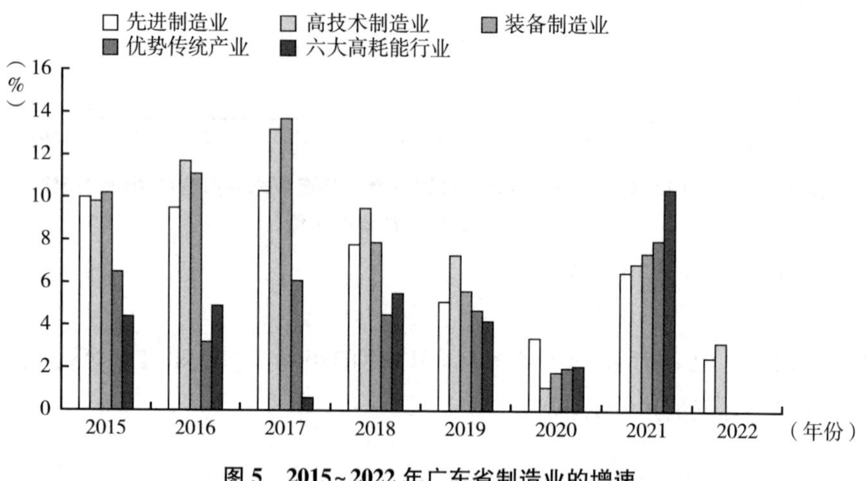

图5　2015~2022年广东省制造业的增速

资料来源：《广东省国民经济和社会发展统计公报》，2022年广东省装备制造业、优势传统产业和六大高能耗行业数据缺失。

二　推动粤港澳大湾区战略性新兴产业发展的挑战

综合前文的描述性统计、特征事实分析和回归结果，可知当前粤港澳大湾区产业政策体系与战略性新兴产业的融合进程已进入新阶段。可预见在未

① 优势传统产业包括家用电力器具制造业、建筑材料业、金属制品业、食品饮料业、家具制造业、纺织服装业。

② 六大高耗能行业包括非金属矿物制品业，电力、热力生产和供应业，黑色金属冶炼及压延加工业，化学原料和化学制品制造业，有色金属冶炼及压延加工业，石油、煤炭及其他燃料加工业。

来，国际分工的新发展，经济增速放缓、产业结构亟须转型升级等国内外环境是粤港澳大湾区面临的新挑战。大湾区肩负探索经济发展新模式、发挥引领作用的战略使命，更需产业政策积极作为，充分发挥其对粤港澳大湾区战略性新兴产业的支撑作用。

鉴于此，可归纳出广东产业政策在支撑大湾区战略性新兴产业发展过程中的短板和瓶颈问题，具体分析如下。

（一）新发展阶段下产业政策面临可持续发展挑战

长期以来，广东产业政策对战略性新兴产业发展给予了充分支持，而战略性新兴产业对广东财政收入的贡献亦较高。但在复杂多变的国际形势下，战略性新兴产业参与国际经济循环在短期内会受到明显抑制，供应链、产业链会受到侵蚀。制造业是实体经济的主体，订单恢复和供应链重新疏通需要时间，作为制造业大省的广东遭遇较大冲击，特别是固定成本较高的制造业受影响严重，部分体量较小、抗风险能力较弱的中小企业面临破产倒闭的困境。数据显示，2022 年广东完成规模以上制造业增加值 35608. 43 亿元，增长 1. 3%，同比增幅回落 7. 2 个百分点，拉动力减弱 6. 6 个百分点；同时，2022 年广东实现社会消费品零售总额 44882. 92 亿元，第四季度增速比前三季度回落 0. 6 个百分点，其中餐饮收入下降 4. 3%，降幅比前三季度扩大 2. 2 个百分点，比上半年收窄 0. 4 个百分点。全球创纪录的高通胀将通过国际大宗商品价格向大湾区传导，造成输入型通胀压力，制约消费需求，并对大湾区战略性新兴产业等实体企业构成盈利冲击。自俄乌冲突以来，原油、有色金属等大宗商品价格呈较快上涨态势，这也将加剧战略性新兴产业领域内企业面临的成本压力。较高的 PPI 可能对大湾区战略性新兴产业的市场竞争力产生不利的影响（见表 3），较高的 IPI 对珠三角的半导体与集成电路、高端装备制造、智能机器人、区块链与量子信息、前沿新材料、新能源、精密仪器设备等战略性新兴产业造成较大幅度的成本侵蚀。

表 3　2022 年上半年部分行业的 PPI 价格上涨幅度

单位：%

行业	石油和天然气开采业	有色金属矿采选业	石油、煤炭及其他燃料加工业	化学纤维制造业	黑色金属冶炼和压延加工业	有色金属冶炼和压延加工业
价格涨幅	36.0	10.9	42.6	13.0	21.2	15.5

资料来源：广东统计局。

同时，由于新冠疫情叠加国内制造成本上升和对美出口关税增加的影响，广东战略性新兴产业外迁压力进一步加大，需要警惕这种外迁可能导致部分产业的产业链断裂，破坏广东产业链的完整性。在这种情况下，国内经济循环“此消彼长”会大幅提高，广东经济面临“内卷化”的潜在风险。这并不意味着广东战略性新兴产业发展不再重视国际经济循环，而是应加快形成以国内大循环为主、国内国际双循环互相促进的新发展格局，为实现这一政策目标，广东产业政策体系也需进行相应的调整和重心转移，可以说，面临着更大的挑战和机遇。在此背景下，粤港澳大湾区战略性新兴产业要获得长远可持续的高质量发展，必须化解财政收支矛盾，不断增强产业政策的可持续性。2018~2022 年广东省进出口贸易情况见图 6。

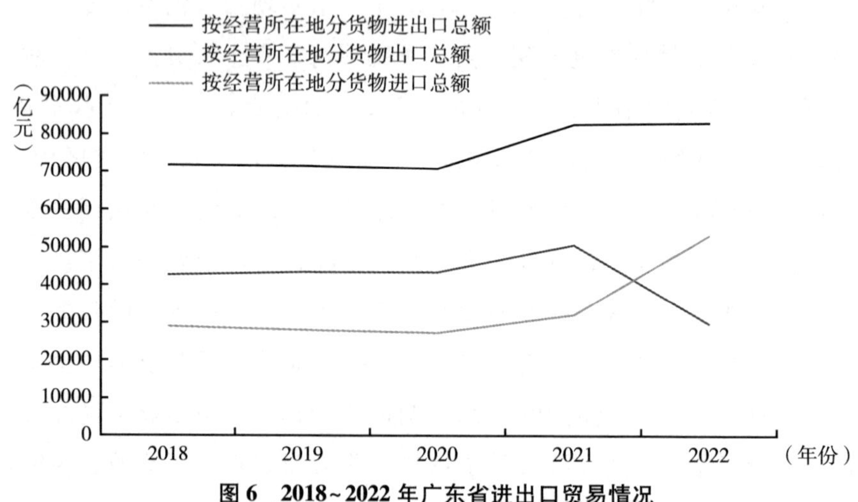

图 6　2018~2022 年广东省进出口贸易情况

资料来源：《广东统计年鉴》。

（二）产业资金配置使用结构和质量尚存提升空间

长期以来，省以下政府间收入划分不够清晰规范、省以下财权事权划分不够清晰、转移支付制度不完善等老大难问题，在一定程度上制约了产业资金对战略性新兴产业的支持效果。表 4 显示了广东省一般公共预算收入和支出情况。研究发现，虽然粤港澳大湾区在产业资金规模总量上占优势，但在人均财政收入和支出指标上落后于京沪等地区。同时，广东财政资金缺口在经济下行压力下面临威胁，也容易面临一定的资金风险，给大湾区战略性新兴产业发展带来隐忧。上述问题的产生，一方面固然与广东人口规模大、经济产业快速发展导致人均财政资金跟不上等客观原因有关；另一方面也与财税机制和政策体系深层次矛盾和问题密切相关。如何进一步根据党的二十大报告精神找出差距和薄弱环节，落实深化财政税制改革的要求才是根本问题。在过去，由于财权与事权不匹配，粤港澳大湾区地方政府在配置产业资本时就会把财政收入作为重要的衡量目标，由此造成财政资源投入不足，战略性新兴产业转型升级步伐缓慢。

表 4　广东省一般公共预算收入和支出情况

单位：亿元，%

地区	一般公共预算收入	占比	一般公共预算支出	占比
广　州	1884. 257	17. 80	3021. 1834	15. 14
深　圳	4257. 6972	40. 23	4570. 2233	22. 90
珠　海	448. 1942	4. 23	4045. 45	20. 27
汕　头	146. 353	1. 38	412. 9165	2. 07
佛　山	808. 2587	7. 64	1072. 0104	5. 37
韶　关	109. 0771	1. 03	370. 192	1. 86
河　源	84. 2982	0. 80	347. 08	1. 74
梅　州	95. 0129	0. 90	443. 0724	2. 22
惠　州	455. 3901	4. 30	663. 3104	3. 32
汕　尾	52. 7704	0. 50	279. 6153	1. 40

续表

地区	一般公共预算收入	占比	一般公共预算支出	占比
东　莞	769. 5691	7. 27	882. 5324	4. 42
中　山	316. 4715	2. 99	472. 479	2. 37
江　门	279. 8741	2. 64	460. 2455	2. 31
阳　江	77. 6674	0. 73	242. 6231	1. 22
湛　江	160. 3975	1. 52	547. 3873	2. 74
茂　名	148. 4201	1. 40	489. 5377	2. 45
肇　庆	146. 4613	1. 38	396. 7991	1. 99
清　远	137. 4228	1. 30	406. 7847	2. 04
潮　州	51. 7749	0. 49	209. 9743	1. 05
揭　阳	79. 3072	0. 75	365. 7468	1. 83
云　浮	75. 2371	0. 71	255. 6755	1. 28

（三）数字化转型偏缓致产业政策环境体验欠佳

战略性新兴产业发展对高标准的市场体系和营商环境极为依赖。在数字经济背景下，税收营商环境直接影响着资本、人才、产品的流动方向。虽然广东税收营商环境与国内其他省市相比有一定的比较优势，但与先进国家或地区相比仍有一定的改进空间，具体包括以下几个方面。一是税收政策的解读、执行不完善。战略性新兴产业发展离不开人才。当前，大湾区内各地对国家税收政策规定的解读和执行标准不统一，对港澳台和外籍人士个人所得税优惠税率不适用于内地人才，不利于人才的引进。二是办税次数过多。包括广东省在内的大湾区内地城市平均纳税次数为 7 次，而中国香港地区税种少、税制简单，纳税次数每年只有 3 次。三是纳税环节服务水平有待提高。现场办税等待时间较长；办税人员回复咨询的准确率有待提升；电子办税系统稳定性较差，在集中纳税申报期容易崩溃；税收咨询电话很难打通，回复准确率不高；网上办税指引的文字表述太过专业，纳税人不能据此准确地准备相关材料。四是部分税收程序较为复杂。税收优惠申请程序烦琐，出口退税税务机关和海关比对数据等待时间经常超期；试行的增量留抵税额退还制度要求过于严格，没有发挥效用；企业税务注销程序烦琐，虽然国家层面进行了简化，但仅适用于没有经营过的企业；电子办税系统不稳定，不能及时办税的后果却要由纳税人承担①，进而影响战略性新兴产业发展。

三　助推粤港澳大湾区战略性新兴产业发展的对策

为学习贯彻党的二十大报告精神，以及贯彻落实中共中央、国务院印发的《扩大内需战略规划纲要（2022—2035 年）》，坚持以制造业当家推动实体经济高质量发展是广东的根本出路。在新阶段下，应继续发扬敢闯敢试、敢为人先的南粤精神，勇于担当战略性新兴产业开放先行示范区的角色定位，多措并举，履行好服务建设现代化产业体系的服务职能，坚持把发展经济的着力点放在实体经济上，推进新型工业化，加快建设制造强省，凝心聚力，打造全国新发展格局的战略支点。这既是粤港澳大湾区建设的重大历史使命，也是进入新发展阶段做出的主动选择。

（一）贯彻党的二十大报告精神，构建高质量产业体系

党的二十大报告对推动高质量发展以及发展实体经济做出了重大战略部署和安排，强调推进新型工业化，加快建设制造强国、质量强国。而战略性新兴产业作为实体经济和新兴工业化的核心基础，应立足高质量发展的标准和要求，不断健全支持创新、协调、绿色、开放、共享发展的产业政策体系，进一步完善现代税收制度，着力服务和保障高质量发展。为此，大湾区各地应借助学习贯彻党的二十大报告精神的契机，完整、准确、全面贯彻新发展理念，不断健全支持创新、协调、绿色、开放、共享发展的产业政策体

① 秦鉴：《进一步优化广东税收营商环境 助力粤港澳大湾区建设》，广东省政协十二届三次会议大会发言报告，2020 年。

系，着力服务和保障战略性新兴产业的高质量发展。要奋力接续推进改革，保持改革力度，进一步完善现代税收制度。

具体而言，应以现代产业治理体系加快产业提升和推进大湾区战略性新兴产业发展。进一步抢占发展制高点、培育发展新动能、推进供给侧结构性改革，促进广东产业平稳健康和高质量发展。要聚焦推进智能制造、数字经济、高素质主体培育、制造业全域产业治理、创新驱动、金融支撑、新经济新动能培育、开放合作和高质量发展等重点领域，推动项目建设、助力企业发展、促进产业升级、做优发展环境。各相关部门要加强政策宣传解读，提高政策知晓度，帮助企业用足用活用好政策。通过培育科技领域新、创新能力强、产业化基础实、成长潜力大的科技“独角兽”企业，健全科技企业成长链条与规模以上企业梯队培育，引领推动制造业全域治理，促进广东制造业高质量发展。要按照统筹规划、分类指导、动态培育、一企一策的原则，从战略性新兴产业及布局前瞻产业遴选出符合条件的企业建立科技“独角兽”培育库，为广东现代产业提质增效升级提供有力支撑。此外，应通过“减税降费”来减少 PPI 和 IPI 指数上升带来的负面影响，为战略性新兴产业领域中的小企业发展营造良好的发展环境。坚持短期和长期产业政策相结合，健全应急预算制度，坚持总体积极导向，构建规范的应急预算制度，建立健全跨年度预算平衡机制，完善预算绩效与债务管理，建立现代产业治理体制，从而更好地强化战略性新兴产业的韧性与活力。

（二）以先试先行探索大湾区产业治理体系现代化

战略性新兴产业作为一种新产业、新业态、新模式，也就需要创新的现代产业治理制度。改革产业治理体系的举措包括以下几个方面。一是依托南沙、前海蛇口和横琴等重点产业平台载体，先行先试，构建高质量发展的现代产业治理体系。具体而言，依托深圳建设中国特色社会主义先行示范区和广东自贸试验区等的制度创新优势，提升产业治理现代化能力，进一步优化财政资金配置人均结构和使用效益。从完善体制机制和制度办法方面深入思考、积极作为，进一步落实深化改革创新要求，加快法治建设，聚焦建立健全优化高效便捷的营商环境的目标，巩固现代产业治理的体制改革成果。进一步强化善治、法治、共治理念，推动各方面治理制度更加成熟定型、执行更加高效有力，着力形成系列理论成果、制度成果、实践成果。

二是充分发挥产业政策引导和财政资金支持作用。全力推进“产业强省”建设，促进传统产业转型升级、新兴产业蓬勃发展、未来产业加快布局，实现绿色低碳发展，加快发展现代产业体系，塑造广东在新发展格局中的新优势，推进广东战略性新兴产业高质量跨越式发展，建议由发改部门牵头，研究制定《新发展阶段下大湾区战略性新兴产业发展的财税政策支持措施》，明确财政支持新一代电子信息、绿色石化、智能家电、汽车产业、先进材料、现代轻工纺织、软件与信息服务、超高清视频显示、生物医药与健康、现代农业与食品十大战略性支柱产业集群，及半导体与集成电路、高端装备制造、智能机器人、区块链与量子信息、前沿新材料、新能源、激光与增材制造、数字创意、安全应急与环保、精密仪器设备十大战略性新兴产业集群的重点领域、支持原则、投入方式等，营造良好营商环境，培育壮大市场主体，通过产业政策的引导和资金的有效支持，加快构建财政与战略性新兴产业良性互动机制，促进广东现代产业的平稳、健康、高质量发展。

（三）以数字化转型升级跨层次营商服务体验

战略性新兴产业作为一种契约密集型产业，对属地的营商环境和制度质量要求较高，与财政和税务等部门打交道和办事的效率以及质量将对战略性新兴产业发展起到至关重要的作用。为此，加快优化纳税服务对营造公平公开、可预期的税收营商环境具有重要意义。一是借助新一代信息技术，加快建立“放管服”一体的现代税务管理模式，充分发挥税收营商环境的创新效应。建立共性技术支撑平台，鼓励企业成立科技创新基金，以财税政策为工具扶持创新型企业，推动企业建立创新投融资平台，从而有效激发企业的创新能力，提升经济绩效。二是加强征管协调，建立集约高效的跨区域税收管理服务机制，打造大湾区城市群合作互信的税收协调平台，为促进大湾区产业转移和生产要素合理流动提供便利。三是对接国际规则，并用好数据资源，打造集成化、便捷化的大湾区“一站式办税费”服务平台，更好地服务大湾区战略性新兴产业协同发展。

参考文献

[1] 曼瑟尔·奥尔森：《集体行动的逻辑》，陈郁、郭宇峰、李崇新译，上海人民出版社，2006。

[2] 安苑、王珺：《财政行为波动影响产业结构升级了吗？——基于产业技术复杂度的考察》，《管理世界》2012 年第 9 期。

[3] 陈玲、杨文辉：《政府研发补贴会促进企业创新吗？——来自中国上市公司的实证研究》，《科学学研究》2016 年第 3 期。

[4] 陈燕丽：《用好财税政策，驱动我国工业生态化转型》，《人民论坛》2019 年第 27 期。

[5] 陈荣、杨代友：《粤港澳大湾区城市制造业高质量发展比较研究》，《城市观察》2022 年第 4 期。

[6] 高新雨、王叶军：《财政性支出与城市制造业集聚——基于新经济地理学视角的解释与证据》，《南开经济研究》2019 年第 1 期。

[7] 江三良、胡安琪：《金融业态深化、财政分权与产业结构升级——基于省级面板数据的分析》，《经济与管理评论》2018 年第 5 期。

[8] 寇明婷、魏建武、马伟楠：《国家研发财税政策是否促进了企业的 R&D 活动》，《科学学研究》2019 年第 8 期。

[9] 覃成林、潘丹丹：《粤港澳大湾区产业结构趋同及合意性分析》，《经济与管理评论》2018 年第 3 期。

[10] 席建成、韩雍：《中国式分权与产业政策实施效果：理论及经验证据》，《财经研究》2019 年第 10 期。

[11] 周权雄：《粤港澳大湾区制造业高质量发展的对策思考》，《探求》2022 年第 2 期。

[12] Jorda O., Taylor A. M., "The Time for Austerity: Estimating the Average Treatment Effect of Fiscal Policy," *The Economic Journal*, 2016, 126 (590): 219-255.

[13] Jourdan J., Kivleniece I., "Too Much of A Good Thing? The Dual Effect of Public Sponsorship on Organizational Performance," *Academy of Management Journal*, 2017, 60 (1): 55-77.

[14] Klette T. J., Møen, Jarle, "R&D Investment Responses to R&D Subsidies: A

Theoretical Analysis and A Microeconometric Study," Discussion Papers, 2012, 9 (2): 169-203.

[15] Liu Sheng, Xu Rongxin, Chen Xiuying, "Does Green Credit Affect the Green Innovation Performance of High-polluting and Energy-intensive Enterprises? Evidence From A Quasi-natural Experiment," *Environmental Science and Pollution Research* , 2021 Dec., 28 (46): 65265-65277.

[16] Marino M., Lhuillery S., Parrotta P., et al., "Additionality or Crowding-out? An Overall Evaluation of Public R&D Subsidy on Private R&D Expenditure," *Research Policy*, 2016, 45 (9): 1715-1730.

数字经济篇

Digital Economy

B.16
数字化与低碳化双轮驱动粤港澳大湾区经济高质量发展研究

徐印州　龚思颖*

摘　要： 粤港澳大湾区推出一系列引导数字化与低碳化双轮驱动高质量发展的政策，“数实融合”已经成为大湾区经济数字化发展新趋势，低碳化由能耗总量和强度“双控”向碳排放总量和强度“双控”转变。大湾区数字科技出现集群式、交叉式演进态势，科技创新和数字关键技术加快突破，全真互联等下一代数字形态初露端倪。数字政府建设全面提速，智慧城市建设日新月异，数字普惠金融惠及大湾区，数字社会建设深入推进。大湾区碳汇创新迎难而上、锐意进取，绿色能源加速发展，力争提前实现碳达峰碳中和。

关键词： 粤港澳大湾区　数字化　低碳化

---

* 徐印州，广东财经大学教授，研究方向为数字经济；龚思颖，广东财经大学教师，澳门大学博士研究生，研究方向为数字产业、数字媒体。

2021年末，广州举办了以“数字化与低碳化双轮驱动产业发展”为主题的世界经济论坛。论坛聚集了来自不同国家的政府官员、国际组织代表、企业家和产业智库，就汽车、交通、能源领域数字化和低碳化赋能产业转型等议题开展对话，共同探讨产业、行业整体发展，以及在全球经济进入动荡变革的背景下协力构建发展共同体。这一世界经济论坛是发生在粤港澳大湾区的一次标志性事件，彰显了数字化与低碳化双轮驱动粤港澳大湾区经济高质量发展的重要性和深远意义。大湾区省市级政府是双轮驱动的引领者，一些优秀的数字企业是双轮驱动的主要推手。

一　双轮驱动粤港澳大湾区经济高质量发展的政策引导

粤港澳大湾区各地推出一系列政策，提出数字化、低碳化发展目标，明确数字化、低碳化规范，引导数字化与低碳化双轮驱动粤港澳大湾区经济高质量发展。政策引导有利于统筹规划数字化、低碳化实现路径，建立一体化的数字资源系统；有利于实现数字资源统筹管理和高效配置，集约共享数字化、低碳化资源，避免分散建设、重复建设，提高项目效率，防范风险；有利于提升数字政府建设水平，赋能政府服务治理创新。

（一）数字化政策

数字技术已经融入大湾区经济社会发展各个领域，广东省、粤九市以及港澳都确定数字经济发展战略，出台一系列政策，为数字经济发展提供指导性建议和参考，鼓励探索实用性强、特色突出的数字经济发展模式和路径，引导社会各界共同参与数字经济的建设。

在习近平新时代中国特色社会主义思想指引下，广东深入贯彻党中央的决策部署，明确数字经济发展和数字政府建设的方向，营造与之相应的良好数字生态，全方位赋能经济社会转型升级。

2022年3月，广东省发布《广东省数字政府改革建设2022年工作要

点》，要求各地、各部门推动实现全省数字政府协同均衡发展，实现数据要素市场化配置改革新突破，开创省域治理工作新局面。2022 年 7 月 8 日，在广州举行的中国数字经济创新发展大会开幕式上，《广东省数字经济发展指引 1.0》正式发布，提出广东省数字经济发展的总体框架，确定数字产业化和产业数字化两大方向，激活数据资源和数字技术两大要素，筑牢核心基础数字产品和数字基础设施两大基石，持续完善数字政府改革及服务支撑体系。2022 年 11 月，广东发布《广东省数据要素市场化配置改革白皮书（2022）》，提出数据要素市场化配置改革总体思路和实施框架，激活数据要素驱动全省经济高质量发展新动能。

珠三角各市的政策因地制宜，各具特色。广州市于 2022 年 6 月 1 日起实施《广州市数字经济促进条例》，加强数字关键核心技术自主创新、培育发展数字经济核心产业、加快建设综合性数字基础设施、推动城市治理数字化转型。该条例是国内首部城市数字经济地方性法规，为广州市全面建设数字经济引领型城市提供有力的法治保障。深圳市人大常委会通过《深圳经济特区数字经济产业促进条例》，将数据要素市场、产业集聚和数字经济应用场景建设作为重点，推动“数”（数字经济）“实”（实体经济）深度融合。东莞市政府 2022 年“一号文”《东莞市人民政府关于推动数字经济高质量发展的政策措施》明确提出聚焦科技创新和先进制造，全市三年统筹安排财政资金不少于 100 亿元，全力推动数字经济高质量发展。珠海市出台《关于支持数字经济高质量发展的实施意见》，提出要以数字技术创新应用为驱动力，通过实施“十大工程”，重点打造新智造、新商贸、新文旅、新海洋、新治理、新服务六大应用，推进“四化协同”和“六链融合”，以数字经济创新发展驱动珠海实现“二次创业”①。香港特区政府在《财政预算案》中提出成立“数字化经济发展委员会”，旨在推动香港数字化经济的进程。过去 5 年，香港特区政府史无前例地投入 1500 亿港元，推动科创及数

① 《珠海市人民政府关于支持数字经济高质量发展的实施意见》，珠海市人民政府网，2022 年 8 月 9 日，http://www.zhuhai.gov.cn//sjb/zw/zcwj/content/post_3410206.html。

字经济发展。香港特区政府一直积极以数据主导方式，推动香港智能城市建设。香港特区政府推出的《香港智慧城市蓝图 2.0》，共有 6 个智慧范围，130 多项措施，各政策局及部门正积极推动，并因应社会最新发展，更新发展目标。澳门按照中共中央、国务院《横琴粤澳深度合作区建设总体方案》，在横琴展开粤澳深度合作，依托区位、政策和基础设施优势，在横琴大力发展数字经济产业，培育新的优势产业。

（二）低碳化政策

大湾区加强绿色低碳科技创新，加快淘汰落后产能，坚决杜绝高耗能高排放项目。广东省和大湾区各地市陆续出台相应的政策，引导科学发展，有序达峰，向碳达峰碳中和目标积极推进。《广东省生态环境保护“十四五”规划》，设置建立绿色低碳循环经济体系、优化国土空间开发保护体系、建设天蓝地绿水清美丽家园、统筹山水林田湖草保护修复、健全生态文明制度体系和推行绿色低碳生活方式六项重点任务，以减污降碳为抓手，制定广东碳排放达峰行动方案，举全省之力推进实现碳达峰碳中和目标。

2022 年 7 月，广东省委、省政府在《关于完整准确全面贯彻新发展理念推进碳达峰碳中和工作的实施意见》中提出推进碳达峰碳中和工作的总体目标：到 2025 年，广东具备条件的地区、行业和企业率先实现碳达峰，为全省实现碳达峰碳中和奠定坚实基础；2030 年前全省实现碳达峰，达峰后碳排放稳中有降；到 2050 年，以新能源为主的新型电力系统全面建立，能源利用效率整体达到国际先进水平；2060 年碳中和目标顺利实现。

2022 年，广州、深圳等地相继推出并实施《生态环境保护“十四五”规划》《深圳促进绿色低碳产业高质量发展若干措施》等，提升绿色低碳技术创新能力，鼓励绿色低碳新模式新业态创新发展，加大基础设施绿色升级和绿色低碳服务的投入。

2021 年 10 月，香港特区政府发布《香港气候行动蓝图 2050》，提出

“净零发电、节能绿建、绿色运输、全民减废”，2050年全港实现碳中和。2022年1月，澳门特区政府环境保护局公布《澳门环境保护规划（2021—2025）》，围绕共同应对气候变化，构建绿色低碳澳门，提出多项行动计划和规划指标，深入推进澳门低碳化等环境保护工作。

二 “数实融合”成为粤港澳大湾区经济数字化发展新趋势

习近平总书记在党的二十大报告中号召：“加快发展数字经济，促进数字经济和实体经济深度融合，打造具有国际竞争力的数字产业集群。”按照党中央指引的方向，大湾区数字经济快速发展，“数实融合”已成为粤港澳大湾区经济发展的新趋势。

（一）大湾区数字技术水平不断提升

1. 数字科技出现集群式交叉式演进态势

粤港澳大湾区数字科技的发展，重点在强化数字基础设施，打造数字产业链条，完善数字要素市场，优化数字创新生态系统，数字科技加快跨界融合。成立于2021年的粤港澳大湾区数字经济产业联盟突出显示了数字科技集群式和交叉式演进的态势，影响和带动大湾区更多企业走上数字化转型之路。数字技术与互联网协同发展，汇聚大湾区数字技术资源，促进数字技术进步和创新，提升数字科技创新引领能力，推动大湾区各领域产业链、供应链、资金链、创新链的数字化转型，优化数字经济产业布局。

5G、物联网、大数据、区块链、人工智能、虚拟现实、元宇宙等前沿技术已成为大湾区“数实融合”的基石，数字技术的集群式、交叉式演进，有望较好地突破商用“最后一公里”场景落地瓶颈。例如，广东高标准建成8个国家文化与科技融合示范基地，并以此作为数字科技创新和文化产业发展的核心载体，积极培育了腾讯、华为、中国平安、迅雷、金蝶、亿航智能、视源股份、环球数码、A8 新媒体、雷曼等一大批数字科技领军平台企业以及中小文化科技企业集群，推动数字科技集群式、交叉式发展。

2. 数字科技创新和关键技术加快突破

2022 年粤九市 GDP 总值约 10.47 万亿元，增量近 4100 亿元①，占全省比重超过八成，总体经济指标表现出回稳迹象。深圳、广州、东莞、佛山等经济实力较强的城市，科创基础条件也更加完备，研发人才和高新技术企业等指标在大湾区中位居前列。

粤港澳大湾区持续优化科技创新制度、政策和环境，使得科技要素流通加快，创新链条顺利对接。目前，粤港澳大湾区拥有多家国家重点实验室、省级实验室以及香港、澳门联合实验室等创新平台②，吸引了来自世界各地的顶尖科学家和创新创业人才，加快提升科技创新和关键技术攻关能力并获得突破。

科技部公布的数据显示，粤九市的研发支出预计超过 3600 亿元，研发投入强度预计为 3.7%，国家高新技术企业达到 5.7 万家，专利授权量预计达到 78 万件，其中发明专利授权量预计超过 10 万件③。

在科技部《国家创新型城市创新能力监测报告 2021》中，深圳创新能力指数位居全国第一。深圳消费类电子、信息通信、新能源车等茁壮成长，5G、柔性显示、无人机等领域黑马迭出。华为、腾讯、TCL 华星光电、迈瑞、大疆等一大批实力强劲的科技企业成为城市创新力的代表。据最近的不完整统计，深圳市专利授权量 27.92 万件，连续 4 年位居全国第一，PCT 国际专利申请量达 1.74 万件，连续 18 年领跑全国④。以区块链为例，大湾区

① 《2022 年 GDP 增至 10.47 万亿元，珠三角九市开年忙抓项目促投资拼经济》，南方网，2023 年 2 月 5 日，https://news.southcn.com/node_54a44f01a2/8fd22ecc6d.shtml。

② 《广东加快建设辐射粤港澳大湾区的区域创新体系》，广东省人民政府网，2023 年 1 月 9 日，https://www.gd.gov.cn/gdywdt/bmdt/content/post_4078012.html。

③ 《珠三角发力科技创新》，南方网，2022 年 2 月 27 日，https://epaper.southcn.com/nfdaily/html/202202/14/node_A01.html。

④ 《深圳市专利授权量达 27.92 万件》，新华网广东频道，2022 年 4 月 26 日，https://epaper.southcn.com/nfdaily/html/202202/14/node_A01.html。

区块链创新创业活跃、应用场景丰富，人才磁石效应显现。位于广东的区块链项目有333个，占全国的19.5%。深圳和广州的区块链备案项目数量约占广东省的90%①。

3. 全真互联等下一代数字形态初露端倪

全真互联②是通过多种终端和形式，实现对真实世界全面感知、连接、交互的一系列技术集合与“数实融合”创新模式。全真互联在“人与人”“人与物”“物与物”“人与场”“物与场”相互关联的基础上，强调“真”的体验，即通过亲临其境的交互方式去感知、去操作。腾讯是粤港澳大湾区推进“数实融合”的领军平台企业，其音视频、远程交互、人工智能、物联网、3D引擎等全真互联基础技术已步入成熟期，开始运用拓展现实（XR，包括AR/VR/MR）、数字孪生、区块链等全真互联核心技术，并继续推进量子计算、脑机接口等全真互联前沿技术。腾讯历经两年探索，逐渐挖掘全真互联在沟通协同、生产研发、运营管理、营销服务等产业全链条中的应用潜力，通过“数实融合”打造全真互联新场景。腾讯从技术创新到场景创新，在金融、工业、文旅、地产、教育、能源、农业等场景进行尝试，打造全真互联案例。腾讯与宝钢股份合作，利用人工智能、物联网、分布式云、实时渲染等技术探索建造全息3D裸眼“数字工厂”，全细节还原或超写实呈现真实工厂场景。身处千里之外的工程师通过“数字工厂”近距离观测产线运作，管理实际产线和设备，推动产线管理实现故障回溯、实时监控、工艺改进。

展望未来，量子计算、全息投影、折叠光路、脑机接口等前沿技术有望在大湾区迎来进一步突破，云原生、隐私计算、量子计算、边缘计算、数字孪生等新锐的数字技术已经开始向大湾区数字产业渗透，并尝试与现实场景相融合。

① 《数“链”大湾区——区块链助力粤港澳大湾区一体化发展报告（2022）》，深圳智库网，2022年7月21日，http：//szzklm. sz. gov. cn/zkyw/content/post_828688. html。

② 《腾讯联合埃森哲发布全真互联白皮书》，腾讯网，2022年9月26日，https：//view. inews. qq. com/a/20220926A0840B00. html。

（二）数字化引领大湾区产业转型升级

1. 数据驱动创新成为大湾区产业转型升级的核心动力

数字化转型为大湾区企业提升抗风险能力、增强市场竞争力和经济发展提质增效提供强劲推动力。通过对粤港澳大湾区企业数字化转型的分析，发现数据驱动创新已成为大湾区产业转型升级的核心动力。数据驱动加速企业的数字化转型，使企业在新兴技术的赋能下提升经营管理效率，降低成本，实现资源配置的优化，紧跟数字经济时代大势，不断将产品和商业模式推陈出新，为企业经营注入新动力。大湾区数据驱动型企业制定包括数字技术和智能应用，以及数字文化、数据治理、网络安全、数据隐藏等的全面数据战略；打造一支由数据分析师、数据科学家、数据工程师和其他专业人员组成的稳固数字技术团队，并在需要更新技能时提供必要的培训；在企业决策和管理运行中建立广泛的数据思维方式，认定数据是决策的核心，而企业运作的全流程是不断收集、验证、管理、整理和分析数据的全过程；高度重视数据共享，强化 IT 和业务之间的协作。

大湾区的数据驱动企业各具特色。美的集团进行扁平化组织架构变革，打造“T+3”全价值链数字化运营体系，以客户为中心，改变组织的商业和运营模式，降低组织间的摩擦，最大化组织效益。腾讯云为广大中小企业提供企点服务，如企点配 Q、企点腾采通、货代 Q 宝等，为客户提供全场景企业级 SaaS 一体化服务，助力企业实现数字化全面升级。深圳越海全球供应链通过电商供应链协同平台整合公司内仓储业务数据，打通订单管理、仓储管理、配送管理、财务结算的全流程，实现人、货、物三者的数据级联，促进企业智能决策。微众银行围绕打造区块链全栈开源技术体系，构建开源社区，营造开源联盟链生态圈，在改善交付效率和质量的同时，不断巩固技术氛围和文化。

在数字经济与实体经济深度融合的过程中，大湾区的数据驱动型企业逐步增加、不断强大，遍布航空航天、量子信息、电商、物流、文创、娱乐、医疗、教育等多个领域，产业跨界明显加速。目前，大湾区数据驱动型企业正在凝聚成数据驱动型产业体系，形成“广州—深圳—香港—澳门”科技创新走廊、覆盖珠三角国家大数据综合试验区和辐射“双核一廊两区”的数字产业集群。这一体系不仅弱化时空限制，助推市场主体的连接与协作，促进市场规模的扩大和内需潜力的释放，还进一步打破行政垄断和地区分割，重构产业链和供应链，使得市场要素流动更加便利化，尤其是为中小企业融入全球价值链体系提供机会。

2. 数字化加速赋能大湾区实体经济

在全球经济不确定性加剧的背景下，数字化转型越来越成为大湾区产业发展的新动能和新引擎，数字经济正沿着数字产业化和产业数字化两条路径向纵深推进。在产业数字化方面，大湾区整体产业集中度高、规模大、产业基础扎实，技术和人才优势突出，各项指标均居全国领先地位；制造业快速向数字化转型，数字农业、数字商贸日渐强大，智能交通与智能物流全面迎来数字化。在数字产业化方面，大湾区加速推进“强芯”核心软件攻关工程，大力培育和发展半导体与集成电路、高端智能装备、智能机器人、高端医疗器械、新能源及智能网联汽车等新一代电子信息产业和先进制造业集群。2022年广东数字经济增加值有望突破6万亿元，占GDP的比重超过50%①。

以广东电子信息制造业为例，其规模连续31年居全国第一，5G基站、光纤用户数、4K电视机产量等均居全国前列，带动65万家中小企业上云用云②。大湾区已形成一批特色鲜明、可复制、有推广价值的行业企业转型标杆案例，产业数字化、数字产业化水平在国内五大城市群中名列前茅。

（三）数字社会建设深入推进

1. 数字政府建设全面提速

大湾区各地充分发挥数字政府建设对数字经济、数字社会、数字生态的

---

① 《广东省人民政府关于印发广东省建设国家数字经济创新发展试验区工作方案的通知》（粤府函〔2020〕328号），广东省人民政府网，2020年11月3日，http：//www.gd.gov.cn/zwgk/gongbao/2020/34/content/post_3367023.html。

② 《2022中国数字经济发展研究报告发布》，中国政府网，2022年11月17日，http：//www.gov.cn/xinwen/2022-11/17/content_5727389.htm。

引领作用，数字政府建设全面提速，数字化公共服务模式不断涌现，数字生态初步形成。

广东全面深化“数字政府 2.0”建设。在“全国重点城市一体化政务服务能力”评比中，广州和深圳的服务成效度、办理成熟度、方式完备度、事项覆盖度、指南准确度 5 个分项指数位列最高组别，保持全国领先[①]。广东统筹建设地市政务云节点，省市两级 2900 个业务系统上云运行，并建成“一中心多节点”的省市两级政务大数据中心，汇聚数据 390 亿条，超 70% 的数据需求实现“秒享”。广东政务服务网“一件事”主题集成服务已拓展至 10954 项，网办率超 94%。超 1280 项服务可跨区域在线办理，56 项服务在港澳地区实现“跨境通办”[②]。

深圳政务服务事项 100%进驻网上办事平台，全市 99. 92%的政务服务事项实现最多跑一次，98. 26%的行政许可事项实现零跑动办理。深圳在全国率先推出无人工干预智能审批服务，实现“秒报”事项 583 项，“秒批”事项 350 项，“秒报秒批一体化”事项 195 项[③]。

香港围绕开放数据、空间数据共享平台和 5G 网络等基础建设、科技应用三个方面深入推进数字政府建设。《香港智慧城市蓝图 2. 0》指出，香港政府开展电子政府审计工作，全面审视所有政策局和部门的电子服务并提出改革方案，推出 100 个数字政府项目。目前，香港“政府一站通”网站提供约 1000 项电子服务，还推出个人化平台“我的政府一站通”，为市民提供切合个人需要的公共服务和信息。香港特区政府资讯科技总监办公室统筹，并与各部门及公营/私营机构共同推行数据开放平台“资料一线通”，该网站已有超过 4940 个数据集，1800 个应用程序界面，可为市民提供约 800 项免费电子信息查询服务。

---

① 《广东省一体化政务服务能力全国“四连冠”》，南方网，2022 年 10 月 17 日，https：//epaper. southcn. com/nfdaily/html/。

② 《深圳市直部门和区政务事项进驻网上平台》，南方网，2022 年 3 月 17 日，https：//xapp. southcn. com/node_bf0d8d182f/b0f3ccb3f2. shtml。

③ 《关于香港政府一站通》，香港特区政府资讯科技总监办公室网站，2022 年 12 月 31 日，https：//www. ogcio. gov. hk/tc/our_work/community/govhk/。

2022 年 4 月，澳门跨范畴多部门共同合作，以“用户导向、优化体验、便民服务”为核心，在技术层面、数据管理以至服务呈现等方面对原有“澳门公共服务一户通”进行升级，标志着澳门数字政务发展踏上新台阶。截至 2022 年 10 月底，“澳门公共服务一户通”有逾 41.8 万人登记，共整合 165 项电子服务及功能，涵盖居民生活、就业等领域①。

2. 智慧城市建设日新月异

大湾区在智慧技术、智慧产业、智慧应用、智慧服务、智慧治理、智慧人文、智慧生活等方面，全面加强智慧城市建设，成就斐然。香港、广州、深圳等大湾区核心城市智慧城市建设主要表现在城市基础设施的感知能力、数据采集能力、数据资源整合共享能力、公众数字化应用能力等方面。

大湾区智慧城市构建以城市数据资源开发利用能力为突破口，加快完善城市数据管理服务体制机制，造就一支掌握数字技术的创新型城市管理人才队伍，提升城市管理运营水平。以智慧治理与智慧服务为导向，运用数字技术强化大湾区城市治理与民生服务，提升公共管理服务水平。近年来，大湾区宽带网络支撑能力显著增强，交通、物流、市政、管网、安全等领域传统基础设施的智能化改造成效显现，智能能源体系、智能交通体系、智能管网体系、智能环保设施、智慧停车系统等初步形成，城市公共服务水平与城市竞争力全面提升。

3. 数字普惠金融惠及大湾区

数字普惠金融较传统金融具有便捷性、靶向性、广泛性以及边际成本低等优势，大湾区金融机构和银行通过数字普惠金融创新，借助数字技术，为企业提供普惠而精准的金融服务，成为推动大湾区经济高质量发展的重要力量。根据北京大学数字金融中心发布的 2011～2021 年数字普惠金融指数，广东数字普惠金融指数从 2011 年的 69.48 增长至 2021 年的 406.53，增长了 485%，实现跨越式发展。大湾区的数字普惠金融使得粤港澳跨境支付顺利

① 《澳门“一户通”有逾 41.8 万人登记 整合 165 项电子服务》，中国新闻网，2022 年 11 月 21 日，https：//m.chinanews.com/wap/detail/chs/zw/9899380.shtml。

发展，粤港澳第三方电子支付、深港支票电子化等业务目前已全面推进，加快了港澳地区与内地的互融互通，推动了跨境资金自由流动和区域融合发展。

中小企业是大湾区发展不可或缺的主力，普惠金融创新产品“粤信融”“信易贷”“中小融”等通过完善的征信系统，提供针对性金融产品，有效解决大湾区中小企业尤其是科技创新型企业融资难、融资贵的困难，在金融赋能实体经济发展中发挥了突出的作用。数字普惠金融通过降低融资门槛和信贷成本，为大湾区吸引外资和境内资本对外投资提供便利，将便捷的低成本金融服务提供给大湾区外向型中小微企业，优化大湾区的对外贸易结构，促进大湾区高水平对外开放。大湾区拥有广阔的农村腹地，数字普惠金融填补农村地区金融市场空白，为全面推进乡村振兴提供了有效的金融支持。

三　推动低碳化由能耗“双控”向碳排放“双控”转变

2021 年中央经济工作会议要求正确认识和把握碳达峰碳中和，创造条件尽早实现能耗总量和强度“双控”，向碳排放总量和强度“双控”转变。2022 年中央经济工作会议要求“在落实碳达峰碳中和目标任务过程中锻造新的产业竞争优势”，“推动经济社会发展绿色转型，协同推进降碳、减污、扩绿、增长”。大湾区持续推进产业结构和能源结构调整，大力发展可再生能源，倡导绿色、环保、低碳的生活方式。加快降低碳排放，创造条件尽早由能耗“双控”向碳排放“双控”转变，绿色转型和经济发展同步进行，绿色化与数字化、智能化融合发展，为最终实现碳达峰碳中和目标而努力。

（一）力争提前实现碳达峰碳中和

大湾区是我国最早开展低碳建设试点的地区之一，也是力争率先实现碳中和的城市群之一。在脱碳方面，香港已走在全国前列。相关数据显示，香港碳排放量在 2014 年就已达峰，人均碳排放峰值为 6.2 吨，2018 年人均碳排放降至 5.4 吨，此后逐年下降①。为配合国家整体要求，香港争取比内地提前十年即在 2050 年前实现碳中和。

碳排放权交易市场利用市场机制促进实现碳达峰碳中和，是减少温室气体排放、推动绿色低碳发展的一项重大制度创新。广东积极培育碳市场，碳市场作为助力低碳减排的无形之手，通过价格信号引导碳排放权资源的优化配置，推动降低全社会减排成本，促进绿色低碳产业投资，以最低成本、最高效率实现碳减排。广州碳排放权交易中心和深圳碳排放权交易所都是中国较早的碳排放权交易试点，业务包括碳排放权交易以及相关的碳金融服务等，在交易品种、配额拍卖、市场规模和流动性等方面都积累了丰富的经验②。

政策利好之下，大湾区绿色金融资源优势更加明显，广州南沙、深圳福田已获批全国首批气候投融资试点，运用多样化金融工具针对传统碳密集型经济活动和市场主体向低碳和零碳排放转型提供绿色金融支持。大湾区正在推动建设区域统一碳市场，引入金融机构尤其是国际投资者参与碳金融衍生品创新，推动碳期货交易落地等，强化碳定价功能，充分发挥绿色金融对实现“双碳”目标的推动作用。

《广东省“十四五”现代流通体系建设实施方案》表明，广东支持广州期货交易所研究推出碳排放权、电力指数期货等创新产品，支持深圳排放权交易所开展海洋碳汇交易试点，努力提升商品要素市场化配置能力，为湾区如期实现碳达峰碳中和提供充足动能。大湾区数字平台企业在由能耗“双控”向碳排放“双控”转变中做出表率。腾讯承诺不晚于 2030 年实现自身运营及供应链的全面碳中和，同时不晚于 2030 年实现 100%绿色电力。

（二）碳汇创新迎难而上锐意进取

大湾区区域一体化重塑了城市区域的空间组织，已经跻身于全球巨型城

---

① 《香港特区政府 2021 年度施政报告》，香港特别行政区政府官网，2021 年 10 月 6 日，https://www.policyaddress.gov.hk/2021/sim/index.html。

② 《入场三万亿全国碳市场和九大碳交易所必备》，新浪财经头条，2022 年 2 月 26 日，https://cj.sina.com.cn/articles/view/1434185515/557bef2b0190103y0。

市群的行列。大湾区具有碳汇总量大、品种多，以及增汇速率快、后劲足的特点，绿碳（森林碳汇）创新迎难而上，蓝碳（海洋碳汇）创新锐意进取。

随着大湾区的迅猛发展，森林、农田、湿地等重要的碳汇生态空间相应缩减，导致固碳量下降①。大湾区的碳源主要集中在城镇，单位面积碳排放量高的地区集中于环珠江口，特别是广州、深圳、香港等经济高度发达的核心城市。碳汇则多分布于外围生态屏障地区，作为固碳主力的森林主要集中在肇庆和惠州，肇庆的森林覆盖率高达 70.83%，其林地分布范围广，固碳能力相对较高，惠州紧随其后为 61.61%，其他城市的森林覆盖率均低于广东全省均值 58.66%。面对这一挑战，珠三角各市以森林碳汇创新为支点，撬动绿色发展，持续开展森林碳汇造林、疏残林修复、沿海防护林建设等工程，构建稳固的绿碳森林生态体系。通过打造类型多样的城市生态“绿核”和互联互通的生态廊道网络，在全国率先启动“森林小镇”建设，推动山水林田湖草系统治理，打造“林在城中、城在林中”的现代城市风貌，着力构建完备的城乡森林生态系统。例如，肇庆持续推进生态重点工程，绿色生态环境不断改善，目前森林资源面积超 1581 万亩，森林储积量达 6114 万立方米，森林覆盖率达 70.77%，是大湾区森林面积最大、森林覆盖率最高的城市②。

大湾区大陆和岛屿海岸线总长 3201 千米，湿地面积 8650 平方千米，占全区面积的 15.45%③。大湾区地处海陆交互作用地带，地质条件优越，资源环境承载能力较强，具有完整的海洋生态系统和海洋资源禀赋优势。红树林、海草床、盐沼是大湾区同时具备的三大滨海蓝碳系统，得天独厚的海洋环境资源与基础雄厚的海洋产业互利互补相得益彰，成为大湾区发展蓝碳的比较优势。大湾区积极开展蓝碳生态系统基础调查与检测，重视海洋生物吸碳固

① 温宥越、孙强、燕玉超、肖敏志、宋巍巍、杨剑：《粤港澳大湾区陆地生态系统演变对固碳释氧服务的影响》，《生态学报》2020 年第 23 期。

② 《生态优先、绿色发展、肇庆筑牢粤港澳大湾区西部生态屏障》，南方网，2022 年 5 月 23 日，https：//news.southcn.com/node_355b8c6885/10e9d2db22.shtml。

③ 《粤港澳大湾区自然资源与环境研究取得重要成果》，中国地质调查局，2017 年 8 月 1 日，https：//www.cgs.gov.cn/xwl/ddyw/201708/t20170801_436742.html。

碳的碳汇作用，开展固碳增汇技术研发，完善海洋碳循环和储碳机制；深度发掘海洋碳汇资源，延伸海洋碳汇产业链，开拓海洋碳汇国际合作路径；探索海洋碳汇核算标准和定价机制，完善蓝碳市场交易体制，支持蓝碳交易。

（三）绿色能源加速发展

大湾区绿色能源丰富，正在依托绿色能源发展方面的天然优势，加快构建多元化的绿色能源供应体系，推动能源往清洁、低碳、安全、高效的方向转型，为大湾区发展注入清洁新动能。在催生绿色能源技术创新和普及应用的同时，带动新兴产业发展，为建设可持续的现代化绿色能源体系奠定基础。

大湾区已成为世界上抽水蓄能装机容量最大、电网调节能力最强、清洁能源消纳比重最高的世界级湾区电网。大湾区 6 座抽水蓄能电站的总装机容量达 968 万千瓦，珠海市金湾区高栏岛与万山群岛间南海之滨的金湾海上风电场，总装机容量为 300 兆瓦，配套建设陆上集控中心和海上升压站，是大湾区首个大容量海上风电项目。该项目对推动大湾区能源结构转型升级，加快实现碳达峰碳中和目标具有积极意义①。

肇庆是大湾区城市群中面积最大（占 26%以上）、土地开发强度最小（6.5%）、森林覆盖率最高的城市。肇庆在能源消费清洁化、低碳化等方面积极进展，正全力建设大湾区绿色能源基地，拟在“十四五”期间投资约 1000 亿元，建设 164 个绿色能源项目，保障绿色能源供应。2022 年，肇庆上马一批光伏、抽水蓄能、新型储能、农林生物质发电等示范引领项目，实现光伏 200 万千瓦、风电 32 万千瓦、抽水蓄能 120 万千瓦、天然气热电联产 196 万千瓦、储能电站 10 万千瓦的目标②。

---

① 《首个大容量海上风电项目投产，大湾区碳达峰按下加速键》，腾讯网，2022 年 4 月 22 日，https：//new. qq. com/rain/a/20220422A01ANE00。

② 《“十四五”期间全力打造大湾区绿色能源基地！肇庆投资约 1000 亿元建 164 个绿色能源项目》，广东省人民政府网，2022 年 4 月 11 日，https：//www. gd. gov. cn/gdywdt/dczl/jcbs/content/post_3907739. html。

随着绿色能源体系的建设，大湾区产业绿色化和绿色产业化厚积薄发，已成为引领大湾区产业转型升级的重要抓手。近年来，大湾区将珠三角地区的部分工业向东西两翼和山区进行产业梯度转移，将高耗能、高污染行业向绿色转型，加速产业结构的优化升级。同时，大湾区制定钢铁、炼油、建筑、交通等重点行业的碳达峰碳中和专项规划，并在清洁能源、绿色交通、新能源汽车等领域加大资源投入。

参考文献

[1] 于蒙蒙：《推进“数实融合”引导技术资金真正流向实体领域》，《中国证券报》2022 年 3 月 6 日。

[2] 宋超、王耀广：《世界级湾区电网建成》，《中国电力报》2022 年 6 月 2 日。

[3] 林冉、陈日强、黄敏莹：《“珠三角森林城市群”：美丽广东建设的华彩篇章》，《国土绿化》2020 年第 1 期。

[4] 刘禹松：《离岸人民币债券助湾区蓝碳经济加快发展》，《中国贸易报》2022 年 11 月 1 日。

[5] 杨毅：《碳排放权期货市场将与现货市场相互促进》，《金融时报》2021 年 10 月 20 日。

[6] 郭启光：《以数字经济高质量发展赋能中国式现代化》，《理论研究》2023 年第 1 期。

[7] 田杰棠、张春花：《数字经济与实体经济融合的内涵、机理与推进策略》，《技术经济》2023 年第 1 期。

[8] 王亮、刘凌燕、蒋依铮：《数字经济对碳生产率的空间溢出效应》，《金融与经济》2023 年第 1 期。

B.17

数字金融推动粤港澳大湾区高质量发展研究

吴 丹 陈孝明 黎思慧*

摘 要： 高质量发展是粤港澳大湾区未来发展的首要任务，数字金融依靠其信息技术优势，结合了技术创新与金融功能，能够有效赋能高质量发展。本文在粤港澳大湾区高质量发展现状与问题分析基础上，探讨了数字金融通过缓解融资约束、促进科技创新、提升产业协同、推动绿色发展以及加速共同富裕实现高质量发展的作用机理，并针对问题提出了数字金融支持大湾区高质量发展的对策建议。

关键词： 数字金融 粤港澳大湾区 区域协同

党的二十大报告提出，高质量发展是全面建设社会主义现代化国家的首要任务，推动经济实现质的有效提升和量的合理增长。2023 年 1 月 28 日，广东省委、省政府在广州召开新春开年第一会——全省高质量发展大会，为经济高质量发展描绘奋进蓝图，粤港澳大湾区粤九市都提出了高质量发展的工作计划。区域高质量发展离不开金融的支持，中国人民银行等四部委发布《关于金融支持粤港澳大湾区建设的意见》。数字金融提升了

* 吴丹，广州新华学院经济与贸易学院讲师，研究方向为数字金融、经济增长；陈孝明，博士，广州市粤港澳大湾区（南沙）改革创新研究院研究员，广州大学经济与统计学院讲师、硕士研究生导师，研究方向为数字金融、科技创新；黎思慧，广州大学经济与统计学院硕士研究生，研究方向为数字金融。

传统金融服务的效率，能够缓解信息不对称、降低交易成本，从而精准赋能实体经济，为粤港澳大湾区高质量发展提供强有力的保障。在粤港澳大湾区，既有香港这样的传统国际金融中心，又有深圳这样孵化出华为、腾讯金科、平安科技、招商金科、微众银行等企业的科创中心，11 个城市一起构建数字金融和金融科技的生态体系，使粤港澳大湾区成为亚太乃至全球数字的领跑者。数字金融推动粤港澳大湾区高质量发展具有良好的基础与优势，研究数字金融推动粤港澳大湾区高质量发展的现状、问题与对策，具有十分重要的意义。

第一，有利于粤港澳大湾区国际科技创新中心建设。粤港澳大湾区的经济发展水平位居全国前列，而科技创新更是优于经济发展水平，具有打造全球科技创新中心的实力。区域高质量发展离不开实现高水平科技自立自强，科技创新是其中的核心内容，数字金融自身就带有强烈的科技创新属性。通过数字金融发展促进区域科技创新、促进先进制造业发展、促进高新技术企业发展，对粤港澳大湾区构建广深港、广珠澳科技创新走廊为主骨架的湾区创新走廊，打造国际科技创新中心都具有重要意义。

第二，有利于完善“一国两制”制度推进祖国统一。“一国两制”是中国特色社会主义的伟大创举，是香港、澳门回归后保持长期繁荣稳定的根本保证。香港、澳门的继续发展，也必须在“一国两制”的前提下走高质量发展之路。结合香港的国际中心地位以及澳门的门户地位，利用数字金融推动整个粤港澳大湾区的高质量发展，既利用了港澳的传统优势，也把握了未来经济和科技发展趋势。数字金融推动整个粤港澳大湾区发展，香港、澳门也能更好融入国家发展大局，吸引台湾早日回到祖国怀抱。

第三，有利于探索中国式现代化的粤港澳大湾区路径。新时代中国共产党的中心任务是以中国式现代化全面推进中华民族伟大复兴，中国式现代化包含了共同富裕、物质文明和精神文明相协调，人与自然和谐共生等内容，这些内容正是数字金融和高质量发展的应有之义。数字金融和高质量发展能够缩小贫富差距、促进城乡居民消费、推动区域绿色发展，部分现代化的内容本身就包含在高质量发展当中。研究数字金融推动粤港澳大湾区高质量发展，能够推动中国式现代化建设。

一　粤港澳大湾区高质量发展的现状

（一）经济再上台阶，新兴产业突出

2022 年，粤港澳大湾区粤九市 GDP 超 10.46 万亿元，其中广州、深圳、佛山和东莞四个城市地区生产总值突破 1 万亿元，地区生产总值最高的是深圳，达 32387.68 亿元。香港和澳门的 GDP 预计分别可达 27700 亿港元和 2233 亿澳门元，港澳 GDP 占全国 GDP 的比重超过 1/10，经济基础良好，发展潜力非常大。粤港澳大湾区的特色科技产业突出，以"广深莞"作为主要阵地，建立了南沙科学城、光明科学城、松山湖科学城三大主要科技研发区域，在半导体行业、移动通信技术、人工智能等领域处于全球领先水平，有效推动了新兴产业的快速发展。2022 年上半年，粤港澳大湾区有 20 家企业入围世界 500 强，有约 4.3 万家企业被评为国家级高新技术企业。粤九市先进制造业增量占规模以上工业增量的 55.9%，而高技术制造业增量占规模以上工业增量的 33.1%。

（二）科技赋能活跃，创新潜力巨大

粤港澳大湾区科技研发以及成果转化水平突出。大湾区内不乏拥有全国性甚至全球性巨大影响力的高校、研究机构以及科技公司。粤港澳大湾区拥有 160 所高校，其中 14 所登上 QS 世界大学排名百强。粤港澳大湾区的科技创新正活跃发展，已经形成了科创型企业聚集区。广东省以大湾区粤九市的贡献最大，科技实力领先，综合创新能力强大，处于全国领先水平，同时也与其他大湾区城市联系紧密。截至 2022 年 9 月，香港的初创企业数量为 4000 家，是 8 年前的 4 倍。粤港澳大湾区拥有国家级企业技术中心 87 家，省级企业技术中心 996 家，国家级制造业单项冠军企业 84 家。2022 年 6 月

1日，工信部发布了第四批国家级专精特新“小巨人”企业公示名单，广东有448家企业，其中深圳新增276家，广州新增55家，东莞新增31家。这些高等院校、研发机构以及专精特新企业，充分表明了粤港澳大湾区在高质量发展过程中的科技赋能水平、创新发展潜力。

（三）合作发展增多，协调程度提升

粤港澳大湾区以深圳前海、广州南沙和珠海横琴三大平台为重点，不断推动粤港澳三地深度合作发展。2021年9月至2022年2月，横琴粤澳深度合作区科技研发和高端制造产业、中医药等澳门品牌工业、文旅会展商贸产业以及现代金融产业新登记企业户数占新登记企业总户数的比重为77.68%。2023年2月8日，《横琴粤澳深度合作区发展促进条例》正式公布，进一步理顺了与大湾区有关单位之间的责权关系，横琴从教育、医疗、养老、科技等角度为合作区建设增添新动力。粤港澳大湾区各城市产业分工明确，随着时间的推移，产业之间的协调发展水平不断提升。香港的金融服务、物流、国际贸易等行业发达，同时也是内地与世界在国际金融、国际航空等领域沟通的桥梁，能为大湾区巩固和提升国际地位发挥作用；广州则以先进制造业闻名，拥有汽车、电子、石油化工三大支柱产业，能够发挥引领作用；深圳持续不断发展高新技术，为粤港澳大湾区注入科技力量。此外，粤港澳大湾区资本市场成熟，港交所、深交所两大交易所互联互通，功能互补，推进粤港澳大湾区资本市场协同发展，进一步推动了区域高质量发展。

（四）绿色发展良好，前景较为可观

粤港澳大湾区坚持“绿色发展，保护生态”的原则，积极践行绿色发展理念，走绿色低碳循环发展之路。粤港澳大湾区集中了民用核能、海上风电、新能源汽车、光伏综合等能源产学研用的各个环节。根据《人民日报》的报道，粤港澳大湾区清洁能源包括风、光、水、气等，总发电装机超过6600万千瓦，是总装机容量的65%。肇庆市尽管经济水平在大湾区内靠后，

但在绿色经济上投资超过千亿元，试图打造大湾区的绿色能源基地。小鹏汽车肇庆基地产量已经突破 20 万辆，宁德时代肇庆规划产能高达 25GWh，新能源汽车及相关零部件成为肇庆的重点绿色产业。粤港澳大湾区不断探索绿色金融的发展道路，在基础设施建设、业务监督等方面协同合作，共同推动大湾区的绿色发展。

（五）城乡融合发展，推动共同富裕

高质量发展离不开全体人民的共同富裕，粤港澳大湾区各地区都在努力推动城乡融合，实施乡村振兴战略，居民收入得到大幅提升。尽管粤港澳大湾区整体城镇化率超过 80%，仍然还有一些县域经济、乡村区域。一些县域依托自身的资源，发展特色农业、文旅产业、特色专业镇等，积极融入大湾区的共同发展，不断推进城乡融合的进程。佛山南海按照“实施一个提升、推进两个连片、构建三个格局”的基本思路加快推进实验区创建，促进城乡融合发展。与经济发展水平相对应，大湾区人均可支配收入也良好增长，2022 年深圳居民人均可支配收入 72718 元，同比增长 2.6%。

二　粤港澳大湾区高质量发展存在的问题与短板

（一）区域一体化体制存在阻碍

粤港澳大湾区内部各区域拥有各自的优势，但由于存在不同制度、不同人才标准、不同流通货币，发展存在挑战，区域高质量发展受到制约。在体制机制方面，大湾区拥有“一个国家、两种制度、三个关税区”这一独特的环境，粤港澳三地在法律制度、商贸规则、社保体系等方面的差异限制了大湾区内部要素的自由流通。其中，在人才流动方面，科研人员资格和专业技能人才资格互认和人才评价体系存在制度约束，阻碍了各个层次，尤其是高层次人才的跨区流动。在货币制度方面，粤港澳三个区域分别使用不同的流通货币，且金融配套服务不足、资金流动管理机制不够完善等问题增加了

资金跨境流通的困难。不同制度环境阻碍了粤港澳大湾区的人才流动、资金流动以及其他要素的流动，在一定程度上降低了生产和经济效率，不利于区域高质量发展。

（二）科技成果转化质量偏低

粤港澳大湾区在科技创新和产业发展上取得了很好的成绩，为高质量发展做出了突出贡献，但相比世界一流湾区，科技创新仍然存在较大差距，主要体现在原始创新、核心技术缺乏，创新与产业融合不足，科技成果转化质量偏低。在研发投入上，粤港澳大湾区每万亿美元地区生产总值（GDP）对应5个重大科技基础设施，只有纽约湾区的50%、东京湾区的30%和旧金山湾区的6.5%。在专利质量上，粤港澳大湾区远落后于其他世界湾区，旧金山、纽约、东京、粤港澳四个湾区的发明专利施引数和发明专利数的比值分别为2.93、1.60、0.90和0.75。在科技成果转化上，粤港澳大湾区依旧存在问题，主要是缺乏高质量的科技成果、粤港澳之间的科技成果转化规模偏小、专业化技术转移机构和人才相对缺乏。同时，港澳的创新创业外溢效应尚未实现，粤港澳大湾区合作项目实施的障碍也尚未消除。

（三）区域产业协同度有待提高

粤港澳大湾区东岸以发展高科技产业和新兴产业为主，西岸主要发展先进装备制造业，导致区域产业发展出现一定的趋同。这种趋同导致了低技术含量的重复建设和低成本竞争的滥用，严重影响了粤港澳大湾区的高质量发展。从三次产业来看，粤港澳大湾区存在显著的区域产业结构趋同问题，主要存在于粤九市之间。区域产业多元化不足，导致企业产能过剩、生产资源浪费、经济韧性不足。对内表现为供需失衡，各个城市对热点项目一哄而上，形成产能供给过剩，对外表现为被动性较强，产业发展受到外部环境的影响，尤其在高端产业发展上。大湾区产业协同度不高，不利于同产业之间的良性竞争，也不利于不同产业之间的互相促进，区域高质量发展受到一定的阻碍。

（四）绿色发展联动性有所欠缺

高质量发展要求绿色成为普遍的发展形态，粤港澳大湾区的绿色发展有一定的成效，大湾区城市之间绿色发展联动性有所欠缺。广东通过碳达峰碳中和牵引调整和优化产业结构、能源结构，促进产业整体的绿色低碳循环，其中广州作为全国绿色金融改革创新试验区之一，在政府支持下，碳金融发展处于领先地位；香港作为国际金融中心，有较强的吸纳资金的能力；澳门作为内地与葡语国家沟通的桥梁，有着不可替代的作用。在具有较大绿色合作发展空间的背景下，大湾区的绿色发展联动性做得不够充分，甚至缺乏绿色发展的统一标准。在金融机构环境信息披露的参照标准方面，广州、珠海、惠州、中山、东莞、佛山、江门、肇庆8市参照的是《金融机构环境信息披露指南》；深圳参照的是《深圳经济特区绿色金融条例》；香港参照的是《环境、社会及管治报告指引》；澳门暂未出台类似的披露要求。由此，大湾区的绿色发展没有一个统一的标准，对跨区域合作产生一定阻碍。

（五）区域收入不均衡、差距较大

区域高质量发展要求全体人民都有获得感，也要求高质量的收入分配。粤港澳大湾区人均居民收入位居全国前列，但也存在收入差距过大，各个城市发展不平衡的问题。从2021年各城市的人均居民总收入来看，香港为414759港元，澳门为350197澳门元，而粤九市中深圳的人均总收入最高，也仅为70847元，广州68908元、东莞62126元、佛山61700元、珠海61390元。从城乡差距来看，2021年广州城镇人均总收入为74416元，农村人均总收入为34533元，城乡居民收入比超过2.15倍；珠海城镇人均总收入为64234元，农村人均总收入为34394元。只有一部分人富裕、贫富差距过大，都无法体现高质量发展，更不利于中国式现代化的实现。粤港澳大湾区区域收入不均衡、差距较大，是高质量发展需要解决的重要问题。

三 数字金融支持粤港澳大湾区高质量发展的作用机理分析

（一）数字金融缓解区域高质量发展的融资约束

区域高质量发展离不开金融的支持，融资约束往往是制约中小企业做大做强的关键因素。企业发展壮大过程中有大量的融资需求，而融资约束会阻碍企业的常规运营、未来发展投入力度。基于长尾理论，广大中小企业在信贷市场面临严重的金融歧视，在传统金融背景下难以得到资金支持，难以获得贷款或贷款利率较高。数字金融能够依托大数据、区块链等技术，让资源、人员等在线下线上得到精准匹配，企业在扩大经营规模的同时，能够降低运营成本。数字金融可以从两个方面减缓中小企业的融资约束。一是拓宽融资渠道，提高信息的可得性来整合金融市场上分散的投资者所持有的资金，从而增加可融资的资金量；二是对企业信用风险评估体系进行优化，即以大数据、算法等工具为支撑，弥补传统金融在资源配置上的不足，有效化解信贷错配问题，克服融资约束带来的困难。

（二）数字金融促进区域高质量发展的科技创新

数字金融能够加速提升传统产业的数字化、智能化与高端化，为区域创新赋能。数字金融作为新型的金融模式，一是为高新技术企业提供融资需求、提供更多科研资金支持，以促进产业多元化和专业化，由此促进新兴产业的发展，提高区域的创新活力；二是在科技创新的需求下，人才培养得到重视，各地方政府将会不断调整政策以吸引人才，研发人员、基础实验室的增加将为科技创新助力；三是在数字金融助力下不断提高效率，将产生提升劳动效率以及增加就业创业的效应，相当于降低科技创新的成本，推动创新发展。在高新技术企业的不断发展下，数字金融也能得到技术上的发展，从而为区域提高创新活力。

（三）数字金融提升区域高质量发展的产业协同

数字金融能够突破时空限制，有效缓解信息不对称，促进产业协同合作，从而有利于粤港澳大湾区的高质量发展。对于区域产业而言，在数字金融的助力下，生产者能够及时获取消费者的需求信息，消费者也有机会参与产品的设计与生产过程，从而有利于实现精准的供需匹配。同时，不同产业间的融合程度将随着连通性和渗透性的提高而提高，在良性竞争下将呈现新气象。对于大湾区各区域而言，数字金融赋能，能够比对区域间的优劣势，从而发挥各区域的优势，弥补劣势，提高资源配置效率，缓解区域趋同化现象，有利于整合各区域资源，形成粤港澳大湾区统一大市场。

（四）数字金融推动区域高质量发展的绿色发展

在中国发展方式绿色转型的背景下，数字金融主要从以下方面为高质量发展的绿色发展助力。一是满足绿色发展的资金需求。绿色项目具有长周期、低回报的矛盾性，数字金融能够缓解其融资约束，促进绿色项目的可持续发展。二是数字金融能够降低金融业的自身能耗。数字金融以网络为主要平台，数字为主要形式，由此能够有效降低金融服务中的能耗与污染，使行业更加环保。三是数字金融能够扩大绿色金融产品的供给，促进碳交易市场的发展，引导金融资源流向绿色产业和环境友好型企业，推动区域绿色经济的稳步发展。

（五）数字金融加速区域高质量发展的共同富裕

数字金融能够有利于粤港澳大湾区实现共同富裕，推动区域高质量发展。一是数字金融能够有效提高区域经济水平，做大经济蛋糕。数字金融扩大了资金的融通渠道，能够更多地吸收社会闲散资本，实现资本的加速积累，同时也加速了投资转换，将吸纳的闲散资金分配到实体部门，提高实体行业的生产能力，为经济增长做出切实贡献。二是数字金融能够降低企业和居民的行业准入门槛，拓宽投资渠道，从而促进产业分散化以及收入分配合理化，扩大中等收入人群，进一步缩小贫富差距，有利于实现共同富裕。

四 数字金融支持粤港澳大湾区高质量发展的对策建议

（一）利用数字金融减少体制机制障碍

利用数字金融在金融资源配置、信息交换上的优势，减少区域协同发展中的信息不对称，缓解体制机制障碍带来的困境。第一，利用数字金融促进重大合作平台发展。以“双区”和横琴、前海、南沙三大平台为重点，在粤港澳协同合作高质量发展过程中，探索体制机制改革完善路径，缓解体制机制带来的发展效率降低。第二，依托数字金融建立区域金融合作机制。粤港澳大湾区应该不断深化地区间的金融合作，应当发挥地区优势，为数字金融支持高质量发展提供良好的环境基础，例如可以利用数字化支付方式的便利，发挥香港在财富管理等方面的优势，建设国际资产管理中心。第三，利用数据金融促进大湾区人才认定标准统一和跨区流动。建立和完善区域的人才标准制度，例如统一研发人员专业认证等，促进科技成果的研发以及研发交流。利用数字信息技术优化人才资源在大湾区空间分布，统筹协调人才培养、孵化的投入资金，形成良好的创新人才生态建设，从而为粤港澳大湾区的科技创新助力，推动高质量发展。

（二）利用数字金融促进区域科技转化

数字金融能提升科技成果转化的速度和效率，政府和企业应该合理运用数字金融通过大数据提供的信息，对供给和需求进行精准匹配，从而促进基础创新与产业转化、产品市场化的迅速衔接，缓解传统科技和经济两张皮的问题，打破创新“孤岛”等不利于高质量发展的困境。为推动数字化水平的提升，不断推动金融和科技产业的融合，对大数据、区块链、互联网等智能化的金融平台投入研发和维护资金，打破银行与企业之间、银行和银行之

间信息的壁垒。深刻把握中央和省委层面提出的围绕坚持“制造业当家”、实现高水平科技自立自强等科技和产业发展思想，加大数字金融对衔接制造业、原始科技创新、“卡脖子”技术的支持。数字金融加大对粤港澳大湾区科技协同创新联盟等机构的支持，深入产学研内部，缓解多主体参与的衔接合作不畅，提升科技转化效率。探索数字金融在“港澳高校—港澳科研成果—珠三角转化”的科技产业协同发展模式中的桥梁中介作用，使香港和澳门的重大科研成果在粤九市转化。数字金融加大对围绕战略性新兴产业集群布局建设制造业创新中心的支持，在大湾区内推动大湾区国家制造业创新中心的创建，有力促进科技成果转化，提升科技成果转化质量，促进区域高质量发展。

（三）利用数字金融促进区域产业协作

粤港澳大湾区各城市基于历史和地理的因素，有良好的产业分工传统，国家出台《粤港澳大湾区发展规划纲要》也有科学的定位，利用数字金融促进区域产业协作，更多要落实到具体领域和细节，操作上要更多利用数字金融技术优势。粤港澳大湾区目前具有产业趋同化的问题，可以通过数字金融的赋能促进产业多元化、梯度化和协同化。政府和企业应该合理运用数字金融通过大数据提供的信息，对未来产业发展进行科学预判，合理规划布局不同产业在大湾区城市之间的分布，从而促进同行业的良性竞争以及不同行业之间的交互融合。利用数字金融的信息优势，支持深化粤港澳产业合作，重点支持珠三角制造业与港澳现代服务业融合发展，共同打造高质量的现代产业体系。在香港方面，重点推动“香港研发、深圳转化”新趋势的数字金融支持力度；在澳门方面，重点推动“澳门资源+全球先进技术+国际化人才+横琴载体”发展模式的支持力度。

（四）利用数字金融促进区域绿色发展

为推动可持续发展，应该不断推进金融和绿色产业的融合。充分发挥数字金融的大数据、区块链等数字技术优势，充分了解新能源企业的融资需求，不断优化风险识别程序、企业融资手续。要充分发挥数字技术与产业结合的创新潜能，结合科技创新与产业协作的相关措施，在“港澳高校—港澳科研成果—珠三角转化”的科技产业协同发展模式以及先进制造业科技创新中心等大湾区协同互助的机制或机构中，强调以新技术手段推动金融业务的数字化进程，把有限的金融资源更好地配置到绿色发展的行业和项目中，助力产业实现绿色低碳转型升级。利用数字金融推动粤港澳大湾区绿色金融发展，从而间接推动区域绿色发展。利用香港和深圳的金融优势，推动数字金融在高效构建碳账户、加大绿色信贷投放、推动企业 ESG 投资等方面开展深度合作。

（五）利用数字金融促进区域共同富裕

数字金融大力深入“百县千镇万村高质量发展工程”，利用信息化优势筛选城镇建设补短板项目提供资金扶持，优先解决乡村基础设施和基本公共服务建设中的资金困难。加强农村的数字化赋能，加强农村居民对数字金融产品的可得性。一方面应该加强支持数字化的网络基础建设，突破城乡之间的数字鸿沟，发挥数字金融的优势；另一方面为解决数字化支农的短板，政府和企业应共同对支农金融服务产品提供精准扶持，同时提高农村居民应对金融风险的管理水平，提高面向农村居民的普惠率，最终缩小城乡差距，同时提高整体的收入水平，实现共同富裕。

参考文献

［1］黄益平、黄卓：《中国的数字金融发展：现在与未来》，《经济学》2018 年第 4 期。

［2］覃成林、潘丹丹：《粤港澳大湾区产业结构趋同及合意性分析》，《经济与管理论》2018 年第 3 期。

［3］孙久文、殷赏：《“双循环”新发展格局下粤港澳大湾区高质量发展的战略构想》，《广东社会科学》2022 年第 4 期。

[4] 万晓琼、王少龙：《数字经济对粤港澳大湾区高质量发展的驱动》，《武汉大学学报》（哲学社会科学版）2022 年第 3 期。

[5] 王云、杨宇、刘毅：《粤港澳大湾区科学研究与产业创新协调发展研究》，《中国科学院院刊》2022 年第 12 期。

[6] 王信：《粤港澳大湾区绿色金融发展探索》，《中国金融》2021 年第 19 期。

[7] 张勋、万广华、张佳佳等：《数字经济、普惠金融与包容性增长》，《经济研究》2019 年第 8 期。

B.18

数字化智能化赋能佛山制造业高质量发展研究

“佛山数智变革”课题组*

摘　要： 推动制造业数字化智能化转型，构建制造业当家的崭新形态是佛山实现高质量发展的首要任务。从“制造之都”到“智造之都”，佛山在粤港澳大湾区、全国乃至全球范围内具有重要的战略定位，课题组梳理了佛山先进制造业发展现状，并通过企业调研访谈提炼了佛山制造业企业的数字化、智能化转型思路与实践举措，在革新智造管理理念、打造全产业链智造体系、提升全球价值链、建设大湾区智造引领型城市等方面提出了佛山制造业数字化智能化转型的具体建议。

关键词： 数字化智能化　智造之都　佛山

党的二十大报告和2023年政府工作报告均明确指出加快建设制造强国、数字中国的战略部署，并强调推动制造业高端化、智能化、绿色化水平。“坚定高质量发展、坚持制造业当家”也是广东全省2023年工作的核心重任。近年来佛山陆续发布多份推进制造业高质量发展的政策文件及行动方案，支持制造企业实现数字化智能化转型，为制造业高质量发展提供动力支撑。

---

* 执笔人：赵安然，普华永道粤港澳大湾区政府事务高级经理；张艳，普华永道粤港澳大湾区政府事务经理；路漫漫，《南方都市报》报社佛山新闻部首席记者。本课题组成员单位包括普华永道、《南方都市报》报社、中国信息通信研究院。

为深入研究佛山制造业数字化智能化转型探路经验，普华永道、《南方都市报》报社、中国信息通信研究院组建“佛山数智变革”课题组，历时半年持续观察佛山先进制造业数字化智能化转型，通过征集和调研企业转型案例，挖掘转型探路成效和经验，找准企业转型困境与痛点，探求变革的可循路径。

一　佛山制造业高质量发展的定位与现状

（一）战略定位

佛山作为传统制造业强市，在粤港澳大湾区智造变革中具有先行优势，需要积极承担智造引领型城市的角色，为全国制造业数字化智能化转型提供示范样本，共同构建制造业领域高水平对外开放格局。在此背景下，佛山制造业高质量发展的战略定位包括以下几个方面。

1. 珠江西岸先进装备制造产业带龙头

佛山是粤港澳大湾区重要的西向门户城市。《粤港澳大湾区发展规划纲要》对佛山的定位是依托承东启西的区位特点，助推珠江口东西两岸协同发展，强化对粤西及西南地区的辐射带动作用，与珠海等携手打造珠江西岸先进装备制造产业带，为大湾区制造业高质量发展提供重要支撑。

2. 全国制造业转型升级综合改革试点

佛山是全国传统制造业重地。党的十八大以来，佛山作为全国唯一的制造业转型升级综合改革试点城市，围绕制造业迈向中高端的目标，着力推进传统制造业数字化智能化转型，以为全国制造业转型升级、体制机制创新提供可供借鉴推广的示范经验。

3. 具有国际影响力的制造业创新高地

2022 年 8 月，广东省委、省政府印发《关于支持佛山新时代加快高质量发展建设制造业创新高地的意见》，提出佛山要立足国内国际双循环的新发展格局，加快推动制造业转型升级，形成以新技术、新产品、新业态、新模式为主导的先进制造业产业体系，推动产业创新和科技创新协同发展，建设具有国际影响力的制造业创新高地。

（二）发展现状

1. 区域分布：以顺德区、南海区为核心双翼发展

佛山传统制造业企业超过七成在顺德区和南海区集聚发展，近年来两区成为佛山制造业数字化智能化转型的重要力量。根据佛山市 194 家数字化智能化示范工厂、示范车间的五区分布来看，顺德区的数字化智能化示范工厂、示范车间数量最多，数量为 72 家，占比达 37%；其次是南海区，数量为 65 家，占比达 34%；三水区、高明区和禅城区，占比分别为 16%、8%和 5%（见表 1）。

表 1　2021~2022 年数字化智能化示范工厂、示范车间五区汇总

单位：家

区划	2021 年	2022 年	两年总数
禅城区	2	7	9
南海区	29	36	65
顺德区	36	36	72
高明区	7	9	16
三水区	12	20	32
汇总	86	108	194

资料来源：根据 2021 年、2022 年佛山市工业和信息化局发布的佛山市数字化智能化示范工厂、示范车间评审结果名单统计。

2. 行业趋势：传统制造转型与新兴智造齐头并进

传统制造业是佛山经济的基本盘，近年来佛山在推进传统制造业数字化智能化转型升级的同时，新兴智造业也在加速发展壮大。2021 年的统计显示，佛山 8020 家规上工业企业中，制造业有 7935 家，占比达到 98.9%；制造业分类共有 29 个，并与家居生活密切相关，巩固了佛山“有家就有佛山

造”的家居制造业地位。与此同时，生物医药和智能制造正在成为佛山制造业的新增长极。2021 年，佛山生物医药及高性能医疗器械、计算机及办公设备、先进装备制造业等实现两位数增长，分别增长 19.6%、13.3%和 11.4%。2022 年佛山先进装备制造业和生物医药及高性能医疗器械仍保持较高增速，分别增长 10.8%和 9.6%。从数字化示范工厂行业分布来看，电器机械与器材类仍占据重要地位，计算机、通信和其他电子设备、机械、汽车制造、塑料制品、食品制造、家居制造、专用设备、通用设备、医药制造等行业都在数字化智能化探索中加速前行。

3. 经营规模：制造业企业营业收入规模大幅提升

在数字化智能化标杆工厂的大力建设下，佛山制造业营业收入规模显著提升。数据显示，2022 年 1~10 月，佛山市规模以上制造业增加值 4483.93 亿元，比上年同期增长 3%。2022 年佛山企业 100 强中，制造业企业数量占据一半以上，营业收入占比最高。具体以佛山制造业龙头美的集团为例，过去十年，美的集团在数字化转型领域累计投入金额超过了 170 亿元，营业收入增长超过 150%，净利润增长了 333%，资产总额提升 319%。2022 年第三季度财报显示，美的集团前三季度实现营业总收入 2704 亿元，同比增长 3.5%，数字化创新业务营业收入 81 亿元，同比增长 37.3%。

4. 科研投入：制造业企业研发投入保持稳步增长

佛山制造业企业也在不断加大研发投入，以科技创新驱动制造业企业数字化智能化转型。数据显示，佛山 40 家在 A 股上市的制造业企业，2021 年研发投入为 192.62 亿元，较 2020 年增加 20.39%。2021 年研发支出占营业收入的 3.02%，跟上一年基本持平。佛山 A 股上市制造业企业的研发人员数量也呈增长趋势。2021 年研发人员数量达到 36294 人，比 2020 年增加了 18%；研发人员占企业总人数超过 10%的企业有 30 家，占比超 20%的企业有 8 家。此外，佛山制造业企业还通过增设研发机构来提升自主创新和研发能力。根据不完全统计，2022 年佛山企业拥有研发机构 500 多个。

二　佛山制造业数字化智能化转型的路径与实践

（一）转型路径

在数字经济时代，制造业企业需要以数字化智能化转型为手段，赋能制造业高质量发展，构建先进制造业现代化产业体系。党的二十大报告也提出“推动制造业高端化、智能化、绿色化发展”，为制造业高质量发展指明了方向。在制造强国、数字中国的战略部署下，佛山制造业数字化智能化转型也呈现如下思路。

1. 人工智能是佛山制造业数字化智能化转型的动力引擎

人工智能技术在制造业的应用转化是制造业数字化智能化转型的主要手段，更是对制造业产业链的升级和对价值链的重构。佛山要实现从“制造大市”向“制造强市”的高质量发展，就要推进人工智能与制造业的融合发展，发挥好人工智能的动力引擎作用。

2. 绿色发展是佛山智造企业出海走向国际化的通行标准

当前欧洲、美国、日本等发达经济体已经建立了较为完善的 ESG 生态系统，高 ESG 评级制造业企业更能获得国际市场的认可。佛山要推动智造“出海”，就要对标国际通行标准，建设绿色工厂、绿色产品、绿色园区、绿色供应链等绿色制造体系，以绿色发展引领制造业转型升级。

3. 数字平台是佛山制造业产业集群数字化智能化的重要载体

依托数字化服务平台拉通制造业产业链上下游，有助于形成高效协同的高水平产业链、供应链体系。因此佛山要支持产业链龙头企业依托工业互联网平台与产业链上下游中小企业深度互联，同时鼓励工业互联网平台商牵头组建产业集群数字化转型联合体。

（二）实践做法

1. 以人工智能技术驱动制造业提质降本增效

佛山制造企业以智能技术驱动流程优化，推动从信息化到数字化智能化转型，实现从ERP系统到5G、AI生产线或车间的升级，生产环节实现大幅提质降本增效。佛山维尚家具制造有限公司通过AI智能排产和虚拟制造装配系统，将消费者需要的相近相似板件合并同类项、集约化生产，有效解决了个性化和大规模生产的矛盾，实现了综合利用率、材料利用率提升。

人工智能技术在制造业企业生产车间里的应用还大幅优化了企业人力资源的配置。广东顺威精密塑料股份有限公司基于“5G+”设备物联数据采集，实现了工厂里的设备和“机器人”数据联网互通，通过一块数据大屏就可以了解生产车间的运行情况，极大地降低了人工成本。

2. 以绿色化制造标准开拓国际市场网络

欧美等国家对ESG标准愈发重视，对佛山制造业企业“走出去”提出了更高的绿色化要求。据课题组调研了解，佛山多个标杆工厂和数字化车间基本完成了以数智技术实现绿色生产的转型，从而加速企业实现绿色低碳目标。以高耗能、高污染、高排放的制陶业为例，佛山不乏传统制陶企业较早开启了数字化、绿色化进程。如蒙娜丽莎集团股份有限公司的数字化生产线已实现全流程能源、资源、污染排放的监控管理，其特高板数字化智能化示范车间将绿色能源与绿色技术相结合，实现全过程绿色生产，同时其在近100个国家和地区建立了超过400个专卖店和营销网点，基于ESG国际标准制定生产流程，实现数据可查、生产流程可溯源。

除此之外，有的企业为了更好达到ESG国际标准，积极引入国际合作伙伴。如乐普集团瞄准节能电机市场，三年前引入韩资企业合作，优化生产流程与技术水平，通过改造后的伺服电机，用电量可降低40%~50%，成功达到了能耗方面的绿色化国际标准。

3. 以数字平台打造数字化制造产业集群

2021年，佛山市政府将加快产业集群数字化智能化转型写入《佛山市推进制造业数字化智能化转型发展若干措施》，支持产业链龙头企业依托工业互联网平台与产业链上下游中小企业深度互联，形成高效协同的高水平产业链供应链体系；同时，鼓励产业集群中小企业抱团发展，支持工业互联网平台商牵头组建产业集群数字化转型联合体。至此，佛山从单一企业的数字化智能化转型正式升级进入制造产业链数字化智能化转型新阶段。

佛山龙头企业积极带动全产业链、生态链企业的数智变革，通过打造数字化服务平台，有效降低制造业产业链上中小企业数字化转型门槛。部分龙头企业通过数字化智能化创新形成了“灯塔效应”，通过重点推进云上平台建设，为制造业产业链构建了互利共赢的良好生态，加速了佛山乃至全省数字化产业集群建设。

三　佛山制造业数字化智能化转型的差距与挑战

（一）存在差距

2022 年，佛山实现地区生产总值 12698.39 亿元，规上工业增加值达 5761.84 亿元，规上工业总产值和增加值双双提升至全国第五位。在广东省制造业 500 强名单中，佛山入选企业达 90 家，居全省第一。佛山现已形成“三五成群、十有八九”的产业格局，装备制造、泛家居两大产业集群规模均已突破万亿元。但值得注意的是，与长三角、京津冀及大湾区其他制造业强市相比，佛山制造业发展仍存在一些差距与不足。

在工业规模方面，佛山的规上工业企业数量和规上工业总产值与东莞齐头并进，在无锡和天津之上，但与苏州仍存在差距。佛山规上工业企业数量已逼近万家关口，直追苏州；而在规上工业总产值方面，佛山虽然比东莞略高一筹，但与苏州差距较大，表现出佛山制造业“大而不强”的痛点。

在科技创新方面，佛山和东莞无论在 R&D 投入还是高新技术企业数量方面均不及长三角和京津冀制造业强市的水平。苏州和无锡 R&D 投入领先优势明显，而佛山和东莞 R&D 投入加总才与苏州数据接近。在高新技术企业数量上，天津作为承接北京科技创新转移转化的第一站，R&D 投入和高新技术企业数量已大有突破。佛山与东莞的高新技术企业数量相当，但不及苏州和天津，说明佛山总体科技创新实力仍有待突破。

在上市企业方面，苏州和无锡充分发挥了长三角地区金融资本加持的优势，上市企业数量远超大湾区和京津冀主要制造业城市，佛山、东莞、天津的上市企业数量均不到无锡的一半，说明尚未能充分利用金融资本赋能制造业发展（见表2）。

表2　2021年三大城市群主要制造业城市统计数据

城市	规上工业企业数量(家)	规上工业总产值(万亿元)	R&D投入(亿元)	高新技术企业(家)	上市企业(家)
苏州	11961	4.13	888.7	11165	216
无锡	7721	2.14	445.0	4608	176
佛山	9456①	2.68	342.4	7100	70
东莞	12778	2.41	434.5	7387	66
天津	5662	突破2	574.3	9198	63

资料来源：政府工作报告、统计年鉴、政府官网新闻等公开信息。

（二）面临挑战

1. 中小型制造业企业数字化智能化转型动力不足

数字化智能化是制造业企业加速发展的驱动力，但数字化智能化转型也存在一定的试错成本和见效周期。总体来说，佛山链主企业、大型企业数字化智能化转型大多均已取得成效，但中小型企业获得创新要素难度较大，面临着“不会转、不能转、不敢转”的难题。而中小企业数字化智能化转型动力不足将导致整个产业链数字化无法拉通，成为佛山产业集群数字化转型道路上的障碍之一。究其原因，中小企业数字化智能化转型主要存在以下挑战。

一是缺乏数字化智能化转型的长远目标和战略规划。部分企业尝试在生产流程的局部节点进行数字化改造，各节点上分散推进、分时实施，既造成数据“链路”出现断点或瓶颈，也导致转型中的部分技术标准不统一。二是缺乏既有制造业背景又有数字技术的复合型人才。尽管一些企业尝试引进

① 资料来源：截至2020年7月“佛山发布”的公开数据。

专业人才，探索首席技术官等核心人员主导数字化智能化转型的模式，但技术人才引进难、落地难，在中小型传统制造业工厂往往“水土不服”。三是缺少足够的数字化智能化转型资金及融资渠道。数字化智能化改造从硬件升级到软件应用，需要投入大量的经费。中小企业缺乏足够的资金做前期投入，融资渠道也有限，而数字化智能化转型很难在短时间内带来直接效益，在投资回报的压力下对转型效益存在疑虑。四是缺乏匹配制造业数字化智能化转型的专业服务商。佛山目前仍缺乏与智能制造相匹配的高端服务业，尤其缺少聚焦制造企业痛点的数字技术咨询和企业管理咨询等专业服务机构。

2. 制造业企业的数字化管理水平待提升

数字化智能化变革不仅是技术革新，更是经营理念、组织、运营管理的全方位变革，佛山制造业企业在推进数字化智能化转型中仍缺乏数字化管理流程与理念，将影响企业的决策与生产效率。

首先，企业的管理流程数字化智能化转型滞后。佛山制造业企业在管理环节的数字化智能化与生产环节的数字化智能化无法匹配。据调研了解，不少企业的管理流程停留在信息化阶段，虽然开发了多种不同的应用系统，但各个业务子系统联通不够，存在数据“孤岛”、基础数据不准等问题；还有些企业对供应商和渠道商的管理数字化程度不高，当生产线数字化智能化转型后，排产与生产效率提升了，但供应环节和销售环节效率无法跟进。其次，企业对ESG标准与技术的应用不足。调研发现，不少企业存在节能技术创新不足、环保材料使用不多、低碳生产认识不深等问题，导致销往欧美国家的产品无法满足当地可持续发展的标准。最后，缺少完善的科技金融服务体系、科技类政府引导基金等。

3. 制造业企业在国际市场的开拓力度有限

党的二十大报告强调提升国际循环质量和水平，为制造业企业开拓国际市场指明了道路。调研发现，佛山当前存在海外优质合作资源较少、技术借力程度不足、企业及其产品出海程度较低等问题，阻碍了企业实现智造全球化。

在“引进来”方面，佛山企业与海外优质企业合作、引进高新技术有待进一步加强。目前虽然已有逾5800家外资企业扎根佛山发展，但佛山制造业企业与外资企业的合作有限，对海外新技术的引进也障碍重重，存在成本高、资源少、适用性不高等问题。在“走出去”方面，佛山制造业企业及其产品“出海”程度有待进一步提高。据调研了解，除少数龙头企业，佛山制造业企业仍以产品出口为主，较少在海外投资建厂，或在境外注册实体公司。资金技术的不足、生产标准的改变、疫情带来的物流链不畅等问题成为企业“出海”的主要阻碍。

4. 与大湾区、长三角等地的合作有待加强

智能制造产业发展不仅是城市间的竞合，也是城市群的竞合。粤港澳大湾区、长三角、京津冀、成渝等五大城市群均已在制造业高质量发展上做出布局。但目前佛山引领大湾区智造转型的城市定位仍不够明确，与广深港以及东莞、中山、珠海等进一步建立互利共赢的区域合作关系有待加深。具体表现在以下几个方面。第一，佛山集聚了一批民营科技高成长性企业，但佛山制造业企业与广深港科技创新走廊的研发合作与协同创新不足，大湾区源头创新对佛山制造业高质量发展的赋能作用尚未能充分发挥。第二，佛山制造业对港澳高端服务业资源的利用有限，包括金融服务、管理咨询、战略投资等方面，限制了制造业企业决策能力和运营能力的提升。第三，佛山制造业在长三角、京津冀、成渝等城市群的市场开拓不足。以佛山泛家居制造来说，虽在京津冀、长三角等已有一些自发性动作，但总体规模不大，跨城落地效果一般。

四　佛山制造业数字化智能化转型的建议

（一）革新企业管理理念，谋划推进全面数字化智能化战略

数字化智能化是打通生产端与管理端、销售端的重要手段，需要从战略规划层面拓展到管理生产层面。建议佛山政府加大对制造业企业数字化转型的方向性引导，提升企业的现代化管理理念，企业也要加快谋划“全面数

字化智能化”战略。

一方面，建议佛山政府指引和支持企业提升数字化管理能力，实现从精细管理到精益管理转型。企业自身需构建数据驱动型高效运营管理模式，从依靠人决策转向依靠数字化系统决策，逐步完善从战略规划、产品研发、生产制造、经营管理到市场服务业务活动等各个环节的数字化。另一方面，佛山政府可加快推动现代服务业和先进制造业深度融合，支持和引进服务高端制造业的现代服务企业聚集发展。完善科技金融服务体系，建立科技项目投融资体系，有利于培育上市企业、“独角兽”企业。支持优质制造业企业通过资本市场开展融资并购。探索建设佛山智造企业 ESG 信息披露评价体系，引导企业往绿色化、低碳化发展。

（二）发挥链主引领作用，构建全产业链的智造体系

发挥链主企业的示范引领作用，通过数字化智能化改造实现产业链拉通和要素流动，是佛山制造业数智变革的必由之路。一是打通产业链数据“链路”，推动供应链上下游企业数据互联互通，打造“智造产业链共同体”。二是引育数字化专业人才，打造产教融合人才基地。积极引进专业技术培训机构，面向中小制造业企业开设数字化课程，培育既精通业务技能又熟悉信息化知识的复合型数字化人才。三是加大对创新技术的资金支持，对优质数字化转型项目提供成本更低、规模更大、周期更长的融资服务。四是加速核心技术攻坚，鼓励链主企业牵头申请国家级、省部级重大项目基金，推进布局一批共性技术研发、测试、中试和应用功能型平台。五是加快培育一批数字化转型专业服务商，为中小企业提供技术解决方案。

（三）强化辐射带动能力，建设湾区智造引领型城市

作为粤港澳大湾区西向门户城市，佛山应进一步提升其在大湾区制造强市的地位，发挥制造业创新高地的引领作用。首先，推动佛山的产业创新和广深港的科技创新协同与金融资本融合发展，包括深度对接广深港科技创新走廊，与港澳扩大科技创新合作，共建新型研发机构，借助广佛科技合作园

区、深圳科技园佛山科创园和顺深产业城的建设，形成“港澳高校—港澳科研成果—佛山转化”的科技创新模式。佛山应力争成为广深港新技术在制造端应用的第一落点，并形成辐射带动能力，引领珠江口西岸城市建设先进装备制造产业带。同时，利用深交所、港交所的资本市场优势，积极推动佛山制造业企业上市，拓宽融资渠道。其次，加强与长三角、京津冀等城市群合作。佛山可利用自身土地和政策优势，引进大湾区产业链所需的企业和技术，为广东省战略性新兴产业发展强链、补链。积极对接北京科创板、上海科创板等上市平台和创投基金，为制造业企业转型提供更多创投资本支持。

（四）加速佛山智造“出海”，拓展全球产业链延伸布局

广东省支持佛山企业加快融入全球研发设计、生产制造、营销服务链条。佛山政府和企业积极“走出去”的同时，也应关注当前佛山制造业在生产标准对接、国际化合作、技术适用方面与国际标准仍存在一定差距。

首先，建议佛山政府联合产业园区、商协会，推动制造业企业对标国际技术、管理与生产流程标准，打造制造业“走出去”综合服务平台，引进国际运营公司、专业服务机构等，助力制造业企业拓展海外市场。其次，支持佛山智造在全球产业供应链延伸布局，对企业在海外投资、参展给予更多支持，让企业从单一的出口产品逐渐转变为全球产能布局，提升佛山在全球产业链供应链中的地位。最后，加强海外优质企业、海外技术、高端人才引进，充分借力先进技术和高端人才，赋能本土制造企业数字化智能化转型。

参考文献

［1］《中共广东省委、广东省人民政府：关于支持佛山新时代加快高质量发展建设制造业创新高地的意见》，《南方日报》2022 年 8 月 26 日。

［2］王彪、李凤祥、黄华枫：《两座万亿级工业大市殊途同归》，《南方日报》2022 年 8 月 30 日。

[3] 莫璇:《将佛山打造成为制造业创新高地》,《佛山日报》2022 年 8 月 27 日。
[4] 罗婷:《中美贸易摩擦对佛山制造业的影响及应对措施》,《现代商业》2022 年第 16 期。
[5] 江源:《深刻把握中国式现代化,构建智能制造发展新格局》,《智能制造》2022 年第 6 期。
[6] 肖静荣:《建设现代化产业体系,推动佛山打造制造业创新高地》,《广东经济》2023 年第 1 期。
[7] 张志勇:《搭建技术—产业—资本创新循环体系》,《经济》2023 年第 Z1 期。
[8] 吴蓉、梁施婷:《广佛同城化更进一步:广州“大脑”助佛山产业链升级》,《21 世纪经济报道》2022 年 9 月 12 日。

B.19

中山市加快制造业数字化智能化转型研究报告

梁士伦　丘书俊　李奇航*

摘　要： 党的二十大报告对制造业数字化智能化做出重大部署。粤港澳大湾区是全国制造业发展的核心区域，近年来5G、大数据、云计算、人工智能、区块链等数字技术发展日新月异，并与制造业深度融合，为制造业数字化智能化转型提供强大动力。本文通过梳理制造业数字化智能化转型的内涵和作用机理，分析中山市制造业数字化智能化转型现状和存在的问题，并提出了粤港澳大湾区背景下中山市加快制造业数字化智能化转型的对策建议。

关键词： 制造业转型升级　数字化智能化　中山市

党的二十大报告指出，坚持把发展经济的着力点放在实体经济上，推进新型工业化，加快建设制造强国、质量强国、航天强国、交通强国、网络强国、数字中国，强调推动制造业高端化、智能化、绿色化发展，加快发展数字经济，促进数字经济和实体经济深度融合，打造具有国际竞争力的数字产业集群。广东省委书记黄坤明在省委经济工作会议上强调要发挥粤港澳综合优势，加快建设世界级湾区，发展最好的湾区；要坚持以实体经济为本、制造业当家，推动制造强省建设迈出新步伐。中山市委书记郭文海在市委经济

* 梁士伦，电子科技大学中山学院教授，中山市经济研究院院长，主要研究方向为区域经济学、产业经济与政策；丘书俊，中山市经济研究院副院长，高级经济师；李奇航，中山市经济研究院助理研究员。

工作会议上强调要加快推进制造业数字化智能化转型。粤港澳大湾区背景下中山市加快制造业数字化智能化转型，将为实现制造强市提供有力支撑。

一 制造业数字化智能化转型概述

（一）制造业数字化智能化转型的内涵

根据国内外相关研究成果，制造业数字化智能化转型是制造业企业通过综合运用新型制造技术和5G、云计算、工业大数据、人工智能、物联网等数字技术，激发数据要素创新动力潜能，提升信息时代生存和发展能力，加速业务优化升级和创新转型，促进全产业链、产业集群在线协同，实现转型升级和创新发展的过程。

数字化与智能化既有联系又有区别，数字化主要是通过数字技术的深入应用，将云计算、大数据、物联网、5G等技术与制造业相结合，构建一个全感知、全连接、全景式的数字世界，对制造业传统管理模式、业务模式、商业模式进行创新和重塑，使其服务于生产制造、供应链管理、产品营销、售后服务等各环节。智能化并非简单利用机器替代人工，而是以人工智能为核心，涵盖设计、研发、生产、销售及服务等制造业各环节，实现智能制造的融合发展与创新突破，提高企业生产与经营管理效率。其中，信息化是基础，数字化是提升，智能化是闭环，数智化是创新，通过“数字化+智能化”，运用新型技术，集合数字资产积累和智能化运营手段，推动制造业转型升级和创新发展，提升产品和服务的竞争力，让企业获得更大的竞争优势。

（二）制造业数字化智能化转型的作用机理

1. 促进生产环节降本增效

通过数字化智能化转型，企业可以在生产环节应用物联网、大数据、人工智能等技术实现流程再造，提升制造环节的效率。通过“数字+”“智能+”与制造业相结合，加快制造业企业生产方式的新变革，加速传统低端工艺流程的升级，打造消费者“按需定制+参与制造”的新型智能化服务模式，更好地捕捉和满足顾客需求，最终降低成本，提高生产效率，缩短产品上市时间。

2. 赋能传统制造业转型升级

5G、工业互联网、人工智能等数字技术加速发展，为传统制造业转型升级提供关键支撑。通过以5G、工业互联网、人工智能等为代表的数字技术与传统产业深度融合，全面提升制造业的数字化能力、网络化能力和智能化能力，实现生产运营全过程数据贯通、生产资源全要素网络协同和生产活动全场景智能化应用，进而助推传统制造业转型升级。

3. 开拓新的价值创造模式

以5G、大数据、人工智能等为代表的数字技术广泛应用将推动制造业新模式、新业态孕育而生。数字化智能化转型推动数字产业化，加快新兴产业的数字化进程，提升数字技术对制造业的融合度与渗透力，形成新的数字化场景、数字化车间、数字化企业，形成新的价值创造、价值获取和价值实现模式，带动制造业商业模式的创新发展。

4. 激发企业创新潜能

数字技术的广泛应用和数字化智能化平台的推广，打破了消费与研发之间的障碍，有效推动产业链与创新链的紧密对接，加快制造业创新迭代速度。在创新过程中，通过数字技术的高效存储和访问，使制造业创新所需要的知识转移、外部信息和创新参与者之间的交流变得容易和高效。制造业企业还可通过数字技术充分利用和整合外部创新资源，加强与其他公司、大学和研究机构的创新合作，通过数字互联技术实现各个合作创新主体间的创新信息共享。同时，数字技术的应用打破了企业原有创新流程之间的界线，缩短创新周期，极大地提高了创新潜力和效能。

5. 重塑组织管理方式

数字化智能化转型使制造业企业的组织管理方式发生了很大变化，原来的企业管理理念难以适应新的发展变化。制造业企业需要对市场、客户、产品、价值链等整个组织管理方式进行重新审视，重构数字经济下的全新管理理念，在经营理念、战略、组织、运营等方面进行全局谋划，促进研发设计、生产制造、经营管理、销售服务等全链条数字化智能化，推动业务优化升级，实现供应链高效协同，构建由企业、员工、消费者以及整个产业链的参与者组成的紧密利益共同体，以适应制造业企业数字化智能化转型需要。

二　中山市制造业数字化智能化转型现状和存在的问题

（一）中山市制造业数字化智能化转型现状

近年来，中山市加快推进智能制造、工业互联网应用、产业链协同创新等重点领域建设，有力推进制造业数字化智能化转型进程。

1. 构建数字化智能化转型政策体系

中山市政府出台《中山市推进制造业数字化智能化转型发展若干政策措施》（中府〔2022〕1号），全市至少投入50亿元支持制造业数字化智能化转型，并相继出台标杆示范、平台赋能、贷款贴息等配套政策措施，通过分类实施，以全流程、阶梯式、多维度的方式支持企业数字化智能化转型。

2. 加强制造业数字化转型基础支撑能力建设

截至2022年第三季度，中山市宽带建设发展综合排名全省第二，中山市固定宽带接入用户总数达到207.59万户，固定宽带接入端口总数达到463.74万个，移动通信基站总数达到3.7万个，其中4G、5G基站分别有2.5万个、1.2万个，5G基站占比32.43%。健全中山市企业全生命周期公共技术体系建设，认定25家市级工业和工业互联网公共技术服务平台，累计为企业提供智能改造方案4500余套。

3. 大力推动制造业企业数字化转型

2022年中山市共新增596家规上工业企业进行数字化转型，规上工业企业数字化转型累计超2200家。各级财政资金投入支持一批数字化智能化技术改造、产业链协同创新、新一代信息技术应用、高端装备项目建设，数字化智能化技改项目较上一年度增加20%以上。

4. 树立数字化智能化转型标杆

开展数字化智能化示范工厂、示范车间、工业互联网标杆示范项目认定，完成了中顺洁柔、皮阿诺、合胜厨电3个省级数字化示范项目建设和奥马冰箱、明阳电气等9个省级“5G+”工业互联网标杆项目建设，认定了10家中山市制造业企业数字化智能化示范工厂，带动3000多家企业上云用平台，逐步形成了示范效应。

5. 推动产业集群数字化转型

中山市的灯饰产业集群、小家电产业集群入选广东省产业集群数字化转型试点，探索开展“工业互联网+园区”“工业互联网+产业链”协同等新模式应用。采取“政府政策+智能制造供应商库+融资担保+产业链企业”的模式，加快推进五金、家电、板式家具、灯具等产业链数字化升级。

（二）中山市制造业数字化智能化转型存在的问题

为系统了解中山市制造业企业数字化智能化转型意愿、转型推进情况、企业对数字化智能化转型相关政策的评价，中山市经济研究院开展了专题调研，发现中山市制造业数字化智能化转型存在以下问题。

1. 产业数字化进程有待加快

《中国城市数字经济指数蓝皮书（2021）》显示，中山市数字经济指数在全国148个城市中仅排在第55名（在广东省排第7名），距离排在前列的城市还有不小的差距，数字经济核心产业基础薄弱，制造业整体数字化水平不高。中山市数字经济领域的龙头骨干企业数量较少，企业在基础研究、关键技术产品研发和应用创新等方面能力薄弱，信息产业以电子信息制造为主，软件服务业规模不大且未形成集聚效应，软件业务收入与周边制造业规模较大的城市发展差距加大。

2. 企业“不敢转、不想转、不会转”现象仍普遍存在

中山制造业数字化智能化转型具体实施缺乏指导和有效引导，企业不理

解，甚至没有能力实施数字化智能化改造。有些企业虽然推动数字化智能化转型的意愿比较强烈，但多数企业仍缺乏清晰的战略规划与实现路径。调查显示，52.5%的调查企业认为投入成本较高，47.5%的企业缺乏数字化人才队伍，42.5%的企业数字化基础薄弱、缺乏成熟的新技术和硬件支持；其他依次为缺乏转型战略规划与路径，缺乏融资支持，产出成果难看到、面临转型失败风险等，导致企业数字化智能化转型动力不足，陷入“不敢转、不想转、不会转”的困境（见图 1）。

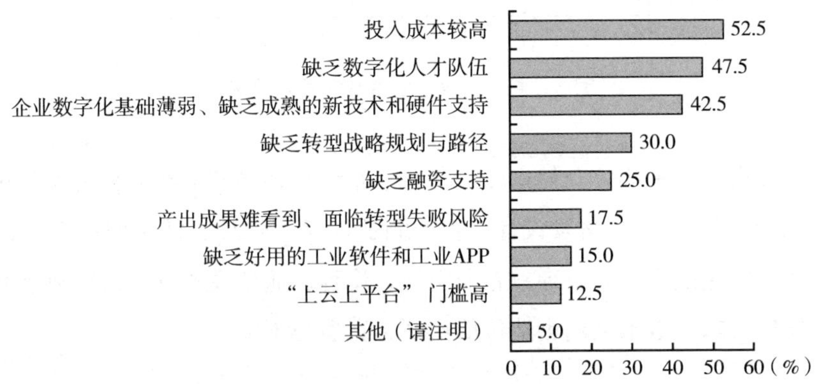

图 1　调查企业数字化智能化转型面临的问题

3. 数字技术与制造业融合发展有待深化

调查显示，中山多数制造业企业还处于数字化智能化转型初级阶段，数字技术的应用程度不高，数字化转型核心技术缺乏，数字化基础相对薄弱，37.5%的企业无使用数字技术，使用人工智能、大数据、云计算、5G 等数字技术的企业不多（见图 2）。企业数字化转型技术架构能力整体较弱，中山不少制造业企业仍停留在低附加值的加工组装、工业 2.0 和工业 3.0 补课阶段，数字化智能化新技术应用和迭代推进较慢，企业技术改造投入强度不高，工业技术改造投资总量连续多年在珠三角处于末位，制造业整体数字化智能化水平有待提升。

4. 缺乏全链条全景式数字化智能化转型

调查显示，中山制造业企业数字化智能化转型主要集中在生产制造环

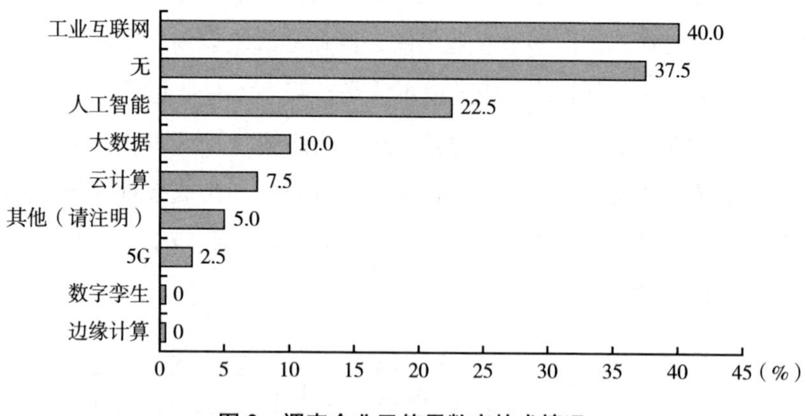

图2　调查企业已使用数字技术情况

节，研发设计、采购、仓储运输、销售、组织管理等环节数字化智能化转型比重偏低（见图3），研发设计、生产制造、经营管理、销售服务等全链条全景式数字化能力缺乏，导致企业组织、流程、业务模式难以适应数字经济时代发展要求，数据应用创造价值不高、竞争力不强。

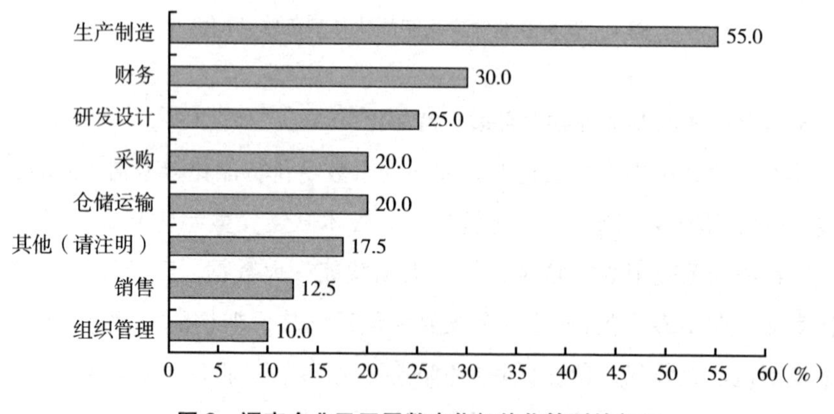

图3　调查企业已开展数字化智能化转型的部门

5. 制造业数字化智能化服务供给能力有待提升

目前中山已培育认定一批推动企业数字化智能化转型发展的服务商，但同广深佛莞等城市相比，缺乏带动能力强的工业互联网平台、数字化平台及高水平技术服务公司和数字化服务商，无法建立供给能力强的服务生态。中山制造业门类众多，各个制造业数字化路径行业属性和专业性较强，而针对行业实际需求的数字化解决方案较少，服务针对性不强，缺乏满足行业细分领域实际应用的云化软件、工业App，工业信息安全保障能力不强，平台供给服务能力不足，制造业数字化智能化转型在可用性、可操作性方面需要进一步提高。调查企业实施数字化智能化转型依托的技术团队情况如图4所示。

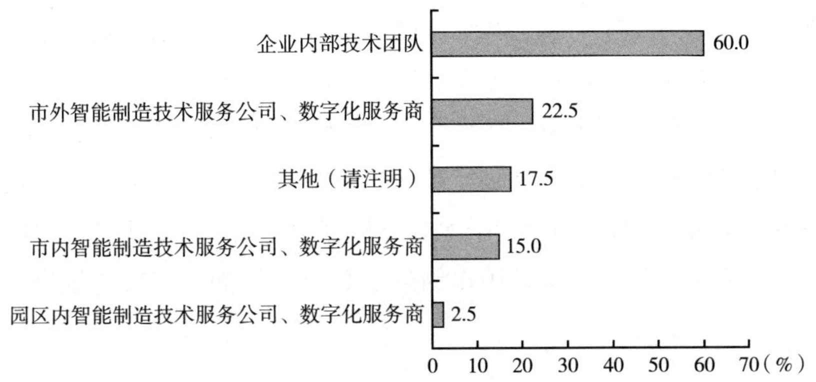

图4　调查企业实施数字化智能化转型依托的技术团队

6. 中小微企业数字化赋能支持力度亟待加大

中小企业是数字经济发展的生力军，也是数字化智能化转型的主战场。麦肯锡的一份报告指出中国企业数字化转型成功率仅为20%左右，而且几乎都集中在大型企业，中小微企业数字化转型“举步维艰”。中山制造业以中小微企业为主（中小微企业占比达到99%），企业数字化转型呈“多批次、小批量”特征，存在数字化标准不统一，数字化认定模糊等情况。由于数字化智能化转型投入成本高、周期长，大多数中小微企业技术创新能力薄弱、数字化人才匮乏、资金周转压力较大，难以通过自身能力实现数字化智能化转型，需要政府加大力度给予针对性政策支持，拓宽政策覆盖面，增强政策执行效果。

三　粤港澳大湾区背景下中山市加快制造业数字化智能化转型的对策建议

（一）总体思路

抢抓“双区”、横琴和前海两个合作区、中山建设广东省珠江口东西两岸融合互动发展改革创新实验区、深中通道即将建成通车等重大历史机遇，以数据为关键要素，以数字技术与制造业融合发展为主线，加强数字基础设施建设，着力提升数字化智能化转型技术创新能力、供给能力、支撑能力和应用水平，赋能传统产业转型升级，大力发展智能化制造、网络化协同、个性化定制等新业态新模式，构建数字生态共同体，建设粤港澳大湾区制造业数字化智能化转型示范城市，加快“中山制造”向“中山智造”转变，推动中山制造业高质量发展，打造“数字中山、智造名城”。

（二）转型路径

数字化不是目的而是手段，数字赋能最终目的是实现企业生存和利润增长、生产效率提升、市场竞争力增强。企业所处阶段不同，数字化转型赋能路径也不同，因而要结合中山制造业实际，摸清家底，认清路径方向，因企（业）施策，分类改造，避免盲目转型，有效促进制造业数字化、网络化、智能化水平提升，加快中山制造业高质量发展。

1. 针对尚处于工业1.0向工业2.0过渡阶段的制造业企业

重点是夯实数字化转型基础，引导企业结合自身特点选择适合自己的工业软件、设备等数字化工具，先从部分流程数字化起步，从企业急需改进的环节入手实施数字化改造，在此基础上逐步推动研发、生产、营销等关键环节的数字化升级，同时支持企业“上云上平台”，提升数字化转型成功率。

2. 针对由工业2.0向工业3.0过渡的制造业企业

重点是增强企业数字化能力，提升数字制造、智能制造水平，支持其加快设计研发、生产装配、营销管理等企业内部各子系统的数字化智能化进程，打通企业供应链、价值链、人财物各个环节，同时鼓励其接入工业互联网、数字化平台，推动企业内外部数据集成，实现企业降本增效、业务流程再造、资源配置优化、运营模式升级。

3. 针对由工业3.0向工业4.0过渡的制造业企业

重点是总体规划、局部先行，在对原有制造环节数字化转型、生产线智能化改造的基础上进行数字化智能化升级，推动工业互联网与人工智能的融合探索，实现生产方式向数字化智能化转变，随着数字技术应用的不断深入，推动企业逐步向研发设计、供应链、销售环节延伸拓展，形成数据闭环和业务闭环，实现研产供销快速响应和高效协同，提升制造质量和企业竞争力。

4. 针对迈向工业4.0的制造业企业

重点是对数字化赋能做好全面的战略规划和设计，依托数据要素、数字化思维、数字化手段等支撑，打破企业内部的数据“孤岛”，形成数据驱动的智能决策能力，通过深化数字技术在研发、生产、销售等各环节的应用，进行全方位、全流程、全链条的数字化智能化改造，逐步从内部运营优化向外部业务拓展转型，推动产品功能的智能化智慧化，再基于数字化产品为客户提供增值服务和解决方案，提升从研发设计到售后服务全链条的数字化智能化水平。

（三）具体建议

1. 做好统筹谋划和顶层设计，打造大湾区制造业数字化智能化转型升级高地

在中山市数字化智能化转型办公室基础上，设立工作专班，建立数字专员制度和数字化专家咨询委员会制度。完善制造业数字化智能化转型政策，针对设备互联、流程再造、场景建设等不同类别（项目）实行差别化政策补贴标准，拓宽政策覆盖面，增强政策执行效果。搭建产业数字金融平台，推出行业数字化金融产品，成立数字化专项基金，创新“数字化券+数字贷”联动支持。建设数字化人才培育基地，培育数字化专业技能人才、数字工匠、数字名家。建设中山市制造业数字化智能化转型赋能中心，打造高质量产业数字化综合体、中山“数智谷”，汇聚优质数字化资源，推动企业加快数字化智能化转型，成为立足中山、辐射粤港澳大湾区的制造业数字化智能化转型的城市新地标新名片。高标准规划建设数字产业园区，因地制宜建设数字终端制造集聚区、软件和信息技术服务集聚区、元宇宙产业园、数字经济小镇，加快园区数字化改造和网络升级优化，提升园区数字化管理和服务能力。

2. 深化数字技术与制造业融合，打造高水平数字化支撑服务平台体系

加快完善5G通信、工业互联网、大数据、人工智能等新基建，适度超前布局未来网络设施。推动数字技术融合应用和集成创新，强化工业软件、工业App等硬件支持。引育工业互联网标杆平台、数字赋能平台、数字化服务平台，构建全生命周期公共技术服务平台和行业“数据大脑”。实施“5G+工业互联网”试点示范工程，推进数字化车间、智能工厂、无人工厂（未来工厂、灯塔工厂）建设。搭建对接平台，加快引进一批数字化智能化转型平台企业。

3. 加快制造业数字化改造升级，共建具有国际竞争力的数字产业集群

推动“数字+”“设计+”赋能传统产业转型升级，促进传统产业焕发新的生机。加快新兴产业数字化进程，主动对接广深港世界级的数字化资源，大力发展5G、大数据、人工智能、数字健康、区块链、量子通信等产业，招引华为、阿里、腾讯等公司的数字科技项目和技术转化项目，开辟未来产业发展新空间，共建具有国际竞争力的数字产业集群。

4. 推动全链条全景式转型，提升制造业数字化智能化水平

实施制造业全链条数字化能力提升行动，打造智能制造、网络化协同制造、服务型定制、个性化定制、众包设计、云制造、共享制造等新型模式。围绕生物医药、光电光学、智能家电、五金锁具、灯饰光源、新能源等重点产业链，每条产业链制定一张数字化智能化转型路线图，部署实施一套行业特色数字化解决方案，按照“一链一图一方案”加快推进产业链数字化智能化升级。

5. 引导企业加快数字化智能化转型，实现高质量发展

建议相关职能部门开展数字化“大讲堂”系列专题培训辅导，进一步提高企业家对数字化智能化转型重要意义、案例路径等的认识，引导企业树立数字化思维、利用数字化手段重塑业务模式、技术范式和组织方式。举办政策宣讲、论坛、讲座、实地走访、经验交流等活动，推动更多企业到数字化标杆企业参观交流学习。组织专家团队、智能制造诊断服务商、方案提供商等开展数字化智能化转型诊断（会诊），提升企业数字化转型能力。构建线上线下数字化学习平台，联合院校开展数字化技能培训，提升企业家数字素养。鼓励有条件的企业开辟数字化运营部门，并与工信部门互联互通，政企同心同向推动企业数字化智能化转型。

6. 构建数字化协同发展企业梯队，打造数字生态共同体

谋划成立中山市数字经济联合会（或数字经济产业促进会、数字产业协会），打造“开放型、平台型、枢纽型、生态型”数字经济品牌组织。建设企业数字化资源库，推进共享设计、共享制造、共享仓储等。选定部分镇街作为试点，组建产业联合体生态组织，带动集群企业数字化智能化转型。

7. 围绕数字湾区建设，提升数据要素市场一体化水平

积极对接数字大湾区、省数据运营中心、深圳粤港澳大湾区大数据中心建设，发挥“黄金内湾”关键节点作用，积极推动中山与深圳及大湾区其他城市之间数据融通合作，形成完整贯通的数据链，提升数据要素市场一体化水平。加快国家超级计算广州中心中山分中心建设，建设中山工业数据、算力中心，构建“产业大脑”，实现“工厂—企业—园区—城市—运营中心”的多级联动治理数智化，更好利用数据资源链接产业链上下游协同发展。加快建设城市大数据中心，深度融入粤港澳大湾区一体化大数据中心体系和数据中心集群。

参考文献

[1]《习近平谈治国理政》(第四卷),外文出版社,2022。

[2]《习近平经济思想学习纲要》,人民出版社,2022。

[3]《党的二十大报告学习辅导百问》,学习出版社、党建读物出版社,2022。

[4] 张晓燕、张方明:《数实融合——数字经济赋能传统产业转型升级》,中国经济出版社,2022。

[5] 王洪章、周天勇:《中国专精特新企业发展报告(2022)》,经济管理出版社,2022。

[6] 徐印洲、龚思颖:《粤港澳大湾区发展数字经济提升区域创新能力的研究》,载涂成林、苏泽群、李罗力主编《中国粤港澳大湾区改革创新报告(2020)》,社会科学文献出版社,2020。

[7]《做强做优做大我国数字经济 习近平总书记这样指示》,《经济》2022 年第 9 期。

[8] 李英杰、韩平:《数字经济下制造业高质量发展的机理和路径》,《宏观经济管理》2021 年第 5 期。

[9] Gereffi G., "International Trade and Industrial Upgrading in the Apparel Commodity Chain," *Journal of International Economics*, 1999 (1): 37-70.

[10] 中国信息通信研究院:《中国数字经济发展白皮书(2022)》,《杭州日报》2022 年 7 月 9 日。

[11] 刘畅:《深圳传统产业振兴的数字化路径:现状、模式与策略建议》,《中国经济特区研究》2021 年第 1 期。

B.20

关于粤港澳大湾区科技创新的现状评估与发展建议*

广州市粤港澳大湾区（南沙）改革创新研究院课题组**

摘　要： 推进粤港澳大湾区建设是中国的一项重要战略，旨在打造全球领先的科技创新中心。目前，大湾区已经成为全球重要的经济中心之一，具有强大的创新能力和技术实力。本文旨在分析粤港澳大湾区的科技创新现状，并评估国家在广州、深圳等城市开展的创新试点政策的效果及科技创新发展存在的问题。通过实证分析，发现创新型城市试点政策促进了粤港澳大湾区创新水平的提高。在此基础上，本文提出了优化粤港澳大湾区科技创新发展的建议，包括引进高端人才、提高科技创新成果转化率、促进创新要素流动。

关键词： 粤港澳大湾区　科技创新　政策评估

党的二十大指出，要加快建设科技强国，坚持创新在我国现代化建设全局中的核心地位。在新时代，我们必须坚持习近平总书记鲜明的社会主义创

---

* 本文为广东省决策咨询基地广州大学粤港澳大湾区（南沙）改革创新研究院、广州市新型智库广州大学广州发展研究院的研究成果。

** 课题组组长：涂成林，广州大学广州发展研究院智库首席专家、二级教授、博士研究生导师，广州市粤港澳大湾区（南沙）改革创新研究院执行院长，广东省区域发展蓝皮书研究会会长，研究方向为城市综合发展、文化科技政策、国家文化安全及马克思主义哲学。课题组成员：谭苑芳，博士，广州大学广州发展研究院副院长、教授，广州市粤港澳大湾区（南沙）改革创新研究院理事长；于晨阳，广州大学广州发展研究院博士后；周雨，博士，广州大学广州发展研究院主任、讲师，广州市粤港澳大湾区（南沙）改革创新研究院副院长；赵慧玲，广州大学管理学院博士研究生；杨丽红，广州大学马克思主义学院硕士研究生。执笔人：赵慧玲、曾恒皋。

新理念的领导，建设创新型国家，跻身世界科技创新强国。作为中国经济发展的重要增长极，粤港澳大湾区必须高度重视科技创新发展，将大湾区建设成为高新技术企业和新兴产业的发源地。粤港澳大湾区创新高地建设不仅是推动地方经济发展方式转变和社会发展的需要，也是推进创新型国家建设、提高对外开放水平的需要。目前粤港澳大湾区的城市科技创新资源丰富，取得了一定的成效，但仍存在创新高端人才缺乏、研发资金投入不足、科技成果转化率低等发展瓶颈，亟须在党的二十大引领下，对粤港澳大湾区给予扶持，全面提升大湾区城市的科技创新能力和产学研深度合作，为打造国际科技创新中心夯实基础。

一　粤港澳大湾区科技创新发展现状

作为中国最具影响力的湾区，粤港澳大湾区由广东省内九座城市和香港、澳门两个特别行政区组成。国务院印发的《粤港澳大湾区发展规划纲要》明确提出要建成具有全球影响力的科技创新中心。在此基础上，粤港澳大湾区以科技创新发展为核心目标，与香港、澳门开展合作创新发展。据《国际科技创新中心指数 2022》，粤港澳大湾区的科技创新实力全球排名第六。

（一）经济实力雄厚，研发投入增长

粤港澳大湾区以其高水平的经济发展，为科技创新打下了坚实的基础。截至 2022 年 12 月，粤港澳大湾区的 GDP 总量已超过 13 万亿元。除了香港、澳门，大湾区内其他城市的 GDP 增长率均为正数，这表明大湾区的经济整体呈现良好的增长态势。值得关注的是，该区域内的广州、深圳、佛山和东莞四个城市，地区生产总值均突破 1 万亿元。具体而言，深圳市的 GDP 总量达到 32387.68 亿元，位居第一；广州市的 GDP 总量则为 28839.00 亿元，紧随其后。这表明广深仍是大湾区经济增长的主要引擎，并且对整个大湾区的经济增长起到推动作用。此外，根据香港和

澳门统计署数据，香港地区的 GDP 约为 24280 亿元，而澳门地区的 GDP 约为 1478 亿元（见图 1）。

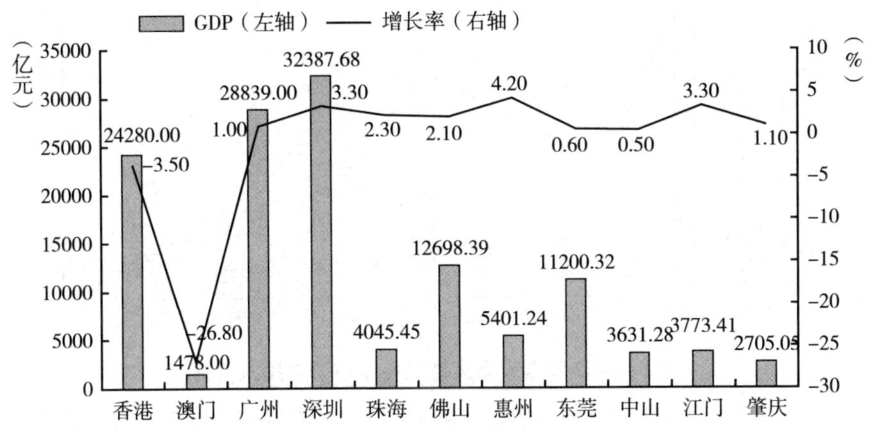

图 1　2022 年粤港澳大湾区各城市地区生产总值（GDP）情况

资料来源：广东省统计局、香港特别行政区政府统计处、澳门特别行政区政府统计暨普查局。

粤港澳大湾区在科技创新方面持续增加研发投入，堪称经济高速发展的典范。2022 年大湾区的研发投入高达 4000 多亿元。其中，深圳、广州和东莞三市在研究与试验发展经费内部支出方面的表现尤为突出，分别达到 1682.15 亿元、881.72 亿元和 434.45 亿元。佛山的研发投入也不容忽视，达到 342.36 亿元。相比之下，珠海和惠州的研发投入均超过 100 亿元，但中山、肇庆、江门和澳门的研发投入均不足 100 亿元。从研发投入强度看，深圳在研发投入强度上高达 5.49%，仅次于北京，排名全国第二。广州、珠海、佛山、惠州、东莞、江门的研发投入强度均超过了 2022 年我国平均研发投入强度 2.55%，表现不俗（见图 2）。而中山、肇庆、香港、澳门的研发投入强度相对较低。这表明粤港澳大湾区在研发投入方面存在明显的差距，深圳和广州在科技创新和发展方面具有明显的领先优势，而其他城市在科技创新方面潜力巨大。

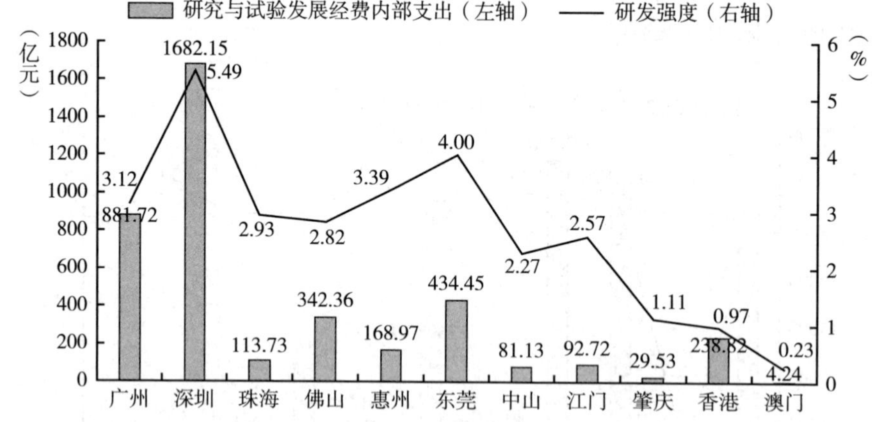

图 2　2022 年粤港澳大湾区各城市研发投入情况

资料来源：2022 年《广州统计年鉴》《深圳统计年鉴》《珠海统计年鉴》《佛山统计年鉴》《惠州统计年鉴》《东莞统计年鉴》《中山统计年鉴》《江门统计年鉴》《肇庆统计年鉴》《香港统计年鉴》以及澳门统计暨普查局的数据。

（二）产业结构丰富

粤港澳大湾区是一个产业结构丰富的地区，其多样性为科技创新发展提供了广阔的空间和机遇。不同城市在产业结构上各有所长，港澳地区以第三产业为主，其中金融、旅游和博彩在世界范围内处于领先地位；深圳的第三产业占比高达 61.62%，以科技制造业为支柱；广州的第三产业占比高达 71.5%，以对外服务贸易为主要特色；佛山和惠州作为广深制造业转移基地，拉动了制造业的快速发展；而肇庆和江门等城市则处于粗放型经济发展阶段，第一产业占比最大。在产业定位方面，港澳地区主动对接全球市场，其中金融、旅游、博彩等板块增长迅速；广州是全国商贸中心，汽车制造业成为广州经济的新增长点；作为电子信息制造业基地，深圳的新能源、生物技术等新兴产业发展迅猛；佛山已形成以机械装备制造为主导的规模产业。此外，珠海和中山等城市也各具特色产业，如珠海的高端装备制造和旅游业，以及中山的家电制造和现代服务业等。

这些城市优势互补，实现资源的优化匹配和产业链的深度融合，为创新发展奠定基础。各城市的发展定位如表1所示。

表1　粤港澳大湾区各城市发展定位

城市	定位
香港	国际金融、航运和贸易中心，国际大都会
澳门	世界旅游中心，中葡商贸合作服务平台
广州	国际商贸中心，综合交通枢纽和门户城市，国家中心城市
深圳	创新创意之都，国家级经济中心城市，国家创新型城市
珠海	珠江西岸核心城市，重要门户枢纽城市
佛山	制造业转型升级综合配套改革试点城市，西部航空枢纽
惠州	高质量发展重要地区
东莞	先进制造业中心
中山	珠江东西部一体化发展的支撑点，沿海经济带的枢纽城市
江门	西翼门户枢纽城市
肇庆	连接大西南枢纽门户城市

（三）科技创新资源与产出

粤港澳大湾区的卓越创新能力为科技创新的发展提供了强有力的推动。据中国社科院发布的《中国城市发展报告（No. 15）》，大湾区科技研发人员（R&D人员）总量10年增幅高达235.5%，名列各城市群之首。2022年，深圳的R&D人员全时当量达到339816人年，位列大湾区第一；广州紧随其后，R&D人员全时当量为152400人年；东莞的R&D人员全时当量为128360人年，其他地区的R&D人员全时当量则均低于10万人年。截至2022年12月，粤港澳大湾区已建成34家国家级、71家省级国际科技合作基地和20家粤港澳联合实验室，国家高新技术企业数量达5.7万家，科技孵化器和众创空间更是数不胜数，积极推动了科技成果的转化和落地。如今，粤港澳大湾区的科技创新水平已经迈入全球“第一方阵”，在世界知识产权组织（WIPO）的《全球创新指数报告》中，广深港科技集群连续三年位居全球创新指数排名第二位，可谓斩获了丰硕的科技成果。

从科研产出来看，根据广东省知识产权局在2022年发布的数据，发明专利、实用新型专利、外观设计专利授权量最高的是深圳，达到275774件；其次是广州，授权数量为146851件；佛山为106422件，东莞为95581件（见图3）。此外，2022年广东省PCT国际专利申请量高达24290件，加上有9家企业入围了全球PCT专利申请50强，粤港澳大湾区科技创新发展潜力巨大。

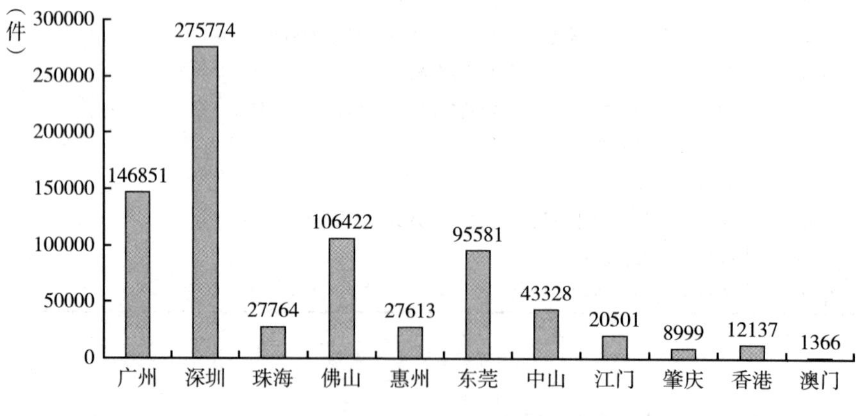

图3　2022年粤港澳大湾区专利授权数量

资料来源：广东省知识产权局、澳门经济及科技发展局、香港区域知识产权贸易中心。

（四）科技创新发展的政策支持

制度是科技创新的前提，政府出台了一系列支持粤港澳大湾区科技创新发展的政策（见表2）。这些政策涉及人才引进、知识产权保护、建设创新合作平台等方面。最初，国家出台了《国家中长期科学和技术发展规划纲要（2006—2020年）》，先后将深圳、广州列为创新型城市试点，希望发挥广深城市科技创新发展的引领作用，带动粤港澳大湾区创新水平的提升。2017年，在习近平总书记见证下，粤港澳三地政府签署《深化粤港澳合作推进大湾区建设框架协议》，明确提出建立深圳前海、广州南沙、珠海横琴等重大粤港澳大湾区科技创新平台。2019年，国务院印发了《粤港澳大湾区发展规划纲要》，文件明确指出推动“广州—深圳—香港—澳门”科技创新走廊建设，将粤港澳大湾区打造成具有国际影响力的科技创新中心。2022年，国务院发布的《广州南沙深化面向世界的粤港澳全面合作总体方案》强调，要深化创新合作，加强科技创新基础设施建设，提高创新创业人才聚集度和培养质量，提高科研机构和高校的科研成果转化率，同时将“粤港澳大湾区打造成创新驱动发展的先行区”确立为新的发展目标。此外，文件还提出了推动粤港澳大湾区实施“走出去”战略，加强与国际市场的对接，加强与“一带一路”沿线国家和地区合作，构建具有全球影响力的开放型经济体系，“促进开放与国际合作”。

表 2　粤港澳大湾区主要科技创新政策

时间	政策	内容
2005 年 12 月	《国家中长期科学和技术发展规划纲要(2006—2020 年)》	从引进高端人才、企业创新、创新产业高地、知识产权保护、建设创新平台、完善创新资金链、完善创新体制、强化创新意识等方面全面提升科技创新水平
2009 年 1 月	《珠江三角洲地区改革发展规划纲要(2008—2020 年)》	推进核心技术的创新和转化,强化企业自主创新的主体地位,构建开放型的区域创新体系,形成以“广州—深圳—香港”为主轴的区域创新布局
2015 年 3 月	《推动共建丝绸之路经济带和21 世纪海上丝绸之路的愿景与行动》	加大科技创新力度,将粤港澳大湾区建设成“一带一路”的排头兵
2016 年 3 月	《中华人民共和国国民经济和社会发展第十三个五年规划纲要》	建设跨区域的重大合作平台,鼓励港澳发挥创新资源优势,带动粤港澳大湾区科技创新的发展
2019 年 2 月	《粤港澳大湾区发展规划纲要》	建设国际科技创新中心,打造高水平的科技创新平台
2021 年 3 月	《中华人民共和国国民经济和社会发展第十四个五年规划和2035 年远景目标纲要》	支持粤港澳大湾区成为国际创新中心,提升创新能力、促进跨境资源流动
2021 年 9 月	《全面深化前海深港现代服务业合作区改革开放方案》	聚焦港澳的优势领域,发展粤港澳合作的新型研发机构,促进科技成果的转化
2022 年 6 月	《广州南沙深化面向世界的粤港澳全面合作总体方案》	加强粤港澳的联合创新,打造重大科技创新平台,培育发展高新技术产业

二　科技创新发展效果评估

创新型城市试点政策仅在粤港澳大湾区的广州和深圳两个城市实施，因此我们可以观察在同等发展背景下，这两座城市受创新型城市政策冲击的影响。我们使用双重差分模型，基于大湾区共计 12 年的数据，研究创新型城市试点政策对广州、深圳科技创新水平的影响。

$$
\begin{aligned}
\ln inn_{i,t} = {} & \alpha_0 + \alpha_1 dudt_{i,t} + \alpha_2 \ln rgdp_{i,t} + \alpha_3 is_{i,t} + \alpha_4 gov_{i,t} + \alpha_5 fin_{i,t} \\
& + \alpha_6 fdi_{i,t} + I_i + \lambda_t + \varepsilon_{i,t}
\end{aligned}
$$

式中，i，t 分别表示城市个体和年份；ln*inn* 是发明专利的对数值，衡量城市的科技创新能力；*dudt* 表示创新城市试点政策，其系数反映创新城市试点的政策效果；其余变量为控制变量，包含了经济发展水平（ln*rgdp*）、产业结构（*is*）、政府干预（*gov*）、金融发展水平（*fin*）以及对外开放水平（*fdi*），I_i表示城市固定效应，λ_t表示年份固定效应。

表 3 是关于广州、深圳科技创新水平受创新型城市试点政策影响的基准回归结果。其中，未控制年份效应和城市效应的分别为第一列和第三列，控制城市效应和年份效应的分别为第二列和第四列。第二列是未加入控制变量，仅将创新型城市试点虚拟变量作为解释变量进行回归，其回归系数为 0.115，在 1%水平下显著，表明创新型城市试点政策对广州、深圳的科技创新能力具有正向影响。第四列为加入控制变量后的回归结果，可以看到创新型城市试点虚拟变量的回归系数未发生实质性改变。以上估计结果表明，无论是否加入控制变量，创新型城市试点政策对广州、深圳科技创新能力均具有显著的正向影响。

表 4 为稳健性检验结果，使用发明专利的对数值来衡量城市科技创新水平。可以发现，创新型城市试点政策的系数依然为正，且在 10%水平下显著（前三列的系数在 1%水平下显著，第四列在 10%水平下显著），即创新型城市试点政策有效提升了广深的科技创新水平。从这一研究结果中可以看

表 3 基准回归

	(1)	(2)	(3)	(4)
	ln*inn*	ln*inn*	ln*inn*	ln*inn*
dudt	0.202***	0.115***	0.097***	0.084***
	(0.022)	(0.006)	(0.025)	(0.005)
ln*rgdp*			-0.006	0.024***
			(0.016)	(0.004)
is			0.296***	0.030
			(0.090)	(0.020)
gov			1.447***	0.117**
			(0.230)	(0.053)
fin			0.140***	0.034***
			(0.027)	(0.010)
fdi			-2.545	0.396
			(2.231)	(0.339)
C	0.505***	0.524***	0.869***	0.792***
	(0.007)	(0.001)	(0.169)	(0.041)
年份效应	未控制	控制	未控制	控制
城市效应	未控制	控制	未控制	控制
N	204	204	204	204
R^2	0.294	0.137	0.486	0.454
调整后的 R^2	0.290	0.081	0.470	0.388
F	83.963	7.215	31.033	25.076

注：括号内标注的为标准误差，* p<0.1，** p<0.05，*** p<0.01。

出，政策的顶层设计是推动城市科技创新的基础。广州、深圳的创新型城市试点政策，通过各种手段鼓励和吸引高端人才，优化产业结构，加强知识产权保护，完善创新资金链，提高创新意识，培养创新型人才，打造创新创业生态，取得了显著的科技创新成果。这些做法为粤港澳大湾区其他城市提供了有益的借鉴，其他城市可以结合自身实际情况，积极制定针对性政策，加强政策落实和执行力度，推动城市科技创新水平不断提升，助力经济社会的发展。

表 4 稳健性检验

	(1)	(2)	(3)	(4)
	$\ln inn_1$	$\ln inn_1$	$\ln inn_1$	$\ln inn_1$
dudt	0.154***	0.125***	0.106***	0.052*
	(0.096)	(0.030)	(0.018)	(0.028)
ln*rgdp*			0.517***	0.805***
			(0.058)	(0.023)
is			1.086***	0.100
			(0.317)	(0.115)
gov			4.922***	0.322
			(0.807)	(0.303)
fin			0.445***	0.147**
			(0.096)	(0.058)
fdi			25.350***	0.742
			(7.834)	(1.927)
_cons	-0.357***	-0.409***	-5.518***	-8.833***
	(0.029)	(0.022)	(0.595)	(0.232)
N	204	204	204	204
R^2	0.242	0.181	0.528	0.968
调整后的 R^2	0.203	0.163	0.514	0.964
F	0.321	16.300	36.757	908.076

注：括号内标注的为标准误差，* p<0.1，** p<0.05，*** p<0.01。

三 粤港澳大湾区科技创新存在的短板及问题

粤港澳大湾区在经济发展、产业结构和创新要素等方面已经取得了显著的进展。尤其值得注意的是，政策作为该地区顶层规划设计的重要组成部分，其重要性已经得到验证。实证分析表明，政策能够有效提高粤港澳大湾区的科技创新水平。但是，结合对粤港澳大湾区科技创新现状以及对广州和深圳创新政策的评估，发现该地区在科技创新发展方面仍存在一些不可忽视的问题。

（一）高等院校资源不均，高端人才短缺

作为创新的重要源泉，人才对于粤港澳大湾区的发展至关重要。大湾区的优质高校和科研机构主要集中在香港和广州，前者有5所高校荣膺QS世界大学排名前50，后者则拥有83所高校，其中包括7所双一流高校，如中山大学、南方科技大学、华南理工大学等（见图4）。为了弥补高等院校资源不足的缺陷，深圳吸引了许多知名学府在当地设立分校，例如香港中文大学深圳校区、北京大学深圳研究生院、清华大学深圳国际研究生院等。然而，值得注意的是，除广深港澳外，粤港澳大湾区的其他城市在高等教育资源方面相对匮乏，导致当地人才培养存在一定缺陷。猎聘大数据研究院发布的《2022年粤港澳大湾区人才发展报告》指出，随着大湾区新兴产业的发展，对于汽车制造、能源、医疗等领域的高质量人才需求不断上升。然而，与京津冀、长三角相比，粤港澳大湾区的硕博人才占比最低（见图5）。尽管近年来各市政府已出台了一系列吸引人才的相关政策，但仍然存在人才虹吸现象，高端人才主要集中于广州和深圳，而其他城市则面临着巨大的人才压力。

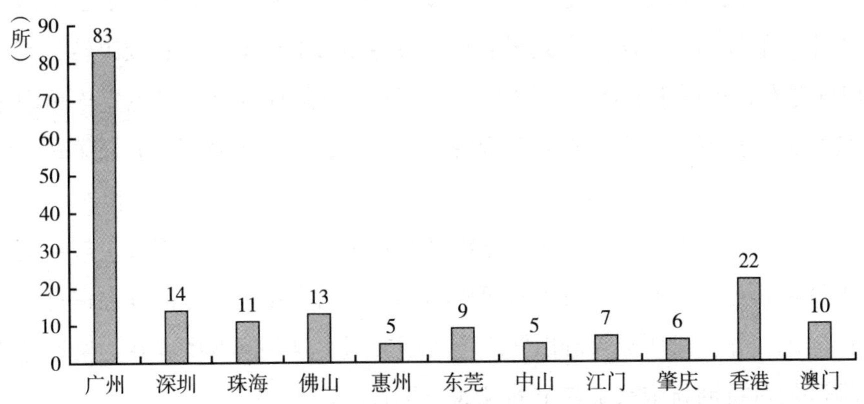

图4　粤港澳大湾区高等院校数量

资料来源：2022年的《广州统计年鉴》《深圳统计年鉴》《珠海统计年鉴》《佛山统计年鉴》《惠州统计年鉴》《东莞统计年鉴》《中山统计年鉴》《江门统计年鉴》《肇庆统计年鉴》《香港统计年鉴》以及澳门统计暨普查局的数据。

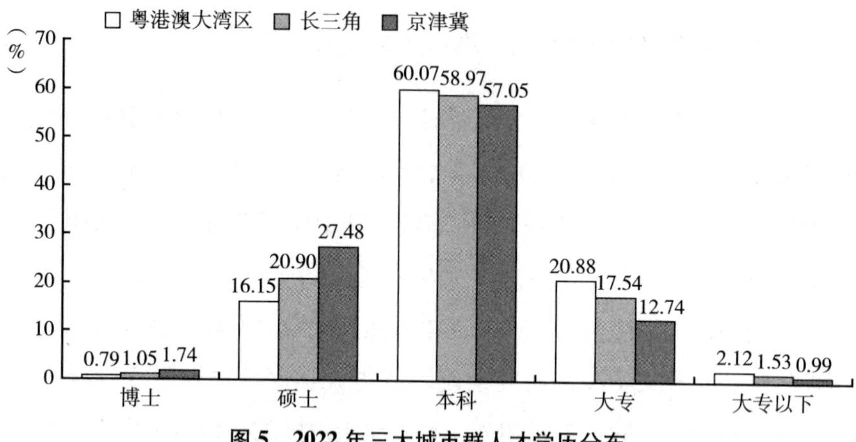

图 5　2022 年三大城市群人才学历分布

资料来源：《2022 年粤港澳大湾区人才发展报告》。

（二）研发资金投入不足，科研成果转化率低

科技研发是一项需要充足资金支持的创新性智力活动，而粤港澳大湾区在科研资金投入方面存在不足。首先，大湾区各市的研发投入强度差距大，2022 年深圳和东莞的研发投入强度分别高达 5.49%和 4.0%，而肇庆市和中山市的研发投入强度仅仅是 1.11%和 2.27%（见图 6），极大地限制了当地研发水平的提高。其次，有数据显示，粤港澳大湾区的高科技成果转化率仅为 1%左右，远低于发达国家的水平。大湾区的科研转化经费主要依赖国家支持，天使投资、社会创新创业投资发展不足，这也是限制科研成果转化能力的重要因素之一。最后，粤港澳大湾区科技创新的转化过程存在多项问题。一方面，香港在基础性研究方面具有一定优势，但无法有效对接大湾区内地城市；另一方面，高校和科研机构的成果与市场需求之间存在信息不对称的问题，导致科研成果难以转化为实际应用。这些问题的存在，给粤港澳大湾区的科技创新带来了一定的挑战和压力。

（三）创新协同水平低，创新要素流动受阻

粤港澳大湾区是一个跨境经济合作区，由于香港和澳门享有“一国两

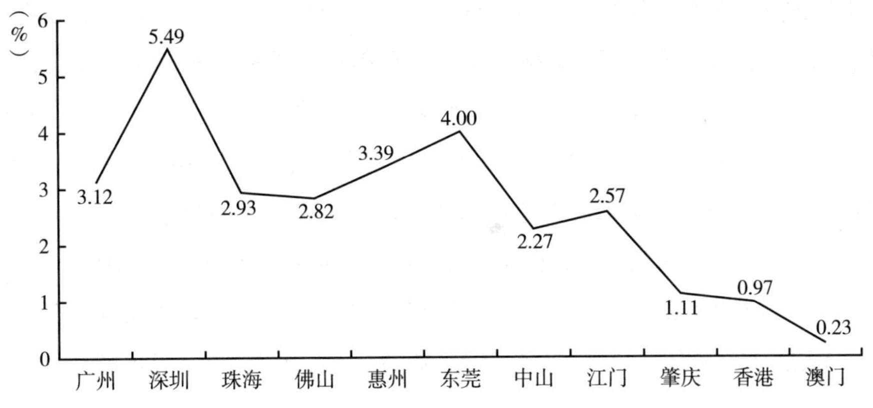

图 6　2022 年粤港澳大湾区各城市研发投入强度

资料来源：广东省知识产权局、澳门经济及科技发展局、香港区域知识产权贸易中心。

制”的独特制度环境，因此大湾区存在三个关税区、三种货币和三个法域，并且面临着不同的政治制度。不同的制度环境导致了人才、资金、技术和信息等要素的流动受到限制。首先，内地去香港、澳门需要办理签证，且签注次数和逗留时间都有一定的限制，这极大地阻碍了人才交流。其次，粤港澳大湾区存在不同的货币体系和汇率制度，这给企业创新投资带来了一定的不便，尤其是在跨境支付和结算方面，需要考虑多种货币之间的汇率变化和转换费用等问题，增加了交易成本和时间成本。最后，粤港澳大湾区的专业技术认证标准也存在差异，这不利于跨区域的技术交流。在某些专业领域，香港和澳门的技术认证标准可能与内地的不同，这导致技术人员在区域之间无法自由流动，降低了整个大湾区的技术创新能力和竞争力。

四　粤港澳大湾区提升科技创新能力的建议

（一）探索多层次人才机制，助力产业发展

粤港澳大湾区对人才需求是多方面的，首先，补齐教育短板，推进本地人才培养建设工作。鼓励大湾区城市开展与香港、澳门合作，进行合作办学，

吸引国内外知名高校来建设分校，建设高水平的教育资源，促进本地教育发展。同时，依托本地医疗、金融服务、汽车制造等优势产业，通过建设创新创业中心、设立科研基地、引进各类创新创业人才等方式，为有志于从事这些领域的人才提供更加广阔的发展平台。其次，注重招揽高端人才。为此，依据粤港澳大湾区历年来的人才需求清单以及全球人才的分布和特点，建立大湾区高端人才需求智库，并根据所需人才的领域和岗位进行精准招揽。同时，为引进的人才提供良好的生活保障，完善生活配套设施，例如深圳每年提供高达1.5亿元左右的住房补贴以及解决子女教育、医疗等方面的生活问题。

（二）加强研发资金投入，促进科技成果转化

科研成果成功转化才能促进粤港澳大湾区科技创新能力发展，因此，要提高本地的科研成果转化率。具体而言，一是政府要加大对科技成果转化的财政支持，给予购买科技成果转化企业一定的补贴、信贷优惠等。同时，吸收创业风险投资、科技贷款、香港的风险投资等资金，支持粤港澳大湾区内地城市的科技成果转化。二是建立港澳与大湾区内地城市的科技创新成果转化的合作模式。充分发挥港澳前瞻性基础研究的优势，在大湾区内地以广州和深圳为主导进行科技研发和产业孵化，在东莞、佛山、珠海等地进行科技成果转化落地实践，建设粤港澳大湾区科技成果转化平台链条。三是依托大湾区科技创新服务中心、广东高校科技成果转化中心等机构，打造专业的科技成果转化平台，定期组织科研成果交流会，打破高校科研机构和市场之间的信息壁垒。同时，对高校和科研机构的成果进行筛选并宣传，寻求意向企业合作。

（三）完善创新机制，促进创新要素流动

强化区域发展的顶层规划应该制定有效的机制，以促进创新要素的流动，政府可通过以下措施鼓励内地、香港和澳门之间进行技术转移、人才流动和科研合作等方面的要素流动。第一，政府可以对两岸合作企业、机构和个人给予税收优惠，以激励更多的企业家和个人来内地发展。第二，政府应

制定有利于内地和香港、澳门交流的政策，简化通关手续，方便两岸的跨境交流与合作。第三，应开展创新要素跨境流动试点，发展离岸创新创业，并开拓两岸合作新形式，以实现制度的有效对接。此外，支持港澳专家领衔内地的科研项目，加快内地和香港、澳门的知识要素流动。第四，应建设专业的两岸服务平台，为内地和香港、澳门之间的技术专家、需求企业、科研机构等提供中介服务，从而简化两岸的沟通程序，降低交流成本。同时，发布国际人才和资格认定标准，探索两岸人才互认机制，为技术人才的流动提供社会保障。综上所述，政府应采取多种措施促进内地和香港、澳门之间的创新要素流动，以加强区域发展的顶层规划。

参考文献

[1] 吴康敏、叶玉瑶、张虹鸥等：《粤港澳大湾区战略性产业技术创新的地理格局及其多样性特征》，《热带地理》2022 年第 2 期。

[2] 游玎怡、李芝兰、王海燕：《香港在建设粤港澳大湾区国际科技创新中心中的作用》，《中国科学院院刊》2020 年第 3 期。

[3] 王长建、叶玉瑶、汪菲等：《粤港澳大湾区协同发展水平的测度及评估》，《热带地理》2022 年第 2 期。

[4] 张振刚、卢安涛、叶宝升等：《粤港澳大湾区建设国际科技创新中心的思考》，《城市观察》2022 年第 1 期。

[5] 刘佳宁、黎超、李霞：《粤港澳大湾区金融推动科技创新发展研究：实践基础、综合评价与路径选择》，《科技与金融》2021 年第 8 期。

[6] 李合龙、徐杰、汪存华：《粤港澳大湾区科技创新与金融创新的耦合关系》，《科技管理研究》2021 年第 14 期。

[7] 李金惠、郑秋生：《浅析广东促进科技成果转化的现状、问题及对策》，《科技与创新》2017 年第 9 期。

[8] 深圳市蓝海大湾区法律服务研究院课题组：《粤港澳大湾区科技创新规则对接的问题与对策研究》，载涂成林、田丰、李罗力主编《中国粤港澳大湾区改革创新报告（2021）》，社会科学文献出版社，2021。

[9] 杨英：《粤港澳大湾区区域创新体系之机制问题研究》，载涂成林、苏泽群、李罗力主编《中国粤港澳大湾区改革创新报告（2020）》，社会科学文献出版社，2020。

人才湾区篇

Talent Bay Area

B.21
粤港澳大湾区养老服务人才体系协同建设研究

岳经纶　杨雨萱*

摘　要： 随着粤港澳大湾区人口老龄化趋势的持续加深，加强大湾区内部养老服务的协同建设，是丰富“一国两制”民生内涵的必然要求。而大湾区养老服务人才体系的协同发展对深化大湾区养老服务合作，提升养老服务的居民满意度具有重大意义。本文比较分析了粤港澳三地人口老龄化及养老服务体系建设的现状，总结了粤港澳大湾区养老服务人才协同建设存在的制约因素，并据此提出了粤港澳大湾区养老服务人才协同建设的目标及实现路径。

关键词： 粤港澳大湾区　老龄化　养老服务人才

---

* 岳经纶，博士，中山大学中国公共管理研究中心/政治与公共事务管理学院教授、博士研究生导师，主要研究方向为社会政策、社会服务与社会治理；杨雨萱，中山大学政治与公共事务管理学院博士研究生，主要研究方向为社会政策、社会服务。

2019 年 2 月 18 日，党中央、国务院正式发布《粤港澳大湾区发展规划纲要》，指出要做好跨境公共服务和社会保障的衔接，深化养老服务合作。推动粤港澳大湾区养老服务协同发展，不仅有助于丰富“一国两制”的民生内涵，还将有助于推动建立新时代粤港澳大湾区养老服务的新格局，切实提升大湾区老年人的生活满意度与幸福感。为了给大湾区人民群众提供全方位全周期的健康服务，必须对养老服务人才队伍建设提出更高的要求。

一　粤港澳大湾区人口老龄化趋势及养老服务体系现状

（一）粤港澳大湾区人口老龄化发展特征

1. 大湾区粤九市人口老龄化的基本现状

大湾区粤九市人口老龄化趋势持续加深。根据广东省第七次人口普查数据，粤九市常住人口中，65 岁及以上人口为 504.36 万人，占总人口的 6.5%，粤九市整体即将成为老年型地区。粤九市老龄化还具有明显的地区差异。以老年人口系数的国际标准来划分，2020 年粤九市已有 4 个城市成为老年型地区。其中，江门的老年人口系数最高，为 13.01%，其次是肇庆 11.81%，广州的老年人口系数为 7.82%，排在第四位的是佛山 7.35%。最年轻的城市为深圳和东莞，老年人口系数分别为 3.22%和 3.54%。老年人口系数超过全省平均水平的有江门和肇庆（见表 1）。

从反映人口老龄化程度及年龄结构特征的老少比来看，有 4 个城市高于 45.53%的全省平均水平，7 个城市的老龄化程度达到老年型标准（大于 30%），老少比从高至低依次为江门、广州、肇庆、佛山、珠海、中山和惠州。全省仅有深圳和东莞的老化指数为成年型标准（老少比在 15%～30%）。从老年人口抚养比来看，粤九市中江门市和肇庆市为 18.33%和 17.88%，远远超过了全省平均水平 11.82%。除此之外，广州市、佛山市和惠州市的老年人口抚养比相对也较高，分别为 9.98%、9.48%及 9.43%（见表 1）。

表1　粤港澳大湾区粤九市老龄化状况①

单位：万人，%

地区	常住人口数	65岁及以上老年人口数	老年人口系数	老少比	老年人口抚养比
全省	12601.25	155.65	8.58	45.53	11.82
广州市	1867.66	146.05	7.82	56.38	9.98
深圳市	1756.01	56.54	3.22	21.30	3.94
珠海市	243.96	16.20	6.64	41.78	8.56
佛山市	949.87	69.82	7.35	48.68	9.48
江门市	479.81	62.42	13.01	81.22	18.33
肇庆市	411.36	48.58	11.81	53.30	17.88
惠州市	604.29	41.27	6.83	32.89	9.43
东莞市	1046.67	37.05	3.54	26.95	4.24
中山市	441.81	26.42	5.98	38.11	7.63

资料来源：广东省第七次人口普查数据。

2. 港澳人口老龄化的基本现状

港澳老龄化趋势持续加深（见图1）。香港人口持续高龄化。据香港特区政府统计处数据，2022年底，香港60岁以上的老年人口为2195600人，占总人口比重为29.9%。其中，65岁及以上的老年人口为1566700人，占总人口比重由2011年的约13.6%上升到21.4%。80岁及以上高龄组的老年人口有392700人，占65岁及以上老年人口的25%，这些数据都反映了香港人口的高龄化趋势。

澳门老龄化程度持续上升，2021年8月澳门总人口共682070人，较2011年人口普查的552503人增加23.5%。人口老龄化持续，2021年65岁及以上的老年人口为83200人，较2011年的40900人增加103.4%。老年人口系数也从2011年的7.3%上升到2021年的12.2%。

总的来说，粤港澳大湾区老龄化程度在全国属于较高水平，人口老龄化

① 老年人口系数即指达到既定年龄的老年人口占总人口的百分比（文中使用的是65岁及以上老年人）。老少比即65岁及以上老年人口与14岁以下人口的百分比。老年人口抚养比指的是老年人口与劳动年龄人口的百分比。

呈现如下特征：一是就粤港澳大湾区总体来看，香港的老龄化趋势最严峻，澳门次之，粤九市正处于人口老龄化程度快速上升的阶段；二是粤九市人口老龄化程度呈现较大的地理区域差异，经济欠发达的肇庆及江门老龄化程度最高，而经济相对发达的深圳和东莞则处于更年轻化的状态；粤港澳老龄化程度存在差异，养老资源也存在地区差异，加强养老合作，实现养老资源优势互补，势必会较大程度缓解大湾区各地养老压力。

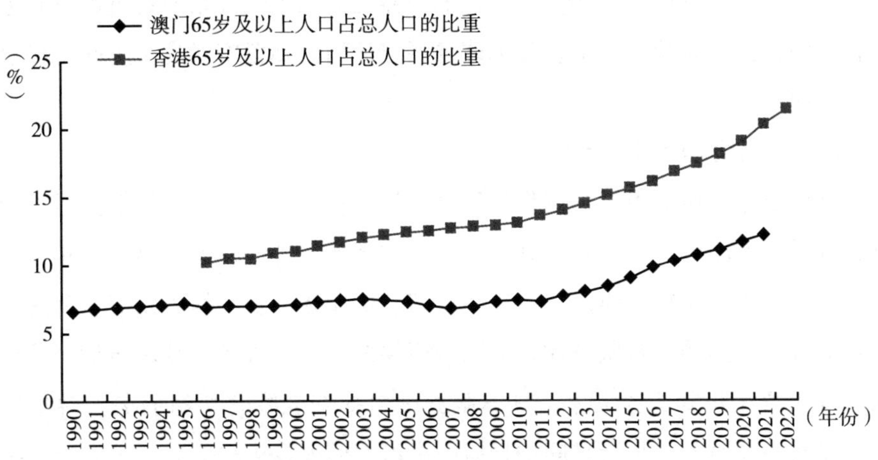

图1　1990~2022年港澳人口老龄化趋势变化情况

资料来源：香港特区政府统计处及澳门统计暨普查局。

（二）粤港澳大湾区养老服务体系发展现状

1. 香港养老服务体系建设现状

为使老年人有尊严地生活，需要为他们提供适当的援助。为此，香港针对老年人提供了安老服务。香港安老服务系统主要包括两大部分，社区照顾及支援服务与院舍照顾服务。社区照顾及支援服务大致可以分为三个部分，即长者中心服务、社区照顾服务及其他社区支援服务。院舍照顾服务大致分为两种，即护理安老院及护养院。服务对象主要是年龄在65岁或以上，由于各方面原因而没能在家中居住的老人。年龄处于60~64岁之间的老年人也可提出申请，但必须证实自身确实有住宿照顾的需要。

截至 2022 年 3 月 31 日，香港的长者社区照顾服务共有长者日间护理中心 93 间，综合家居照顾服务队 61 支，改善家居及社区照顾服务队 31 支，可为 17201 位老人提供服务。长者社区支援服务共有长者地区中心 41 个，长者邻舍中心 171 个，长者活动中心 1 个。安老院舍照顾服务共有津助安老院舍 120 间，提供床位 15303 个；津助护养院 6 间，提供床位 1574 个；合约院舍 36 间，提供床位 2784 个；参加护养院宿位买位计划的自负盈亏安老院舍 5 间，提供床位 282 个；参加改善买位计划的私营安老院 191 间，提供床位 10493 个。①

2. 澳门养老服务体系建设现状

澳门老年人服务由社会工作局管理，该局整合及动员各种社会力量，为社会提供长者服务、个人及家庭服务在内的多元化社会福利。澳门老年人现在可享受的服务包括健康照顾、经济支持、房屋政策及文娱康乐等。就健康照顾而言，澳门的长者服务体系包括健康保健、医疗服务、社区照护、院护服务及大湾区五市长者服务。具体服务则包括安老院舍暂宿服务、院护服务、家居护养服务、长者日间护理服务、家庭照顾及支援服务、护老者支援服务及安老院舍转介服务等。

澳门已构建了专业多元的长者服务体系。澳门长者服务的项目比较齐备，覆盖比较全面，分工比较细致，针对长者的身体状况和多元需求，不同的服务机构和设施提供相应的日间照料、康复护理、精神慰藉、紧急救助等专业服务，使长者能享受最适切的关怀，体现了以人为本的政策理念。截至 2020 年，澳门拥有 4 家长者综合服务中心，19 家长者院舍，3 家长者日间照料中心，9 家长者日间中心，7 家家居照护服务，25 家耆康中心，1 家独居长者服务网络及 26 家独居长者联网支援计划，为体弱长者提供院舍照顾服务，共提供 2500 多个宿位。②

① 资料来源：香港社会福利署官方网站，https：//www. swd. gov. hk/tc/index/site_pubsvc/page_elderly/。

② 资料来源：澳门特区长者服务资讯网，http：//www. ageing. ias. gov. mo/。

为缓解澳门本地养老压力，为老年人提供更多选择。澳门政府也为澳门老人在大湾区内地珠海、中山、广州、佛山及江门五个城市养老提供支持，居民可以选择到这五市养老。2019 年 3 月，澳门社会工作局与大湾区城市的民政等部门签订了《粤港澳大湾区城市民政事业协同发展合作框架协议》，通过协作网络，澳门社会工作局已经取得由珠海、中山、广州、佛山及江门五市民政部门提供的养老机构资料，供有意到上述大湾区城市养老的澳门市民参考。2021 年 9 月，国务院印发《横琴粤澳深度合作区建设总体方案》，提出要加强横琴与澳门社会的民生合作，加快推进“澳门新街坊”建设，对接澳门民生公共服务和社会保障体系。建立合作区与澳门社会服务合作机制，促进两地社区治理和服务融合发展。随着国家级政策文件的出台，澳门与内地的养老等社会服务的融合发展将走出更加坚实有力的步伐。

3. 广东省养老服务体系建设现状

广东围绕着“人人享有基本养老服务”的目标，近年来不断完善基本养老服务体系，取得了很多成就。截至 2022 年 10 月，粤九市共有养老机构 810 家，床位数 138780 个。这些养老机构既包括大型国企、大型民办养老机构，也有中小型民办养老机构，其中民办养老机构 421 家，民办养老机构床位 8.9 万个。被评定为星级养老机构的有 207 家，其中三星级（含）以上 167 家。广州、江门和佛山拥有的养老机构较多，分别为 290 家、98 家和 91 家。珠海和中山的养老机构数较少，分别有 23 家和 30 家（见图 2）。从养老机构床位数来看，广州市养老机构床位最多，为 60474 个；其次为佛山，养老机构拥有床位 20917 个；珠海和中山养老机构床位数最少，分别为 3783 个和 3343 个（见图 3）。

在跨境养老方面，港澳和大湾区内地城市有着广阔的合作空间。内地有着丰富的土地和人力资源，港澳则有先进的医疗条件、丰富的社会养老服务经验及前沿的人才培养体系等。国务院于 2022 年 6 月印发的《广州南沙深化面向世界的粤港澳全面合作总体方案》中提到要推动粤港澳三地社会保障衔接，发挥南沙先导作用，增强南沙养老机构对港澳老年人的吸引力，试点赋予港澳居民申请资格。支持香港扩大广东院舍住宿照顾服务

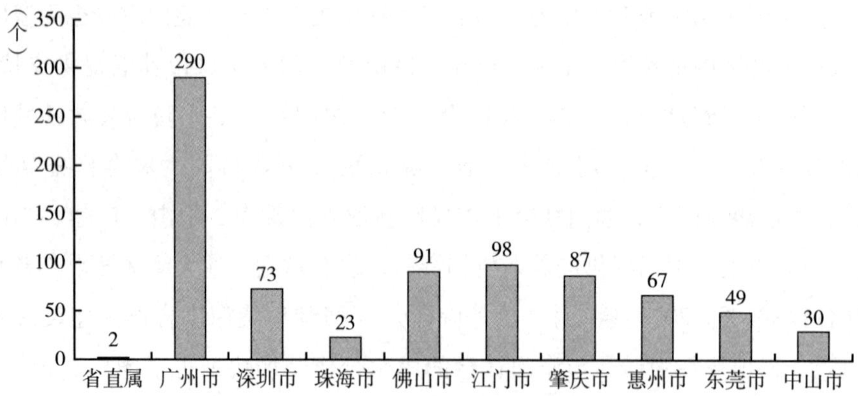

图 2　粤九市养老机构数

资料来源：广东省民政厅网站。

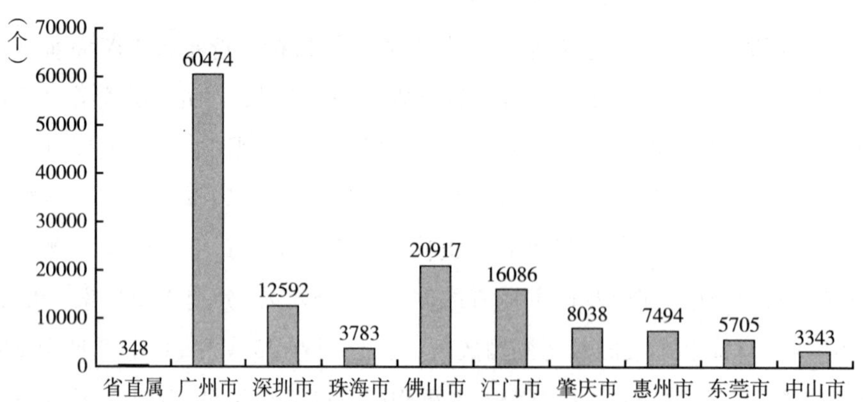

图 3　粤九市养老机构床位数

资料来源：广东省民政厅网站。

计划等。未来，粤港澳养老服务的融合发展将不断深化。随着大湾区养老服务体系的不断发展和壮大，与之配套的养老服务人才体系的建设已然成为不可忽视的重要一环。随着更多相关支持性政策的不断出台，社会各界力量也积极参与大湾区养老服务人才体系建设，并在这个过程中取得了一定的发展成果。

二　粤港澳大湾区养老服务人才体系协同建设发展现状

（一）充分发挥政策引领作用

在推进大湾区养老服务人才体系协同建设的过程中，大湾区从养老服务人才跨境培训、人才交流、高校培养、资格互认等多个方面，为养老服务人才的培育与共享提供政策支持。以2019年2月印发实施的《粤港澳大湾区发展规划纲要》为主要转折点，广东省作为粤港澳大湾区的核心成员独立发布了一系列促进大湾区养老服务人才体系协同建设的文件，具体政策如表2所示。2022年6月，国务院出台了《广州南沙深化面向世界的粤港澳全面合作总体方案》，该方案中提到要推动大湾区社会保障衔接，加强教育合作，创新人才培养，推进来粤工作的港澳居民享有市民待遇。国家级文件的出台也为下一步推进大湾区人才合作培养，创造大湾区内部人才流动的有利环境指明了方向。

表2　粤港澳大湾区养老服务人才体系协同建设的政策进展

序号	时间	政策名称	关键内容	是否涉及协同建设
1	2018年1月	《广东省人民政府办公厅全面放开养老服务市场提升养老服务质量的实施意见》	扩大招生规模，给予培训补贴，大力开展职业鉴定	否
2	2019年1月	《广东省养老服务条例》	完善人才培养扶持政策，培养养老服务专业人才	否
3	2019年2月	《粤港澳大湾区发展规划纲要》	深化养老服务合作，加强粤港澳社工专业培训交流	是
4	2019年3月	《促进粤港澳大湾区城市民政事业发展行动建议》	加强养老项目合作，促进人才交流	是

续表

序号	时间	政策名称	关键内容	是否涉及协同建设
5	2019年3月	粤港澳大湾区城市民政及社会福利政府部门联席会议制度	加强养老项目合作,促进人才交流	是
6	2019年3月	《粤港澳大湾区城市民政事业协同发展合作框架协议》	加强养老项目合作,促进人才交流	是
7	2019年8月	《关于印发广东省"南粤家政"养老服务培训项目实施方案的通知》	引入港澳培训资源,提升培训层次	是
8	2019年11月	《广东省加快推进养老服务发展若干措施》	加强粤港澳养老服务人才合作,推动人才交流访问和培训等	是
9	2021年1月	《广东省养老服务体系建设"十四五"规划》	推动构建粤港澳大湾区养老服务标准联盟,加强粤港澳三地养老服务人才交流互访和合作培训,促进人才自由流动	是
10	2022年6月	《广州南沙深化面向世界的粤港澳全面合作总体方案》	加强粤港澳社会保障衔接,创新人才培养体系,推进粤港澳教育合作,解决港澳居民到南沙工作的后顾之忧	是

资料来源：广东省民政厅网站。

（二）以高校为阵地，共建养老服务人才培养体系

合作办学是促进粤港澳大湾区养老服务人才体系协同培养的有力手段。近年来，坐落于广东省珠海市香洲区的北京师范大学-香港浸会大学联合国际学院（UIC）发挥自身的优势，与珠海市民政局、社会福利中心合作了几十个养老服务项目，不仅创新了养老服务模式，也为珠海培养了本土社工人才。除此之外，UIC 还引进了香港成熟的社会工作体系及经验，不仅在服务人才培养上取得了成绩，还促进了大湾区在养老服务领域的交流与碰撞，为

大湾区的养老服务做出了很多贡献。①

在促进大湾区养老服务人才培养方面，粤港澳合作办学的优势在于以下几个方面。第一，以高校为抓手，通过引进港澳先进的人才培养体系，包括课程设置、实践设置、人才就业指导等，可以为培养更多优秀养老服务人才提供良好的专业基础。第二，合作办学中所引入的港澳优秀教师，可利用学校平台的便利性，为粤九市的一线养老服务人员提供先进服务经验的培训机会。第三，合作办学中的先进办学经验，也可通过学校之间的交流，快速扩散到其他各市的学校，这有利于更快更好地完善大湾区粤九市养老服务人才学科培养体系。

但是，目前合作办学还面临一些问题。例如，内地引入港澳社会服务领域优秀教师的案例依然较少，且没有更多地扩散到其他高校。随着开办养老服务专业学校的增多，如何保证培养的学生成为养老服务方面的人才，是需要重点考虑的问题，否则难以确保新培养的养老服务人才从事养老服务事业。养老服务人才信息平台尚未建立，市场上存在着养老服务人才供给与需求无法匹配的状况。再加上养老人才队伍管理及评估的机制尚未完善，养老服务人才面临着工作晋升渠道不明朗等问题，更加剧了人才的流失。校企合作依然欠缺。目前，高校的人才培养模式依然和企业脱节，企业没有更多地参与到高校人才培养的全过程中。

（三）以政府为推手，共谋粤港澳人才合作培训与交流

为加强大湾区社会福利方面的合作与交流，共同推进大湾区内部社会福利服务事业发展，自 2012 年起，广东省民政厅与香港伸手助人协会联合开展粤港两地养老相关从业人员的培训工作，计划每年在港举办一期全省养老服务高级管理人员实地培训班，每期 5 天。截至 2019 年底，共举办

① 资料来源：北京师范大学-香港浸会大学联合国际学院官方网站，https：//admission.uic. edu. cn/index. htm。

了8期，培训人数达358人。[①] 在港期间，参训人员通过理论学习和实地教学相结合的方式，深入了解了香港社会服务机构的管理方法和先进经验。

以政府为推手，推动大湾区养老服务人才交流合作，在促进粤港澳养老服务人才体系协同建设方面的优势包括以下两个方面。第一，通过积极开展大湾区内部养老从业人员跨境合作培训，有效促进了大湾区养老服务从业人员的深入交流，为两地人才培养经验的优势互补奠定了良好的基础。第二，合作培训开阔了内地养老服务参训人员的视野，拓宽了他们的思维，丰富了相关管理方法及经验，为进一步提高粤九市养老服务水平起到了促进作用。

但是，粤港澳三地合作培训还存在一些问题。目前大湾区跨境合作培训项目依然较少。政府在推动大湾区养老服务人才合作交流上没有制定具体的政策目标、执行方案等，不利于大湾区各级政府开展跨境合作培训项目。另外，大湾区跨境合作培训人员覆盖面小。文中的成功案例也仅涉及养老服务高级管理人才，对于一线服务人员，如护理员、心理疏导员等，则缺乏相对系统的合作培训体系。此外，养老服务人员的培训基地主要集中在香港地区，内地和澳门之间还缺少跨境培训基地。

（四）以社会力量为核心，共商大湾区养老人才建设

在中国老龄化日趋严重的宏大背景下，社会力量通过举办相关养老保障论坛，提供了促进养老服务人才交流的重要平台。如广东省养老服务业协会这股社会力量已多年连续举办广东省养老服务高峰论坛，该论坛的参会人员包括专家学者、企业家、一线工作者等，讨论内容覆盖养老服务、养老服务人才培养、养老机构、养老地产等全产业链。另外，还形成了一些特色项目，为养老服务人才的培养奠定了有利的基础。如“养老社会创

① 资料来源：广东省卫生健康委员会网站，http：//wsjkw.gd.gov.cn/zwgk_bmwj/content/post_3050673.html。

新家”项目①，面向粤港澳大湾区各级养老机构的骨干，通过几年时间已经培养了100多名“养老社会创新家”。

在促进大湾区养老服务人才培养方面，养老服务高峰论坛及相关工作坊在促进粤港澳大湾区养老服务人才协同发展方面的优势在于以下两个方面。第一，多方主体共同参与。养老服务高峰论坛已经成为政学商三界一体的养老盛会，集政策指引、学术探讨及商业实践为一体。多方主体的共同参与造就了这样一个集经验交流和项目合作的大平台。第二，论坛讨论内容丰富。如澳门社会工作局举办的“粤港澳大湾区养老保障经验交流论坛”，紧跟国家建设粤港澳大湾区的发展战略，内容围绕粤港澳三地长者服务政策及实践经验等。粤港澳大湾区“养老社会创新家”工作坊则连接了粤港澳三地代表，围绕养老服务、养老人才的培养等展开了深入讨论。

但是，高峰论坛及相关养老保障论坛在推进大湾区养老服务人才建设方面起到的作用主要是促进各方交流。而交流平台建设目前还面临一些问题。首先，论坛的开展次数比较少。养老服务高峰论坛一年开展一次，其他类型的论坛加起来也只有寥寥数次。其次，论坛主要是民间自发组织。论坛主要是由社会组织来开展，对参与者形成了限制，导致很多一线养老服务员工没有资格参与。

三　粤港澳大湾区养老服务人才体系协同建设存在的主要问题

（一）政策顶层设计不足

1. 政策协同理念缺乏，顶层设计不足

首先，粤港澳三地协同理念有待发展。从政策出台方来看，随着粤港澳

① 《促进养老服务融合发展粤港澳大湾区“养老社会创新家”工作坊在深举行》，深圳新闻网，2019年5月23日，https://wxd.sznews.com/BaiDuBaiJia/20190523/content_322393.html。

大湾区养老服务协同发展的提出，广东已陆续出台相关政策，而香港和澳门并没有针对三地养老服务人才体系协同建设出台专门的政策，广东省已然成为推出相关政策的主力方。大湾区三地，尤其是港澳在协同理念上的一致性还不够。香港和澳门目前的养老服务人才培养体系处于领先水平，广东省则相对滞后，因此，粤港澳三地在人才协同培养政策制定方面更需要深层次的沟通，以确保政策能够更好衔接。

2. 粤港澳大湾区养老服务人才协同发展的政策顶层设计主要集中在省级层面

从表 2 的政策进展可以看出，相关政策主要覆盖省级层面，大湾区粤九市缺乏主动性，仍存在区域间协同发展的障碍。省级层面的宏观设计是必要的，但更多的是方向上的把握，是统筹与协调。各地因地制宜、积极主动地制定更符合当地情况的政策，对于当地养老服务体系的发展、养老服务人才的培育和壮大具有深刻和长远的意义。

3. 政策内容过于宏观

现有政策文件中的陈述主要是加大人才培养，促进人才交流等话语，缺乏更进一步的详细规划。例如，广东省出台的相关条例和意见对大湾区养老服务人才协同培养提出了相应要求，但尚未出台专项政策和法规，更多的是作为养老服务体系规划的其中一小条。对于具体的实施方案缺乏政策构想，使得其他部门和社会各界认识不足，参与配合不够。

（二）尚未建立统一的行业标准及人才信息平台

目前，在整个大湾区内部，养老服务各级从业人员的评价标准尚未统一，培训体系尚未完全建立。目前，内地养老护理人员执行的职业标准依照的是人力资源和社会保障部、民政部颁布实施的《养老护理员国家职业技能标准（2019 年版）》，共分为四个等级，香港则依照安老服务业资历架构制定评价规范。人才执业的资格标准不一，人才互认迟迟没有在更大范围内落实，都进一步限制了人才的交流和发展。除此之外，医师等执业资格及服务范围也未统一。

大湾区养老服务人才信息平台尚未建立。目前，大湾区养老服务信息平台已初步成形，然而，在养老服务人才方面，相关信息平台却迟迟没有建立，发展缓慢。统一的数字化平台的缺位，导致粤港澳大湾区养老服务人才信息依然处于碎片化状态，人才信息的跨地区整合无法有效推进。信息平台建设的不足还使得来自粤港澳三地的养老服务人才资源无法在三地有效流通，人才供给与养老服务机构的人才需求无法建立实时性链接。另外，人才信息平台的缺乏还使得数据共享机制支撑不足。粤港澳三地政府部门间养老服务人才数据交换共享机制尚未形成，数据资源的有效开发依然不足。

（三）粤港澳三地养老服务人才培训合作体系不健全

第一，大湾区三地的人才培养与培训体系还处于相对分裂的状态。主要表现在粤港澳三地养老服务人才培养在职业教育体系、培训课程体系、培训效果评估、培训管理体系方面均处于互不连通的状态，不利于充分发挥三地的优势作用。还表现在三地的养老服务人才培训系统仍然局限在自己的行政区划内，难以冲破地域限制。粤港澳三地的培训系统主要以培训所属地的工作人员为主，没有招收其他地方的学员，这不利于三地养老服务人员的交流。如广东省的“南粤家政”项目、香港地区的社福界登记护士训练课程以及青年护理服务启航计划等、澳门地区的长者服务十年行动计划，主要面向的还是本地人员。当前分裂的培训系统和地域限制不利于大湾区内部形成更加互补的培训体系。

第二，大湾区养老服务培训体系目前缺乏对多层次养老服务人才的针对性培养。如三地均缺乏针对中高端养老服务人才队伍的培养体系，养老服务管理人员以及尖端技术人员的培养力度不足。

（四）校企合作有待深入和升级

高校的人才培养模式依然和企业脱节，企业没有更多地参与到高校人才培养的全过程中。截至 2022 年底，广东全省共有 188 所各类院校开设养老服务相关专业。随着开设养老服务类专业的学校增多，在增加人才培养数量的同时，如何提高人才培养的质量，为企业和社会培养最适合的人才，是需要思考的重点内容。企业作为养老服务人才的直接需求方，对于人才的市场需求具有最敏感的感知力。企业和学校的合作共赢，为解决养老服务人才市场的供需结构性失衡，助力大湾区养老服务高质量发展具有重要意义。就目前的情况而言，只有少数企业与少数学校建立了长期高效的合作关系。如华润（深圳）有限公司与深圳健康养老学院达成战略合作协议，共同致力于推进粤港澳大湾区养老服务人才的教育和培养。国投健康产业投资有限公司与广州开放大学就产学研融合进行了前期的探索。但整体来看，长期稳定的涉及更广范围的合作平台以及合作模式还没有搭建起来。校企合作的深入和升级，将是未来养老服务人才市场稳步良性发展的关键因素之一。

四　粤港澳大湾区养老服务人才队伍体系协同建设的目标及路径

（一）发展目标

粤港澳大湾区实现养老服务人才队伍体系协同发展建设的目标，就是从三地现有实际出发，综合三地养老服务人才现有培养体系的优势，推动统一人才标准的建设，促进三地养老服务人才充分流通，提高三地养老服务人才的数量与素质，最大限度地满足三地不同类型老年人对养老服务的需求，实现粤港澳三地老有所养的共赢局面。粤港澳大湾区养老服务人才队伍体系协同建设的具体目标，重点是增加人才数量，提高人才素质，优化人才配置，为三地老年人口提供更加符合老年人需求特点的养老服务。

第一，增加人才数量。目前，养老服务人才的缺口依然很大。要实现粤港澳大湾区养老服务人才协同发展，增加养老服务人才数量，必须从养老服务人才培养体系开始，逐步实现三地养老服务人才培养体系的共建共享。人才培养方式包括学校教育、社会培训等方式。三地人才培养体系的共建可以有效提高人才培养效率，增加养老服务人才供给，缓解社会上养老服务人才短缺的压力。

第二，提高人才素质。目前，养老服务人才依然面临着整体就业人员年龄偏大，受教育程度较低，人员流动较大等问题。要实现粤港澳大湾区养老服务人才协同发展，提高养老服务人才素质，必须从顶层设计出发。三地政府有必要考虑设计一套统一的包括人力资源培训、人力资源信息建设、学科建设等因素在内的支持养老服务人才协同发展的综合政策体系。除此之外，要增加社会培训，鼓励更多相关专业人士投入养老服务。

第三，优化人才配置。三地政府应切实从整体的养老服务人才需求和目前的人才资源分布情况出发，充分发挥三地现有人才优势资源的作用，避免盲目投入，恶性竞争。应该尽快建立统一的人才信息平台，加强三地人才流动。

（二）粤港澳大湾区养老服务人才队伍体系协同建设的实现路径

1. 强化协同理念，优化顶层设计

习近平总书记指出："发展理念是发展行动的先导，是管全局、管根本、管方向、管长远的东西，是发展思路、发展方向、发展着力点的集中体现。"大湾区养老服务人才体系协同建设是一种兼顾三地优势，扬长避短的高质量人才发展理念。协同理念旨在通过一系列合作机制缩小三地人才培养机制差异、打破人才互通壁垒，通过政策协调促进大湾区养老服务人才协同发展。协同理念是引导三地养老服务人才高效发展的重要指挥棒。因此，需强化三地养老服务人才协同发展理念，树立粤港澳三地养老服务人才培养"一盘棋"的思想，按照"三地一体"的理念做好人才培养工作。

推动粤港澳大湾区养老服务人才体系协同，要秉承政策先行的基本理念。粤港澳三地需以更大的强度联合制定相关政策，避免标准不一、制度衔接不畅所带来的一系列相关问题。除此之外，顶层设计除了提出相对宏观的概念外，还需要制定更加详细的政策设想、政策目标，以及具体的政策落实方式。建议各级政府及相关部门出台一系列详细的具体措施，包括学科建设、人才流动、人才交流、专业资格、社会培训等，为推动粤港澳

大湾区养老服务人才体系协同提供全方位的政策保障。另外，充分调动各地级市的主动性，鼓励粤九市根据自身的实际情况，制定最符合自身发展的政策保障。

2. 建立大湾区人才交流和培训长效机制

为增加养老服务人才数量，提高人才素质，建议在粤港澳三地建设一批养老服务人才跨境培训基地，开设养老服务相关课程。三地定期在培训基地举办培训，学员来自粤港澳三地，培训对象应包括养老护理员、老年人能力评估师、养老服务管理人才等，并致力于将其打造为养老服务高质量发展的重要人才支撑平台。培训基地的设立，不仅为三地养老服务人才的交流提供了重要的平台，还为三地培训体系的优势互补提供了良好契机。

除了政府开展的官方交流活动，社会力量包括社会组织也应自发主动与港澳特区政府部门及相关培训机构建立人才交流和培训长效机制，开展人才交流、人才培训、成果交流转化和项目合作，助力提高养老服务人才数量与质量。政府应该鼓励社会组织及民间力量成立人才培养协会，协会定期组织养老机构负责人到港澳进行交流活动，学习借鉴港澳养老服务管理先进经验。定期组织养老服务行业中的高级管理人员培训班，邀请港澳知名专家来粤举办养老服务人才培训专业讲座。定期组织开展养老服务、安全管理、人员培训等方面的专题研讨、论坛讲座等。以港澳专业优势带动和提升粤港澳大湾区养老服务人才专业教育，促进养老服务教育合理分层和养老服务人才长久发展。

3. 政府、高校、社会力量三方联动，健全专业资格制度

推动政府、高校、社会组织及企业合作，共同建立健全粤港澳大湾区养老服务人才专业资格制度、职业制度，规范养老服务从业人员的任职资格、职业等级体系、薪酬待遇体系等。政府作为操盘手，高校提供智库支持，社会力量提供现实借鉴，合力构建养老服务行业更加规范化运作的职业制度。三方要共同积极支持香港、澳门养老服务专业学生及符合内地养老服务专业人员报名规定的港澳永久性居民参加养老护理员国家职业技能考试。大力支持港澳服务提供者在大湾区粤九市以独立或合作形式开展养

老服务人员社会培训。另外，加强养老服务人才在大湾区内部的互通互认，统一的标准是最基本的要求。大湾区内部有些学校已经联合社会力量展开了前期的初步探索，如广州市轻工技师学院探索“湾区标准”，历时半年，成功牵头开发《养老护理员职业技能评价规范》团体标准。未来，需要在政府以及各界力量的牵引下，将标准更加规范化、完善化、规模化。

支持企业健全养老人才队伍管理与评估机制。养老人才队伍的管理与评估是养老人才发展体制机制的重要组成部分。粤港澳三地要建立统一的人才队伍管理办法与人才绩效评估机制。支持养老企业树立现代人力资源管理开发理念，以创新性和专业度为工作中心，调动人员工作的积极性。鼓励企业明晰岗位晋升渠道，参与健全粤港澳三地养老服务业不同岗位的专业素养评估标准。出台相关措施，鼓励养老服务人员参与各项职业技能评定。在稳定现有养老服务人员队伍的基础上，要扩大养老服务人才来源渠道，倡导其他相关行业或者待就业人群在取得相关职业资格证之后从事养老服务行业。鼓励卫生专业技术人才、退休义务工作者、低龄老年人通过相关培训取得资格证，参与提供养老服务。

4. 建立统一的养老服务人才信息平台，增进信息共建共享

建立统一的养老服务人才信息平台有助于人才的交流与流动。首先，可利用该平台实施养老服务人才登记制度，对粤港澳大湾区养老服务从业人员实行统一登记管理，全面如实记录粤港澳三地养老服务人员的个人信息、从业经历、从业年限、服务对象评价、培训经历、投诉处罚等情况，从而有效降低对服务人员的管理成本和企业的搜寻成本。其次，可在该平台建立一整套完善的大湾区养老服务从业人员诚信评价体系，作为今后评职、晋级、提薪、转岗的重要依据。最后，信息平台还可以整合养老服务平台，使养老服务人才的供方和需方实现充分的信息化，促进供需双方的有效匹配。信息平台的建立对于人才吸引计划和养老人才互通互认机制的完善具有正向的促进作用。内地的养老机构可以在养老服务人才信息平台挖掘符合机构需要的养老服务人员，港澳也可以通

过平台挖掘内地的专业人才，在真正意义上实现养老服务人才在大湾区内部的自由和充分流动。

5. 助力高校推进相关学科合作建设，促进校企合作

推进粤港澳养老护理专业学科合作建设。支持符合条件的各类在粤院校采取合作办学的形式，引入港澳先进的养老服务办学理念及课程体系。支持相关院校特别是职业院校（含技工学校）根据国家专业设置要求开设养老护理相关专业，学习港澳教学体系，引进港澳优秀教师，积极开展相关专业示范学科点建设。有条件的学校可扩大养老护理专业招生，支持更多学生去港澳进行交换和学习。加大学校骨干和新生代教师与港澳相关学校的交流与访问，促进粤港澳在专业学科上的深度合作建设。

养老服务人才的培养过程离不开企业的参与，因此必须要明确养老服务人才队伍的培养和建设方向。养老服务人才的紧缺是结构性问题，包括一线护理人员和高端管理人员。养老服务人才的培养，落脚点在企业，因此要着重发展养老服务人才培养的校企合作，始终以企业的用工需求为导向，适时跟进，塑造最实用的培养理念，培养最有用的服务人才。第一，对于养老服务人才的培养院校而言，要与养老企业建立高效的沟通与链接，精准把握市场的变化与企业运营的人才需求，包括一线护理人员、老人心理咨询师、营养师及管理人员等，制定相应的课程体系，并打造一系列产学研互动平台。第二，随着对养老服务人才培养需求的增加，相关院校及养老企业可进行服务的整合供应，共同打造一系列培训、服务的品牌，增加人才培养在整个行业内的外部经济溢出效应。第三，依托企业，建立综合性的社会实践平台。学校和企业要联手制定完整可行的社会实践评估体系，并进行适时调整，优化相关路径措施，使学生们真正做到学有所得。要积极探索让更多珠三角城市的学生去港澳养老企业展开实习等实践工作，拓宽学生眼界并提高其专业技能。探索养老服务人才学徒制、订单班等培养方式，缩短培养周期，尽早进入企业实训。

参考文献

[1] 刘晓玲：《深港养老服务合作趋势及路径探索》，《特区实践与理论》2022年第1期。

[2] 朱凤丽、陈友华：《养老机构服务人才缺口审视与策略研究》，《重庆科技学院学报》（社会科学版）2022年第2期。

[3] 丁美方等：《粤港澳大湾区养老服务体系构建研究》，《社会福利》（理论版）2022年第5期。

[4] 陈泳欣、吴永辉：《分层普惠：粤港澳大湾区建设背景下的养老福利服务——基于NS区的考察》，《社会工作与管理》2022年第3期。

[5] 张彩霞、庆艳华：《发展粤港澳大湾区跨区域养老服务的思考》，《卫生软科学》2020年第7期。

[6] 苏炜杰：《粤港澳大湾区养老服务业协同发展研究》，《港澳研究》2021年第1期。

[7] 邵任薇、魏景霞：《粤港澳大湾区珠三角九市养老服务政策研究——基于政策文本内容分析》，《秘书》2022年第3期。

[8] 李健生、李忻之：《基于健康养老趋势的应用型养老服务人才产教融合培养研究——以广西为例》，《广西社会科学》2021年第11期。

B.22

粤港澳大湾区传承岭南艺术、弘扬岭南文化的若干建议*

——以岭南画派的弘扬发展为例

陈　天**

摘　要：　粤港澳大湾区是岭南文化传承和发展的核心区域，粤港澳三地也高度重视岭南文化艺术的传承、创新和发展。但文化资源获取困难、年轻人对传统岭南艺术兴趣不高等问题不可忽视。本文以岭南画派的弘扬发展为例，分析了粤港澳大湾区传承岭南艺术、弘扬岭南文化的发展现状，并借鉴法国、美国等先进国家传承弘扬本地传统文化艺术的成功经验，从加强三地文化艺术交流、设立支持基金、完善文化艺术教育设施建设、促进文旅深度融合等方面，提出了大湾区进一步传承岭南艺术、弘扬岭南文化的若干建议。

关键词：　粤港澳大湾区　岭南艺术　岭南画派

一　粤港澳大湾区传承岭南艺术、弘扬岭南文化的现状

粤港澳大湾区地处岭南文化的核心地区，是岭南文化传承和发展的重要

* 本文系广东省哲学社会科学规划项目“岭南画派的美育传统及当代实践”（GD19LN13）的研究成果。

** 陈天，广东工业大学艺术与设计学院讲师，中国美术家协会会员，岭南文化艺术创作鉴赏研究院副院长，研究方向为艺术创作理论与实践、岭南美术保护传承等。

区域。随着时代的变迁，岭南文化中的艺术也在不断发展和更新，同时也受到了不同文化的影响，形成了多元的文化艺术。

在粤港澳大湾区，岭南艺术的传承和弘扬得到了广泛重视和推广。澳门文化中心、香港文化中心和广州美术馆等都是岭南文化的艺术中心。各种传统的艺术表演，如粤剧、潮剧，以及音乐、舞蹈和书法绘画等，都得到了积极发扬和推广。岭南艺术也不断与现代艺术相结合，创造出了新的风格和形式，香港文化中心的现代艺术展览展示了许多独具创意的当代艺术作品，粤剧和潮剧也在不断地尝试着将传统艺术元素与现代艺术元素相融合，创新表达形式。总的来说，粤港澳大湾区对于岭南文化和岭南艺术的传承和弘扬是非常重视的，它们为岭南文化的传承和发展做出了重要贡献。随着时代的变迁，岭南艺术也在不断创新、不断发展。

尽管粤港澳大湾区对于岭南艺术和岭南文化的传承和弘扬做出了很大的努力，但仍然存在不足之处。首先，传承和发展岭南艺术需要更多的文化资源，而这些资源的获取存在一定的困难。一些岭南文化的传统文物和藏品已经难以寻觅，部分历史文化街区也面临着拆迁和改建。其次，在当前的社会背景下，部分年轻人可能对传统岭南艺术不太感兴趣，这也给岭南文化的传承带来了一定的挑战。在这种情况下，需要更多的创新和文化碰撞。岭南艺术门类齐全众多，以下以传承与弘扬岭南画派为例进行探讨研究。

（一）2022年举办的岭南画派文化活动情况

2022 年广州地区为推广岭南画派举办了多个展览和活动，其中比较有代表性的有以下四个。

“岭南画派与广州艺术”展览。该展览是广州美术馆 2019 年的主题展览之一，展示了岭南画派在广州发展的历史和现状，包括大量经典作品和现代艺术家的创作成果，吸引了广州市民和国内外的学者、艺术家的关注。

“岭南文化传承与创新”研讨会。该研讨会由广州市政府主办，邀请了岭南画派的专家、学者和艺术家，围绕岭南画派的传承和创新进行交流和探讨，促进了岭南画派的研究和传承。

“猪年春联展——岭南画派字画作品展”。该展览以岭南画派字画作品为主题，向公众展示了岭南画派字画的艺术魅力和传统文化内涵，满足了广大市民的艺术需求。

岭南画派主题珠宝设计展。此次展览汇集了多位知名珠宝设计师，以岭南画派为主题，创作设计了一系列主题珠宝，展现了岭南画派的艺术魅力和珠宝文化的融合。

上述展览和活动都取得了很好的成果，促进了岭南画派的传承和发展。但只限于广州地域，没有覆盖其他地区与国外。

（二）粤港澳大湾区有关岭南画派的主要研究机构发展情况

粤港澳大湾区在岭南画派研究和传承方面的机构比较丰富①，为推广岭南画派的艺术魅力和保护传统文化贡献了重要的力量。

1. 岭南画派纪念馆

建于2006年，位于广州市荔湾区中山七路，是岭南画派的历史纪念馆和现代化文化艺术馆。总建筑面积约10000平方米。馆内收藏了大量岭南画派和广东画派的经典作品，还有不少名家手迹、手稿等文物珍品。馆内设有多个展厅，展示了不同时期和领域的艺术作品和史料，还举办名师的授课、展演等活动。岭南画派纪念馆的建设旨在推广和宣传岭南画派的文化艺术，加强对岭南画派的研究与学术交流，促进艺术文化的传承与发展。纪念馆的开馆，对于推动岭南画派的研究和开展南方地区的美术教育都起到了积极的作用。

2. 广东省岭南画派艺术研究会

成立于2011年，是粤港澳大湾区最早的岭南画派研究机构之一，致力于岭南画派的研究和传承。

3. 香港岭南美术馆

香港岭南美术馆是香港大学的博物馆之一，于1996年成立，收藏了大

① 岭南画派相关的研究著作主要有《岭南画派史略》《岭南画派研究》《韵味溢彩：岭南画派》《粤绘：岭南画派作品集》等。

量岭南画派和南派山水画的经典作品，是研究岭南画派的重要机构之一。香港岭南美术馆经常举办与岭南画派相关的活动，近期举办的活动包括“广东岭南画派作品选”展览，展示了岭南画派的水墨画、工笔画和花鸟画作品等；“岭南画派领袖张思聪作品展”以岭南画派的创始人之一张思聪的作品为主题，展示了他的水墨画和工笔画作品；“岭南文化艺术高峰论坛”是一个关于岭南文化和艺术的高峰论坛，广泛讨论与岭南画派有关的话题，如岭南画派的历史、发展和艺术特点等。

4. 澳门岭南书画艺术中心

成立于 2014 年，是澳门专门从事岭南书画艺术研究、教育、推广的非营利机构。

5. 广东岭南文化研究院

广东岭南文化研究院是广东省属研究机构，也是岭南画派研究的重要基地之一。

6. 深圳市岭南当代美术馆

成立于 2002 年，是位于深圳市的一座现代艺术馆，常年举办岭南画派和其他南方文化艺术的展览和活动。

总体来看，粤港澳大湾区在岭南画派研究和传承方面的研究机构主要职责是保护、研究、探索和传承岭南画派的文化和艺术遗产，在研究和学术方面是非常专业和深入的。然而，普及和推广岭南画派文化和艺术方面的工作，可能需要进一步加强自身的努力。这样可以吸引更多的观众和游客，促进岭南画派文化和艺术的传承和发展。实际上，很多文化机构和博物馆都在深入专业研究的同时注重普及推广，通过开展多样化的活动和策划，吸引各类观众和游客，提高公众对文化艺术的认知和兴趣。岭南画派纪念馆可以向其他文化机构借鉴经验，增强自身的文化普及推广工作。

（三）教育系统对于岭南画派的传播教育情况

华南师范大学美术学院有岭南画研究方向的研究生专业，并设有岭南画研究中心。广东美术学院开设有岭南画派与广东画派的相关课程，也有相关研究和论文发表[①]。中山大学博物馆馆藏有不少岭南画派作品，同时也会定期开展相关展览和讲座[②]。

岭南画派教育基地位于广东佛山南海区，是一个专注于岭南画派教育的机构，为学生提供体验式教育、岭南画作品鉴赏等教学服务和体验活动。广东岭南传统文化教育基地由广东省文化和旅游厅主管，主要致力于传承和宣传岭南传统文化，包括岭南画派、岭南音乐、岭南戏曲等，为中小学生提供相关的文化教育和普及活动。广州市岭南画派教育基地位于广州市天河区，是一个以岭南画派为主题的教育基地，为学生提供岭南画鉴赏、岭南画创作等教育服务和体验活动。

中小学美术课程也包括对岭南画派的介绍和学习，比如探究岭南画派的历史和特点，学习岭南画派的创作技法和风格等，文化课也会融入相关内容。这些教育形式都对中小学生的岭南画派教育做出了一定的贡献，有利于学生了解和传承岭南画派文化。

二　保护弘扬传统文化艺术先进案例的经验借鉴

（一）法国政府保护和弘扬印象派艺术的成功经验

1. 建立专门机构

法国政府成立了印象派博物馆，对印象派作品进行收集和保护，并且向公众开放，为艺术家和爱好者提供研究、交流的机会。此外，政府还建立了一个国家民间工艺活动委员会，对民间工艺活动进行保护和传承。

2. 每年举办文化活动

法国政府每年都会为印象派艺术举办文化活动，如展览、嘉年华、节日

① 广州美术学院的学者在研究岭南画派方面有很多作品，主要有《岭南画派论丛》《岭南画派研究综述》《岭南绘画史》等。

② 中山大学的学者在岭南画派方面的研究有以下一些作品：《岭南画派史略》（胡承龙著）、《珠江流域的岭南画派》（王琦著）、《岭南画派研究论集》（周明峰编）、《岭南画派研究》（梁玉堂、韩道亮著）等。

等，这些活动能够增强公众对印象派绘画艺术的认知和欣赏，促进艺术的传承和发展。

3. 加强教育宣传

法国政府还针对印象派艺术风格、表现手法、背景历史等进行深度研究和推广，通过各种形式的宣传和教育，向公众普及印象派的知识，提高公众的艺术鉴赏水平。

4. 在收藏上的努力

19 世纪后期，许多法国画家成为印象派运动的一部分。法国政府开始重视这种艺术形式，意识到它们的重要性，开始将这些作品纳入公共文化机构中，以使更多的人有机会欣赏到这些艺术品。当时，法国政府依靠资助各种博物馆，为印象派画作提供展览空间，使它们得到市场的认可，提升了印象派艺术的声誉和地位。1913 年法国国立美术博物馆购买了克劳德·莫奈的《睡莲》，成为世界上第一个收藏印象派画作的国家机构。此外，还成立了相关机构来保护和传承这些艺术家的创作，如法国印象派研究中心。法国政府还采取了其他措施来保护私人收藏，包括制定有关文化遗产保护的法律和条例，并建立了专门的艺术品存放处。这些举措保证了这些重要的艺术品能够得到保护并永久地保存下来，使这种艺术形式最大限度地在公众面前展示，从而成为国家和世界文化遗产的一部分。①

（二）德国政府保护和弘扬表现主义画派的成功经验

1. 加强艺术教育

德国政府通过加强艺术教育来培养表现主义艺术家，从小学到大学，为艺术爱好者提供更多教育机会。

2. 重视艺术博物馆的重要性

德国政府投资大量资金兴建和维护艺术博物馆，特别是针对表现主义艺

① 法国为保护弘扬印象画派出版了不少著作，如《阿尔及利亚风景画：德拉克洛瓦和印象派》（*Landscape Paintings of Algeria*：*Delacroix and the Impressionists*）、《印象派：对自然的注视》（*Impressionism*：*Seeing Nature*）、《洛林：印象派风景画》（*Lorraine*：*Impressionist Landscapes*）、《印象派画家的生活与作品》（*The Lives and Works of the Impressionists*）等。

术的博物馆。珂勒惠支博物馆就是一个例子，它收藏了大量的表现主义艺术品。

3. 提供区域文化资助

德国各级政府和机构都提供了一些区域文化资助，特别是针对表现主义文化和艺术的资助。比如，文化基金会为表现主义艺术的研究和创作提供财政支持。

总之，德国政府非常注重保护和弘扬表现主义艺术和文化，德国在艺术和文化领域也一直保持着较高水平的发展。

（三）美国保护和弘扬波普艺术的成功经验

1. 艺术博物馆和文化机构

美国有很多博物馆和艺术机构，它们负责收藏和展示波普艺术相关的作品和文物，并且不断地举办相关的展览和活动，以弘扬波普艺术的风格和魅力。

2. 对波普艺术家的支持和认可

很多具有波普艺术特色的艺术家在美国得到了大众的支持和认可，例如安迪·沃霍尔、罗伊·利希滕斯坦和罗伯特·劳森伯格。这些艺术家的作品成为波普艺术发展的里程碑，也为后来的艺术家提供了创作的灵感和方向。

3. 波普艺术衍生品的流行

波普艺术的衍生品在美国非常流行，例如波普艺术风格的家居用品、服装和配饰等。这些产品的流行间接促进了波普艺术的传承和发展。

4. 波普艺术和市场经济结合

波普艺术自从诞生以来，就与市场经济形成了紧密的联系。美国的私人收藏市场和公共文化市场对波普艺术的推广和保护起到了积极的作用。

总的来说，波普艺术在美国得到了广泛的认可和支持，机构和个人积极地为其保护和弘扬提供了帮助。这些举措促进了波普艺术的持续发展和流传。

（四）日本政府保护和弘扬浮世绘艺术的成功经验

1. 购买和保护浮世绘作品

日本政府和私人机构购买并收藏了大量的浮世绘作品，例如国立东京博物馆收藏了超过 12000 件浮世绘作品。

2. 组织展览

日本政府建立了国立博物馆和各个地方博物馆，为观众提供了多样的浮世绘展览。

3. 教育推广

日本政府在学校教育和民间教育中推广浮世绘艺术，为民众提供了更多了解和欣赏浮世绘艺术的机会。

4. 深化研究

日本政府致力于推动浮世绘研究，资助学者进行深入研究并出版相关书籍。

5. 推动文化交流

日本政府积极参与国际文化交流，帮助世界各地的人们了解和欣赏浮世绘艺术。例如，在日本驻外使馆举办的浮世绘展览吸引了大量国际游客和当地民众。这些措施相互作用，为浮世绘艺术的保护和推广提供了全面的支持，也为其他文化遗产的保护和推广提供了有益的启示。

三　粤港澳大湾区传承岭南艺术、弘扬岭南文化的展望与建议

（一）大湾区岭南文化艺术繁荣发展的展望

粤港澳大湾区位于中国南方，涵盖广东、香港、澳门三地，是全球最富有活力和发展潜力的经济区之一。岭南文化作为其文化的一个重要组成部分，未来将会继续繁荣发展。

首先，岭南文化独具特色。岭南文化指广东、广西、海南、香港、澳门

等地的文化，是地域特色极强的文化体系，其特色主要体现在语言、文字、音乐、戏剧、美食等方面。鲜明的方言神韵、华丽的盆景美学、多元的民间音乐、精彩的妇女文学等，都是岭南文化的重要组成部分。正是这种独具特色的文化传统，使得岭南文化在大湾区的地位得以稳固。

其次，岭南文化的传承和发展得到重视。近年来，粤港澳大湾区的文化事业迅速发展，岭南文化在其中发挥了重要作用。一些有影响力的文化节庆、文物展览以及文化生态街区更是让岭南文化充分展示自己的魅力。同时，政府也加大了对文化文物的保护和修复力度，进一步激发了岭南文化的发展潜力和生命力。

最后，岭南文化将进一步融入大湾区的发展。大湾区建设是中国未来发展的重大战略，综合发展、共赢发展、开放发展等理念将在其中得到充分体现。岭南文化作为其中的重要组成部分，将依托大湾区建设的实施和推进，促进与其他文化的交流与融合，不断创造出更多优秀的传统文化和现代文化作品。

总之，在粤港澳大湾区这一平台的支持下，岭南文化必将继续焕发独特魅力和发展活力，为区域的经济、文化、社会的可持续发展做出更大的贡献。

（二）大湾区进一步传承岭南艺术、弘扬岭南文化的建议

1. 进一步加强三地文化艺术交流

粤港澳大湾区可以积极开展文化交流活动，为艺术工作者提供更多的展示平台，并与岭南地区的文化机构加强交流互动，推动岭南文化的传承和弘扬。

加强粤港澳三地文化交流可以采取以下措施：一是大力推广中华文化，粤港澳三地的历史、文化、传统、音乐、美食等拥有很多共同之处，可以通过共同的文化元素来推动三地间的文化交流；二是举办多种文艺活动，可以举办文艺节、音乐会、电影展等各种文艺活动，吸引三地民众参与；三是建立文化交流机制，建立政府、学者、文化机构之间的交流平台，促进交流和

合作；四是加强教育交流，建立三地间的学术交流，推动教育文化领域的合作与交流；五是推动旅游交流，加强三地间的旅游交流，吸引更多的游客前来粤港澳参观、游览，加强文化互动。

上述措施可以加强粤港澳三地文化交流，增进三地民众的感情和了解，促进经济、社会和文化的发展与繁荣。

2. 成立文化艺术交流基金

政府可以成立文化艺术交流基金，向优秀的岭南艺术家提供资金支持，鼓励他们创作有代表性的艺术作品，并且和粤港澳大湾区的艺术家一起参与合作创作。

一是加强粤港澳及海外华人之间的文化交流和互动，推动中华文化的传承和发展。二是支持和推广岭南文化的发展，激发民间文化创意，促进文化产业发展。三是鼓励和支持岭南文化的学术研究和学习，推动文化产业与前沿科技、工程、设计等领域的融合，推动文化产业的创新发展。四是促进岭南地区旅游业的发展，推动文化旅游发展，增强岭南地区的国际知名度。五是推动岭南文化作为中国优秀传统文化的发扬和传承，对全国甚至世界范围内的文化建设起到积极的推动作用。

综上所述，设立岭南文化交流基金可以促进文化交流、文化产业和旅游业的发展，促进中华文化的传承和发展，成为推动岭南地区文化事业和文化产业发展的有力支撑。

3. 进一步完善文化教育设施体系

政府要注重文化教育设施的建设，在岭南地区和粤港澳大湾区的各大城市建设艺术中心，为年轻的艺术爱好者提供更多的学习和表现的机会。同时我们可以通过举办艺术比赛和文化展览等形式，进一步推广岭南文化和艺术。

一是开设相关课程，学校可以开设岭南文化相关的课程，比如岭南文化、岭南历史、岭南地理等，让学生系统性了解岭南文化的历史和特点。二是加强文化活动，学校可以定期组织具有岭南特色的文化活动，比如岭南茶艺、岭南音乐、岭南舞蹈等，让学生在实践中体验、感受岭南文化。三是利用多媒体资源，比如图片、视频、音频等，展示岭南文化的风貌和内涵，激发学生的兴趣和好奇心，让他们更加全面深入地了解岭南文化。四是创新教学方法，探索创新的教学方法，比如问题驱动型学习（PBL）、游戏化教学，将岭南文化融入课程中，让学生在寓教于乐的环境中掌握和理解岭南文化知识。五是强化地域文化教育意识，学校应该在教师培训和学生教育中强化地域文化教育的意识，让教师和学生了解和认识到岭南文化的重要性，从而更积极地投入岭南文化的教育和研究中。

4. 加快促进文化旅游的深度融合

政府可以组织更多的文化旅游，让岭南的历史和文化融入粤港澳大湾区旅游中，让更多的游客了解和感受岭南文化的魅力。

一是客观介绍历史和文化，对于岭南文化的历史和文化，应该给予客观、准确的介绍，让游客可以更全面地了解岭南文化的发展和内涵。二是引导游客参观历史文化景点，在岭南地区，有很多历史文化景点，比如广州博物馆、南越王墓、陈家祠等，可以引导游客前往参观，感受岭南文化的魅力。三是推广特色文化产品，岭南有丰富多彩的特色文化产品，比如岭南银饰、岭南茶叶、岭南手工艺品等，可以在旅游中推广，让游客可以亲身感受到岭南文化的独特魅力。四是开展传统文化体验活动，可以开展一些岭南传统文化体验活动，比如岭南饮茶、岭南舞蹈、岭南音乐等，让游客在欣赏和了解岭南文化的同时，亲身体验和参与传统文化活动。五是普及岭南文化知识，在旅游中，可以通过各种方式普及岭南文化知识，比如通过展板、讲解、小册子等，使游客更深入、更全面地了解岭南文化，从而增加对文化的兴趣和热爱。

5. 进一步塑造更加鲜明的岭南文化品牌形象

在岭南地区和粤港澳大湾区打造文化品牌，创造独特的岭南文化形象和特点，以此树立岭南文化的品牌形象，带动岭南文化的弘扬。

一是挖掘岭南文化特色。岭南文化区别于其他地方的文化特色，可通过深入研究历史、文化、风貌等方面来挖掘，例如广府文化的特色龙舟、风水，潮汕文化的特色糖画、潮州音乐等。二是宣传岭南文化。在全国多个城市建立展馆、博物馆等，以展现岭南文化的历史文化及风貌特色，同时可以在多媒体平台进行宣传推广，例如微信公众号、新浪微博、抖音短视频等。三是推广岭南文化产品。通过打造具有岭南文化特色的产品，例如特色小吃、手工艺品、纪念品、文化衫等进行推广。客户买到产品时就会想起岭南文化的特色之处，从而增加品牌知名度。四是积极参与文化活动。参与各种文化活动，让品牌更为深入人心。可在广州白云国际会议中心、深圳会展中心等地举办各类文化活动，如思客广府文化节、广东国际文化旅游节等。五是建立品牌形象。强调岭南文化的历史价值、人文价值和艺术价值，使用负责任的行为标准、视觉形象标准，建立岭南文化品牌的信誉和形象。通过这些措施可以让品牌逐渐变得有名有声，增强品牌价值和品牌参与者的信任。

参考文献

［1］叶金宝、左鹏军、崔承君：《关于岭南文化的整体性认知——〈岭南文化辞典〉编纂的若干思考》，《学术研究》2023 年第 3 期。

［2］邹开敏：《粤港澳大湾区文化和旅游融合高质量发展研究》，《新经济》2023 年第 3 期。

［3］王汉文、叶丰圆：《粤港澳大湾区背景下广府文化的传承与传播研究》，载张其学、涂成林主编《中国广州文化发展报告（2022）》，社会科学文献出版社，2022。

［4］马明宸：《二十世纪中国画史中的“岭南画派”》，《荣宝斋》2023 年第 3 期。

［5］常静：《岭南文化创造性转化和创新性发展：意义、条件及路径——基于人文湾区视角》，《广东社会主义学院学报》2021 年第 2 期。

［6］乔俏：《岭南音乐相关课程在广东高校开设的可行性和必要性分析——以广东舞蹈戏剧职业学院为例》，《艺术评鉴》2021 年第 6 期。

［7］刘淑贤：《岭南画派艺术文献研究与共享服务体系建设》，《图书馆论坛》2017 年第 4 期。

［8］王海兰、何文晓：《粤港澳大湾区电视语言使用情况调查及其规划思考》，《语言文字应用》2019 年第 3 期。

B.23
关于深圳打造“人才资源大循环”的建议*

李 杰　丁百川　张 猛**

摘　要： 深圳已经具有可观的人才储备和人才培养能力，但仍存在供需错配、区域不均衡、人才成本高、发展空间受限，以及原始创新导向不明确等问题。应顺势让人才有序循环起来，调动粤港澳大湾区人才资源，预见性破解战略性新兴产业发展中的人才矛盾，既要在市场中提升人才待遇，又要在共享中降低企业人才成本。本文结合国际经验，提出相应的建议。

关键词： 人才大循环　创新生态　巴斯德象限　深圳

深圳作为后发的一线城市，建立了以高新技术产业为主导的经济结构，同时存在大学等科研机构相对薄弱等问题。2020 年，深圳被确定为综合性国家科学中心，近年来通过内引外联自建方式相结合，已经拥有了南方科技大学、深圳大学、香港中文大学（深圳）、深圳北理莫斯科大学、中山大学（深圳）、哈尔滨工业大学（深圳）和北大深圳研究生院、清华国际研究生院等高校，高标准建设的鹏城实验室、深圳湾实验室，以及处于筹建状态的

---

* 本文相关研究受到深圳市哲学社会科学规划课题“新时代增强深圳城市经济韧性和竞争力研究”（SZ2022B011）、2022 年度哈尔滨工业大学（深圳）人文社会科学发展专项基金（决策咨询类）“深圳人才资源大循环研究”课题资助。

** 李杰，博士，深圳市社会科学院经济所副研究员，研究方向为粤港澳经济发展；丁百川，哈尔滨工业大学（深圳）经管学院本科生；张猛（通讯作者），哈尔滨工业大学（深圳）经管学院副教授，研究方向为区域经济。

几所大学，深圳的高等教育与科研已经在较高起点实现突破，改变了深圳传统的企业主导科研的状况，建立了完备的产学研基础和硬件。如何让创新部门有机联系在一起，实现产学研一体化对深圳是一个重要的新课题，让珍贵的人才和昂贵的科学设施创造持久的效益是深圳科技事业健康持续发展的重中之重。

习近平总书记在2021年召开的中央人才工作会议上强调，要实行更加开放的人才政策，不唯地域引进人才，不求所有开发人才，不拘一格用好人才。要强化效益意识和柔性引才理念，不求所有、但求所用，不求所在、但求所为。这为人才工作指引了方向。深圳近年来根据需要对人才工作做出了重要的改革，为新时代深圳借粤港澳大湾区人才资源推进“20+8”战略性新兴产业开拓了新的思路，人才工作事关多项重大发展战略，应不断深入思考与改进。

一　深圳人才建设发展的成绩与问题

（一）人才事业发展成绩

截至2022年底，深圳共有全职院士86人，高层次人才2.2万人，留学回国人员超19万人，各类人才总量超663万人，深圳迎来了人才聚集高峰。同期，深圳境内外上市企业有535家，国家级高新技术企业数量突破2.1万家。新兴产业发展成败的关键在于战略人才的支撑，上述数据说明深圳的人才政策极大地推动了产业发展，或者说产业发展带动了人才体量的增加。深圳的人才工作体系改革力度很大，包括设立特聘岗位制度，着力构建“能力+业绩”的人才评价体系，着力突出“以事择人、人岗相适”，分领域、分赛道评价遴选高精尖人才等，通过项目悬赏制吸引全球人才“揭榜挂帅”，支持校企联合建立实验室，靶向引进全球高精尖缺人才，大力促进国际人才交流合作，推动科学仪器设备开放共享等，这些都是国际上较为先进的做法。当前，深圳提出打造“20+8”产业集群，需要以较高的效率和合理的成本用好人才。

（二）人才供需结构失衡

以辩证的观点来看，人才既稀缺，也过剩。知名大学的毕业生和高级人才青睐稳定的政府、国企、事业单位和高收入的互联网“大厂”，而处于成长期的企业由于不确定性较高，人才需求无法得到充分满足，形成比较普遍的人才供需错配。人才结构性错配对深圳影响较大，通过调研发现，除了华为、腾讯等“大厂”和原特区知名企业，即使被认定为高新技术的企业也普遍存在中高端人才匮乏、人才成本过高、留住人才困难等难题，原关外制造业企业尤为明显。同时，深圳的高学历人才群体也存在就业方向极为狭窄、内卷严重、技能不能充分施展等问题，严重制约深圳科技创新产业的发展。近年来网络上讨论较多的国内外一流高校博士应聘深圳小学老师的新闻就是例证。我们不能将之归咎为社会价值观问题，一方面，这是全球产能与资本过剩阶段的必然现象；另一方面，高校脱离现实的知识培养体系也是重要原因。

（三）人才成本高企

人才成本包括人才的生活成本和企事业单位的用人成本，前者推高后者，同时人才的地区竞争和社会观念也推高人才成本。与北京、上海、广州相比，深圳的产业相对单一，科研部门体量较小，城市历史文化差距明显，房价和物价水平较高，因此在高层次人才的吸引力较弱。而杭州、成都、重庆、西安、武汉等地经济水平和总量虽然落后于深圳，但新产业比深圳更为活跃，生活成本远低于深圳，追赶态势已经形成。深圳吸引人才的成本难以降低。在社会观念上，中国已经形成了尊重人才、重视人才的一致态度，人才作为重要的创新发展资源，成本上高于从业者已经被社会接受。但对企业而言，这种社会压力造成成本上升，如果没有超额利润，人才的负担就会成为企业发展的障碍。从 2021 年的数据看，深圳的科研与技术服务人员的薪金水平仅次于北京（见图 1）。

科学研究和技术服务业包括研究和试验发展、专业技术服务业以及科技

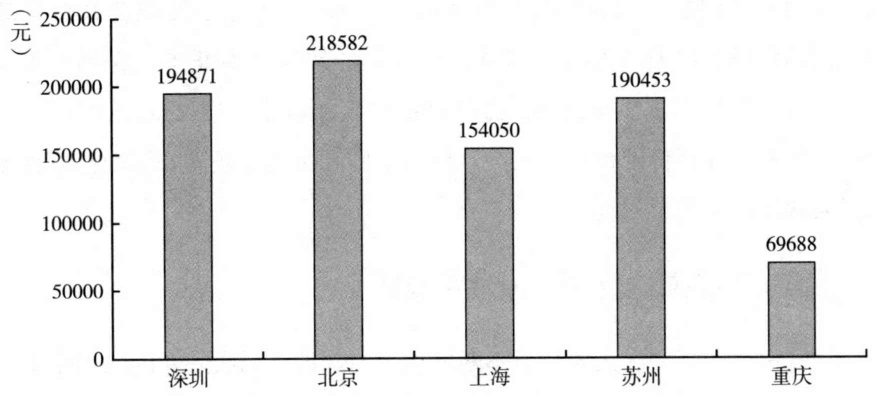

图 1　2021 年科学研究与技术服务业就业人员平均工资

资料来源：深圳市统计局、北京市统计局、上海市人力资源和社会保障局、苏州市统计局、重庆市统计局。

推广和应用服务业，该行业是推动当地科技创新的重要动力，因此，该行业就业人员的平均工资在一定程度上代表着该城市的人才成本。深圳市的房价位居全国前列，会降低一部分人才的落户意愿。一边是生活成本高，另一边是企业人才成本负担重，杭州、苏州等城市对深圳的追赶态势显著，需要在不降低人才待遇的同时，找到降低企业成本的方法。

（四）高校人才内卷

深圳高层次人才增量显著的区域在高校。随着众多国内外一流高校在深圳落户，深圳的人才培养能力也在快速提升，但高校在人才运用方面存在一些问题。一是部分高校发展存在急功近利的问题，看中国际排名，优先发展的方向往往是论文数量较多的领域，这是可以理解的，但并不可取。二是人才的科研基础和科研环境相比科教事业发展较为充分的城市尚显不足，需要更多时间积累。三是在考核和晋升压力下，高校教师和科研工作者扎堆在学术论文发表方面内卷，解决企业技术问题的科研活动缺少承认，不被纳入考核与晋升，胜出者往往是善于发表验证性论文的科研工作者，这些成果的投入与社会价值相比过低，而这些人才集聚本身也会对原创性成果产生抑制作用。针对上述问题，国家已经开展了破“五唯”、大力发展职业教育等政策。深圳积极响应破“五唯”的政策导向，在2021年废止了《深圳市人才认定标准（2015年）》《深圳市海外高层次人才认定标准（2016年）》两个过分强调人才评价硬指标的文件，但短期内和微观上还需要深圳根据具体情况来解决许多配套问题。

（五）高层次人才和国际化水平较低

尽管深圳的高层次人才数量不断增加，但深圳高层次人才的国际化水平仍然较低，截至2019年，深圳持工作类证件的外国专家有1.67万人，仅占全市常住人口的0.2%，远低于硅谷（67%）、纽约（36%）、新加坡（33%）和香港（8%）等世界先进城市和地区，尚未成为国际化高精尖缺人才聚集地。[①] 在此背景下，深圳市出台了《深圳市外籍“高精尖缺”人才认定标准（试行）》来提高国际化人才吸引力，构建具有全球竞争力的人才体系。

（六）原创性成果不足

深圳产业从出口加工到高新技术的异军突起已经在国际市场上建立了声誉，很多企业已经进入“无人区”，继续走“模仿—学习—改进”的创新之路已经行不通。深圳的科研需要原创性的东西，虽然这是全国都存在的问题，但深圳更为迫切，因为深圳产业升级的下一步就要靠创新。深圳应该在机制上创新，促进原创性发现发明的出现。

总结而言，相比深圳创新的“四个90%”[②] 的阶段，深圳的创新环境已发生质变，具备了产学研一体发展的条件，核心问题是解决原创性科研的产生机制，关键在于如何用好当前的人才，实现产学研一体化。这是一个新课题、大课题，需要立足高质量发展的新阶段进一步深化改革。

---

① 徐翌钦、曾坚朋、仲亮：《深圳高层次人才引进短板及对策》，《开放导报》2022年第1期。

② “四个90%”即90%以上研发人员集中在企业、90%以上研发资金来源于企业、90%以上研发机构设立在企业、90%以上职务发明专利来自企业。

二 国际经验表明人才循环非常必要

美国在生成式人工智能方面的应用突破，如 ChatGPT、微软 Bing+AI，再次让我们认识到美国科学技术强大的原创性，它是美国科技作为领导者的客观基础。中国不应该每个产业都“等待”美国原创性技术出现后再去追赶。如何实现原创性发明，中国需要系统思考，深圳需要认真领悟。

基础研究需要消耗大量的资源，如何转化为经济发展的动力更是一个世界性难题，被称为创新的“死亡峡谷”，全球只有美国拥有一定的成功经验。从机构之间的创新协作看，美国大学负责基础研究，小型初创公司负责发明应用，大型企业则负责产品制造和销售；但从人的角度看，美国科技相关的社会网络非常发达，使得人才能够通过便捷的方式在不同机构之间循环，大量金融企业和社会机构推动人才与信息的循环。

（一）经验一：整合产学研，培养创新生态，完善人才的社会网络

研发包含科学研究和产品开发两种不同性质的活动，科学研究是以学术兴趣为导向，而产品开发是以实践应用为导向，美国用于开发的比例占研发经费的2/3。第二次世界大战后，美国在军事技术上取得的突破由大型公司迅速转化为商业产品，迎来了大型工业企业技术发展的黄金时代。随着联邦政府资助的研究型大学逐步成为基础研究的载体，以及 20 世纪 80 年代后美国反垄断的放松，美国逐步创造了一种由政府、大学、小型科技公司和大公司分工合作的新生态，即大学从事研究工作，小型科技公司把研究发现转化为发明，大型公司专注于产品开发和商业化过程，这一新生态为创新的“死亡峡谷”架设了桥梁。在接力过程中，政府与风险投资给不同主体提供资金支持。

（二）经验二：促进科研人员与产业的深度结合，不进则退

1980 年美国国会通过了著名的《拜杜法案》（Bayh-Dole Act），允许大学支配政府资助的发明专利使用权，发明人和大学可以分享专利的经济利

益。《拜杜法案》极大地提升了美国科技成果转化率，增加了社会总财富。大学的科研人员发现利用其职务发明创办自己的公司具有吸引力和可行性，如磁共振、重组乙肝疫苗、原子力显微镜和谷歌的网页算法等都来自大学的研究成果。大量社会组织、协会和校友会在创新过程中发挥了重要的作用。美国科研人员的自由度较高，但政策导向发挥了重要作用，国家鼓励科研工作者与国家需要结合、与产业结合，自然科学与工程领域的科研工作者需要有足够的经费才能维持自身的科研条件。

（三）经验三：发挥大学在创新中的核心地位，加强机构间对接

第二次世界大战后，研究型大学成长为基础研究的主要承担者。1953年，大学只承担30%的基础研究项目，到1996年已经承担超过60%的基础研究项目并稳定保持至今，另外大学还承担15%的应用研究。研究型大学的科研经费主要来自联邦政府。广为人知的斯坦福工业园，为硅谷点燃了科技创新的火种。20世纪80年代中期至整个90年代，硅谷由斯坦福大学教师和学生创办的公司或有大学背景的公司，占比高达70%以上，其中不乏英特尔、AMD、NSC等明星公司。

欧洲国家与美国有很多相似之处，德国研究型大学的基础研究占全部基础研究的75%。发达国家创新的核心思想都是重视打造产学研一体化链条，促进人才从思想技术交流到人事交流的不同层级双向流动。对比发达国家，我国作为后来者，在创新系统方面，引进消化国外技术的能力强，自主创新能力相对弱，这种格局对发展战略性新兴产业是不利的，因为战略性新兴产业无太多先例可循。

（四）经验四：只有原创性的成果方能入选各种奖励，密切联系社会重大需求与发展

西方科学界大奖多注重成果是否具有可被时间检验的原创性和重要性，而不是发表期刊的等级。以诺贝尔生理学或医学奖来说，中国科学院院士、河北大学校长康乐教授总结了其中的规律。第一，诺贝尔生理学或医学奖在

设立的时候，主要是想解决人类的病痛，那些重要的生理进展，比如血型、视神经的发现和脑的结构等，都获得过诺贝尔奖。第二，生命现象的同一性规律的认识，如生物的遗传规律，DNA 转录成 RNA，翻译成蛋白质，不管什么生物都具备这一规律，所以是生命同一性规律的认识。第三，重要疾病的控制和药物的研发，历史上有 6 个研究疟疾的人获得过诺贝尔奖；肺结核、性病、热带寄生虫和传染病的研究者也都获得过；还有一些带动科学发展的药物开发、方法创新，比如大家熟悉的 PCR 技术、转基因技术、基因编辑技术等，都是方法学的创新。第四，其他的重要突破，比如研究蜜蜂的行为、人类的遗传学，都是重要的发现。从比重看，获奖最多的是重要的生命现象同一性规律的认识，就是挖掘生命的本质，大约占 46%。排第二的是重要疾病的控制和药物的研发，将近 20%。方法学的创新占 11%。然后就是一些其他有意义的研究，还有生理学的研究。传统的生理学问题在早期都已经得到逐步解决了，如今很难再有普通的生理学研究获奖了，所以这个比重是下降的。

三　促进人才大循环机制的具体建议

根据对深圳创新环境现状和西方经验的分析，深圳的人才工作痛点比较明显。受城市产业相对集中、与房价相关的生活成本过高、其他城市的竞争等因素制约，深圳对人才的吸引力只具有相对优势和局部优势，但当前深圳比其他城市更需要原始创新引领进一步的产业发展。所以，深圳在提升高层次人才的收入和发展空间的同时，也要让企业降低获得科技服务的成本，提升便利性，引导科研工作者为产业服务，追求原始创新。据此，我们提出人才资源大循环的建议。

（一）意义与路径

第一，人才大循环是“一国两制”事业的进一步推进，有利于促进粤港澳大湾区创新发展、深圳提升产业结构，是一项可行的政策实践。第二，

人才大循环符合共享经济的时代趋势，通过增加人才的流动性，让昂贵的人才资源得到更为充分的利用，从而有效降低企业成本，让人才发挥更大效益。第三，人才需要激发，高层次人才具有追求马斯洛更高需求层次的心理需要，过于单调的科研环境，让科研人才缺乏足够宽广的视野、收入过于依赖现有渠道，人才大循环通过建立引导机制，可以拓宽人才的人脉，了解社会重大需求，获得更多合法收入，避免学术脱离现实。第四，产学研一体化体现在机构合作、资源共享和人才对接三个方面，人才对接是重中之重，是深圳开展科研仪器共享等重要政策的社会基础。第五，通过改进人才标准和配套措施，推动原始创新，鼓励一系列原创性成果诞生于深圳。

对于人才大循环的政策制定，要充分考虑我国不同部门之间联系不强、行政壁垒有待消除、社会文化含蓄内敛等特点，应建立适度增强的制度和机制来促进人才循环，在人才交流中推进产学研一体化进程。

（二）建议

1. 降低行政壁垒，鼓励大湾区内大学和科研机构的研究人员以各种形式与产业对接

区域内才智流动有成功的历史经验可循，改革开放初期上海的“星期天工程师”曾推动了长三角经济发展。今天，整个大湾区的人才都应该能为深圳战略性新兴产业发展所用。人才主管部门应提供集中调度、双向选择的平台和机会，以及提供包括知识产权、法律在内的基础服务；建立粤港澳大湾区专家库、流动科研工作站，简化和统一人才认证标准，以制度化的方式为科研活动提供双向对接，适度减免审批流程和相关税费。统一规范高校和科研机构对高级人才服务大湾区的限制，简化人事、经费的管理。2023年初，国家出入境管理局已经在大湾区内试点实施往来港澳人才签注政策，从国家政策的角度具备了人才大循环的条件。

对深圳部分高校相关政策的质性分析发现，高校对教师的社会活动事实上持消极态度，体现在以下几个方面。一是审批层次高、流程复杂（部分高校需要党政联席会议审批，而广泛公示也增加了社会压力），应

该从审批制修改为登记制。二是岗位和专业限制过细，如严格要求与本专业相符，不允许科研之外的岗位。这种规定不符合跨学科、产学研融合的趋势，应予以放宽。三是忽视哲学、人文、社会科学的融合，应当积极鼓励人文社科走入深圳企业，为技术发展提供人文思考和方向引导。高校不应以狭隘的视角看待本单位的得失和过度看重活动是否有利于自身排名，要允许如香港科技大学李泽湘教授那样的战略学者深度介入产业，为深圳创新发挥更大的作用。

2. 打通高校和科研机构人才深入产业的渠道，建议强制要求职称评定和岗位晋升需要有相关产业经验

交流挂职是我国培养干部与提升人才综合素质的常用方法。高校和科研单位的科技工作者很少走出校门，缺乏实践经验，更缺乏社会联系，因此，要求这些高层次人才在一段时间里深入产业，有利于高层次人才实现知行合一，也有利于企业和专家建立稳定的合作关系。过去高校入职和晋升经常与出国进修经历挂钩，从当前的国情看，与产业经历挂钩是适应当前发展阶段的人才指挥棒，深圳应先行先试。

随着中国新生人口数量减少，高校规模将在未来出现过剩，当前高校教师面临“非升即走”的大环境压力。政府搭建平台让高学历人才进入产业，可以拓宽相关人才的事业发展方向。引导一部分高校人才进入相关产业的好处颇多，在此不一一详述。

3. 高校和实验室设置定期岗位，引导高新技术行业人才短期进入高校和科研机构

根据深圳市内各高校、研究机构的规模特点和学科设置，支持相关机构增设一定数量的确定期限的研究岗位，引导具有相关领域能力的企业高级人才进入高校和科研单位，一方面开展与产业发展相关的科研和人才培养工作，增强人员的相互联系与合作；另一方面，可以充分回收利用具有丰富经验和研发能力，但由于各种原因离开高科技企业的工作人员（尤其是应对“35 岁现象”），起到科技孵化箱的作用，防止人才浪费。

4. 推广“华为军团难题”经验，改革科研项目方式方法，把企业的科研需要作为科研项目发包，引导科研人员深入企业，在地化完成科研项目

华为先行先试，以“华为军团难题”为导向，吸引高校科研力量揭榜挂帅，解决问题。可以总结华为经验，广泛吸收企业难题并将之发包转化为科研课题，同时引导高校改革科研，鼓励科研工作者承接企业课题，去企业完成课题，打通企业和高校实验室之间的双向交流，实现共赢。在2020年颁布的《深圳经济特区科技创新条例》中，规定赋予科技成果完成人或者团队科技成果所有权的，单位与科技成果完成人或者团队可以约定共同共有或者按份共有。但在实际操作中尚有管理上的不兼容之处，如从事技术兼职工作数量和时间的限制等，以及过于烦琐的审查，在现实应用中应进一步优化完善。

5. 追求原始创新，必须改革人才评价标准，采用巴斯德象限科学评价人才，奖励原始创新，砍掉“灌水”科研，避免劣币驱逐良币，推动深圳科研高质量发展

改革开放以来，中国学术逐步与世界接轨，形成了一种以引进消化吸收为主的科研评价导向，进入新时代，中国需要向原创性、引领性科研转型，人才评价标准也应探索转向。深圳的下一步产业升级已经没有石头可以摸，必须开展原创性研究，否则十多所高校与实验室的运行，将给深圳带来巨大的财政负担，而不是增加收益。深圳在不断改革优化人才评价的工作中，应注意海外名校学历不是人才唯一的科学评价标准。建议采用巴斯德象限，即以学术价值和实用价值结合的标准来评价人才，这一标准可以量化，也可以看到哪些是有价值的科研，哪些是“灌水”的科研。

普林斯顿大学教授唐纳德·司托克斯（Donald Stokes）在1997年出版的著作《巴斯德象限：基础科学与技术创新》对于测量科技领域的价值具有重要的坐标意义。司托克斯列举了法国科学家微生物学之父、巴斯德消毒法发明人巴斯德（Louis Pasteur）和美国曼哈顿计划的例子，用理论创新和知识应用两个维度来检测科技创新的价值，这是一个关于科学与技术相互关系的概念模型，也称为科学研究的象限模型（见图2）。

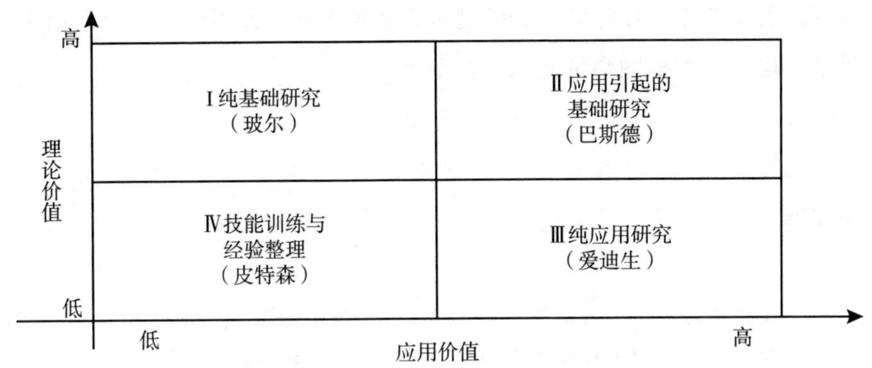

图 2　巴斯德象限评价科研价值矩阵

第一象限和第三象限分别是理论价值较高和应用价值较高的原创性研究，而第二象限既有理论突破也有重大应用价值，是最有价值的创新。第四象限的理论价值和应用价值都比较低，众多重复性、验证性的研究属于这个象限，这个象限可以发表大基数的论文，其中不乏顶刊论文，从事这种类型的研究属于“灌水”科研。用巴斯德象限去检验科研人员的成果，有没有价值一目了然，而且巴斯德象限可以量化，对于评价科研成果来说是目前最科学的评价体系。深圳的科研大奖也可以参照执行。

6. 引导在深高校以产业为导向，倾斜培养专家型、应用型、跨学科的高级人才

高校的根本是人才培养，应改变过去脱离现实的以专业化学术训练为主的人才培养模式，这种模式造成了作为科研主力的名校毕业生扎堆出国或在国内堆积在政府与事业单位的现象。学科设置上要以面向中国发展需要为主原则，培养跨专业的专家型人才，服务中国的高新技术企业。应探索与企业联合培养，探索把毕业论文与企业研发困难结合，这样既能为企业提供合适的人才，衔接高校与产业，又能扩大学生就业范围，减少高级人才扎堆公务员、事业单位的问题。哈尔滨工业大学（深圳）研究生院在建院初期曾有较成功的尝试，可以总结推广。深圳建设了众多大学，有些大学潜意识里以培养毕业生输送国外为荣，只关注与西方学术对接，忽视与本土产业对接，这种倾向需要纠正，让深圳培养的高级人才留下来、发展好。建议以指令形式贯彻，培养一大批融会贯通的行业专家。

参考文献

[1]《2022 年深圳市人民政府工作报告》，深圳政府在线，2023 年 3 月 15 日，http：//www. sz. gov. cn/zfgb/2023/gb1278/content/post_10484054. html。

[2] 康乐：《诺奖级的科学成就，不是靠钱能砸出来的》，《华夏基石 e 洞察》2023 年 1 月 6 日。

[3] 党文婷、严圣禾：《广东深圳：打造全球创新人才向往之城》，《光明日报》2022 年 11 月 13 日。

[4] 庄瑞玉：《释放“制度红利” 汇聚全球人才》，《深圳特区报》2022 年 12 月 17 日。

[5] 刘思语、周桂凤：《特大城市高层次人才吸引力研究》，《企业科技与发展》2022 年第 3 期。

[6] 刘则渊、陈悦：《新巴斯德象限：高科技政策的新范式》，《管理学报》2007 年第 3 期。

[7] 袁静娴：《深圳人才总量超 662 万人》，《深圳商报》2022 年 11 月 1 日。

[8] 上海市人力资源和社会保障局、上海外服（集团）有限公司、上海社会科学院编《上海海归 300 指数（2022）》，2022 年 11 月。

B.24
横琴粤澳深度合作区产业人才融合发展研究

粤澳产业人才融合发展联合课题组*

摘　要： 横琴粤澳深度合作区是粤港澳大湾区建设的新高地之一，推动粤澳人才融合发展对大湾区高质量发展具有重要意义。当前合作区产业优势互补、协同发展已步入快车道，对人才的融合发展提出新要求。本文聚焦粤澳协同创新背景下的人才融合发展，总结了合作区人才融合发展的新形势，并基于问卷调查、企业访谈等分析澳门青年人才融合发展的现状与问题，进而从构建人才融合生态、加快两地规则衔接、优化人才福利保障、增强青年融入意愿四个方面提出促进合作区产业人才融合发展的可行之策。

关键词： 横琴粤澳深度合作区　产业人才　融合发展

党的二十大报告指出"人才是第一资源"，并将人才强国战略与科教兴国战略、创新驱动发展战略统筹部署。2021 年 9 月 5 日，中共中央、国务院印发了《横琴粤澳深度合作区建设总体方案》（以下简称《横琴方案》），对产业发展提出新要求：围绕促进澳门经济适度多元发展，聚力攻

---

* 执笔人：彭智飞，普华永道粤港澳大湾区政府事务高级经理；张艳，普华永道粤港澳大湾区政府事务经理；管洁琦，澳门旅游学院酒店管理学校酒店管理课程主任；孙清忠，暨南大学湾区办/高教研究与评估中心主任；李楚昭，普华永道粤港澳大湾区政府事务助理。本课题组成员单位包括普华永道中国、暨南大学推进粤港澳大湾区建设工作领导小组办公室、澳门旅游学院。

坚科技研发和高端制造产业、中医药等澳门品牌工业、文旅会展商贸产业、现代金融产业四大产业，同时明确要加快促进境内外人才集聚，给予人才高度便利及个人所得税利好政策，为四大产业人才集聚提供有利的政策支撑。可以说，横琴粤澳深度合作区（以下简称“合作区”）产业人才集聚与融合发展迈上了新台阶。

为深入了解合作区重点产业所需人才结构和储备以及粤澳产业人才融合发展现状，普华永道中国、暨南大学推进粤港澳大湾区建设工作领导小组办公室、澳门旅游学院组成联合课题组，选取合作区文旅会展和医药大健康产业作为研究重点，于2022年9~11月期间开展企业调研与专家访谈，了解产业人才需求，挖掘粤澳两地政府机构及龙头企业产业人才培育经验，并通过问卷调查了解澳门青年在合作区发展的意愿，以期为合作区持续优化人才结构、实现合作区产业高质量发展找到最优路径。

一　横琴粤澳深度合作区人才融合发展的新形势

合作区建设一年多来，粤澳产业一体化发展进程不断加快，累计注册商事主体已达5.6万家，对起到支撑作用的人才资源也提出了融合发展的新要求。在新形势下，合作区需要把握产业人才需求，进一步推动人才融合发展，助力粤澳协同创新。

（一）横琴合作区对人才的新需求

1. 文旅会展产业：旅游运营与管理类人才需求多

自2019年国务院正式批复同意《横琴国际休闲旅游岛建设方案》以来，横琴加快推进国际休闲旅游岛建设，鼓励大型休闲旅游项目的筹建，推动休闲旅游业产业及配套环境快速发展。目前已有长隆海洋王国、星乐度、创新方等众多知名文旅休闲项目落地，为深化琴澳旅游合作奠定了良好基础。

就两地优势而言，横琴在自然资源方面具有海岛型生态景观优势，而澳门则具备雄厚的投资实力和成熟、体系化的旅游市场需求，可以与港澳旅游实现错位互补，形成完善的琴澳旅游产业链。一方面可通过琴澳旅游资源进一步整合，打造“一程多站”精品旅游产品与琴澳一体化的世界级黄金旅游目的地，促进两地综合旅游业复苏，引导旅客回流；另一方面可打造琴澳旅游双向黄金通道，以琴澳为中转平台吸引海内外游客形成“湾区及内地—琴澳—海外”的双向休闲旅游链条。

根据招聘网站的相关数据，目前文旅会展产业的人才需求主要集中于基层运营岗位及基层运营管理岗位，如餐饮、前台、房屋服务员、厨师及对应主管等；市场类人才需求主要集中于销售经理岗位（见图1）。按专业类别分，目前文旅会展产业主要缺少酒店管理、文化市场经营管理和工程技术类专业人才（见图2）。有文旅企业在访谈调研中提出对人才的核心需求：一是要有专业技能和专长的人才，比如有旅游企业管理、旅游营销等专业背景的人才；二是有创新能力的人才，可以快速跟上时代的步伐和消费者的新需求。

合作区文旅会展产业发展迅猛，琴澳文旅交流合作愈发频繁，原横琴新区管委会依据常住人口数量规划与当前招聘岗位缺口数量的比例粗略估算，预计到2025年文旅及酒店管理类专业人才需求数量约为12000人，工程维修和保障类人才需求为1000人左右。在此基础上，合作区文旅企业亟待加大与粤澳高校合作，联手打造文旅服务专业人才融合培育机制，共同为横琴国际休闲旅游岛建设培养专业人才。

2. 医药大健康产业：医药研发型高端创新人才缺口大

《横琴方案》指出医药大健康产业是促进澳门经济适度多元化的重要产业。根据规划，合作区将着眼建设世界一流的中医药生产基地和创新高地，以粤澳合作中医药科技产业园为中心形成产业集聚态势，打造多元化产业发展环境。粤澳合作中医药科技产业园目前已形成了大型知名药企、CRO研发服务机构及高校创新驱动资源汇集的科技创新研发集群，并建有国家级科技企业孵化器。

数据显示，截至2022年11月，通过粤澳合作中医药科技产业园平台培育的澳门企业有61家，占注册企业的26.18%。产业园还积极对接国际平

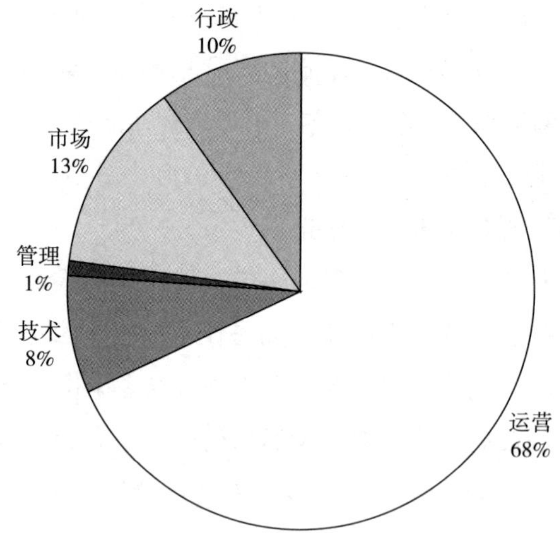

图 1　文旅会展产业人才需求情况

资料来源：根据最佳东方、横琴英才职通车等整理。

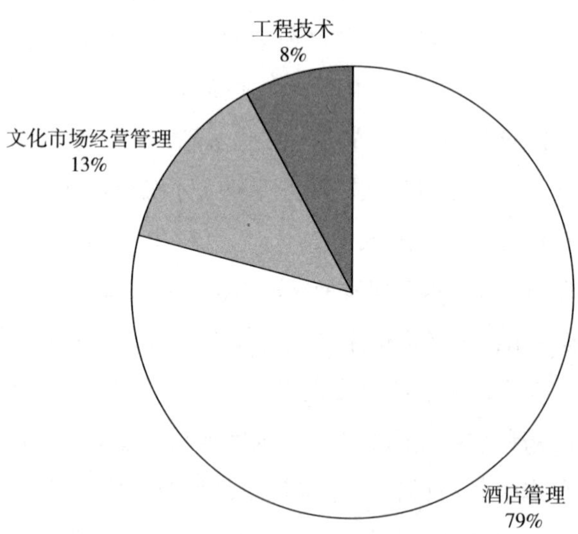

图 2　文旅会展产业专业人才需求情况

资料来源：根据最佳东方、横琴英才职通车等整理。

台，2015 年 6 月正式成立国际交流合作中心，以葡语国家为切入点，开展进出口贸易、人才培训等业务。同时，产业园与粤澳两地高校建立了良好的合作关系，促进科技成果在园区落地、孵化和转化。

据招聘网站相关资料，目前医药大健康产业对研发类人才需求最多，其次是市场销售类，接着是研发管理类和行政类（见图 3）。不少岗位要求工程师或博士学位，说明行业对高学历人才的需求旺盛。按专业类别分，研发类岗位有接近一半需求是药物研发类人才，其次为临床试验和人工智能、数据软件（见图 4）。

根据合作区常住人口的发展趋势与当前招聘岗位缺口数量进行等比例粗略估算，合作区对药物研发类人才的需求数量约为 8000 人，临床试验类专业人才需求为 2500 人左右。其中，合作区在药学、临床医学等专业上的缺口数量较大。另外，随着互联网技术的不断发展，医药大健康产业对人工智能、数据软件等计算机专业人才的需求也较大，说明未来合作区需要高新技术人才引领创新发展。

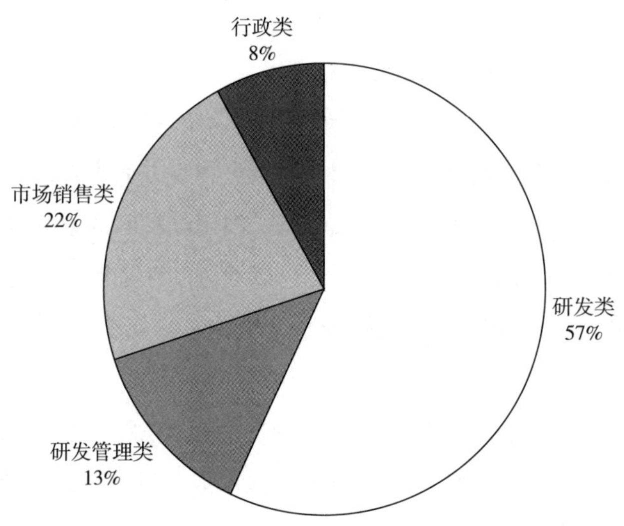

图 3　医药大健康产业人才需求情况

资料来源：根据最佳东方、横琴英才职通车等整理。

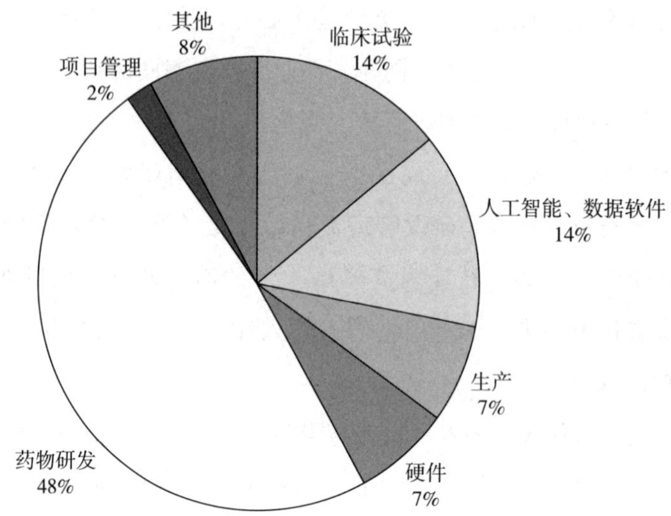

图4　医药大健康产业研发岗位人才需求情况

资料来源：根据最佳东方、横琴英才职通车等整理。

（二）横琴粤澳深度合作区对人才融合发展的新要求

1. 粤澳产业协同发展推动人才融合

合作区具有良好的产业协同发展基础。合作区地处珠海与澳门小经济圈，同时又是粤港澳大湾区经济圈的珠澳极点，一方面来自澳门、珠海的创新资源可以直接配置于合作区，形成珠海、澳门经济圈的第三创新极点；另一方面，来自广州、深圳的创新资源也可以通过广深港澳科创走廊溢出，到达合作区，助力“澳珠”逐渐进阶为与“港深”“广佛”并列的大湾区第三极点。

《横琴方案》综合考虑横琴的发展基础、澳门的产业优势及澳门社会的期望等多方面因素，提出在合作区发展四大产业，发挥两地优势协同发展。人才是产业纵深发展的支撑，尤其是文旅、医药等产业协同发展，需要推动粤澳专业人才融合发展需求提升。在推进大湾区经济高质量发展的背景下，合作区应依托产业协同发展的机遇窗口构建人才“蓄水池”，吸纳高精尖缺人才，打造粤澳人才融合发展的战略高地。

2. 粤澳青年人才各有所长、优势互补

粤澳两地人才在合作区各自发挥所长、优势互补、融合发展，亦能够实现人才、创新要素的效能最大化，有助于产业与人才相辅相成、协同发展，加快琴澳发展一体化格局的建立，推动实现粤澳特色产业高质量发展。

在文旅会展产业，澳门长期以旅游业作为支柱产业，在相关人才培育方面存在显著优势，行业内严格的服务标准和培训体系极大地提升了产业人才的服务能力与意识。然而，休闲旅游业是典型的劳动密集型产业，澳门较小的劳动力基数给人才储备和市场扩大带来了一定挑战，本地的高级管理人才和高端技能人才尤其匮乏。大湾区拥有庞大的人口数量，劳动力资源优势恰好可以与澳门的技能、培训优势互补，实现文旅会展产业的高质量发展。

在医药大健康产业，澳门的中医药科研机构与末端销售机构具有一定的人才储备，但生产型技术人才以及技术管理复合型人才短缺的情况依旧突出，可以加强与大湾区企业及科研机构在人才、技术方面的交流；另外，横琴需要让产业“走出去”的平台，澳门拥有高端科研人才和医疗专业人员，紧贴国内快速发展，具有国际视野和语言能力的优势，在相关政策的带动下，可以发挥连接中外的桥梁作用，推动中医药出海。

二　澳门青年人才融入合作区发展的意愿与需求

横琴粤澳深度合作区的核心任务是促进澳门经济适度多元发展，鼓励和支持澳门青年人才到合作区创业就业发展是深化粤澳两地人才融合，搭建一体化人才发展平台的必由之路。为了解澳门青年通过合作区融入国家发展的意愿及需求，课题组通过澳门多个高等教育机构及青年社团向澳门青年（18~35 岁）收集了 1031 份问卷。采样方法以任意抽样法和滚雪球抽样法为主，经过筛选，共获得 764 份有效问卷。课题组对有效问卷进行了分析，结果如下。

（一）融合现状

1. 超半数澳门高校在读青年选择毕业后就业或创业

澳门青年总体就业偏好率高，潜在人才资源丰富。仍在高校就读的受访澳门青年中，选择毕业后就业和创业的分别占 44.8%和 7.9%，其余选择继续升学。现已工作的受访青年中，有意转工、创业和修读更高学位的分别占 13.3%、14.3%和 10.2%。

2. 澳门青年对合作区的认知程度与政策评价有待提升

澳门青年对合作区有所了解，但对相关产业与政策的认知评价有待改善。数据显示，对合作区表示了解的受访青年占比 43.9%，了解合作区四大产业的受访青年也超过四成（41.5%）；仅有一成（10.5%）受访青年表示对合作区完全不了解，仍有超过两成（23.1%）的受访青年表示对合作区四大产业完全不了解。然而，仅有约 24.4%的受访澳门青年表示了解人才相关的政策，当被追问相关政策能否吸引他们前往合作区就业时，31.1%的表示有吸引力，42.2%的表示不够有吸引力。

3. 不足两成澳门青年有意赴内地/大湾区其他城市就业

澳门青年赴大湾区内地城市就业的意愿仍有较大提升空间。数据显示，在大湾区融合意向方面，选择就业、创业和转工的受访青年中，49.2%选择在澳门特区发展，19.7%有意赴内地/大湾区其他城市，亦有 15.4%选择横琴粤澳深度合作区。

4. 意向就业的澳门青年中四成愿从事文旅会展产业

在行业偏好方面，有意愿就业的受访青年中有 41.5%表示有意从事与文旅会展相关的行业，想要从事科技研发和高端制造及现代金融业的占比为 16.1%，而有意从事中医药行业的比例相对较低，仅为 9.0%。此外，22.3%的受访青年收入水平达到或希望达到 15001~20000 澳门元。

（二）融合需求

1. 粤澳人才融合需要发挥产业集聚的带动力

吸引人才集聚最好的方式就是产业和企业集聚，通过大型企业带动中小企业乃至整个产业链的集聚发展，从而创造更多就业岗位，并对产业链上下游的人才形成吸引集聚作用。目前，合作区文旅会展和医药大健康产业的企业数量已形成一定规模。然而，在合作区注册的企业实际运营比例较低，人气、商气不足。医药大健康产业虽有基础，但规模还小；文旅会展产业与澳门的产业联动机制有待进一步融合。在此情形下，以产业聚集带动人才聚集尤为迫切。

2. 粤澳人才融合需要推动人才职业资格互认

粤港澳三地职业技术专业人才的融合发展有助于促进合作区产业发展，而职业技能培训及评鉴体系标准互认是人才融合的先决条件。文旅会展及医药大健康产业为劳动密集型产业，合作区产业在布局与引进高学历人才之外，也需要考虑输入和培养大量职业技术人才，推动职业人才资格互认。

2019 年 12 月，澳门旅游学院等大湾区内七所职业院校及三所企业发起并正式成立粤港澳大湾区旅游职业教育联盟，推进粤港澳职业教育合作。2022 年，粤澳职业技能“一试多证”专项合作落地合作区，包括内地职业技能等级证书、澳门职业技能证明书和澳门职业技能认可基准技能证书三份职业技能证书。以澳门职业技能认可基准技能证书为例，截至 2022 年 8 月，加入该认证制度的大湾区院校已达 10 家，累计报考 5793 人次，标志着粤澳技能人才评价交流合作不断深化，人才流动更加畅通。

在供给侧结构性改革背景下，随着文旅会展产业结构的转型升级，对产业人才的职业素养和专业领域的辐射面提出了更高的标准。总体而言，目前职业技术培养互认工作已取得一定成效，但文旅职业技术培养互认工作正处于起步阶段，互认范围仅涉及某些工种或技术，仍有待持续扩大。

3. 粤澳人才融合需要优化政策支持及配套保障

合作区目前初步具备了人才跨境便利流动的政策支持环境，但人才就业选择很大程度上受发展前景、薪酬待遇与福利水平影响，与其他同类城市相比合作区依然存在人才“量”少的短板，人才聚集度还有待提高。首先，在吸引人才方面，合作区产业尚未实现良好的转型升级，对标国际水平仍有较大差距，因此在就业岗位的供给、薪酬及人才创新环境等诸多方面，对国

际国内高端人才的吸引力较弱。其次，在人才培育方面，目前合作区依托珠澳高校获得了不少优质的科技研发与职业培训资源，但与澳门相比，合作区执业人员可获得的职业培训资源相对偏少，职业培训氛围不够浓厚。最后，在配套措施方面，合作区尚无法完全保障高度便利化的生活配套，尤其是民生医疗等生活环境条件的建设需要持续推进，才能将人才“稳”在合作区中。

4. 粤澳人才融合需要加强交流合作与政策宣传

尽管合作区致力于携手澳门共同推动发展，但由于部分宣传工作缺位，澳门青年对合作区产业及其人才政策的了解有限，融合吸引力仍有待提升。调查问卷也显示，和已毕业澳门青年相比，在读的澳门青年中有更高比例认为人才政策有吸引力并愿意去合作区就业。一方面，部分已毕业受访青年不了解合作区目前的就业创业环境，认为合作区薪资水平、生活水平低，存在刻板印象；另一方面，合作区企业为众多澳门在读学生提供实习机会，澳门高校亦不时组织学生前往合作区参观、了解发展动态，在读学生对合作区有更深入的认知及更好的印象。可见，交流合作、信息宣传与政策的影响力密切相关，仍需持续强化澳门青年融入的支撑因素，加强面向澳门青年的合作区政策宣传并开展一系列交流活动，密切粤澳两地青年的往来，提升对澳门青年的融合吸引力。

三　横琴粤澳深度合作区人才融合发展的建议

（一）以重点企业引进为抓手，构建产业人才融合生态

粤澳文旅会展产业与医药大健康产业存在协同发展的合作基础和需求，亟待进一步推动人才要素的融合发展。合作区可以依托重点企业的引进，推动产业协同发展，为粤澳人才融合创造更多、更适宜的就业机会和平台，以产业集聚带动人才融合。以文旅会展产业和医药大健康产业的重点企业引进为重要抓手，吸引相关企业入驻，加强产业链上下游及产业生态圈内的协同

合作。

在医药大健康产业方面，大湾区在医药产业方面的发展已处于国内领先地位，有较好的发展基础，因此合作区要充分利用大湾区医疗资源的优势，同时借助合作区的政策优势吸引国内外先进的医疗服务企业进驻，建立体系化的医药大健康产业链，紧抓重点企业引进工作，形成医药大健康企业的集聚。在文旅会展产业方面，横琴与澳门旅游资源的最大特点是互补性强，可以通过整合资源形成更加多元化的旅游链条，打造适用于多类群体的旅游线路，开发历史文化、休闲度假、会议展览、医疗保健等旅游，提供多元旅游产品和服务。通过整合琴澳旅游资源，进一步促进文旅会展产业重点企业的引进。

（二）加快粤澳两地规则衔接，探索两地职业标准互认

推动粤澳人才流动高度便利化，需要加快琴澳两地规则衔接、制度对接、标准互通、资格互认，加快趋同澳门、优化澳门规则步伐，让人才通关和流动高度便利化。在职业标准互认方面，由于粤澳两地行业惯例有所不同，在职业技能培训和考核内容方面存在差异，可考虑与两地的高等院校、职业技术学院及培训机构展开合作交流、推广和宣传，共同探索职业标准对接的可行之策。同时，搭建专业评价平台，扩大粤澳职业资格互认范围，如开展“一试三证”技能人才评价工作，为粤港澳大湾区从业人员搭建职业能力互鉴互认的国际化平台，促进粤港澳技能人才的自由流动，为港澳人才在合作区就业创业提供便利。此外，随着大湾区国际化进程的加快，未来许多职业技能岗位（如酒店前台、餐饮和零售服务等）对英语能力的要求将逐步提高。目前职业技能考核语言以中文为主，未来可考虑推出中英双语的互认考核标准。

（三）优化融合生活保障与福利，提升对人才的关怀服务

为进一步提升琴澳融合的吸引力，不仅要促进人力、技术等生产要素流动更加便捷有效，还要推动澳门人才在合作区的医疗、社保等生活配套制度

更加完善，不断优化和扩大合作区对产业人才的制度保障和关怀服务。建议在人才培育方面，搭建面向澳门青年的孵化基地与培育平台，提供丰富的科技研发与职业培训资源；在薪酬水平方面，持续收窄与澳门的工资差距；在法制保障方面，完善法律制度，提供公平公正的就业环境，保障劳工合法权益；在民生保障方面，增强福利跨境可携带性，推动两地医疗资源对接与制度衔接，让澳门青年能够在合作区维持或提升福利保障水平，建立有特色、有弹性，便民利民的社会保障体系。此外，建议合作区向产业人才提供交通和住房便利，如根据产业园区企业的需求有针对性地为员工提供工作通勤班车；加大廉租房、人才房等供应量，有效改善人才居住环境并降低其生活成本等，以营造优良的就业创业条件，吸引澳门青年投身合作区。

（四）搭建琴澳交流宣传平台，增强澳门青年融入意愿

除完善规则衔接、政策保障之外，还需要搭建面向澳门青年人才的信息发布与交流平台，通过加强宣传与交流，密切粤澳青年往来，增强澳门青年对合作区的了解和认知，改善澳门青年对横琴的刻板印象，真正做到让澳门青年“懂融合、想融合、能融合”。具体而言，一是可以打造面向澳门人才的大湾区企业招聘信息平台，为有意到大湾区发展的澳门人士提供更加多元全面的就业信息；二是扩大澳门青年到合作区企业参观和学习交流活动范围，鼓励澳门青年亲身体验合作区的生活、就业环境。此外，鉴于在读的澳门青年对合作区的兴趣更大，应该深入澳门高校进行宣传交流，落实粤澳联合产业人才培养项目建设，并为联合培养的澳门青年学生提供在合作区实习就业发展的机会。

参考文献

［1］陈池、张仁寿：《把横琴新区打造成推动粤港澳大湾区发展的新高地（下）》，《广东经济》2022 年第 2 期。

[2] 赵超：《推进横琴粤澳深度合作区高质量发展》，《广东经济》2022 年第 9 期。
[3] 宋雪梅：《为人才赋能文旅及大健康产业建言献策》，《珠海特区报》2022 年 12 月 24 日。
[4] 李己平、马洪超：《长春市提升人才服务大局水平 产业与人才融合聚发展动能》，《经济日报》2022 年 11 月 9 日。
[5] 程家瑜：《围绕创新链、产业链、人才链融合发展吸引集聚人才》，《中国科技人才》2022 年第 6 期。
[6] 梁寿坚：《打造“两湾”产业融合发展人才先行区》，《中国组织人事报》2022 年 5 月 11 日。
[7] 廖世铢：《福建省产业人才融合发展的实践与探索》，《发展研究》2020 年第 11 期。

文化消费篇

Culture Consumption

B.25

加快发展低碳消费文化、促进粤港澳大湾区低碳消费的策略研究

左连村*

摘 要： 低碳消费文化为低碳消费的发展提供正确导向，是促进供给侧结构性改革的动力，引导人们的高品质生活。粤港澳大湾区建设优质生活圈必然要走低碳经济之路，低碳消费则是最直接的表现。促进低碳消费的发展，最重要的是人们消费观念的改变，核心是加强消费文化的建设，以消费文化引领低碳消费的实践。粤港澳大湾区低碳消费还处在倒“U”形曲线的左侧，应进一步深化认识，完善制度法规，加强技术创新，提高低碳产品供给能力，形成粤港澳大湾区碳足迹标准，完善低碳消费激励约束机制，促进低碳消费实践。

关键词： 粤港澳大湾区 低碳消费文化 低碳消费

---

* 左连村，广东外语外贸大学经济学教授，研究方向为经济学、国际贸易和国际金融、粤港澳合作。

一 低碳消费文化在低碳消费发展中的作用

低碳消费文化具有文化的共有性质，也具有低碳消费领域的特殊性质。作为一种社会现象，文化是人们长期形成的思维观念、行为习惯和制度道德的综合反映，它是社会历史的积淀物，对人们的社会行为发挥引导作用。低碳消费文化是在低碳消费领域形成的思维观念、行为习惯和制度道德的综合反映，体现消费领域的具体文化特性。低碳经济和低碳消费的发展，催生低碳消费文化的产生，而低碳消费文化反过来又对低碳消费的发展起作用。

（一）低碳消费文化的思维观念为低碳消费的发展提供正确导向

2009 年哥本哈根会议制定了治理全球气候变化的国际规则，中国承诺在 2030 年实现碳达峰和 2060 年实现碳中和的目标。习近平总书记在党的二十大报告中提出，要积极稳妥推进碳达峰碳中和，并指出实现碳达峰碳中和是一场广泛而深刻的经济社会系统性变革。要实现这样的目标和变革，就要立足我国能源资源禀赋，坚持先立后破，在社会生活的各个领域节能减排，有计划分步骤实施碳达峰碳中和行动。消费领域是实现碳达峰碳中和的重要领域，通过低碳消费文化的引领，加快推进低碳消费，对实现“双碳”目标至关重要，也是粤港澳大湾区建立优质生活区的客观要求。

（二）低碳消费文化是促进供给侧结构性改革的动力

从社会再生产过程来看，经济活动各个环节紧密联系。低碳经济是一个再生产的循环系统，低碳生产决定低碳消费，低碳消费又反作用于低碳生产，并对低碳生产的方向与趋势起着引导作用，其中低碳消费文化始终处于决定性地位。因此说，低碳消费文化能够促进产业结构和产品结构的变化升级，倒逼供给侧结构性改革，实现低碳生产，带来经济增长方式的变革。低碳消费是相对于高碳消费的一种新的消费需要，它必然要求供给侧生产出符合消费者低碳消费需求的低碳产品，这就迫使生产者对原有高碳生产的组织体系、产品结构、技术工艺、管理服务等一系列环节进行改变，更好地满足消费者的低碳消费需求。这个过程也是从高碳消费文化向低碳消费文化演进的过程。低碳消费文化与低碳消费相伴而存，是促进供给侧结构性改革的动力。

（三）现代低碳消费文化引导人们的高品质生活

人类在进入工业化社会以前，社会生产力比较落后，生活水平较低，消费具有低碳性质。但这种低碳消费不是我们今天所要追求的消费目标。人类进入工业化社会以后，社会生产力不断发展和提高，生活水平逐步提升，进入高碳消费时代，并形成了消费习惯，这种环境下的消费文化自然具有高碳消费文化特色。现在提出低碳消费，似乎是要减少消费和控制消费，降低人们的生活质量，这是一个认识误区。现代低碳消费本质上是在社会经济发展的基础上展开的，是社会发展更高层次的经济行为，是以现代低碳消费文化为指导的消费行为，不仅不是以牺牲或降低居民消费质量为代价，而且是促进消费升级的重要手段。低碳消费文化引领的结果必然是提高人们的消费质量，给人们带来高品质生活。

（四）低碳消费文化能够规范人们的低碳消费行为

广义的低碳消费包括低碳生产、低碳流通、低碳消费和消费后的低碳处理，这是一个非常复杂的社会经济系统，从高碳消费走向低碳消费并非易事，这往往会产生实践上的冲突、矛盾和碰撞，因此说是系统性变革。完成这种变革除了低碳消费文化的导向引领外，还必须通过低碳消费文化的宣传教育、制度法律、行为规范等硬性措施对人们的消费行为进行约束和引导，逐步改变人们传统的高碳消费行为，推广高质量的现代生活方式。

二　粤港澳大湾区低碳消费文化的表现特征

粤港澳大湾区是我国开放程度最高、经济活力最强、发展最快的地区之一，在社会经济发展的各个方面都走在全国前列，在低碳经济和低碳消费发展方面做出了积极努力。从文化视角看，粤港澳大湾区低碳消费文化发展的状况与全国基本保持一致。从大湾区消费端碳排放的现状和双碳活动、绿色发展以及可持续发展政策等方面可以领悟粤港澳大湾区低碳消费文化发展的现状。

（一）粤港澳大湾区低碳消费文化的总体特征：处在低碳消费倒“U”形曲线左侧

20 世纪 50 年代，美国经济学家西蒙・史密斯・库兹涅茨根据经济增长与收入分配的关系提出倒“U”形曲线假说。后来美国环境经济学家罗斯曼和克鲁格运用库兹涅茨曲线，研究经济增长与环境污染物排放总量的长期关系，发现它们之间也呈倒“U”形曲线关系，并于 1995 年提出了环境库兹涅茨曲线假说。

运用库兹涅茨曲线与经济社会发展相联系的思路分析经济发展中的消费行为，可以发现低碳消费的演进过程中也存在一个倒“U”形曲线。低碳消费要对消费过程中的二氧化碳等污染物排放程度进行判断，因此低碳消费实际上研究的是消费过程中环境污染的变化过程，消费过程中的二氧化碳排放程度高说明是高碳消费，二氧化碳排放程度低就是低碳消费。依据环境库兹涅茨曲线理论，完全可以提出低碳消费的倒“U”形曲线。该曲线表明，当一个国家经济发展水平较低的时候，人们的收入水平较低，相应地人们的消费水平也比较低，消费过程中二氧化碳等污染物的排放规模也比较小，环境污染的程度较轻，此时的消费属于低碳消费范畴。随着经济增长，人们的收入水平不断提升，消费规模也随之增大，消费过程中的二氧化碳等污染物排放规模逐渐增大，环境污染由低趋高，消费也逐步

从低碳消费转向高碳消费。随着经济的持续增长，环境恶化不断加剧，当经济发展到达某个临界点或称“拐点”以后，随着人均收入的进一步增加和消费水平的进一步提高，环境污染又由高趋低，环境质量逐渐得到改善，人们的消费又开始从高碳消费向低碳消费转变。低碳消费这种“低—高—低”的发展规律，是环境库兹涅茨曲线在消费领域的具体表现，说明环境库兹涅茨曲线不仅表现在生产领域，也体现在消费领域，能够反映经济发展全过程的客观规律。在这个过程中，技术创新、产业结构以及政府的政策法规等全方位要素都会发生相应变化。从短期来看，低碳消费发展过程的具体时间是不确定的；但从长期来看，这种过程是必然趋势。如果在坐标系中用横轴表示人均收入水平或消费水平，纵轴表示消费排污程度，那么这一假说所揭示的关系表现在图形上也是一条先向上弯曲后向下弯曲的曲线，曲线形状形似颠倒过来的英文字母 U，故称为低碳消费倒“U”形曲线，如图 1 所示。

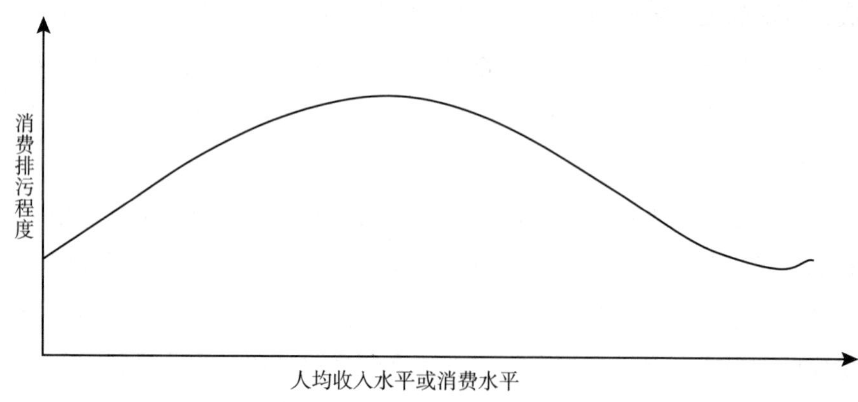

图 1　低碳消费倒“U”形曲线

低碳消费倒“U”形曲线与环境倒“U”形曲线的基本原理是一致的，可以用人均收入指标来衡量曲线的临界点。但是，目前世界各国普遍使用碳达峰碳中和的概念，这也可以看作倒“U”形曲线的临界点。从理论上来说，一个国家或地区的碳排放达到峰值以后，就到达了低碳消费倒“U”形曲线的转折点。消费过程的污染物排放是碳排放的组成部分，在碳达峰之前，消费排污程度处在低碳消费“U”形曲线的左侧，碳达峰之后，一般说来，消费排污程度处在低碳消费“U”形曲线的右侧。

从曲线分析来看，粤港澳大湾区低碳消费曲线的拐点应出现在碳达峰的位置。由于粤港澳大湾区目前整体上还没有实现碳达峰目标，因此粤港澳大湾区低碳消费仍处在倒“U”形曲线左侧的上升通道，这是粤港澳大湾区低碳消费的基本特征，也是粤港澳大湾区低碳消费文化的总体特征。一个地区的消费碳排放量不会超过地区碳排放总量，人均消费碳排放量也不会超过人均碳排放量。消费端碳排放总量在碳达峰时达到拐点，碳达峰和高碳消费不应同时存在。如果整体上宣布碳达峰而消费端仍然是高碳化，则这种碳达峰是不准确的。据报道，香港 2020 年人均碳排放量由 2014 年峰值的 6.2 吨降至约 4.5 吨①，并宣布 2014 年已经实现碳达峰目标，实际上这只是生产端的碳达峰，主要是从生产端进行核算，即香港本土生产的直接排放数值，没有包括企业和家庭生活消费中的上游排放。从消费碳足迹来分析，香港的排放量高于大湾区其他城市，反映出粤港澳大湾区的消费文化仍然是高碳消费文化。

（二）粤港澳大湾区低碳消费文化的制度实践

1. 政策法规制定

粤港澳三地政府十分重视生态环境建设，积极推进绿色低碳发展，出台了一系列绿色低碳发展和实现双碳目标的政策和发展规划。但粤港澳大湾区各区域还没有制定专门的低碳消费政策文件。

2. 碳足迹标识制度建设

2022 年初，国家认监委正式批复支持深港两地率先开展碳足迹标识认证工作，建立区域碳足迹标识协同体系，推行统一的碳足迹标识制度。这也标志着深港将联合在全国率先开展产品碳足迹标识认证工作。深港联合开展

① 《香港稳步减碳：去年人均碳排放量降至 4.5 公吨》，紫荆网，2021 年 10 月 10 日，https://www.163.com/dy/article/GLUS6IPL055270Y1.html。

产品碳足迹标识认证，对标国际标准，制定科学、合理的认证实施方案并开展先行先试，提升碳足迹标识认证的国际化水平。2022 年 10 月 30 日，在面对西方国家陆续推出产品碳足迹认证制度的新形势下，香港为抢占出口先机，使香港环保产品与欧美品牌接轨，正式启动香港首个国际认可的产品碳足迹标签，标志着香港赶上世界绿色经济发展的潮流。

3. 碳交易市场建设

粤港澳大湾区碳交易市场建设取得进展，为促进双碳目标的实现提供了市场环境，为促进消费领域的低碳化创造了良好条件。2021 年，广东省专门部署碳达峰和深化碳交易试点工作。2021 年 1 月，广州期货交易所成立，这是一家混合所有制交易所，股东构成多元，包括证监会管理的 4 家期货交易所以及广东的国资企业、民营企业和境外企业。在广州期货交易所上市的期货包括碳排放权等共 16 个品种。截至 2020 年 12 月，广东省碳排放配额累计成交量 1.69 亿吨，占全国碳交易试点的 38%，累计成交金额 34.89 亿元，占全国碳交易试点的 34%，均位居全国第一。①

4. 碳普惠制建设和推广

广东省推进应对气候变化的普惠性工作，直接推动居民的低碳消费。2016 年，广东省在全国率先开启碳普惠制研究和试点工作，广州、东莞、中山等 6 市被列入碳普惠制试点。2019 年 12 月，全国首个城市碳普惠平台在广州正式上线，平台认证了 20 多种生活场景减碳量的核算方法。

5. 低碳试点城市的建设和进展

国家级和省级低碳试点城市顺利推进，直接促进大湾区低碳消费的发展。目前，在粤港澳大湾区，广东省是全国第一批低碳试点省区，广州市、深圳市、中山市都是国家低碳试点城市。国家低碳试点城市先后提出实现“双碳”目标的时间表，明显超前于国家部署。因此，粤港澳大湾区有望做好先行先试，探索可复制可推广的路径，助力全国实现“双碳”目标。

---

① 夏嘉欣：《广东碳排放配额交易量和金额均居全国第一》，《羊城晚报》2020 年 12 月 25 日。

（三）粤港澳大湾区低碳消费文化的消费行为表现

1. 消费结构的变化呈现碳排放增加趋势

粤港澳大湾区的居民消费结构呈现多样化的特点，消费规模不断扩大，消费水平不断提高，消费结构不断优化升级，生活必需品的比重下降，服务型消费比重不断增长，教育文化娱乐支出等发展资料和享受资料占比逐渐增加，服务消费成为热点，绿色消费和健康消费被越来越多的居民所注重。从广东居民人均消费支出来看，“十三五”时期广东人均交通通信消费年均增长4.7%，人均教育文化娱乐消费年均增长2.9%，人均医疗保健支出年均增长11.4%。[①] 新型消费和服务消费的发展需要大量的电力支持和其他产品支持，二氧化碳的排放也会明显增加。

2. 居民的饮食结构发生变化

以肉食为主的多样化饮食已经成为全国各地区的基本趋势。根据联合国粮农组织的相关研究数据，人类活动所产生的二氧化碳有18%来自肉食[②]，蔬菜种植使用的农药催化剂等也会增加对环境的危害。中国工程院院士刘吉臻表示，仅仅是食物消化排出的碳，个人若想实现碳中和，每年得种10棵树，说明实现“双碳”很不容易，但也是必须完成的历史使命。

3. 居民的住房条件得到改善

住房是居民消费的主要部分，我国城镇居民的能源消耗主要是住房消耗。粤港澳大湾区居民在住房方面的需求持续增加，进而推动了房屋消费量的增加，就广东房地产建设规模来说，2014年全省房屋施工面积4亿多平方米，2021年达9.4亿平方米，2013~2021年年均增长10.2%。[③]

---

① 《“十三五”时期广东消费品市场情况分析》，广东统计信息网，2021年8月9日，http：//stats.gd.gov.cn/tjfx/content/post_3459062.html。

② 赵敏：《低碳消费方式实现途径探讨》，《经济问题探索》2011年第2期。

③ 《“房住不炒”显成效 长效机制促发展——党的十八大以来广东房地产市场发展成就》，广东统计信息网，2022年12月11日，http：//stats.gd.gov.cn/tjfx/content/post_4026687.html。

4. 居民的出行发生变化

随着经济的增长，居民外出次数和出行距离显著增长，居民出行方式中汽车使用量和机动车使用量都会增加碳排放。2021 年末，广东常住居民家庭平均每百户拥有家用汽车 47.63 辆，比 2013 年增加 28.17 辆，其中增长最快的城市大部分集中在珠三角地区。[①]

5. 居民耐用消费品显著增加

汽车、家用电器等耐用消费品越来越多进入普通家庭，数量不断增加和更新换代，必然带动能源消费的增加。数据显示，2020 年广东汽车类商品零售比 2015 年增长 25.9%，家用电器和音像器材类商品零售增长 22.0%。[②]居民耐用消费品拥有量呈上升趋势，表明大湾区用电量和二氧化碳排放量必然会增加，碳排放呈现增长趋势。

6. 能源消费总量不断提高

粤九市的能源消费总量近些年一直保持增长。2010~2018 年年均增长 6.8%，2018 年达到 2.2 亿吨标准煤当量（tce），分别占粤港澳大湾区、广东省以及全国能源消费总量的 94.7%、66.1%和 4.74%。其中排在前三位的广州、深圳和东莞 2018 年的能源消费量分别为 6130 万 tce、4405 万 tce 和 3066 万 tce。从中可看出珠三角地区居民的生活用能占能源消费总量的比是逐渐递增的，珠三角地区居民的生活起居碳排放也有不同幅度的提高。[③] 粤港澳大湾区碳排放效率高于国内其他地区，这是低碳发展的优势所在。但人均碳排放量相比国内平均水平仍然较高。没有体现出粤港澳大湾区率先实现“双碳”目标的优势。

---

① 《消费结构持续优化 新业态新商业模式添活力——党的十八大以来广东消费市场发展成就》，广东统计信息网，2022 年 10 月 8 日，http://stats.gd.gov.cn/tjfx/content/post_4026687.html。

② 《“十三五”时期广东消费品市场情况分析》，广东统计信息网，2021 年 8 月 9 日，http://stats.gd.gov.cn/tjfx/content/post_4026687.html。

③ 和涛力、骆志刚、袁汝玲、孙富安、陈勇：《珠三角地区能源革命路径和策略》，全国能源信息平台，2021 年 3 月 9 日，https://baijiahao.baidu.com/s?id=1693711930002553106&wfr=spider&for=pc。

三　粤港澳大湾区低碳消费文化存在的问题

（一）低碳消费文化中的政策法规不完善

大湾区各地虽然都制定和发布了“双碳”行动和低碳经济发展的政策措施，但政策措施的重心都集中在“双碳”宏观总体目标的实现以及供给侧二氧化碳的排放上，较少关注居民消费领域的碳排放问题，低碳消费只停留在节能环保和绿色消费的层面上。促进低碳产品消费的法律法规还不健全，政策尚不完善，还没有提出和“双碳”行动相一致的低碳消费的规范性政策文件。整个低碳经济的发展还处在规划、宣传以及试点阶段，低碳消费制度文化的发展无论从宏观视角还是从微观视角来看都显得发展滞后。

（二）低碳消费文化中的政府行为示范不明显

政府在制定政策方面还没有对低碳消费给予足够重视；政府官员的消费行为低碳化没有率先垂范；政府办公消费行为缺乏低碳化展示，机关办公还不能做到资源有效节约，包括交通节能用车的低碳化没有向公众展示，缺乏低碳消费的示范作用；公共建设率先启用低碳环保设施还很不够。模仿消费原理告诉我们，一个地区一个城市的管理者的消费行为对居民产生直接的跟随效应。从整体上看，粤港澳大湾区各地政府仍缺乏低碳消费文化的行为示范。

（三）低碳消费文化中的居民低碳消费意识淡薄

大多数居民对碳的知识了解不多，对低碳消费的概念不甚清晰，环境知识缺乏，不了解自己的消费对环境造成的危害，环保意识不强，并且消费者在短期内无法感受到低碳消费对自身的利益。这些都是消费者低碳消费意识淡薄的原因。由于教育水平和思想观念等方面的原因，粤港澳三地居民的低碳消费意识存在差异，但总体上大湾区居民对低碳消费的认识还有待提升，低碳消费文化观念意识尚未形成，低碳生活方式还没有成为社会风尚，消费过程中存在着不同程度的过度消费、奢侈浪费、炫耀性消费等不适当消费问题，消费模式与绿色低碳消费要求存在一定差距，低碳消费文化建设需要进一步加强。

（四）低碳消费文化中的低碳消费宣传不深入

近几年来，大湾区各地在低碳经济和绿色消费方面进行了大量宣传工作，取得明显成效，但由于低碳经济和低碳消费提出的时间不长，相关低碳消费的宣传仍然不够深入。虽然在低碳发展的文件上反复提出要加强各类宣传工作，但针对低碳消费的宣传还比较薄弱，宣传的方式方法创新不够，相关部门的宣传仍停留在表面，媒体对低碳经济和低碳消费的宣传效果有限。低碳绿色宣传是低碳消费文化的最明显表现，在培育低碳消费文化中占有十分重要的地位，任重道远。

（五）低碳消费文化中的低碳消费产品缺乏碳足迹标识指引

碳足迹标识（碳标签）是将消费品在产品生命周期中的温室气体排放量通过产品标签上的量化指标展示出来，告知消费者产品的碳信息，为消费者提供判断标准，引导消费者消费低碳产品。粤港澳大湾区的碳足迹标识和全国一样还处于发展初期阶段，产品碳足迹认证才刚刚开始。除了少数产品（如电子产品）贴有碳足迹标识，消费产品比如吃穿用等生活用品基本没有碳足迹标识。消费品缺乏碳足迹标识，也就无法引导低碳消费，居民在日常生活中不知如何做到低碳消费，从而使消费低碳化成为口号。同时，碳足迹标识相关的配套政策制度和相关法规也仍然缺乏。产品碳足迹标识是低碳消费的物化形态，对低碳消费文化的形成十分重要。

（六）低碳消费文化中的低碳产品供给相对不足

自“十一五”以来，粤港澳大湾区不断强化生态建设，积极发展循环经济和低碳产业，为低碳产品的供给奠定了一定的基础，但无论是在规模上还是在质量上都存在明显的不足。整个低碳经济正在摸索中运行，还没有形成完整的低碳产业链，低碳产品技术供给不足，生产企业低碳创新成本较高，需求侧产品需求导向不确定，企业大规模开展低碳产品的生产受到影响。如果市场上低碳产品种类少、价格高，居民低碳消费能力有限，低碳消费就会受到影响。低碳产品供给不足是低碳消费文化在生产领域弱化的具体体现。

四 加强粤港澳大湾区低碳消费文化建设的对策建议

（一）发挥政府的引领作用，完善低碳消费文化的政策体系

第一，要遵守市场规律，协调制定粤港澳大湾区统一的低碳经济发展政策和制度安排，特别是要制定消费领域碳排放的专项政策和具体管理细则，形成低碳消费的制度体系。第二，通过顶层设计，构建一套国际公约要求和国内温室气体排放量核算指南要求相结合的政策规范，做到依法依规低碳消费，从而逐步形成自觉实行低碳消费的氛围。第三，基于粤港澳大湾区“一国两制”的实际，在统一制定低碳消费专项政策的同时，不同城市应根据经济发展和消费水平制定具体的低碳消费政策措施，以增强操作的灵活性。第四，政府应在低碳消费的实践上提供示范，以增强低碳消费的引领作用。

（二）强化低碳消费文化宣传教育，提高消费者的低碳消费认知

第一，要加强对低碳经济和低碳消费重要性的认知，通过各种方式促使人们认识高碳生产和高碳消费给生存环境造成的危害，提高公众对环境的认识。第二，加强低碳消费的常识教育和普及，引导消费者建立科学的低碳消费意识，让居民知道什么是低碳消费，以及如何进行低碳消费。第三，从文化的视角促使消费者认清传统的节俭消费文化与低碳消费文化的联系与区别，低碳消费并不是单纯的节俭消费，而是科学的可持续的高品质消费。第

四，通过案例效果比较、试点展示和经验推广来宣传低碳消费。比如，通过建立政府机关低碳工作模式、低碳家庭生活模式、低碳社区运作模式以及吃穿住行娱的低碳消费行为示范，促使消费者提高感性认识，并逐步进行模仿消费和自觉低碳消费，让低碳消费成为全社会的共识。

（三）推进低碳技术创新文化发展，增强低碳产品供给能力

第一，要突出企业在低碳创新中的主体地位，并加强与高等院校、科研机构的合作，加强低碳零碳负碳技术的研发应用，推动智能技术和数字技术的发展，提升排污的技术水平和智慧化低碳水平。第二，加大低碳技术创新投入，减少低碳技术创新融资成本，包括对研究机构和企业提供研发补贴和财政金融政策支持。第三，加大低碳产业领域的人才培养和高学历、高技能型人才职业培训，引导人才向新兴低碳产业转移，降低低碳技术创新与应用的人才成本。第四，以低碳技术培育孵化新兴产业，优化产业结构，带动低碳消费结构的升级，提高低碳技术创新和应用，降低成本，增强低碳消费品的生产能力，扩大低碳消费产品供给。运用大数据、云计算与物联网等新一代技术，将数字化和低碳消费相结合，更好地服务大湾区居民的低碳消费，为实现美好的低碳生活发挥作用。

（四）加快建设产品碳足迹认证文化，扩大消费品碳足迹标识范围

一是制定低碳产品和低碳标识的管理制度，提高低碳产品在市场中的识别度，扩大低碳标识的使用范围，降低消费者甄别低碳产品的成本。二是鼓励企业对低碳产品进行投资，增加企业参与低碳产品投资的可获得性。三是加强对低碳产品认证的规范管理，维护产品碳足迹标准和标识的权威性，大力提升低碳认证制度的可信度和公众认可度，推动消费者将低碳消费意愿转化为实际行动。四是加强碳足迹标准和标识的国际合作。要立足于大湾区的实际确立碳足迹认证标准，同时还要借鉴国际碳足迹认证制度。这不仅可以提升大湾区低碳标识产品和低碳服务市场的国际认可度，也有利于抢占出口先机，使大湾区的低碳产品与欧美大品牌接轨，有利于我国国际贸易的发

展。五是建立完善的产品碳足迹数据库并对公众免费开放，为扩大低碳消费奠定基础。

（五）系统推进粤港澳大湾区低碳消费文化建设

低碳消费不仅是产品全周期行为，而且是全社会共同参与的综合行为。第一，在参与主体方面，发挥政府、企业、社会团体、公众等社会力量的积极性，共同开展低碳消费行动计划，推出丰富的低碳产品，形成多元的低碳消费场景，扩大低碳产品供给和消费。第二，在具体消费领域，全面系统推进并优化吃、穿、住、行、用、游等重点消费领域的低碳消费结构。第三，在产品全周期链条方面，实现消费与生产、消费与流通、消费与废弃后的处理等各环节的衔接，形成高品质的简约低碳和文明健康的生活方式。第四，在低碳消费的软硬环境建设方面，需要从社会制度、经济发展、政策法规、文化建设等多层面展开，同时加强低碳消费的基础设施建设，全面建设低碳消费的软硬环境，真正实现低碳消费的目标。

（六）营造低碳消费管理文化，完善激励约束机制

第一，建立财政金融政策激励与约束机制，促进低碳消费发展。要在贷款、税收等方面给予优惠政策，通过税收、物价调控、财政补贴等政策措施，引导消费者节能减排，抑制高碳消费方式。第二，充分发挥价格机制的调节作用，促进消费者适度合理低碳消费。重点完善居民在用电、用气、住房、交通、垃圾处理等排碳占比较大的消费领域的价格制度。综合考虑地区经济发展基础、社会综合承载力以及企业运营成本状况，以市场为基础，形成有差别、多层次的价格体系。第三，强化法律法规的保障和约束机制。对于投资低碳生产流程的企业，以及践行低碳消费的行为，要通过法律法规的激励与约束机制保障其质量安全和社会责任。对于生产和消费领域的违法违规行为，加大惩戒力度，增加违法违规成本，为低碳消费发展创造良好的环境。

参考文献

[1] 佘晓钟、魏新:《论低碳文化的科学内涵、功能及建设方法》,《贵州社会科学》2012 年第 8 期。

[2] 刘长松:《低碳消费的科学内涵与发展途径》,《鄱阳湖学刊》2015 年第 3 期。

[3] 谈新敏:《低碳文化及其在低碳发展中的根本性作用》,《自然辩证法研究》2011 年第 4 期。

[4] 李志青:《"环境库兹涅茨曲线"到底揭示了什么》,《文汇报》2015 年 3 月 24 日。

[5] 夏嘉欣:《广东碳排放配额交易量和金额均居全国第一》,《羊城晚报》2020 年 12 月 25 日。

[6] 国世平、荣亚平:《粤港澳大湾区消费结构变动趋势研究》,《消费经济》2018 年第 2 期。

[7] 陆小成:《日本低碳技术创新的经验与启示》,《企业管理》2021 年第 6 期。

[8] 韩晶:《做好低碳消费这篇大文章》,《经济日报》2021 年 12 月 23 日。

B.26
粤港澳大湾区打造世界级消费中心区的路径研究

董小麟*

摘　要： 打造世界级消费中心区是粤港澳大湾区实现国际优质消费资源和消费力集聚的必然选择，也是发挥已有基础和推进未来发展的现实取向。粤港澳大湾区打造世界级消费中心区需要从供给侧与需求侧双向发力，从消费资源供给上拓宽视野、深挖潜力、优化布局和创新供给方式，同时加强需求管理，以优化环境、完善制度、强化特色和做好营销工作，实现消费力的集聚，提升消费获得感。大湾区城市群各成员要在发挥自身优势的同时，注重协同发展，提升系统集成创新能力，联手做强相关支撑条件，共同构筑世界级消费中心区。

关键词： 粤港澳大湾区　国际消费中心　资源配置

"建设富有活力和国际竞争力的一流湾区和世界级城市群，打造高质量发展的典范"①，是粤港澳大湾区建设的重要内涵。实现大湾区高质量世界级城市群建设的根基在于经济发展实力的提升，其中消费力的提升是做强经

* 董小麟，广东外语外贸大学教授，全国科技名词审定委员会经济学名词审定委员、经贸名词审定委员，广州国际商贸中心重点研究基地兼职研究员，研究方向为城市经济、区域经济、粤港澳大湾区与开放经济。

① 《中共中央 国务院印发〈粤港澳大湾区发展规划纲要〉》，新华网，2019 年 2 月 18 日，http：//www. xinhuanet. com/politics/2019-02/18/c_1124131474. htm。

济实力的重要表现。因此，把世界级消费中心区的打造作为粤港澳大湾区世界级城市群建设的重要内容，提升大湾区对海内外消费资源的集聚，可以推进宜居宜业宜游的湾区建设，更可以做大服务国家内需增长的经济流量，做强对国际人流商流物流资金流的吸引力，把大湾区进一步建成新时代高质量开放发展新高地和服务国内国际双循环新发展格局的重要引擎。

一 粤港澳大湾区建设世界级消费中心区的背景与基础

（一）建设粤港澳大湾区世界级消费中心区是时代的选择

在“十四五”开局之年的2021年，国家正式启动了国际消费中心城市建设，体现了新形势下打造经济社会新发展极的需要。通过构建国际消费资源的集聚中心，形成国家乃至全球消费市场的制高点，在国内国际双循环中发挥消费引领、辐射和带动作用。首批建设国际消费中心的城市包括全部直辖市及广州市。直辖市在我国城市体系中具有经济体量较大、资源配置自主性较强、发展极功能较为显著的特点，因此率先建设国际消费中心城市的条件比较充分；而广州市作为唯一被列入首批建设国际消费中心城市的副省级城市，既是因为广州具有千年商都和海上丝路枢纽城市的历史基础，也是因为广州在改革开放初期是我国率先搞活商贸流通市场的先行者，更是基于广州是我国经济第一大省广东省省会和粤港澳大湾区建设的核心枢纽。

从我国建设国际消费中心城市的首批布局看，虽然只有5个城市，但已经分布在我国最重要的经济区域：长三角的上海市、京津冀的北京市和天津市、珠三角/粤港澳大湾区的广州市、成渝都市圈的重庆市。这一布局客观上反映了这几大区域板块对我国提升内需和引领高质量发展的重要意义，体现了国家对这些具有影响全局的重点发展区域进一步发挥新优势所寄予的厚望。由此可见，首批建设国际消费中心城市所在的经济区域，也应该乘势而上、顺势而为，把提升区域消费力作为重要的发展机遇和引领经济稳中向好、长期向好的发展取向。这同时是我们依据国家“十四五”规划，把建设国际消费中心城市与打造一批区域消费中心结合起来，实现以点带面、系统集成和区域协调发展的应有作为。

粤港澳大湾区将打造世界级城市群作为发展的重要取向。世界级城市是全球城市体系中的领头羊，在全球资源配置中具有强大的竞争力、影响力和引领力。消费资源是全球资源的一个重要组成部分，因此世界级城市通常也是国际消费中心城市，并与周边区域联动而成为有重要影响力的国际性消费中心地带。当今世界主要的湾区城市群同时也是吸引国内国际人流商流等经贸流量的集聚区，如洛杉矶—旧金山、纽约—波士顿、东京—大阪等城市群都已成为领先发展的国际性消费资源与消费力集聚区。因此，粤港澳大湾区不仅要打造创新资源集聚区、先进制造业与现代服务业集聚区，同时也应该和必然要成为新崛起的重要世界级消费中心区。

（二）粤港澳大湾区建设世界级消费中心区具有良好的现实条件

1. 从区位优势看，粤港澳大湾区位于当今世界经济最具活力的亚太区中心

自海上丝路开辟以来，该地区就成为东亚与东南亚，中国与南亚、西亚以及欧洲、非洲、南美洲开展经贸活动的交汇点和枢纽。改革开放以来，以珠江三角洲为经济发展核心区域的广东省，长期成为我国领先发展的国际经贸大省；以“广州—香港—深圳”为主轴的华南交通枢纽体系，令该地区的区位优势得到有力彰显，其航空航运的客货吞吐量已位居世界前列，对这一地区经济流量的做大做强发挥着基础性支撑作用。

2. 从政策与规划看，粤港澳大湾区具有发展世界级消费中心区的制度利好

一方面，香港、澳门长期以来都是自由贸易港，在国际经贸活动中获得较大空间，同时在构建优质的国际营商环境中居于前列，如香港有“购物天堂”的美誉；另一方面，国家布局在粤港澳大湾区内地的广州、深圳和珠海建设广东自由贸易试验区的三大片区，并建立了自贸试验区联动发展区，同时珠三角多地在规划层面积极考虑建设国际消费中心城市，形成了有

利于做大做强世界级消费中心区的制度性条件。《广东省国民经济和社会发展第十四个五年规划和 2035 年远景目标纲要》明确提出，“支持广州、深圳等基础条件好、消费潜力大、国际化水平较高的城市创建国际消费中心城市，培育形成具有国际水准和全球影响力的消费中心城市群”，这里所指的“广州、深圳等”，不限于广深二市；而要“形成具有国际水准和全球影响力的消费中心城市群”，珠三角显然最具条件。

3. 从相关基础指标看，粤港澳大湾区已有相应的消费力及支撑消费水平提升的基础

从经济总量看，2021 年粤港澳大湾区经济总量以人民币计算为 12.6 万亿元，略高于当年广东全省的 12.4 万亿元；按同年人民币兑美元平均汇率折算，粤港澳大湾区经济总量为 19530 亿美元，高于韩国，接近加拿大的水平，若按单独经济体排序可列当年世界第 10 位。从人口规模看，粤港澳大湾区 2021 年已有常住人口 6789.7 万人，相应计算的人均 GDP 达到 28764 美元，已高于希腊、葡萄牙等发达经济体，与产油国科威特的水平相仿，相当于同年世界人均 GDP（12517 美元）的两倍多。① 粤港澳大湾区也是外来流动性人口较丰富的地区，由于大湾区经济繁荣和就业机会相对较多，常住人口之外，还有颇具规模的未列入常住人口但亦非短期游客的流动人口，所以广州、深圳这样的超大城市，实际管理服务人口都在 2000 万人以上，比常住人口超出 300 万~400 万人；再以游客为例，粤港澳大湾区也是境内外游客的重要旅游目的地，据有关研究，广州、深圳、佛山、东莞、惠州等市年接待游客均逾千万人次，广州、深圳超 4000 万人次。② 香港旅游业在疫情期间受挫严重，2023 年第一季度已作重启正常秩序的安排，若恢复到 2018 年的 6515 万人次的水平，并与同年澳门接待游客 3580 万人次合计，

① 粤港澳大湾区数据根据各市公布数据计算；国际数据依据国际货币基金组织公布的数据，参见 World Economic Outlook database，https：//www.imf.org/en/Publications/ WEO/weo-database/2022/April。

② 粤港澳大湾区若干城市接待旅游人次的数据来自华经产业研究院，香港、澳门数据分别来自香港旅游发展局、澳门统计暨普查局。

即达到逾亿人次的规模。总体观察，即使我们剔除因游客在大湾区跨市旅游而存在各市重复计算的因素，整个粤港澳大湾区正常年份也将有逾 2 亿人次的客流水平。大规模和高质量的“人气”“财气”无疑是支撑该地区成为世界级消费中心城市群最扎实的现实条件。

从表 1 可知，2021 年粤九市（因香港、澳门部分指标统计口径与内地不完全吻合，考虑可比性，本表未列入港澳）社会消费品零售额的增幅均领先于天津，除佛山，其他 8 市的增幅还同时领先于北京；在常住人口规模上，北京、天津当年都出现负增长，而粤九市均为正增长，总体增幅显著快于国家首批建设国际消费中心城市的 5 市；在人均可支配收入上，粤九市中有 8 市超过重庆，除肇庆、江门和惠州，其他 6 市还同时超过天津；在人均消费支出上，广州和深圳超过了京津渝三市，珠海、东莞、佛山、中山也超过了津渝二市，惠州超过了重庆。从这些数据的比较中我们可知，粤港澳大湾区粤九市在消费力相关的主要指标上与国家首批建设国际消费中心城市之间具有一定可比性，部分指标体现了大湾区具有较强的现实消费力与潜在消费力。

表 1　2021 年粤九市与国家首批建设国际消费中心城市的相关数据比较

城市	经济总量		社会消费品零售总额		常住人口规模		人均可支配收入（元）	人均消费支出（元）	全年接待游客人次（万人次）
	总量（亿元）	增幅（%）	总额（亿元）	增幅（%）	规模（万人）	增幅（%）			
上海	43214.8	8.1	18079.3	13.5	2489.4	0.10	78027	48879	29485.5
北京	41045.6	8.8	14867.7	8.4	2188.6	-0.02	75002	43640	26000.0
广州	28232.0	8.1	10122.5	9.8	1881.1	0.70	74416	47162	4307.7*
天津	15695.0	6.6	3769.8	5.2	1373.0	-1.01	47449	33182	17900.0
重庆	27894.0	8.3	13967.6	18.5	3212.4	0.23	33803	24598	8834.9*
深圳	30664.9	6.7	9498.1	9.6	1768.2	0.27	70847	46286	131.5*
珠海	3881.8	6.9	1048.2	13.8	246.7	0.69	61390	42334	2070.6
佛山	12156.5	8.3	3556.7	8.1	961.3	0.99	61700	40545	1596.9*
惠州	4977.4	10.1	1978.9	13.3	606.6	0.40	43351	29176	2811.1

续表

城市	经济总量		社会消费品零售总额		常住人口规模		人均可支配收入（元）	人均消费支出（元）	全年接待游客人次（万人次）
	总量（亿元）	增幅（%）	总额（亿元）	增幅（%）	规模（万人）	增幅（%）			
东莞	10855.4	8.2	4239.2	13.3	1053.7	0.51	62126	39079	4553.6
中山	3566.2	8.2	1530.1	8.7	446.7	0.81	57901	37853	782.6
江门	3601.3	8.4	1278.1	9.9	483.5	0.65	37068	24193	1410.3
肇庆	2650.0	10.5	1160.8	9.3	413.0	0.31	30394	19095	618.1*

资料来源：数据来源于各市统计部门，部分数据由笔者计算所得。各市公布的全年接待游客人次口径有差异，带*者仅为接待过夜游客人次而未包括不过夜的游客；京津公布的该项指标以亿人次为单位且小数点后仅取一位，本表统一折合为万人次。

从表2可知，由于疫情影响，2022年，在首批建设国际消费中心城市的5市中，社会消费品零售总额仅有属于粤港澳大湾区的广州市呈正增长，其余4市均为负增长，其中上海、北京、天津的降幅较大，分别为-9.1%、-7.2%、-5.2%，最主要、最直接因素是超大城市人口流量规模大，消费总水平容易受人口流量波动的影响。而粤港澳大湾区粤九市中，有7个市2022年社会消费品零售总额仍保持正增长，仅珠海和肇庆出现负增长，但由于该两市社会消费品零售总额的基数在9市中相对最小，其局部降幅对大湾区整体社会消费品零售总额没有产生重要影响。进一步观察，在大湾区属于超大城市的广州、深圳较好克服了疫情管控的影响，社会消费品零售总额仍有相对较大的增幅，粤九市合计实现社会消费品零售额39462亿元，其中广深合计逾2万亿元，占比过半，成为粤港澳大湾区建设世界级消费中心区的核心支柱；同时，在全国2022年社会消费品零售总额下降0.2%的情况下，粤九市在全国社会消费品零售总额中的占比达到7.95%，总体比上年增长，这表明珠三角/粤港澳大湾区的社会消费力具有较扎实的内在根基和发展韧性，这给我们建设粤港澳大湾区世界级消费中心区增添了信心。

表 2　2022 年粤九市与国家首批建设国际消费中心城市社会消费品零售总额比较

单位：亿元，%

城市	社会消费品零售总额	增幅	城市	社会消费品零售总额	增幅
上海	16442. 1	-9. 1	佛山	3593. 6	1. 0
北京	13794. 2	-7. 2	惠州	2040. 5	3. 1
广州	10298. 2	1. 7	东莞	4254. 9	0. 4
天津	3573. 8	-5. 2	中山	3631. 3	0. 5
重庆	13925. 8	-0. 3	江门	3773. 4	3. 3
深圳	9708. 3	2. 2	肇庆	1117. 1	-3. 8
珠海	1044. 7	-0. 3			

资料来源：各市统计局。

粤港澳大湾区建设世界级消费中心区，港澳是不可或缺的重要成员。港澳地区历史上对外来消费力的吸引较强，是内地和国际游客重要的跨境旅游目的地之一。但 2020 年以来，由于疫情影响，游客及涉外人流大幅减少，消费规模受较大影响。按 2023 年 2 月香港特区政府统计处发布的 2022 年香港全年零售业总销货价值临时估计为 3499 亿港元，比 2019 年的 4312 亿港元下滑 18. 9%。澳门零售市场波动幅度相对较小，根据澳门统计暨普查局已公布的数据，2021 年零售业销售额按年大幅上升 63. 5%至 739. 6 亿澳门元，比 2019 年的 771. 9 亿澳门元下跌 4. 2%。2023 年 1~2 月，港澳均已提出并开始实施重振旅游与消费的举措，预期 2023 年将有明显的增长绩效。目前港澳与广东及内地其他地区的全面交流已加快重启，预期粤港澳大湾区整体消费力势必会得到进一步协同提升。

二　在供给侧与需求侧的联动发力中提升消费资源配置水平

粤港澳大湾区打造世界级消费中心，需要从供给侧角度积极挖掘和引入消费供给资源，优化资源配置力，做强消费产业链、供应链、服务链；同时要从需求侧角度积极引导域内外消费力，增大消费人气，提升消费者获得感。

（一）提升商业要素配置水平，更好服务本地消费，做强外来消费吸引力

粤港澳大湾区具有历史悠久的商贸传统，商业对消费力的吸纳水平高。但从建设世界级消费中心的要求看，在商业资源配置上，还需加强以下几个方面的工作。

1. 国际性商业龙头企业、骨干企业的品牌引入

如首店的进入，在内地城市的竞争中目前领先的是上海，同时还有北京、成都、杭州等都相对领先；在大湾区，广州和深圳在珠三角较为领先，但仍需加强与国际一线商业城市对标，要把首店的引入作为提升消费资源配置层次的重要环节来抓。

2. 城市商业中心的建设及布局

东京的银座、纽约的第五大道和时报广场、香港的尖沙咀和铜锣湾、北京的王府井和西单、上海的南京路和豫园等，都是所在城市的核心商圈或标志性商圈。商圈是城市商业繁盛度的聚焦点，是吸引购买力的重要磁极。粤港澳大湾区内地城市商圈目前首推广州天河商圈，其集聚的消费力在全国主要商圈中也具有较大竞争力，但其他商圈的规模及商业优质要素集聚度和人流量都有待进一步提升。

3. 商贸企业总部经济的布局

总部经济布局不仅包括首店或知名品牌的商业企业，而且包括重要的商贸企业总部进驻，如国际商贸企业的亚洲区或中国区总部，或其核心职能的总部，如研发、营销、财务、物流等中心的进驻。总部经济集聚是国际一线城市的重要特征。目前大湾区的广州、深圳、香港都已在若干全球城市评价体系中进入一线城市序列；依托大湾区及其对内地市场的辐射，应该持续争取更多具有较强国际消费资源配置能力的总部经济布局于粤港澳大湾区。

4. 消费品与消费服务供给的便利性

城市及城际交通体系的覆盖水平、运行能力及服务质量是影响消费供给便利度的重要方面，便捷的交通服务缩短了供给与需求间的空间距离，引发和带动消费力的扩大。消费供给体系的覆盖水平直接影响消费资源空间配置的亲和力。在商业要素供给配置上涉及的重点商圈打造与便民供给体系构建，是一种点与面的关系，要辩证处理，系统布局。重点商圈是城市国际化优质消费资源集聚地，是城市商贸服务体系建设的高地，也是增强对外显示度和对游客吸引力的聚焦点，而便民消费供给体系是服务城乡居民日常消费需求的网络架构，二者对提升大湾区消费要素供给水平都不可或缺，均须实现高质量建设。

（二）深挖旅游资源配置潜力，提高旅游消费质量，扩大域外客流吸引力

粤港澳大湾区是国内游客的重要旅游目的地之一，在对接国际旅游资源方面也有基础和潜力；同时，大湾区也是对外旅游重要的客源输出地之一。建设粤港澳大湾区世界级消费中心区，重点在于进一步挖掘和提升旅游资源的供给能力，提升大湾区旅游对域内外、国内外游客的吸引力和参与度，做大旅游消费规模。提升旅游消费资源的供给力度，要深入做好以下工作。

1. 打好文化资源牌

文化消费对做强国际消费中心城市具有重大影响力，如纽约的百老汇、伦敦西区文化产业集聚区、罗马的文化遗址、巴黎的艺术与时尚文化以及我国北京、西安等地的历史文化遗产，都是吸引海内外游客的一种恒久城市软实力。文化消费不限于付费消费，也包括公益文化资源的消费，后者虽然不直接体现在消费额度等经济贡献上，但往往形成辐射带动作用，包括带动住、行、餐饮及旅游纪念品等的消费。粤港澳大湾区有丰富的历史文化遗产，也有丰富的现代时尚文化元素，要加强开发和推广，持续提升国际社会对粤港澳大湾区的认知度。

2. 打好自然景观牌

粤港澳大湾区拥有丰富的自然资源，已依据《关于特别是作为水禽栖息地的国际重要湿地公约》列入《国际重要湿地名录》的就有香港的米埔和后海湾湿地、广州海珠湿地、深圳福田红树林湿地；此外，大湾区各市也分别建设了一定数量的城市湿地，在改善城市生态环境的同时，丰富了旅游资源。珠江三角洲水网体系及海洋、海岛资源，对发展水上旅游、港口旅游、滨海旅游具有重要价值；鼎湖山、罗浮山等名山声名远播，另有多处国家森林公园；湖光山色相映成趣的景点也充实着粤港澳大湾区宜居宜业宜游的发展格局。我们要充分运用这些资源，带动拓展旅游产业链向广度和深度发展，并进一步研究自然资源吸引游客的季节性特征，缩短传统上的淡季，并努力开发令淡季不淡的新亮点。

3. 打好商贸、文化与旅游的组合牌

作为我国重要的先进制造业和现代服务业集聚区，粤港澳大湾区服务国内国际大循环的经贸活动较为丰富，它不仅包括各种国际国内的商务会议会展等活动，也包括企业和行业协会开展商事往来引起的大量人际交流；而商务旅游与工商业活动相互嵌合、双向产业链服务链交融发展带来的消费层次较高，对交通、餐饮、住宿和其他旅游资源的消费有重要贡献。大湾区也是华南教育、科技、文化资源高度集聚的地区，围绕这些领域开展的海内外交流交往活动体量很大，对高质量旅游业有较大的服务需求，同样带来了重要的旅游消费力。因此，提升对商贸、文化交流所衍生的旅游需求的供给水平，是对大湾区国际商贸、文化、科技交流的重要支持，粤港澳大湾区在做强世界级消费中心方面需加强相关谋划。

4. 做好医养旅游服务消费资源供给

随着世界范围内老龄化程度加深，人们对健康疗养重视度提升，医养消费需求显著增长。医养消费与一般或重大疾病诊治有所不同，后者根据各国各地的制度而获得不同程度的公费或部分公费和社会医保资金的资助，前者大多为有偿消费行为（个人或其所在服务机构支付费用，有偿程度因医养机构主办方及资金来源的不同而有一定差异）。粤港澳大湾区的广州、香港等城市拥有的医疗系统水平高，医养配套服务能力强，医养环境选择空间大，生态环境质量在我国经济较发达地区有领先优势，拥有开展较高质量医养旅游服务的资源供给条件。当前这个领域的资源供给优化方向有四个：一是要加大远程医疗体系对相关医养基地的覆盖；二是应提升对医养机构依法依规经营的市场监管；三是要注重提升医养工作人员的业务素质与服务质量；四是进一步丰富医养供给结构，以满足不同的市场需求。

（三）加强需求侧管理，持续提升粤港澳大湾区消费质量的满意度

消费资源供给侧的配置不能脱离消费者的意愿与期待，要有效激活消费、扩大海内外消费力在粤港澳大湾区的集聚水平，必须同时加强需求侧管理，从而持续做大做强消费者“人气”，以旺盛的“人气”引入丰盈的“财气”。

1. 提升城市营销水平

城市营销就是把城市作为推广的主体，就消费者管理而言，要通过对城市商业、文化、旅游、民俗、风景、生态等吸引旅游的要素的统筹推介，提升海内外消费者对该城市魅力的认可，激发消费者进入该地旅游、生活等的意愿；对本地居民而言，城市营销力的增强也有利于提升市民的认同感，提升市民本地消费额占比。城市营销需要关注消费者诉求，深化对国际国内消费者怎样进入大湾区消费、消费者结构及其消费内容和消费方式的认识，对于打造粤港澳大湾区世界级消费新高地大有裨益。

2. 突出粤港澳大湾区的消费特色

特色消费是国内外游客旅游消费的主要聚焦点，提高域内民众消费水平也会不断提升特色消费的比重。粤港澳大湾区特色消费资源在我国甚至国际上都非常丰富，包括但不限于两千余年中外商贸文化科技交流的史迹，1840年起的中华民族复兴运动奋斗史迹，覆盖中国各地乃至世界的丰富消费品品类，特别是多元饮食文化、特色珠江水文化与岭南文化，强大包容的人文环境等。这些特色优势独具一格，要扩大国际消费者对这些特色的认知度，激发其参与大湾区消费的欲望和行动。

3. 加强服务于消费者的制度保障

要把制度供给质量看作实现供求良性循环的基本条件。粤港澳大湾区拥有国内领先的消费者权益保障机制，香港领先建立了这一机制，广州是改革开放初期第一个建立消费者委员会并颁布内地第一个地方性消费者权益保护条例的城市。当前，我们建设营商环境要从两个方面着手，一是从保障经营者权益和提供投资便利度着眼，二是从保障消费者消费权益的角度加以完善。两者相得益彰，共同推进消费提升。消费安全得到有效保障、消费便利度得到有效提升，就会大大提升消费者在该地消费的积极性；而在优良营商环境中，包括知识产权等所有权、经营权能够得到可靠保障，经营便利度和安全感大大加强，消费供给者将更乐于专注改善经营质量，更好服务消费者及其需求。

4. 注重拓展消费者资源

近年来，珠三角多地引导的“反向过年”振兴了春节假期本地市场的活跃度，这是从需求侧拓展消费力的成功经验，要继续做大做强。大湾区还可以利用港澳自由港、广东自由贸易试验区等优势，发展更丰富的商务旅游、免税购物旅游等消费业务，做大消费流量；用好粤港澳大湾区高等教育资源高度集聚的优势，特别是海外留学生资源，发展服务于他们的文化、旅游消费，通过他们联动扩大对其“朋友圈”的口碑传递，包括扩大对国际消费力的引流；另外，进一步挖掘老年消费者的潜力，随着时代的进步，老龄人口的消费力在提升，预期寿命延长更增添了消费力延伸的能量，除医养需求，旅游、餐饮都成为常态化的老龄消费需求，目前还需要进一步挖掘其在时尚消费方面的潜力。

三　系统发力协同创新建成粤港澳大湾区世界级消费中心区

在社会经济运行中，消费是全部社会生产、分配、交换行为的目的，也是社会经济运行质量的终极反映。因此，粤港澳大湾区建设世界级消费中心区，必须从消费相关的经济循环系统的运行出发，在系统发力协同创新中加以实现。

（一）系统提升经济发展质量和收入水平，增强区域消费力的基础

消费力的强弱虽然深受当地引入域外消费力的重大影响，但当地常住人口的消费力显然发挥着基础性作用。2020~2022 年受新冠疫情影响的人口跨域流动规模使我们获得一种反向验证。当地人口消费力的基础受经济发展水平和收入分配水平与结构的制约。改革开放以来，粤港澳大湾区的消费力提升大大推动了我国消费水平的提升，其根基就是大湾区经济发展活力强、能量足，居民收入水平总体较高。

粤港澳大湾区的城市群要加强协同联动，一是珠三角与港澳的联动，这不仅对于推进香港、澳门繁荣稳定是必要的，对于珠三角进一步用好跨境资源和引入国际发展资源，深化与国际市场的联系也具有现实作用；二是要用好中央赋予的建设广东自贸试验区和做强粤港澳合作的前海、横琴、南沙三大平台，以及深圳建设中国特色社会主义先行示范区等重要政策和制度安排，聚焦高质量发展，提升全球资源配置质量；三是要进一步优化珠三角产业布局、推进产业升级，做强先进制造业与现代服务业的联动发展，深化产业链、供应链、创新链与人才链组合的先进性与强韧性，夯实粤港澳大湾区经济发展根基；四是要在经济发展中注重提升民众的就业质量与生活质量，在构筑大湾区经济发展新高地的基础上不断提升人民群众的获得感、幸福感，为打造中国式世界级消费中心区创造持久动力。

（二）增强规划协同引领，推进粤港澳大湾区世界级消费中心区建设

建设粤港澳大湾区世界级消费中心区的基础是各相关城市/地区对建设消费中心和进一步提升消费作用的规划部署。打造粤港澳大湾区世界级消费中心区，必须加强规划协同的引领力。一是各地对已有涉及发展消费的规划内容要抓紧落实，相关政策要做好绩效评估，及时优化促进消费的制度安排，推进建设项目及时完成和生效，为加强协调创造更优越的发展起点；二

是加强各市促进消费的相关规划及措施的交流沟通，在市场配置消费资源的基础上，更好发挥政府作用，为构建粤港澳大湾区统一市场创造更有利的制度性支撑条件，当然这种统一市场是以尊重“一国两制”、承认三地制度差异性为前提，但同时又能够把某些制度差异转化为制度“杂交优势”，这样就可以取得“系统的功能大于部分之和”的集成创新优势；三是要加强引导粤港澳大湾区行业协会、商会之间的合作，通过政府协同引领商会协同，促进资源优化流动，实现世界级消费中心建设的效益最大化。

（三）多方协同联动发力，做大世界级消费中心区建设的支撑力

1. 发挥四大核心引擎在营商环境建设上的引领作用

《粤港澳大湾区发展规划纲要》明确要求，要“以香港、澳门、广州、深圳四大中心城市作为区域发展的核心引擎，继续发挥比较优势做优做强，增强对周边区域发展的辐射带动作用”。广州、深圳在营商环境建设上位居全国领先地位，2022 年两市均入选首批国家营商环境创新试点城市，发挥着我国营商环境建设的标杆作用；同时，香港在国际营商环境评价中也屡在前列，澳门营商环境在回归后总体较佳。建设世界级消费中心区，广州、深圳和香港要发挥引领大湾区国际一流营商环境建设的顶层设计者和实践者的作用，并率先相互借鉴先进经验举措，更好影响带动其他各市，其他市也要积极对标先进，把先进的营商环境制度体系和经验加快复制、推广到大湾区各地，以优质营商环境的一体化建设，打造宜商宜游宜消费的高质量世界级消费中心区。

2. 发挥既有的支持和影响世界级消费中心区建设的相关试点和示范点的辐射带动作用

由于粤港澳大湾区得开放风气之先，在改革中先行先试，赢得了不少发展先机，在全面改革开放条件下，国家陆续布局的新试点或示范区也往往选择大湾区，给粤港澳大湾区营造了多点带动的发展格局。比如，广州、肇庆、佛山、中山、惠州被认定为国家历史文化名城；珠海、惠州、深圳、肇庆、佛山、东莞先后被评为国家生态文明建设示范市，广州、江门部分区县被评为国家生态文明建设示范区（县）；广州被列入首批建设国际消费中心

城市、国家服务业扩大开放综合试点城市和全国网络市场监管与服务示范区等；广东省（含深圳）列入我国内外贸一体化试点地区；深圳与广州成为国家电子商务示范城市；广州、深圳、珠海、中山、江门、惠州等大湾区城市各有部分区域被列为国家全域旅游示范区；等等。这些重要的试点或示范区出色的业绩给当地经济社会带来的积极影响不是局部的，而是辐射全局的，包括有利于增强商贸、旅游、文化等方面的资源配置优势，增强消费者在当地消费的欲望和信心。所以，各市要善于交流这些试点与示范区建设的经验，把各市局部试点的影响力延伸到整个大湾区，形成多种试点和示范区推动下的激发消费力集聚水平的集成创新。

3. 加强支撑世界级消费中心区客货流量的基础设施系统性建设

构建有国际重要影响力的世界级消费中心区，必须做强联通内外循环的交通、物流体系。国际经验表明，在大型航空枢纽、铁路枢纽和重要港口所在城市打造国际消费中心城市的难度相对较小。粤港澳大湾区拥有丰富的空港、海港资源，总体客货吞吐量已列世界各湾区之首，商流物流资金流规模巨大。因此，要进一步挖掘大湾区国际性综合性交通与物流枢纽的潜力，使其进一步转化为吸纳消费供给要素的张力，为把粤港澳大湾区打造成为世界级消费中心区提供更强韧的基础性支撑。比如，在大湾区内各城市间建立港口合作机制，有利于发挥交通枢纽的系统性功能，提升粤港澳大湾区整体商品与物资运输承载力，这种做法值得推广。其他措施包括配合综合性交通体系建设，引入更多国内外一流航空航运企业及其总部，以及政府推动、行业组织联动发展建设平等互利的合作平台和合作模式。

4. 打好对外交流交往的组合牌

发挥广州、深圳等国际性会议会展品牌的影响力，联手香港、澳门，带动珠海、佛山、东莞、惠州、中山、江门、肇庆等地，进一步打造粤港澳大湾区国际会议会展高地，其中消费有关领域的会议会展要更好协同，做大规模、做大影响力，持续促进大湾区消费资源的高质量集聚；联手做好海内外推广活动，建议合作建设粤港澳大湾区优质消费资源推广的线上平台，推进数字化、网络化运用，以多媒体、多语言、全天候方式扩大粤港澳消费魅力的传播；还要发挥大湾区各市拥有的国际友好城市和友好交往城市的联系纽带，在各市联手推广中织密城际网络，稳固提升城际商贸、文化、旅游等的交流规模，并在促进消费资源汇流的同时，带动民心相通，共同提升域内外消费者在粤港澳大湾区消费的获得感和满意度。

参考文献

［1］李振：《广东赶考“十四五”：GDP 冲刺 14 万亿　双区引领多点布局解决“卡脖子”难题》，《21 世纪经济报道》2021 年 4 月 27 日。

［2］《广州市人民政府关于印发广州市国民经济和社会发展第十四个五年规划和 2035 年远景目标纲要的通知》，广州市人民政府网站，2021 年 4 月 20 日，https://www.gz.gov.cn/zwgk/ghjh/fzgh/ssw/ghgy/content/mpost_7811746.html。

［3］民进广州市委员会课题组：《关于擦亮“食在广州”城市名片助力建设国际消费中心城市的研究》，载张其学、涂成林主编《中国广州文化发展报告（2021）》，社会科学文献出版社，2021。

［4］姜荣春：《国际消费中心城市比较研究——基于京沪的比较》，载黄宝印、夏文斌主编《北京对外开放发展报告（2022）》，社会科学文献出版社，2023。

［5］《广东省人民政府关于印发〈广东省国民经济和社会发展第十四个五年规划和 2035 年远景目标纲要〉的通知》，广东省人民政府网，2021 年 4 月 25 日，http://www.gd.gov.cn/zwgk/wjk/qbwj/yf/content/post_3268751.html。

［6］广州大学广州发展研究院课题组：《关于加快建设广州国际消费中心城市的建议》，载涂成林、赖志鸿主编《2021 年中国广州经济形势分析与预测》，社会科学文献出版社，2021。

［7］李莉、陈雪钧：《新发展理念引领国际消费中心城市建设的策略》，《重庆行政》2023 年第 1 期。

Abstract

The "China Guangdong-Hong Kong-Macao Greater Bay Area Reform and Innovation Report (2023)" is jointly created by the Guangzhou Guangdong-Hong Kong-Macao (Nansha) Reform and Innovation Research Institute, the Guangdong Provincial Regional Development Blue Book Research Association, and the Guangzhou Development Research Institute of Guangzhou University. The report is divided into seven sections in terms of content structure: General Report, System Innovation, Regional Development, Industrial Synergy, Digital Economy, Bay Area Talents, and Cultural Consumption. It brings together the latest research achievements of high-end expert research and innovation teams in the Guangdong-Hong Kong-Macao Greater Bay Area research field, serving as an important reference for the economic and social operation of the Guangdong-Hong Kong-Macao Greater Bay Area and related thematic analysis and projections.

In 2022, the Guangdong-Hong Kong-Macao Greater Bay Area faced a complex development environment both domestically and internationally. Under multiple pressures, it still achieved steady economic growth, with the total economic volume reaching the 13 trillion CNY mark. Investment, consumption, and exports, the "three driving forces", maintained overall stability. Investment and consumption in the nine cities of Guangdong saw a slight increase, while Hong Kong and Macao experienced a decline; the foreign trade situation witnessed a drop in imports, a slight increase in exports, and an expansion in the trade surplus. Fiscal policy increased support for steady growth, resulting in a rise in the fiscal deficit rate. Deposit and loan balances grew steadily, with the deposit and loan balances of the nine Guangdong cities accounting for a slightly higher proportion in the entire Greater Bay Area, indicating that the importance of the mainland's financial industry in the Greater Bay Area is continuously increasing.

Looking forward to 2023, the Chinese economy will enter a "restorative recovery" mode. As long as the Guangdong-Hong Kong-Macao Greater Bay Area maintains the positive momentum since the optimization of the pandemic policy, coupled with the synchronized recovery of Hong Kong and Macao, the difficulty of achieving growth targets is expected to be lower than the previous year, providing greater policy space for high-quality development. It is suggested that the Guangdong-Hong Kong-Macao Greater Bay Area accelerate the formation of new institutional mechanisms for dynamic promotion of regional coordinated development in key areas such as cross-border finance and transportation, further enhance the level of coordinated development of the Greater Bay Area; accelerate the reindustrialization process of Hong Kong and Macao under the framework of the Greater Bay Area, promoting moderate diversification of the Hong Kong and Macao economy; and expedite the release of financial opening, innovation, and reform dividends to provide better financial support for the high-quality development of the Greater Bay Area economy.

Keywords: Guangdong-Hong Kong-Macao Greater Bay Area; Institutional Innovation; Digital Economy; Industry Synergy; Talent Bay Area

Contents

Ⅰ General Report

Abstract: In 2022, the Guangdong-Hong Kong-Macao Greater Bay Area will face the complex development environment at home and abroad, and its total GDP reached the 13 trillion CNY. In the face of geopolitical tensions and changes, major developed countries tightened monetary policies, global economic slowdown and the pandemic and other multiple pressures, the Greater Bay Area still achieved steady economic growth. The "Troika" of investment, consumption and export remained stable as a whole, fiscal policy increased support for stable growth, and the financial industry achieved steady development. The successful convening of the 20th CPC National Congress pointed out the development direction for the Guangdong- Hong Kong-Macao Greater Bay Area to build a new development pattern, promote high-quality development, and help realize Chinese path to modernization. In 2023, China's economy will start the "restorative recovery" model. As long as the Greater Bay Area maintains the good momentum since the optimization of the epidemic policy, and the simultaneous recovery of Hong Kong and Macao, the difficulty of achieving the growth goal should be less than last year, and it will also provide more policy space for high-quality development. Finally, we propose to further improve the cooperation and coordination mechanism of the Greater Bay Area, build a high-quality industrial system, strengthen the role of the industrial chain hub, accelerate the transformation and development of Hong Kong and Macao under the framework of the Greater Bay Area, and accelerate the release of dividends from the reform of financial openness and innovation.

Keywords: Guangdong-Hong Kong-Macao Greater Bay Area; Economic Situation; Complement External Demand with Domestic Demand Institutional Innovation

Ⅱ Institutional Innovation

B.2 Suggestions on Implementing a More Open and Integrated Negative List Stress Test in the Guangdong-Hong Kong-Macao Greater Bay Area

Research Group of Guangdong-Hong Kong-Macao Greater Bay Area (Nansha) Reform and Innovation Institute of Guangzhou / 034

Abstract: As a national economic engine and gateway to openness, implementing a more open and integrated negative list stress test in the Guangdong-Hong Kong-Macao Greater Bay Area is not only needed for breaking policy and institutional barriers through expanded system-based openness but also needed for supporting China's participation in higher-standard international free trade agreements and exploring further opening-up in advance. The basic conditions for implementing a more open and integrated negative list stress test in the Guangdong-Hong Kong-Macao Greater Bay Area are relatively sufficient, and it is completely safe and feasible as long as organizational, plan, and security preparations are in place. It is suggested to benchmark RCEP, CPTPP, and other high-standard international free trade agreements, and prioritize breakthroughs in market access, unified rule alignment, and investment trade liberalization and facilitation.

Keywords: Negative List; Stress Test; Market Integration; Guangdong-Hong Kong-Macao Greater Bay Area

B.3 Research on the Path of Guangzhou-Shenzhen "Twin Cities" Linkage to Promote Guangdong's New Glory in the New Journey

Research Group of the People's Government of Guangzhou Municipality / 045

Abstract: General Secretary Xi Jinping and the Party Central Committee attach great importance to Guangdong's work, assigning missions to Guangzhou for revitalizing the old city and achieving "four new and colorful" developments, and to Shenzhen for building a pilot demonstration area of socialism with Chinese characteristics, which point out the direction and provide fundamental principles for Guangzhou and Shenzhen's development in the new journey. Playing the role of Guangzhou-Shenzhen "twin cities" linkage is of significant practical and long-term strategic importance. It is necessary to grasp the strategic direction and task deployment of "twin cities" linkage, focus on building an international science and innovation center, a high ground for factor allocation, a comprehensive transportation hub, a modern industrial system, a high ground for institutional openness, and a high-quality living circle, create a globally influential Greater Bay Area "twin cities", and promote Guangzhou and Shenzhen to take the lead in building a modern socialist cities and better play a demonstration and leading role in fulfilling the missions assigned by General Secretary Xi Jinping to Guangdong.

Keywords: Guangdong-Hong Kong-Macao Greater Bay Area; "Twin Cities" Linkage; "Twin Cities"

B.4 Suggestions on Supporting Macao Universities to Participate in the Development and Construction of Hengqin Guangdong-Macao In-depth Cooperation Zone

Yuan Chao / 058

Abstract: The "Hengqin Guangdong-Macao In-depth Cooperation Zone Construction Master Plan" (hereinafter referred to as the "Hengqin Plan") assigns strategic positions such as facilitating the living and employment of Macao residents in the cooperation zone. It explicitly proposes to provide more convenient conditions for Macao residents to study, work, start businesses, and live in the cooperation zone. Since its return to the motherland, Macao's higher education has made significant progress in terms of overall scale, research level, and degree of internationalization. However, the problem of structural imbalance in higher education due to the single industrial structure is becoming increasingly prominent, especially the severe shortage of space for daily teaching and industry-university-research development, which hinders its high-quality sustainable development. The demand for expanding outward and sharing the mainland's research market is increasingly urgent. The Hengqin Guangdong-Macao In-depth Cooperation Zone should support Macao universities to participate in the development and construction of the cooperation zone in a phased manner, focusing on easy tasks first, then difficult ones, common characteristics before individual characteristics, and moving from near to far.

Keywords: Macao; Hengqin; Guangdong-Macao In-depth Cooperation Zone; Higher Education Institutions

Abstract: Social organizations are an indispensable and important force in promoting the high-quality development of the Guangdong-Hong Kong-Macao Greater Bay Area. To promote the cooperation and innovation of social organizations in the Greater Bay Area, it is necessary to clarify the policies, mechanisms, and platforms for cooperation and innovation of social organizations, establish a cooperation and innovation hub for social organizations, further deepen multi-party cooperation, and pilot breakthroughs in promoting work. This report starts from the perspective of promoting the high-quality construction of the Greater Bay Area, summarizes and analyzes the current situation and existing problems of the cooperation and innovation of social organizations in the Guangdong-Hong Kong-Macao Greater Bay Area, and puts forward policy suggestions for supporting the cooperation and innovation of social organizations in the Greater Bay Area.

Keywords: Guangdong-Hong Kong-Macao Greater Bay Area; Social Organizations; Cooperation and Innovation

Ⅲ Regional Development

Abstract: Compared with other cities and regions in China, Shenzhen's main advantage lies in its well-developed market economy, having established a relatively complete market economy system earlier than other regions in the country. The most fundamental requirement for truly establishing and improving the market economy system is to avoid direct administrative intervention in the autonomous operation of enterprises in the market economy, not to interfere in or hinder the legitimate market competition of enterprises, and not to command the autonomous development of enterprises inappropriately. Shenzhen has excelled in this aspect compared to many other places in China. The "socialist market economy" is a significant development of Marxist theory, and a complete and accurate understanding of the true essence of the "socialist market economy with public ownership as the mainstay" is another key to decoding the miracle of Shenzhen's takeoff.

Keywords: Shenzhen's Miraculous Takeoff; Socialist Market Economy; Public Ownership

Abstract: The report of the 20th National Congress of the Communist Party of China clearly proposes to create a market-oriented, legalized, and internationalized first-class business environment. This article analyzes the achievements and problems in creating a first-class business environment in Zhongshan City and studies the experiences and practices of Shenzhen and Dongguan in the Guangdong-Hong Kong-Macao Greater Bay Area and that of leading cities' in the Yangtze River Delt. Based on this, a series of countermeasure suggestions for Zhongshan City to create a first-class business environment in the context of the Guangdong-Hong Kong-Macao Greater Bay Area are proposed.

Keywords: Guangdong-Hong Kong-Macao Greater Bay Area; First-Class Business Environment; Zhongshan City

B.8 Research on the Construction of the Northern Metropolitan Area in Hong Kong and Shenzhen's Docking Strategy

Abstract: The planning and construction of the Northern Metropolitan Area is a major strategic adjustment in Hong Kong's development over the past century. It signifies that Hong Kong has a "local platform" for integrating into the national development strategy, which has far-reaching implications for Hong Kong's development, cooperation between Shenzhen and Hong Kong, and the construction of the Greater Bay Area. In particular, the Northern Metropolitan Area is separated from the southern region of Shenzhen only by a river, naturally possessing the foundation and advantages for integrated development, creating tremendous space and opportunities for future cooperation and urbanization between Shenzhen and Hong Kong. This article outlines the development strategy of the Northern Metropolitan Area, analyzes the significance and challenges of its construction, and proposes strategies for Shenzhen to connect with the construction of the Northern Metropolitan Area.

Keywords: Northern Metropolitan Area; Guangdong-Hong Kong-Macao Greater Bay Area; Shenzhen-Hong Kong Cooperation

B.9 Research Report on Renaming Nansha's "One District, Two Stations" High-speed Railway Stations and Building a Greater Bay Area Transportation Hub

Abstract: The unique high-speed rail "one district, two stations" layout is an important support for Nansha to build a transportation hub in the Guangdong-Hong Kong-Macao Greater Bay Area and is also a crucial window to enhance

Nansha's recognition and influence at home and abroad. However, the existing high-speed railway station names do not match Nansha's hub positioning and spatial layout in the Guangdong-Hong Kong-Macao Greater Bay Area and cannot display the advantages of Nansha's "one district, two stations" configuration. It is necessary to initiate the renaming of the two high-speed railway stations in the region as soon as possible. Based on the idea of using high-speed railway station names as geographical identifiers to highlight Nansha's spatial and geographical layout, it is suggested to rename them as "Nansha North Station" and "Nansha South Station." In consideration of Nansha's hub position in the Greater Bay Area and the strategy of building a major platform that is "based in the Bay Area, coordinating with Hong Kong and Macao, and facing the world," it is recommended to rename them as "Nansha HKUST Station" and "Nansha Hub Station."

Keywords: Greater Bay Area Transportation Hub; Geographical Space Recognition; Nansha

B.10 Research on the Model and Path of Promoting the Integrated Development of Gazelle Enterprises in Dongguan

Kong Jianzhong / 129

Abstract: Gazelle enterprises are typical representatives of technology innovation-oriented enterprises and are the new engines for promoting high-quality economic development and technological innovation. Standing at the new starting point of the "Double Ten Thousand" (a permanent population of over 10 million and a GDP of over 10 trillion), Dongguan proposes the city's positioning of "technological innovation + advanced manufacturing" and actively builds an innovation-oriented enterprise echelon, comprising "technology-based small and medium-sized enterprises-high-tech enterprises-gazelle enterprises-top 100 innovative enterprises" to lead the city's accelerated transition towards a strong science and innovation-driven manufacturing city. This study comprehensively analyzes the achievements, models, and shortcomings of cultivating and developing innovative enterprises in Dongguan since 2019, and proposes a new path for building an innovative enterprise cultivation system that adapts to the new economy and new driving forces from dimensions such as strengthening top-level design, promoting "high" and "new" through R&D, building a graded cultivation system, and strengthening the whole chain of technology investment promotion.

Keywords: Gazelle Enterprises; Echelon Cultivation System; Dongguan

Ⅳ Industry Synergy

Abstract: The "Nansha Plan" endows Nansha with a significant strategic positioning and substantial supportive policies. Strengthening the linkage between Guangzhou and Shenzhen "twin cities" and actively promoting the coordinated development of their strategic emerging industries is an essential measure to accelerate Nansha's role as a new engine for high-quality development in the Guangdong-Hong Kong-Macao Greater Bay Area. This study deeply explores the background, theoretical basis, feasibility, and development path of Nansha's development of a Guangzhou-Shenzhen strategic emerging industry linkage belt under the "twin cities" linkage background. Based on this, targeted countermeasures and suggestions are put forward to promote the high-quality coordinated development of strategic emerging industries between Guangzhou and Shenzhen.

Keywords: Guangdong-Hong Kong-Macao Greater Bay Area; Twin Cities Linkage; Strategic Emerging Industries

Abstract: Building a collaborative testing, inspection, and certification industry cluster in Guangzhou Nansha with Hong Kong and Macao is both necessary and feasible, as it actively attracts capital, technology, talent, international markets, and advanced service concepts from Hong Kong and Macao for development in Nansha. It is recommended that the development strategy of Nansha's testing, inspection, and certification industry cluster fully utilizes its policy advantages and Nansha's unique transportation location advantages in the Bay Area, highlighting the characteristics of coordinating Hong Kong and Macao and serving the Bay Area, building both industrial parks and headquarters bases, and accelerating the formation of a new pattern of regional linkage and differentiated development with the Panyu and Huangpu clusters.

Keywords: Testing and inspection Certification; Collaborating with Hong Kong and Macao; Guangzhou Nansha

Abstract: The rapid development of the Greater Bay Area has generated momentum in various aspects. This paper focuses on seizing the new opportunities brought by the Regional Comprehensive Economic Partnership (RCEP), leveraging the new momentum of the Greater Bay Area, and actively promoting the establishment of a national-level Association of Southeast Asian Nations (ASEAN) industry cooperation demonstration zone in Guangdong Fenyong ASEAN Industrial Park. By combining empirical analysis and normative analysis, this paper objectively analyzes the significance of establishing a national-level ASEAN industry cooperation demonstration zone in Guangdong ASEAN Industrial Park, as well as the main advantages and shortcomings of its creation, and proposes the implementation path for establishing a national-level ASEAN industry cooperation demonstration zone in the context of the new momentum of the Greater Bay Area.

Keywords: ASEAN Industry Cooperation Demonstration Zone; Greater Bay Area; Fenyong Association of Southeast Asian Nations Industrial Park

Abstract: In the past decade, strategic emerging industries in the Pearl River Delta region have achieved significant development, especially in high-end equipment manufacturing and new-generation information technology industries. However, there are still issues in the development of strategic emerging industries in the Pearl River Delta region, such as imbalanced and insufficient industrial development and unclear support priorities, and there is a certain gap with the Beijing-Tianjin-Hebei and Yangtze River Delta regions. Therefore, it is necessary to make full use of financial support measures to strengthen regional radiation through finance, enhance policy support, optimize information management, and refine cooperation between banks and enterprises, in order to improve the efficiency of financial support in the Pearl River Delta region and make financial capital more effectively promote the high-quality development of strategic emerging industries in the region.

Keywords: Strategic Emerging Industries; Financial Support; Pearl River Delta

B.15 Research on Driving the Development of Strategic Emerging Industries in the Guangdong-Hong Kong-Macao Greater Bay Area by Taking "Manufacturing as the Mainstay"

Chen Xiuying, Cai Hongzheng / 202

Abstract: Persisting in promoting the high-quality development of the real economy with manufacturing as the mainstay is of great significance to the construction of an internationally first-class bay area in Guangdong, Hong Kong, and Macao. This paper adopts a combination of qualitative and quantitative analysis to analyze the current development status and characteristics of strategic emerging manufacturing industries in the Guangdong-Hong Kong-Macao Greater Bay Area, as well as the difficulties and challenges in using industrial policies and technology strategies to support the development of strategic emerging industries in the Greater Bay Area. It proposes that, in the new stage of development, it is urgent to take multiple measures and pilot initiatives to build a high-quality development system for the Guangdong-Hong Kong-Macao Greater Bay Area economy, explore the modernization of the modern industrial governance system, and drive breakthrough innovation in industries through digital transformation. This will jointly promote the high-end, intelligent, and green development of strategic emerging manufacturing industries and provide strong support for building a "smart manufacturing" Greater Bay Area with strong international competitiveness.

Keywords: Guangdong-Hong Kong-Macao Greater Bay Area; Manufacturing as the Mainstay; High-Quality Development; Strategic Emerging Industries

V Digital Economy

Abstract: The Guangdong-Hong Kong-Macao Greater Bay Area has introduced a series of policies to guide the high-quality development driven by both digitalization and decarbonization. "Data-reality integration" has become a new trend in the digital development of the Greater Bay Area's economy, and decarbonization has shifted from controlling both total energy consumption and intensity to controlling both carbon emissions and intensity. The digital technology in the Greater Bay Area has evolved into a clustered and cross-cutting pattern, with breakthroughs in technological innovation and key digital technologies accelerating, and the emergence of the next generation of digital forms such as immersive convergence. Digital government construction has been comprehensively accelerated, smart city construction has been changing rapidly, digital inclusive finance has benefited the Greater Bay Area, and the construction of a digital society has been further promoted. The Greater Bay Area's carbon sequestration innovation is forging ahead with determination, green energy development is accelerating, and efforts are being made to achieve carbon peaking and carbon neutrality ahead of schedule.

Keywords: Guangdong-Hong Kong-Macao Greater Bay Area; Digitalization; Decarbonization

B.17 Research on Digital Finance Promoting High-Quality Development in the Guangdong-Hong Kong-Macao Greater Bay Area

Wu Dan, Chen Xiaoming and Li Sihui / 234

Abstract: High-quality development is the primary task for the future development of the Guangdong-Hong Kong-Macao Greater Bay Area. Digital finance, relying on its information technology advantages and combining technological innovation with financial functions, can effectively empower high-quality development. Based on the analysis of the current situation and problems of high-quality development in the Greater Bay Area, this paper explores the mechanism of digital finance in promoting high-quality development by alleviating financing constraints, promoting technological innovation, enhancing industry collaboration, promoting green development, and accelerating common prosperity. It also puts forward policy suggestions for digital finance to support the high-quality development of the Greater Bay Area.

Keywords: Digital Finance; Guangdong-Hong Kong-Macao Greater Bay Area; Regional Collaboration

B.18 Research on Digital and Intelligent Empowerment of Foshan Manufacturing Industry for High-Quality Development

"Foshan Digital Transformation" Research Group / 247

Abstract: Promoting the digital and intelligent transformation of the manufacturing industry and building a new form of manufacturing-led development is the primary task for Foshan to achieve high-quality development. From "Manufacturing Capital" to "Smart Manufacturing Capital," Foshan has an important strategic position in the Guangdong-Hong Kong-Macao Greater Bay Area, at the national level, and even globally. The research group sorted out the current situation of Foshan's advanced manufacturing development and refined the digital and intelligent transformation ideas and practical measures of Foshan's smart manufacturing enterprises through enterprise research and interviews. Specific suggestions are put forward for Foshan's manufacturing industry digital and intelligent transformation in terms of innovative smart manufacturing management concepts, building a full-industry-chain smart manufacturing system, enhancing the global value chain, and constructing a Greater Bay Area smart manufacturing leading city.

Keywords: Digital and Intelligent; City of Smart Manufacture; Foshan

Abstract: The report of the 20th National Congress of the Communist Party of China made significant arrangements for the digitalization and intelligent development of the manufacturing industry. As the core region of national manufacturing development, the Guangdong-Hong Kong-Macao Greater Bay Area has witnessed rapid development of digital technologies such as 5G, big data, cloud computing, artificial intelligence, and blockchain in recent years, which have deeply integrated with the manufacturing industry, providing strong impetus for the digital and intelligent transformation of manufacturing. This paper sorts out the connotation and mechanism of the digital and intelligent transformation of the manufacturing industry, analyzes the current situation and existing problems of the digital and intelligent transformation of the manufacturing industry in Zhongshan City, and puts forward countermeasure suggestions for Zhongshan City to accelerate the digital and intelligent transformation of the manufacturing industry in the context of the Guangdong-Hong Kong-Macao Greater Bay Area.

Keywords: Transformation and Upgrading of Manufacturing Industry; Digital and Intelligent; Zhongshan City

B.20 Status Assessment and Development Suggestions of Technological Innovation in Guangdong-Hong Kong-Macao Greater Bay Area

Research Group of Guangdong-Hong Kong-Macao Greater Bay Area (Nansha) Reform and Innovation Institute of Guangzhou / 273

Abstract: The construction of the Guangdong-Hong Kong-Macao Greater Bay Area is an important strategy in China, aiming to build a globally leading technology innovation center. At present, the Greater Bay Area has become one of the important economic centers globally, with strong innovation capabilities and technical strength. This paper aims to analyze the current status of technological innovation in the Guangdong-Hong Kong-Macao Greater Bay Area and evaluate the effects of the innovation pilot policies carried out by the state in cities such as Guangzhou and Shenzhen and the issues in technological innovation development. Through empirical analysis, it was found that the innovative city pilot policy has promoted the improvement of the innovation level in the Guangdong-Hong Kong-Macao Greater Bay Area. Based on this, this paper puts forward suggestions for optimizing the development of technological innovation in the Guangdong-Hong Kong-Macao Greater Bay Area, including attracting high-end talents, improving the transformation rate of technological innovation achievements, and promoting the flow of innovation elements.

Keywords: Guangdong-Hong Kong-Macao Greater Bay Area; Technological Innovation; Policy Evaluation

Ⅵ Talent Bay Area

Abstract: With the continuous deepening of the aging trend in the Guangdong-Hong Kong-Macao Greater Bay Area, strengthening the collaborative construction of elderly care services within the Greater Bay Area is an inevitable requirement for enriching the connotation of "one country, two systems" people's livelihood. The collaborative development of the elderly care service talent system in the Greater Bay Area has significant implications for deepening the cooperation of elderly care services in the bay area and improving the residents' satisfaction with elderly care services. This report compares and analyzes the current situation of population aging and the construction of elderly care service systems in Guangdong, Hong Kong, and Macao, summarizes the factors restricting the collaborative construction of elderly care service talents in the Guangdong-Hong Kong-Macao Greater Bay Area, and proposes the objectives and implementation paths for the collaborative construction of elderly care service talents in the Guangdong-Hong Kong-Macao Greater Bay Area.

Keywords: Guangdong-Hong Kong-Macao Greater Bay Area; Aging Trends; Elderly Care Service Talents

B.22 Several Suggestions for the Inheritance of Lingnan Art and the Promotion of Lingnan Culture in the Guangdong-Hong Kong-Macao Greater Bay Area

—*Taking the Promotion and Development of the Lingnan School of Painting as an Example*

Chen Tian / 308

Abstract: The Guangdong-Hong Kong-Macao Greater Bay Area is the core area for the inheritance and development of Lingnan culture, and Guangdong, Hong Kong, and Macao also attach great importance to the inheritance, innovation, and development of Lingnan culture and art. However, problems such as difficulty in obtaining cultural resources and the lack of interest in traditional Lingnan art among young people cannot be ignored. Taking the promotion and development of Lingnan Painting School as an example, this paper analyzes the current situation of the development of inheriting Lingnan art and promoting Lingnan culture in Guangdong, Hong Kong and Macao's Greater Bay Area, and draws on the successful experiences of France, the United States and other advanced countries in inheriting and promoting local traditional culture and art, and puts forward several suggestions for further inheriting Lingnan art and promoting Lingnan culture in the Greater Bay Area in terms of strengthening cultural and art exchanges among the three places, establishing support funds, improving the construction of cultural and art education facilities, and promoting the deep integration of culture and tourism.

Keywords: Guangdong-Hong Kong-Macao Greater Bay Area; Lingnan Art; Cultural Heritage and Cultural Innovation

Abstract: Shenzhen has a considerable talent reserve and talent cultivation capability. However, there are still problems such as mismatched supply and demand, regional imbalance, high talent costs, limited development space, and unclear guidance for original innovation. It is necessary to facilitate the orderly circulation of talents, mobilize the talent resources in the Greater Bay Area, and proactively resolve the talent contradictions in the development of strategic emerging industries. Efforts should be made to improve talent treatment in the market while reducing talent costs for enterprises through sharing. This paper combines international experience and puts forward six corresponding suggestions.

Keywords: Talent Great Circulation; Innovation Ecology; Pasteur Quadrant; Shenzhen

Abstract: Hengqin Guangdong-Macao In-depth Cooperation Zone is one of the new heights in the construction of the Guangdong-Hong Kong-Macao Greater Bay Area, and promoting the integration and development of Guangdong-Macao talents is of great significance for the high-quality development of the Greater Bay Area. Currently, the complementary industrial advantages and coordinated development of the cooperation zone have entered the fast track, raising new requirements for talent integration and development. This study focuses on talent integration and development in the context of Guangdong-Macao collaborative innovation, summarizes the new situation of talent integration and development in the cooperation zone, and analyzes the current status and issues of Macao youth talent integration and development based on questionnaires and enterprise interviews. Furthermore, feasible measures are proposed to promote the integration and development of industrial talents in the cooperation zone from four aspects: building a talent integration ecosystem, accelerating the connection of rules between the two places, optimizing talent welfare and protection, and enhancing the willingness of young people to integrate.

Keywords: Hengqin; Guangdong-Macao In-depth Cooperation Zone; Industrial Talent; Integration and Development

Ⅶ Culture Consumption

B.25 Study on Strategies to Accelerate the Development of Low Carbon Consumption Culture and Promote Low Carbon Consumption in Guangdong, Hong Kong and Macao Greater Bay Area

Zuo Liancun / 346

Abstract: Low-carbon consumption culture provides correct guidance for the development of low-carbon consumption, serves as the driving force for promoting supply-side structural reforms, and guides people's high-quality life. The construction of a high-quality living circle in the Guangdong-Hong Kong-Macao Greater Bay Area inevitably requires taking the path of low-carbon economy, and low-carbon consumption is the most direct manifestation. To promote the development of low-carbon consumption, the most important aspect is the change of people's consumption concept, and the core lies in strengthening the construction of consumption culture, leading the practice of low-carbon consumption with consumption culture. The low-carbon consumption in the Guangdong-Hong Kong-Macao Greater Bay Area is still on the left side of the inverted U-shaped curve, and it is necessary to further deepen understanding, improve laws and regulations, strengthen technological innovation, enhance the supply capacity of low-carbon products, form a carbon footprint standard in the Greater Bay Area, and improve low-carbon consumption incentive and constraint mechanisms to promote low-carbon consumption practice.

Keywords: Guangdong-Hong Kong-Macao Greater Bay Area; Low-carbon Consumption Culture; Low-carbon Consumption

Abstract: Building a world-class consumption center is an inevitable choice for the Guangdong-Hong Kong-Macao Greater Bay Area to gather international high-quality consumption resources and consumer strength, as well as a realistic orientation to leverage the existing foundation and promote future development. To create a world-class consumption center in the Greater Bay Area, efforts should be made from both the supply and demand sides. On the supply side, it is necessary to broaden the vision, tap potential, optimize the layout, and innovate supply methods for consumption resources. Meanwhile, one should strengthen demand management, achieve the aggregation of consumer strength and enhance consumer satisfaction through optimizing the environment, improving the system, enhancing distinctive features, and conducting effective marketing. The cities within the Greater Bay Area should not only leverage their own advantages but also focus on coordinated development, improve system integration and innovation capabilities, jointly strengthen related supporting conditions, and collaboratively build a world-class consumption center area.

Keywords: Guangdong-Hong Kong-Macao Greater Bay Area; International Consumption Center; Resource Allocation

皮书

智库成果出版与传播平台

❖ 皮书定义 ❖

皮书是对中国与世界发展状况和热点问题进行年度监测，以专业的角度、专家的视野和实证研究方法，针对某一领域或区域现状与发展态势展开分析和预测，具备前沿性、原创性、实证性、连续性、时效性等特点的公开出版物，由一系列权威研究报告组成。

❖ 皮书作者 ❖

皮书系列报告作者以国内外一流研究机构、知名高校等重点智库的研究人员为主，多为相关领域一流专家学者，他们的观点代表了当下学界对中国与世界的现实和未来最高水平的解读与分析。截至 2022 年底，皮书研创机构逾千家，报告作者累计超过 10 万人。

❖ 皮书荣誉 ❖

皮书作为中国社会科学院基础理论研究与应用对策研究融合发展的代表性成果，不仅是哲学社会科学工作者服务中国特色社会主义现代化建设的重要成果，更是助力中国特色新型智库建设、构建中国特色哲学社会科学“三大体系”的重要平台。皮书系列先后被列入“十二五”“十三五”“ 十四五”时期国家重点出版物出版专项规划项目；2013~2023 年，重点皮书列入中国社会科学院国家哲学社会科学创新工程项目。

皮书网

（网址：www.pishu.cn）

发布皮书研创资讯，传播皮书精彩内容
引领皮书出版潮流，打造皮书服务平台

栏目设置

◆ **关于皮书**

何谓皮书、皮书分类、皮书大事记、
皮书荣誉、皮书出版第一人、皮书编辑部

◆ **最新资讯**

通知公告、新闻动态、媒体聚焦、
网站专题、视频直播、下载专区

◆ **皮书研创**

皮书规范、皮书选题、皮书出版、
皮书研究、研创团队

◆ **皮书评奖评价**

指标体系、皮书评价、皮书评奖

◆ **皮书研究院理事会**

理事会章程、理事单位、个人理事、高级研究员、理事会秘书处、入会指南

所获荣誉

◆ 2008 年、2011 年、2014 年，皮书网均在全国新闻出版业网站荣誉评选中获得“最具商业价值网站”称号；

◆ 2012 年，获得“出版业网站百强”称号。

网库合一

2014年，皮书网与皮书数据库端口合一，实现资源共享，搭建智库成果融合创新平台。

皮书网

“皮书说”
微信公众号

皮书微博

S 基本子库
SUB DATABASE

中国社会发展数据库（下设 12 个专题子库）

紧扣人口、政治、外交、法律、教育、医疗卫生、资源环境等 12 个社会发展领域的前沿和热点，全面整合专业著作、智库报告、学术资讯、调研数据等类型资源，帮助用户追踪中国社会发展动态、研究社会发展战略与政策、了解社会热点问题、分析社会发展趋势。

中国经济发展数据库（下设 12 专题子库）

内容涵盖宏观经济、产业经济、工业经济、农业经济、财政金融、房地产经济、城市经济、商业贸易等 12 个重点经济领域，为把握经济运行态势、洞察经济发展规律、研判经济发展趋势、进行经济调控决策提供参考和依据。

中国行业发展数据库（下设 17 个专题子库）

以中国国民经济行业分类为依据，覆盖金融业、旅游业、交通运输业、能源矿产业、制造业等 100 多个行业，跟踪分析国民经济相关行业市场运行状况和政策导向，汇集行业发展前沿资讯，为投资、从业及各种经济决策提供理论支撑和实践指导。

中国区域发展数据库（下设 4 个专题子库）

对中国特定区域内的经济、社会、文化等领域现状与发展情况进行深度分析和预测，涉及省级行政区、城市群、城市、农村等不同维度，研究层级至县及县以下行政区，为学者研究地方经济社会宏观态势、经验模式、发展案例提供支撑，为地方政府决策提供参考。

中国文化传媒数据库（下设 18 个专题子库）

内容覆盖文化产业、新闻传播、电影娱乐、文学艺术、群众文化、图书情报等 18 个重点研究领域，聚焦文化传媒领域发展前沿、热点话题、行业实践，服务用户的教学科研、文化投资、企业规划等需要。

世界经济与国际关系数据库（下设 6 个专题子库）

整合世界经济、国际政治、世界文化与科技、全球性问题、国际组织与国际法、区域研究 6 大领域研究成果，对世界经济形势、国际形势进行连续性深度分析，对年度热点问题进行专题解读，为研判全球发展趋势提供事实和数据支持。